SB-I-36

Institut für Landw. Verfahrenstechnik
Universität Kiel (Max-Eyth-Str. 6)
Olshausenstr. 40, Tel. (04 31) 880 (1) 23 55
D 2300 Kiel 1

1 5. APR. 1988

Forschung Stadtverkehr

Heft 40

Sonderheft 1987

Mitteilungen über Forschungen zur Verbesserung der Verkehrsverhältnisse der Gemeinden

Verkehrsberuhigte Bereiche in Kleinstädten und Landgemeinden

Including translation into English

Überarbeitet im Auftrag des Bundesministers für Verkehr von Dipl.-Ing. Winfried Schreckenberg

Herausgegeben vom Bundesminister für Verkehr
Verkehrspolitische Grundsatzabteilung, Bonn-Bad Godesberg

Hoermann-Verlag, 8670 Hof/Saale

Englische Übersetzung von Erich Feldweg
unter Mitarbeit von Joan Kasten

Translation from the German by Erich Feldweg
with the co-operation of Joan Kasten

ISSN 0341-0951
ISBN 3-88267-024-X
 Verlegt im Hoermann-Verlag, 8670 Hof/Saale
Herstellung: Mintzel-Druck, 8670 Hof/Saale

Nach Bereitstellung von Bundesmitteln für den Verkehrsausbau in den Gemeinden werden – seit 1967 – vom Bundesverkehrsministerium Forschungs- und Untersuchungsaufträge vergeben, deren Ergebnisse dazu beitragen sollen, die Verkehrsverhältnisse der Gemeinden zu verbessern. Bei der Aufstellung des jährlichen Forschungsprogramms werden die an diesem Forschungsbereich besonders interessierten Bundesministerien, die Länder, Gemeinden sowie Fachleute aus Wissenschaft und Praxis beteiligt.

Die Schriftenreihe „Forschung Stadtverkehr" („Blaue Reihe") soll der Öffentlichkeit einen Überblick über die Ergebnisse der Forschungsprogramme Stadtverkehr des Ministeriums vermitteln.

Teil I enthält die Kurzfassungen, welche die Forschungsstellen ihren Schlußberichten beigeben. Die Kurzfassungen sollen über den untersuchten Forschungsbereich und über die wichtigsten Ergebnisse der Arbeit unterrichten und Anregungen für die Praxis geben. Andererseits erhofft sich das Bundesverkehrsministerium Anregungen aus der Praxis für die Forschung.

Teil II enthält eine Übersicht über die bisher vom Bundesverkehrsministerium im Bereich des Stadtverkehrs erteilten und in dieser Schriftenreihe als Kurzfassung veröffentlichten Forschungs- und Untersuchungsaufträge. Diese Übersicht wird laufend fortgeschrieben.

Die von den Forschungsstellen erarbeiteten Kurzfassungen werden unverändert und ohne Stellungnahme wiedergegeben. Ergebnisse von Forschungsarbeiten, denen besondere Bedeutung oder Aktualität beigemessen wird, erscheinen in einer erweiterten Kurzfassung oder in vollem Wortlaut in Sonderheften der „Blauen Reihe" (siehe Umschlagseite innen).

Die Hefte der Schriftenreihe werden nach einem Verteiler des Bundesverkehrsministeriums abgegeben. Darüber hinaus können Hefte beim Hoermann-Verlag, Postfach 1560, 8670 Hof/Saale, und beim Kirschbaum Verlag, Siegfriedstraße 28, 5300 Bonn 2, bestellt werden; die Hefte bis 31 sind **nur** vom Kirschbaum Verlag zu beziehen.

Die vollständigen Berichte werden von den Forschungsstellen in begrenzter Zahl dem Bundesverkehrsministerium übergeben. Das Referat A 24 des Bundesverkehrsministeriums, Postfach 20 01 00, 5300 Bonn 2, hält die Forschungsberichte, soweit sie nicht veröffentlicht werden, für unmittelbar Interessierte vor. **Anfragen können nur bei Angabe der vollen Projekt-Nr. (z. B. 28/73 oder 70 016/78 – siehe hierzu „Teil II, Abschn. B – Übersicht . . ."–) bearbeitet werden.**

Außerdem hat der Bundesminister für Verkehr in der Sonderreihe „Forschung Stadtverkehr – Ausgewählte Arbeiten aus der Bundesrepublik Deutschland" („Grüne Reihe") auch Kurzfassungen solcher Forschungsarbeiten veröffentlicht, die außerhalb des Forschungsprogramms Stadtverkehr durchgeführt worden sind. Auch diese „Grüne Reihe" enthält die englische Übersetzung. Die in dieser Schriftenreihe erschienenen Hefte 1 bis 10 können vom Kirschbaum Verlag bezogen werden. Mit dem Heft 10 wurde zum letzten Mal ein Band der „Grünen Reihe" vorgelegt. Zukünftig werden weitere bedeutsam erscheinende Forschungsarbeiten und Untersuchungen im Rahmen der „Blauen Reihe" veröffentlicht.

Außer der Reihe FORSCHUNG STADTVERKEHR werden noch
folgende Veröffentlichungsreihen herausgegeben, in denen über Forschungen
aus dem Bereich des Bundesministers für Verkehr berichtet wird:

– Schriftenreihe
  Unfall- und Sicherheitsforschung im Straßenverkehr

– Schriftenreihe
  Forschung Straßenbau und Straßenverkehrstechnik

INHALT

Teil I: Verkehrsberuhigte Bereiche
in Kleinstädten und Landgemeinden 9

Teil II: Forschungsprogramm Stadtverkehr 121

    A. Gliederungsschema der Forschungen und
Untersuchungen 122

    B. Übersicht der seit 1967 erteilten
Forschungsaufträge 123

CONTENTS

Part I: Traffic Restraint Precincts
in small towns and rural communities 145

Part II: Urban Transport Research Progamme 247

    A. Classification of research and study assignments 248

    B. Survey of research projects commissioned
since 1967 249

Teil I:

Verkehrsberuhigte Bereiche
in Kleinstädten und Landgemeinden

Der Bericht wurde im Auftrag des Bundesministers für Verkehr vom Institut für Verkehrsplanung und Verkehrswegebau, TU Berlin, erarbeitet und beruht auf unabhängigen Untersuchungen. Veröffentlichungen, auch auszugsweise, Vervielfältigungen und Übersetzungen in fremde Sprachen sind nur mit Zustimmung des Bundesministers für Verkehr gestattet.

1   Planungsmethodik und Planung
1.1 Städtebau, Landesplanung und Raumordnung

Im Auftrag des Bundesministers für Verkehr

überarbeitete Fassung des Forschungsberichtes FE-Nr. 70 124/83

Verkehrsberuhigte Bereiche in Kleinstädten und Landgemeinden

Dokumentation und Diskussion von Erfahrungen
mit den Zeichen 325/326 StVO

von

Dipl.-Ing. Winfried Schreckenberg

Technische Universität Berlin
Institut für Verkehrsplanung und Verkehrswegebau

Überarbeitete Fassung
31. März 1985

INHALTSVERZEICHNIS

Teil A Zusammenfassung von Untersuchungsergebnissen und Schlußfolgerungen ... 13

- A 1 Ausgangslage ... 13
- A 2 Allgemeine Untersuchungsergebnisse und Schlußfolgerungen ... 13
- A 3 Diskussionsanregungen ... 16
- A 4 Ausblick ... 17

Teil B Planungsgrundlagen ... 18

- B 1 Straßenverkehrsrechtliche Grundlagen der 325-Bereiche ... 18
  - 1.1 Zusammenfassung von Schlußfolgerungen ... 18
  - 1.2 Straßenverkehrsgesetz (StVG) ... 19
  - 1.3 Straßenverkehrs-Ordnung (StVO) ... 20
  - 1.4 Allgemeine Verwaltungsvorschrift zur Straßenverkehrs-Ordnung (VwV-StVO) ... 22
- B 2 Planungshinweise der Bundesländer ... 24
- B 3 Richtlinien in Österreich und der Schweiz ... 25
- B 4 Beteiligte Behörden bei der Einrichtung und Kennzeichnung von Verkehrsberuhigten Bereichen (325-Bereichen) ... 25

Teil C Planungsgrundsätze ... 27

- C 1 Zusammenfassung von Schlußfolgerungen ... 27
- C 2 Die „Mischnutzung" als Grundprinzip der 325-Bereiche ... 27
  - 2.1 „Mischnutzung" in StVO und VwV-StVO ... 27
  - 2.2 „Mischnutzung" in Planungshinweisen der Bundesländer ... 29
  - 2.3 „Mischnutzung" in Richtlinien der Schweiz ... 30
- C 3 Flächenhafte Verkehrsberuhigung ... 30
  - 3.1 Modellvorhaben „Flächenhafte Verkehrsberuhigung" ... 30
  - 3.2 Flächenhafte Betrachtungen für die Planung von 325-Bereichen ... 30
- C 4 Ansatz für einen Nutzungen-orientierten Planungsablauf ... 31
- C 5 Anwendungschancen eines Nutzungen-orientierten Planungsansatzes ... 36
  - 5.1 Erläuterungen der Bewertungskriterien ... 36
  - 5.2 Konsequenzen für das weitere Vorgehen ... 37

Teil D Die Planungspraxis der Kommunen im Spannungsfeld amtlicher Planungshinweise ... 38

- D 1 Einführung ... 38
- D 2 Übergang zwischen 325-Bereichen und anderen Straßentypen ... 38
  - 2.1 Ergänzungen zu StVO und VwV-StVO in den Planungshinweisen der Bundesländer ... 38
  - 2.2 Hinweise in Richtlinien Österreichs und der Schweiz ... 39
  - 2.3 Dokumentation und Diskussion der Praxis der straßenverkehrsrechtlichen Kennzeichnung von 325-Bereichen ... 40
  - 2.4 Zusammenfassung der Diskussion und Schlußfolgerungen ... 60
- D 3 Sackgassen und Schleifenstraßen ... 61
- D 4 Einbahnregelungen ... 62
  - 4.1 Hinweise in Richtlinien der Schweiz ... 62
  - 4.2 Dokumentation und Diskussion ... 62
- D 5 Vorfahrtregelung ... 63
  - 5.1 Ergänzungen zu StVO und VwV-StVO in den Planungshinweisen der Bundesländer ... 63
  - 5.2 Dokumentation und Diskussion ... 64

D 6	**Parken in 325-Bereichen**	65
	6.1 Stellplatzproblematik	65
	6.2 Sonderparkberechtigungen	67
	6.3 Kurzpark-Regelung	68
	6.4 Kennzeichnung der Stellplätze	70
	6.5 Haltverbotsschilder	73
	6.6 Anregungen für die Stellplatzplanung	73
D 7	**Zulässige Höchstgeschwindigkeit und zulässige Verkehrsmenge**	73
	7.1 Ergänzungen zu StVO und VwV-StVO in den Planungshinweisen der Bundesländer hier: Zulässige Höchstgeschwindigkeit	74
	7.2 Hinweise zur zulässigen Höchstgeschwindigkeit in Richtlinien Österreichs und der Schweiz	75
	7.3 Dokumentation und Diskussion zur zulässigen Höchstgeschwindigkeit	75
	7.4 Ergänzungen zu StVO und VwV-StVO in den Planungshinweisen der Bundesländer hier: Zulässige Verkehrsmenge	77
	7.5 Hinweise zur zulässigen Verkehrsmenge in Richtlinien der Schweiz	77
	7.6 Dokumentation und Diskussion bezüglich Verkehrsmenge	77
	7.7 Zusammenfassende Betrachtung über Richtwerte für Geschwindigkeiten und Verkehrsmengen in 325-Bereichen	78
D 8	**Straßenlänge von 325-Bereichen**	78
	8.1 Ergänzungen zu StVO und VwV-StVO in den Planungshinweisen der Bundesländer	78
	8.2 Hinweise in Richtlinien der Schweiz	79
D 9	**Fahrgassenbreite in 325-Bereichen**	79
D 10	**Bauliche/gestalterische Maßnahmen in 325-Bereichen**	80
	10.1 Ergänzungen zu StVO und VwV-StVO in den Planungshinweisen der Bundesländer hier: Allgemeine Erläuterungen zu den baulichen/gestalterischen Maßnahmen	80
	10.2 Hinweise in Richtlinien der Schweiz	82
	10.3 Dokumentation	83
	10.4 Zusammenfassende Überlegungen	87
D 11	**Schutzstreifen für Fußgänger**	87
	11.1 Ergänzungen zu StVO und VwV-StVO in den Planungshinweisen der Bundesländer	87
	11.2 Hinweise in Richtlinien der Schweiz	87
	11.3 Dokumentation	88
D 12	**Fahrdynamisch wirksame Maßnahmen**	92
	12.1 Ergänzungen zu StVO und VwV-StVO in den Planungshinweisen der Bundesländer	92
	12.2 Hinweise in Richtlinien der Schweiz und Österreichs	93
	12.3 Dokumentation	93
D 13	**Fahrgassenversätze**	97
	13.1 Ergänzungen zu StVO und VwV-StVO in den Planungshinweisen der Bundesländer	97
	13.2 Hinweise in Richtlinien der Schweiz	97
	13.3 Dokumentation	97
D 14	**Kostensparende Maßnahmen**	100
	14.1 Ergänzungen zu StVO und VwV-StVO in den Planungshinweisen der Bundesländer	100
	14.2 Dokumentation	100
D 15	**Öffentlicher Personennahverkehr (ÖPNV)**	102
	15.1 Ergänzungen zu StVO und VwV-StVO in den Planungshinweisen der Bundesländer	102
	15.2 Hinweise in Richtlinien der Schweiz	102
D 16	**Klassifizierte Straßen**	102
	16.1 Ergänzungen zu StVO und VwV-StVO in den Planungshinweisen der Bundesländer	102
D 17	**Hinweise zum Planungsrecht in den Planungshinweisen der Bundesländer**	102

Teil E	**Dokumentation der vollzogenen und geplanten Verkehrsberuhigten Bereiche in Kleinstädten und Landgemeinden**	104
E 1	**Einführung**	104
E 2	**Tabelle**	105
Anmerkungen und Literatur		119

Teil A: Zusammenfassung von Untersuchungsergebnissen und Schlußfolgerungen

A 1 Ausgangslage

Die im letzten Jahrzehnt stark gewachsene Sensibilität der Bevölkerung für Umweltbelastungen im Wohn- und Freizeitumfeld ist zu einem wesentlichen Entscheidungskriterium für Planungen und Investitionen im Verkehrsbereich geworden. Aus ersten Überlegungen zur Verbesserung des Wohnumfeldes in den hochverdichteten innerstädtischen Problemgebieten entwickelte sich in den 70er Jahren ein neues verkehrsplanerisches Instrumentarium, das bei Bürgern, Planern und Politikern unter dem weitgefaßten Begriff „Verkehrsberuhigung" sehr populär wurde. Der gezielte Einsatz verkehrsberuhigender Maßnahmen erfolgte in der Bundesrepublik Deutschland erstmals beim Großversuch des Landes Nordrhein-Westfalen (in den Jahren 1976 bis 1979) (1). Die allgemein positiven Erfahrungen führten bereits ein Jahr später zur Aufnahme des neuen Straßentyps „Verkehrsberuhigte Bereiche" und der Verkehrszeichen 325 und 326 in das Straßenverkehrsrecht.

Die am 1. August 1980 in Kraft getretenen Vorschriften von Straßenverkehrs-Ordnung (StVO) und Allgemeiner Verwaltungsvorschrift zu den Zeichen 325 und 326 StVO (VwV-StVO) waren von Anfang an ein wesentliches Diskussionsthema der Verkehrsplanung und Verkehrspolitik. Änderungsvorschläge wurden beispielsweise bereits 1982 vom Deutschen Verkehrsgerichtstag und von der Forschungsgesellschaft für Straßen- und Verkehrswesen vorgelegt. Die von Praktikern aus den Kommunen, Wissenschaft und Forschung sowie interessierten Verbänden entwickelten Empfehlungen für die örtlichen und baulichen Voraussetzungen der Verkehrsberuhigten Bereiche reichen von der Reduzierung der derzeit geltenden Mindeststandards bis hin zu deren drastischer Erhöhung. Ihr gemeinsames Merkmal ist — unabhängig von den jeweiligen internen Zielsetzungen — die Orientierung an den Gegebenheiten der großen und mittleren Städte. Dies gilt auch für die ergänzenden Planungshinweise der Landesbehörden (siehe hierzu die Übersicht in Kapitel B 2 und die Textauszüge in Teil D dieses Berichts).

Die vorliegende Dokumentation baut auf den Erfahrungen eines vorherigen Forschungsauftrags des Bundesministers für Verkehr und der Akademie für Raumforschung und Landesplanung (ARL) auf, in dem das gesamte Spektrum des in den kleinen Orten eingesetzten Verkehrsberuhigungsinstrumentariums bearbeitet wurde (HEINZE/SCHRECKENBERG: Verkehrsplanung für eine erholungsfreundliche Umwelt. Ein Handbuch verkehrsberuhigender Maßnahmen für Kleinstädte und Landgemeinden) (2).

Verkehrsberuhigte Bereiche im Sinne dieses Berichts sind ausschließlich Straßen bzw. Straßennetze, die mit den Zeichen 325/326 (§ 42 Abs. 4a Straßenverkehrs-Ordnung) gekennzeichnet sind.

Kleine Orte im Sinne dieses Berichts sind Kleinstädte und Landgemeinden mit bis zu 20 000 Einwohnern bzw. Ortsteile größerer Gemeinden mit vergleichbarer Einwohnerzahl.

Die Informationserfassung durch mündliche und schriftliche Gemeindebefragungen wurde im Oktober 1983 und im Februar 1984 durchgeführt. In der „Dokumentation der vollzogenen und geplanten Verkehrsberuhigten Bereiche" wurden alle bis Ende März 1985 eingegangenen Nachträge berücksichtigt (siehe die tabellarische Übersicht in Teil E dieses Berichts).

Diese umfangreiche Bestandsaufnahme wurde durch die sehr hohe Beteiligung der Gemeinden an den schriftlichen Befragungen ermöglicht, die von mehreren Bezirksregierungen unterstützt wurden. Die mitgesandten Zusatzinformationen und Erfahrungsberichte sowie die Rücklaufquoten zwischen 60 und über 80 % können als Anzeichen für das große Interesse an diesem Untersuchungsthema bei den kommunalen Planern gewertet werden. Der besondere Dank des Verfassers gilt den Gemeindevertretern, die ihre Erfahrungen in persönlichen Informationsgesprächen weitergegeben haben.

A 2 Allgemeine Untersuchungsergebnisse und Schlußfolgerungen

Vorbemerkung: Diese Dokumentation und Diskussion von Erfahrungen mit den Zeichen 325 und 326 StVO ist Ergebnis eines Forschungsauftrags mit einer Bearbeitungszeit von acht Monaten. Die im folgenden dargestellten Untersuchungsergebnisse sind Schlußfolgerungen aus den schriftlichen und persönlichen Informationen der Untersuchungsgemeinden. Wissenschaftlich abgesicherte Planungsempfehlungen würden zusätzliche Untersuchungen erfordern.

Die von den Verordnungsgebern im Jahre 1980 vorhergesehene Dringlichkeit für die Einführung eines neuen straßenverkehrsrechtlichen Instruments zur Verkehrsberuhigungsplanung wird durch die schnell wachsende Zahl der Anwendungsfälle bestätigt. Die Praxis der Kleinstädte und Landgemeinden legt den Schluß nahe, daß das Ziel der Verkehrsberuhigungsplanung in dieser Gemeindegruppe fast immer die Zuerkennung des „Prädikats" Verkehrsberuhigter Bereich mit den Zeichen 325/326 StVO ist. Demgegenüber ist die verkehrsberuhigende Gestaltung ohne die Zeichen 325/326 StVO von geringer Bedeutung. Auch die Zahl der in den letzten Jahren neu eingerichteten oder erweiterten Fußgängerbereiche (Zeichen 241 StVO) dürfte nur sehr klein sein. Die Neueinführung von flächenhaften Fahrbeschränkungen zum Schutz der Bevölkerung vor Lärm und Abgasen sowie zur Unterstützung einer geordneten städtebaulichen Entwicklung (§ 45 Abs. 1, 1a und 1b StVO) ist nicht bekannt — ausgenommen hiervon sind die traditionellen Anwendungsfälle in den Heilbädern und Kurorten.

Die Eile bei der Einführung der Verkehrsberuhigten Bereiche in die StVO und bei ihrer praktischen Umsetzung hat sich nicht bewährt. Positiv zu bewerten ist die Quantität der vollzogenen und geplanten Verkehrsberuhigten Bereiche, die den großen Bedarf an verkehrsberuhigenden Maßnahmen in den Gemeinden widerspiegelt. Dagegen ist die Qualität der Planungsergebnisse — gemessen an den Zielvorstellungen der Verordnungsgeber wie der kommunalen Planer selbst — in der Tendenz eindeutig unbefriedigend. Diese Auffassung bezieht sich sowohl auf die verkehrsbezogenen Aspekte (Akzeptanz der Schrittgeschwindigkeit, der Parkierungsregelung, der Mischnutzung) als auch auf die städtebaulichen Aspekte (Verbesserung der Aufenthaltsfunktion und des Wohnumfeldes). Der kritischen Betrachtung der Gesamtumstände ist die positive Bewertung von kreativen Detaillösungen bei schwierigen örtlichen Gegebenheiten gegenüberzustellen.

Ursachen und Gründe für die unbefriedigende Entwicklung werden im folgenden thesenartig zusammengefaßt:

● **Die Planungsgrundsätze gemäß Straßenverkehrsrecht sind nur teilweise bekannt**

Wesentliche Überlegungen für die StVO-Novellierung sind nicht als Planungskriterien in den § 42 Abs. 4a StVO bzw. in die VwV-StVO zu den Zeichen 325/326 StVO aufgenommen worden. Sie können nur den im Verkehrsblatt bekanntgegebenen zugehörigen Begründungen entnommen werden. Letztere sind allerdings weitgehend unbekannt (wie auch der § 10 StVO, in den die Vorfahrtregelung beim Verlassen eines Verkehrsberuhigten Bereichs aufgenommen wurde).

● **Die spezifischen Gegebenheiten der kleinen Orte sind in den Planungsvorschriften nicht ausreichend berücksichtigt**

Die prinzipiellen Vorschriften zum Verhalten (in der StVO) sowie zur Planung und Kennzeichnung (in der VwV-StVO) wurden — auf Drängen der Gemeinden — durch Planungshilfen der zuständigen Landesbehörden ergänzt (nicht in Niedersachsen und im Saarland). Diese geben vorrangig Planungsziele und Planungsrichtwerte wieder, die auf den Erfahrungen in den Wohnquartieren der größeren Städte beruhen. Der kommunale Planer in den kleinen Orten steckt daher in dem Dilemma, daß er zum einen seine Planungsbegründungen an den — nur bedingt zutreffenden — amtlichen Vorschriften orientieren muß und zum anderen für den Planungsentwurf eigenständige, abweichende Lösungen entwickeln muß.

● **In sich geschlossene Planungskonzeptionen für Verkehrsberuhigte Bereiche fehlen**

Die Verkehrsberuhigten Bereiche werden in den Planungshinweisen zur Verkehrsberuhigung als Sonderfall bei der Anlage von Erschließungsstraßen dargestellt. Spezielle, in sich geschlossene Konzeptionen für die Verkehrsberuhigten Bereiche sind nicht vorhanden. Dies erschwert die planerische Zusammenführung der speziellen Grundsätze zur Planung von Mischnutzungsbereichen (Kriterium Aufenthaltsfunktion) mit den allgemeinen verkehrstechnischen Instrumenten (Kriterium Erschließungsfunktion) zu einer Gesamtkonzeption, die für alle Straßenbenutzer — motorisierte und nicht-motorisierte Verkehrsteilnehmer sowie sonstige Straßenbenutzer — gleichermaßen plausibel ist und allgemein akzeptiert wird.

● **Mini-Bereiche dominieren gegenüber flächenhaften Lösungen**

Die Novellierungen im Jahre 1980 haben mit der erstmaligen Betonung städtebaulicher Erwägungen im Straßenverkehrsgesetz und in der Straßenverkehrs-Ordnung eine Neuorientierung im Straßenverkehrsrecht eingeleitet, die in der kommunalen Praxis noch nicht nachvollzogen worden ist.

Die Verkehrsberuhigung im allgemeinen und die Verkehrsberuhigten Bereiche im besonderen sind noch immer eher Vollzugsinstrumente der Verkehrsplanung und weniger der Ortsentwicklungsplanung. Die erforderliche Integration dieser Fachplanungen und die Entwicklung flächenhafter Konzepte für Straßennutzung und Nutzung der anliegenden Flächen wird nur selten durchgeführt.

Von 481 im Teil E dieses Berichts dokumentierten Verkehrsberuhigten Bereichen bestehen 317 (2/3) lediglich aus einer Straße bzw. aus einem Straßenteilstück. Darunter sind zahlreiche kurze Sackgassen in Neubau-Wohngebieten. Diese Mini-Bereiche haben weder auf das allgemeine Verkehrsgeschehen (wie beispielsweise den Schleichverkehr) noch auf die Verbesserung der Aufenthaltsfunktion dieser Straßen einen Einfluß.

● **Der Einsatz der baulichen/gestalterischen Elemente ist noch in der Versuchsphase**

Die Umsetzung eines Verkehrsberuhigungskonzepts erfordert bauliche/gestalterische Maßnahmen, deren praktischer Einsatz für viele kommunale Planer in den kleinen Orten neu ist. Erfahrungen mit Möblierungselementen in den Fußgängerbereichen sind nur teilweise vorhanden. Die sachgerechte Anwendung neuer Materialien (wie beispielsweise Pflaster beim niveaugleichen Ausbau) und neuer verkehrstechnischer Instrumente (wie beispielsweise Fahrgassenverengungen, Fahrgassenversätze, fahrdynamische Schwellen, Teilaufpflasterungen) wird daher zunächst in sogenannten Pilotprojekten probiert. Dies ist auch ein Grund für die zahlreichen Mini-Bereiche mit nur einer einbezogenen Straße. Obwohl verkehrsberuhigende und städteplanerische Überlegungen im Hintergrund stehen, werden diese bautechnischen Teststrecken mit den Zeichen 325/326 StVO beschildert.

● **Das traditionelle Verhaltens- und Denkschema im Sinne des Separationsprinzips verhindert die gleichberechtigte Straßennutzung durch motorisierte und nicht-motorisierte Verkehrsteilnehmer sowie durch sonstige Straßenbenutzer**

Die Verhaltensregeln für die Verkehrsberuhigten Bereiche in den §§ 10 und 42 Abs. 4a StVO setzen nicht nur für die Straßenbenutzer, sondern auch für die Planer neue, ungewohnte Maßstäbe. Das traditionelle Verhaltens- und Denkschema im Sinne des Separationsprinzips hat sich jedoch während der bisherigen Einführungsphase bei allen Beteiligten behaupten können. Dies wird anhand der baulichen/gestalterischen Maßnahmen und der Beschilderung mit den Zeichen 325/326 StVO deutlich sichtbar. Sie sind vor allem auf den Fahrzeugführer ausgerichtet und berücksichtigen die Gegebenheiten des Fußgängerverkehrs nicht ausreichend.

Ursache der ungenügenden Erfüllung der in der VwV-StVO geforderten örtlichen und baulichen Voraussetzungen ist letztendlich die konventionelle Betrachtung des Planungsziels „Verkehrssicherheit", die den Schutz des sogenannten schwachen Verkehrsteilnehmers vor den Gefahren durch die Kraftfahrzeuge in den Vordergrund stellt. Planungskonzepte mit den Zielsetzungen „Mischnutzung des Straßenraums" und „Gegenseitige Akzeptanz der Verkehrs- und Aufenthaltsbedürfnisse" bei allen Straßenbenutzern sind die Ausnahme.

Die Aufenthaltsqualität in Verkehrsberuhigten Bereichen wird in der Regel als abgeleitete Funktion aus rein verkehrsbezogenen Kriterien, wie Menge und Geschwindigkeit des motorisierten Verkehrs, betrachtet. Die gezielte Attraktivitätssteigerung des Straßenraums für den nicht-motorisierten Verkehr und für die sonstigen nicht-verkehrlichen Nutzungen unterbleibt. Dadurch wird ein Planungsablauf ausgelöst, dessen Ergebnisse den Vollzug der StVO-Verhaltensvorschriften durch Fahrzeugführer wie Fußgänger erschweren bzw. verhindern (siehe hierzu Übersicht A; zur Entwicklung eines Nutzungen-orientierten Planungsschemas siehe Übersicht 4/3 in Teil C dieses Berichts).

Übersicht A:
Derzeitiger Planungsablauf für Verkehrsberuhigte Bereiche

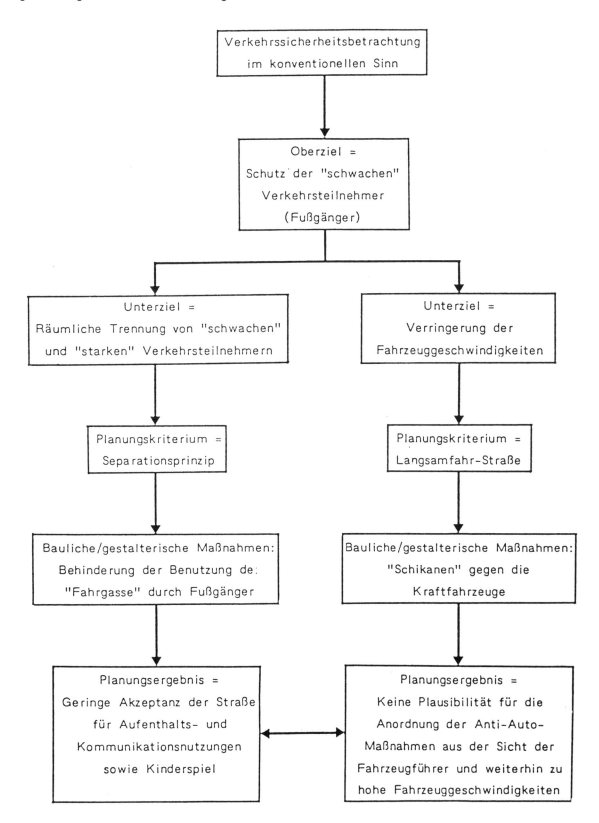

A 3 Diskussionsanregungen

Die ausführliche Dokumentation und Diskussion der Planungsergebnisse sowie die Entwicklung von Maßnahmenvorschlägen erfolgt — nach Sachthemen gegliedert — in den Teilen C und D dieses Berichts. Einige ausgewählte Schlußfolgerungen und Diskussionsanregungen werden im folgenden — nach Institutionen gegliedert — zusammengefaßt.

- Bund

Zur Straßenverkehrs-Ordnung:

Die StVO-Regelungen zum Schutz der Bevölkerung vor Lärm und Abgasen sowie zur Unterstützung einer geordneten städtebaulichen Entwicklung sind Planern und Straßenbenutzern häufig nicht vollständig bekannt.

Es wird angeregt,

- [ ] in künftigen Änderungen der StVO die einschlägigen Vorschriften in einem eigenen Abschnitt zusammenzufassen.

Zur Allgemeinen Verwaltungsvorschrift zu den Zeichen 325/326 StVO:

Die zuständigen Landesbehörden haben in den vergangenen Jahren Ergänzungen und Interpretationshilfen zur VwV-StVO erlassen, deren Planungshinweise in Einzelfällen von den Grundüberlegungen zu den Zeichen 325/326 StVO abweichen.

Es wird angeregt,

- [ ] in einer Bund-Länder-Kommission die bisherigen Erfahrungen auszuwerten und eine Neufassung der VwV-StVO zu erarbeiten, die die heutigen Ländererlasse ersetzt;
- [ ] die derzeitigen baulichen und örtlichen Mindestvoraussetzungen zur Kennzeichnung verkehrsberuhigt gestalteter Straßen mit den Zeichen 325/326 StVO nicht abzuschwächen, sondern eher zu erhöhen;
- [ ] auf die Vorgabe von Zahlenrichtwerten, wie beispielsweise für Fahrzeuggeschwindigkeit, Verkehrsmenge, Längenangaben u. ä. weiterhin zu verzichten;
- [ ] in den zukünftigen Änderungen die Bedürfnisse der kleineren Orte verstärkt zu berücksichtigen.

- Länder

Vergleiche der kommunalen Praxis mit den Planungsvorschriften der Landesbehörden zeigen, daß die praktische Bedeutung dieser Erlasse gering geblieben ist.

Es wird angeregt,

- [ ] eine bundeseinheitliche Planungshilfe zu erarbeiten und diese den Gemeinden zur Anwendung zu empfehlen (siehe oben: Bund) und
- [ ] in länderseitigen Erlassen auf zusätzliche Hinweise bezüglich Planung/Durchführung von baulichen/gestalterischen Maßnahmen zur Verkehrsberuhigung zu verzichten.

- Straßenverkehrsbehörden

Die Anordnung der straßenverkehrsrechtlichen Kennzeichnung von Straßen mit den Zeichen 325/326 StVO wird von den Straßenverkehrsbehörden sehr großzügig gehandhabt.

Die unzureichende Erfüllung der örtlichen und baulichen Voraussetzungen gemäß der VwV-StVO zu den Zeichen 325/326 StVO wird häufig durch eine unzureichende Beschilderung begleitet.

Es wird angeregt,

- [ ] zumindest während der noch fortdauernden Einführungsphase die Anordnung der Zeichen 325/326 StVO von der Vorlage eines schematisierten Prüfungsprotokolls (Checkliste) abhängig zu machen;
- [ ] die Genehmigung der Abweichungen von den Standardvoraussetzungen aufgrund zwingender örtlicher Gegebenheiten im Einzelfall gesondert zu begründen und ggf. mit der Straßenverkehrsaufsichtsbehörde abzustimmen.

- Planungs- und Bauämter

Die geringe Akzeptanz der Verhaltensregeln für Verkehrsberuhigte Bereiche durch die Straßenbenutzer beruht sowohl auf der unzureichenden Erfüllung der örtlichen und baulichen Voraussetzungen als auch auf der fehlenden Einbindung der Verkehrsberuhigung in flächenhafte Planungskonzepte.

Es wird angeregt,

- [ ] bei Straßen, in denen eine Mischnutzung nicht gewünscht wird, auf die Kennzeichnung mit den Zeichen 325/326 StVO zu verzichten;
- [ ] verkehrsberuhigende Maßnahmen nur im Rahmen flächenhafter Konzepte durchzuführen (damit ist nicht in jedem Fall ein flächenhafter Umbau verbunden);
- [ ] die Erfahrungen anderer Gemeinden verstärkt zu nutzen (siehe die Dokumentation der vollzogenen und geplanten Verkehrsberuhigten Bereiche in Teil E dieses Berichts).

- Kommunalpolitik

Unabhängig von der Ortsentwicklungs- und Verkehrsplanung ist die Verkehrsberuhigung ein bedeutendes Instrument der Kommunalpolitik. Dabei steht die Zuerkennung der Zeichen 325/326 StVO im Vordergrund.

Es wird angeregt,

- [ ] auf die Erstellung von Verkehrsberuhigten Bereichen als punktuelle Prestigeobjekte zu verzichten und flächenhafte Konzepte — auch ohne Zeichen 325/326 StVO — zu bevorzugen.

- Anwohner

Unabhängig von den Beschränkungen für den Kraftfahrzeugverkehr trifft die Einrichtung von Verkehrsberuhigten Bereichen häufig auf den Widerstand von Anwohnern. Zu den häufig genannten Gründen zählen: Nachteile für die anliegenden Gewerbebetriebe, Anliegerbeiträge bei nachträglichen Umbauten, Kinderlärm durch die Neuschaffung von Spielmöglichkeiten sowie Schattenwirkung und Laubbeseitigung wegen Baumpflanzungen.

Es wird angeregt,

- [ ] die Anwohner und sonstige beteiligte Bürger frühzeitig in den Planungsablauf einzubeziehen und deren aktive Beteiligung zu sichern und zu fördern;
- [ ] die Anwohner auch in die Unterhaltung der Verkehrsberuhigten Bereiche einzubeziehen, beispielsweise in die Straßenreinigung und die Pflege der Bepflanzungen;

☐ die Gestaltung der öffentlichen und privaten Straßenbereiche aufeinander abzustimmen und vor allem in den Neubau-Wohngebieten offene Übergänge zwischen diesen Straßenbereichen anzustreben.

● Wissenschaft und Forschung

Planungshinweise zur Verkehrsberuhigung berücksichtigen im wesentlichen die Gegebenheiten der Wohnquartiere in größeren Städten, weil entsprechende Forschungsergebnisse über die kleineren Orte fehlen.

Es wird angeregt,

☐ den Nachholbedarf an Entscheidungsgrundlagen bezüglich der Verkehrsberuhigungs- und Verkehrsplanung für die kleineren Orte bei der Vergabe von Forschungsaufträgen verstärkt zu berücksichtigen.

A 4 Ausblick

Diese kritische Betrachtung des straßenverkehrsrechtlichen Instruments „Verkehrsberuhigte Bereiche" ist auf den bisherigen praktischen Einsatz in den Kleinstädten und Landgemeinden beschränkt. Eine abschließende Bewertung des Mischnutzungsprinzips ist damit nicht verbunden. Dessen Anwendungschancen dürften jedoch größer sein, als bisher vermutet wird. Einzelne Beispiele zeigen, daß in sich stimmige Planungsergebnisse von den Straßenbenutzern akzeptiert werden. Es gilt nun, die vorhandenen Kenntnisse über die verkehrstechnischen Instrumente verstärkt in die ortsplanerischen Entscheidungen einzubeziehen.

Hierbei sollten folgende Bedingungen beachtet werden:

☐ Die Mischnutzung muß für alle auftretenden Verkehrsarten und für die gewünschten nicht-verkehrlichen Straßennutzungen möglich sein; d. h. es darf keine Nutzung bzw. Nutzungengruppe dauerhaft dominieren.

☐ Trennelemente: Fahrzeuge dürfen zwar am Befahren von Straßenteilen gehindert werden, aber Fußgänger dürfen nicht am Betreten des befahrbaren Bereichs („Fahrgasse") behindert werden.

☐ Die Verkehrsberuhigten Bereiche sind in flächenhafte Konzeptionen einzubinden und ggf. mit anderen Verkehrsberuhigungsinstrumenten zu kombinieren, wie beispielsweise Rückbau von Verkehrsstraßen, Langsamfahr-Straßen mit Beibehaltung des Separationsprinzips (u. a. Zonen-Geschwindigkeits-Beschränkungen), Fußgängerbereiche und Fahrbeschränkungen nach § 45 StVO.

☐ Die Akzeptanz des Mischnutzungsprinzips ist vorrangig durch gezielte Fördermaßnahmen für die nicht-motorisierten Straßennutzungen (Fußgänger- und Fahrrad-Verkehr, Kommunikation, Kinderspiel u. ä.) anzustreben; d. h. den einseitig gegen die Kraftfahrzeuge ausgerichteten baulichen „Schikanen" ist eine geringere Bedeutung als heute üblich zuzumessen.

☐ Einheitslösungen auf überörtlicher Ebene wie innerhalb einer Gemeinde erschweren die städtebauliche Einbindung des Verkehrsberuhigten Bereichs; d. h. unterschiedliche Gebietstypen wie Neubaugebiete mit Einzelhausbebauung, Wohnstraßen in verdichteten Bereichen, historische Altstadtbereiche usw. erfordern jeweils eigenständige bauliche/gestalterische Konzepte.

☐ Die eingesetzten baulichen/gestalterischen Elemente müssen für alle Straßenbenutzer (für Fahrzeugführer wie für Fußgänger oder spielende Kinder) plausibel sein und ihnen ein Sicherheitsgefühl bezüglich des Straßenstatus vermitteln; d. h. die Elemente müssen auf die jeweiligen Straßennutzungen abgestimmt sein, wie beispielsweise für reine Wohnstraßen: die Betonung von Aufenthalts-, Kommunikations- und Spielfunktion, für Kurgebiete: die Promenierfunktion, für Einkaufsbereiche: die fußgängerbereich-ähnliche Funktion.

Die Planung eines Verkehrsberuhigten Bereichs erfordert also detaillierte Ortskenntnisse und ein besonders sensibles Vorgehen. Damit wird die eigenständige, kreative Entwicklung ortstypischer Verkehrs- und Ortsentwicklungskonzepte zu einer Herausforderung für die lokalen Planer, die auch die kooperative Zusammenarbeit zwischen den beteiligten Dienststellen und mit dem Bürger voraussetzt. Weiter verfeinerte verkehrstechnische Richtlinien, die zwangsläufig verallgemeinern müssen, sind deshalb nicht geeignet.

Teil B: Planungsgrundlagen

B 1 Straßenverkehrsrechtliche Grundlagen der 325-Bereiche
(Verkehrsberuhigte Bereiche)

B 1.1 Zusammenfassung von Schlußfolgerungen

Für den Planer in den Kleinstädten und Landgemeinden ist die Verkehrsberuhigung in der Regel nur ein Arbeitsbereich neben anderen. Die Auswertung aller zu diesem Thema in den letzten Jahren erschienenen Publikationen ist für ihn wegen der großen Anzahl nicht immer möglich. An dieser Informationsflut sind auch die zuständigen Behörden des Bundes und der Länder in Form von Forschungsberichten und amtlichen Planungsvorgaben — von den Vorschriften in der Straßenverkehrs-Ordnung bis hin zu unverbindlichen Planungshinweisen — beteiligt.

Die im Teil D dieses Berichtes dokumentierten Beispiele aus den Gemeinden zeigen die große Diskrepanz zwischen diesen Planungsvorgaben und der Praxis auf. Dieses Untersuchungsergebnis ist nicht nur auf Unkenntnis oder auf eigenwillige Interpretationen der Planungsverantwortlichen, sondern auch auf die Planungsvorgaben selbst zurückzuführen, die die spezifischen Fragestellungen der kleinen Orte nur unzureichend berücksichtigen.

Der kommunale Planer steckt heute in dem Dilemma, daß er zum einen seine Planungsbegründungen aus den amtlichen Vorschriften ableiten muß und zum anderen für die praktische Planung eigenständige, abweichende Lösungen entwickeln muß. Hieraus entstehen häufig unbefriedigende Kompromißlösungen.

Die Dokumentation verkehrsberuhigender Maßnahmen wird in diesem Bericht auf eine besondere Form der Verkehrsberuhigung beschränkt, auf die „Verkehrsberuhigten Bereiche" (Zeichen 325/326, § 42 Abs. 4a der Straßenverkehrs-Ordnung). In den Gemeinden hat sich diese verbindliche Definition des Straßenverkehrsrechts noch nicht durchgesetzt:

— Der Begriff „Verkehrsberuhigte Bereiche" wird auch für Bereiche angewendet, die nicht mit den Zeichen 325 und 326 StVO gekennzeichnet sind und auch nicht gekennzeichnet werden sollen.

— Für Gebiete, die mit den Zeichen 325 und 326 StVO gekennzeichnet sind, werden häufig andere Bezeichnungen angewendet, z.B. Spielstraße (vor allem von Nicht-Fachleuten benutzt), Wohnstraße (3), Wohnbereich, Fußgängerzone.

Der in diesem Bericht bevorzugte Begriff „325-Bereich" wurde aus folgenden Gründen gewählt:

— Es werden ausschließlich Erfahrungen ausgewertet, die auf vollzogenen oder geplanten Verkehrsberuhigten Bereichen beruhen.

— Das Mitführen der Zeichen-Nummer „325" soll Begriffsverwechslungen vermeiden helfen.

— Der Begriff 325-Bereich erfaßt alle mit diesem Zeichen gekennzeichneten Bereiche, auch wenn sie den Voraussetzungen der Verwaltungsvorschrift zu den Zeichen 325 und 326 nicht entsprechen.

● Für die Weiterentwicklung der einschlägigen Vorschriften ergeben sich folgende **Anregungen:**

— Die straßenverkehrsrechtlichen Instrumente, die in besonderem Maße
  — auf den Schutz der Wohnbevölkerung vor Lärm und Abgasen und
  — auf die Unterstützung einer geordneten städtebaulichen Entwicklung

zielen, sollten in der Straßenverkehrs-Ordnung in einem eigenen Abschnitt zusammengefaßt werden. Dadurch könnten die Handhabung vereinfacht und der Bekanntheitsgrad aller Vorschriften verbessert werden.

— Die zahlreichen sonstigen Planungsvorschriften von Bund und Ländern zur Verkehrsberuhigung sollten zusammengefaßt werden und bundeseinheitlich gelten.

— Die zukünftigen Vorschriften sollten stärker als bisher die spezifischen Fragestellungen der kleinen Orte einbeziehen.

— Eine Änderung der bestehenden Vorschriften sollte erst dann erfolgen, wenn weitere Forschungsarbeiten über die spezifischen Fragestellungen der kleinen Orte vorliegen.

Hinweise zum Aufbau dieses Berichts:

Der enge Zusammenhang zwischen Planungsvorgaben und Planungsentscheidungen war das entscheidende Kriterium für den formalen und inhaltlichen Aufbau dieses Berichts. Die einschlägigen bundeseinheitlichen Vorschriften des Straßenverkehrsgesetzes, der Straßenverkehrs-Ordnung und der Allgemeinen Verwaltungsvorschriften zur StVO werden in den Kapiteln B 1.2 bis B 1.4 mit den zugehörigen Begründungen wiedergegeben. In den Kapiteln B 2 und B 3 werden die Planungsvorschriften der Bundesländer bzw. Österreichs und der Schweiz in Form eines Quellenverzeichnisses dokumentiert. Die jeweiligen Texte werden — nach Schwerpunktthemen systematisiert — im Teil D im Wortlaut wiedergegeben.

Die erfolgreiche Einrichtung von Verkehrsberuhigten Bereichen ist in hohem Maße von der Zusammenarbeit bzw. Abstimmung zwischen den für die Planung der baulichen/gestalterischen Maßnahmen und den für die straßenverkehrsrechtliche Kennzeichnung zuständigen Behörden abhängig. Die in Kapitel B 4 zusammengestellte Übersicht zeigt die länderweise sehr unterschiedlich gehandhabte Verteilung der Zuständigkeiten. Dies könnte auch für die Erarbeitung derjenigen Verwaltungsvorschriften von Bedeutung sein, die an die Straßenverkehrsbehörden gerichtet sind.

In den Kapiteln B 1.2 bis B 3 sind in der rechten Spalte Kenn-Nummern eingesetzt. Diese weisen hin auf eine Textstelle bzw. auf eine Literaturangabe, die in der zugehörigen Zeile beginnt. Im laufenden Text der Teile C und D wird in Anmerkungen auf diese Kenn-Nummern verwiesen.

B 1.2 Straßenverkehrsgesetz (StVG)
(in der Fassung des Gesetzes zur Änderung des Straßenverkehrsgesetzes vom 6. April 1980) (4)

In § 6 Abs. 1 StVG „Ausführungsvorschriften" wurde die Nummer 15 eingefügt (5):

Der Bundesminister für Verkehr erläßt mit Zustimmung des Bundesrates Rechtsverordnungen und allgemeine Verwaltungsvorschriften über
(...)
15. die Kennzeichnung von Fußgängerbereichen und verkehrsberuhigten Bereichen und die Beschränkungen oder Verbote des Fahrzeugverkehrs zur Erhaltung der Ordnung und Sicherheit in diesen Bereichen, zum Schutze der Bevölkerung vor Lärm und Abgasen und zur Unterstützung einer geordneten städtebaulichen Entwicklung;
(...)

Die Erläuterung zum Gesetzestext lautet (6):

Diese Bestimmung soll rechtliche Zweifel am Vorliegen einer ausreichenden Ermächtigung bei Maßnahmen der Straßenverkehrsbehörde im Bereich von Fußgängerbereichen und verkehrsberuhigten Wohnzonen beseitigen.

Der Begriff „Kennzeichnung" macht deutlich, daß den Straßenverkehrsbehörden nicht die Befugnis eingeräumt werden soll zu entscheiden, ob ein Fußgängerbereich oder eine verkehrsberuhigte Wohnzone eingerichtet werden soll. In der Praxis ist dies jeweils eine bedeutende lokale städteplanerische Entscheidung der Gemeinde, für die als Rechtsgrundlage auch das Straßenrecht in Betracht kommen kann. Hieran soll nichts geändert werden. Die Frage aber, wie der verbleibende Verkehr in diesen Bereichen in Vollzug dieser grundsätzlich städteplanerischen Entscheidung zu regeln ist, ist von der jeweiligen Straßenverkehrsbehörde zu entscheiden. So bestimmt sie z.B., zu welchen Zeiten welcher Zulieferverkehr in Fußgängerzonen zugelassen wird oder welche Höchstgeschwindigkeit in einer verkehrsberuhigten Wohnzone erlaubt sein soll u.a. Bei dieser Entscheidung sind nicht nur Gesichtspunkte der Sicherheit und Ordnung gemäß § 45 StVO (§ 6 Abs. 1 Nr. 3 StVG) maßgebend, sondern gerade auch die städtebaulichen Erwägungen, die der Entscheidung der Gemeinde zugrunde liegen. Darüber hinaus kann auch der Schutz der Bevölkerung vor Lärm und Abgasen für die Entscheidung der Straßenverkehrsbehörde von Bedeutung sein. Dieser Gedanke des Umweltschutzes wird von § 6 Abs. 1 Nr. 1 Buchstabe d (i.d.F. des Artikels 1 Nr. 4 Buchstaben a, bb, aaa) für den Bereich der Fußgängerzone nicht erfaßt. Daher ist auch diese Ergänzung erforderlich.

Die bisher geschaffenen verkehrsberuhigten Wohnzonen befinden sich zwar derzeit noch weitgehend in der Versuchsphase. Doch müssen rechtzeitig die rechtlichen Voraussetzungen geschaffen werden, um entsprechend dem niederländischen Vorbild zukünftig eine verkehrsrechtliche und städtebauliche Entwicklung zu ermöglichen, die mehr als bisher auf die berechtigten Belange der Menschen Rücksicht nimmt.

Entsprechend dem übrigen Wortlaut des § 6 widerspricht die kumulativ erscheinende Aufzählung nicht einer alternativen Auslegung und Anwendung dieser Ermächtigung. Es muß daher nur eine der aufgezählten Zielsetzungen vorliegen.

Auf Vorschlag des Bundesrates änderte der Deutsche Bundestag die zunächst vorgesehene Bezeichnung „Verkehrsberuhigte Wohnzone" in „Verkehrsberuhigte Bereiche". Die Begründung lautet (7):

Die Einrichtung von verkehrsberuhigten Bereichen kommt nicht nur in den ausschließlich oder überwiegend dem Wohnen dienenden Gebieten, sondern auch in Gebieten mit gemischter baulicher Nutzung und in zentralen Einkaufsbereichen in Betracht. Letzteres ist im Hinblick auf die möglichen nachteiligen Auswirkungen reiner Fußgängerzonen besonders für die Kernbereiche von Klein- und Mittelstädten von Bedeutung. Die Möglichkeit der Einrichtung verkehrsberuhigter Bereiche darf daher nicht auf Wohnzonen beschränkt werden.

Auf Vorschlag des Bundesrates ersetzte der Deutsche Bundestag die zunächst vorgesehenen Worte „im Rahmen einer gesunden städtebaulichen Entwicklung" durch die Worte „zur Unterstützung einer geordneten städtebaulichen Entwicklung". Die Begründung lautet (8):

Das Bundesbaugesetz verwendet mehrfach den Begriff „geordnete städtebauliche Entwicklung" (§ 1 Abs. 6, § 20 Abs. 1 Nr. 1 BBauG). Der Begriffsinhalt ist den Gemeinden, staatlichen Verwaltungsbehörden und Gerichten vertraut. Das Straßenverkehrsgesetz, das insoweit nur einem städtebaulichen Anliegen entspricht, sollte nicht ohne zwingenden Grund eine andere Formulierung verwenden, die nur Zweifel über ihren Inhalt und Unterschied zu dem im Bundesbaugesetz verwendeten Begriff auslösen würde.

Als besonders bedeutsam sollte die gemeinsame Auffassung der Mehrheiten in Bundestag und Bundesrat festgehalten werden:

1. Die Einrichtung von 325-Bereichen soll ausdrücklich auch in Gebieten mit gemischter baulicher Nutzung und in zentralen Einkaufsbereichen ermöglicht werden.

2. Die 325-Bereiche werden ausdrücklich als eine Maßnahme bezeichnet, die auch zur Unterstützung einer geordneten städtebaulichen Entwicklung eingerichtet werden kann.

Der Auffassung, daß die Mischnutzung unter Berücksichtigung der jeweiligen städtebaulichen Gesichtspunkte auch außerhalb von Wohnstraßen eine situationsgerechte Lösung sein kann, wird im In- und Ausland allerdings nicht einhellig gefolgt. In den „Weisungen über Wohnstrassen" für die Schweiz heißt es beispielsweise in Punkt 2.1 zur Lage der Straße bezüglich ihrer Nutzung:

Die Strasse liegt in einem Wohngebiet

und in den zugehörigen Erläuterungen:

Als „Wohngebiet" werden Siedlungsgebiete bezeichnet, in denen das Wohnen die alleinige oder die vorwiegende Nutzungsart darstellt (mehr Wohn- als Arbeitsplätze). Das Einzugsgebiet der Wohnstrasse soll mindestens eine Fläche von ca. einer Hektare, eine Wohndichte von 10 Einwohnern pro Hektare und eine Bevölkerung von 50 Einwohnern aufweisen.

B 1.3 Straßenverkehrs-Ordnung (StVO)
(in der Fassung der Verordnung zur Änderung der Straßenverkehrs-Ordnung vom 21. Juli 1980) (9)

In § 42 StVO „Richtzeichen" wurde der Absatz 4a „Verkehrsberuhigte Bereiche" eingefügt (10):

Zeichen 325

Beginn eines 325-Bereiches

Zeichen 326

Ende eines 325-Bereiches

Innerhalb dieses Bereichs gilt:
1. *Fußgänger dürfen die Straße in ihrer ganzen Breite benutzen; Kinderspiele sind überall erlaubt.*
2. *Der Fahrzeugverkehr muß Schrittgeschwindigkeit einhalten.*
3. *Die Fahrzeugführer dürfen die Fußgänger weder gefährden noch behindern; wenn nötig müssen sie warten.*
4. *Die Fußgänger dürfen den Fahrverkehr nicht unnötig behindern.*
5. *Das Parken ist außerhalb der dafür gekennzeichneten Flächen unzulässig, ausgenommen zum Ein- oder Aussteigen, zum Be- oder Entladen.*

Die Erläuterung zum Erlaß des neuen Abs. 4a lautet im allgemeinen Teil (11):

In den verkehrsrechtlichen und städtebaulichen Diskussionen in den vergangenen Jahren haben die sogenannten „verkehrsberuhigten Bereiche" einen breiten Raum eingenommen.

Anknüpfend an holländische Erfahrungen hat in Nordrhein-Westfalen ein mehrjähriger Großversuch stattgefunden. Die Erfahrungen waren im allgemeinen so positiv, daß es erforderlich ist, ein entsprechendes Verkehrszeichen in die StVO aufzunehmen. Dieses Verkehrszeichen ist nach eingehenden psychologischen sowie auch verkehrstechnischen Untersuchungen (Tag- und Nachtsichtbarkeit) im Rahmen der Europäischen Konferenz der Verkehrsminister (CEMT) entwickelt worden. Auch die an dieses Zeichen geknüpften Verhaltensvorschriften entsprechen einer CEMT-Ministerratsempfehlung. Zeichen und Vorschriften werden also demnächst in ganz Westeuropa einheitlich gelten. Auch die UN-Wirtschaftskommission für Europa (ECE) diskutiert z. Z. dieses Zeichen mit den Verhaltensvorschriften.

Es besteht begründeter Anlaß zu der Annahme, daß auch die europäischen Ostblockstaaten diese Regelungen übernehmen werden.

Auch in der StVO wurde der zunächst vorgesehene Begriff „Verkehrsberuhigte Wohnbereiche" durch den Bundesrat in „Verkehrsberuhigte Bereiche" geändert. Die Begründung lautet (12):

Die an das Zeichen 325 und 326 geknüpften Vorschriften regeln nicht nur das Parkverhalten. Die so gekennzeichneten Straßen stellen einen besonderen „Straßentyp" dar. Dies soll mit der Änderung verdeutlicht werden.

Die Erläuterungen zu den einzelnen Verhaltensvorschriften des Abs. 4a lauten (13):

Zu 1
Diese Vorschrift hebt die Differenzierung der einzelnen Straßenteile nach Benutzungsarten (Gehweg, Radweg, Fahrbahn) auf. Es ist klar, daß eine solche Regelung ohne eine erhebliche bauliche Umgestaltung der Straße nicht möglich ist. Dies wäre im Interesse der Verkehrssicherheit nicht zu verantworten.

Zu 2
Der Begriff „Fahrzeugverkehr" stellt klar, daß hiermit nicht nur Kraftwagen gemeint sind. Auch Radfahrer, Mofas und Mopeds müssen Schritt fahren. Der Begriff „Schrittgeschwindigkeit" deckt sich mit dem in § 24 Abs. 2 (siehe Kenn-Nummer 219, Einfügung d. d. Verf.) aufgeführten gleichnamigen Begriff. Es ist dies eine sehr langsame Geschwindigkeit, die der eines normal gehenden Fußgängers entspricht; sie muß jedenfalls wesentlich unter 20 km/h liegen.

Zu 3
Hier wird im Ergebnis der Vorrang des Fußgängers — vor dem Fahrzeugverkehr — normiert. Dies kommt in der Formulierung zum Ausdruck „wenn nötig, müssen sie (die Fahrzeuge) warten". Dieselbe Formulierung findet sich in § 9 Abs. 3, § 20 Abs. 1, Abs. 1a und 2 sowie in § 26 Abs. 1 (siehe Kenn-Nummern 220 bis 224, Einfügung d. d. Verf.).

Zu 4
Diese Vorschrift soll verhindern, daß die Fußgänger einen unangemessenen Gebrauch von ihrem Vorrang machen.

Zu 5
Die zum Parken bestimmten Flächen innerhalb des verkehrsberuhigten Bereichs brauchen nicht durch Parkplatzschilder gekennzeichnet zu sein. Es genügt auch eine Bodenmarkierung (§ 41 Abs. 3 Nr. 7) (siehe Kenn-Nummern 225 und 226, Einfügung d. d. Verf.) oder, wenn dies ausreichend deutlich möglich ist, eine besondere Art der Pflasterung.

Ergänzungen zu den vorstehenden Erläuterungen der Verhaltensvorschriften des § 42 Abs. 4a StVO:

§ 24 Abs. 2 StVO:
Mit Krankenfahrstühlen dürfen Gehwege und Seitenstreifen in Schrittgeschwindigkeit benutzt werden.

219

§ 9 Abs. 3 StVO:
Wer abbiegen will, muß entgegenkommende Fahrzeuge durchfahren lassen, Schienenfahrzeuge, Fahrräder mit Hilfsmotor und Radfahrer auch dann, wenn sie auf oder neben der Fahrbahn in der gleichen Richtung fahren. Dies gilt auch gegenüber Linienomnibussen. Auf Fußgänger muß er besondere Rücksicht nehmen; wenn nötig, muß er warten.

220

§ 20 StVO „Öffentliche Verkehrsmittel und Schulbusse":
Abs. 1:
An öffentlichen Verkehrsmitteln, die an Haltestellen (Zeichen 224 oder 226) halten, darf nur vorsichtig vorbeigefahren werden. Wenn Fahrgäste auf der Fahrbahn ein- oder aussteigen, darf am öffentlichen Verkehrsmittel rechts nur mit mäßiger Geschwindigkeit und nur in einem solchen Abstand vorbeigefahren werden, daß eine Gefährdung von Fahrgästen ausgeschlossen ist. Sie dürfen auch nicht behindert werden. Wenn nötig, muß der Fahrzeugführer warten.

221

Abs. 1a:
An gekennzeichneten Schulbussen, die halten und Warnblinklicht (§ 16 Abs. 2) eingeschaltet haben, darf nur mit mäßiger Geschwindigkeit und in einem solchen Abstand vorbeigefahren werden, daß eine Gefährdung der Schulkinder ausgeschlossen ist. Sie dürfen auch nicht behindert werden. Wenn nötig, muß der Fahrzeugführer warten.

222

Abs. 2:
Omnibussen des Linienverkehrs ist das Abfahren von gekennzeichneten Haltestellen zu ermöglichen. Wenn nötig, müssen andere Fahrzeuge warten.

223

§ 26 Abs. 1 StVO „Fußgängerüberwege":
An Fußgängerüberwegen haben Fahrzeuge mit Ausnahme von Schienenfahrzeugen den Fußgängern, welche die Fahrbahn auf dem Überweg erkennbar überschreiten wollen, das Überqueren zu ermöglichen. Deshalb dürfen sie nur mit mäßiger Geschwindigkeit heranfahren; wenn nötig, müssen sie warten.

224

§ 41 StVO „Vorschriftzeichen":
Abs. 1:
Auch Schilder oder weiße Markierungen auf der Straßenoberfläche enthalten Gebote und Verbote.

225

Abs. 3 „Markierungen" Nr. 7:
Parkflächenmarkierungen erlauben das Parken (§ 12 Abs. 2), auf Gehwegen aber nur Fahrzeugen mit einem zulässigen Gesamtgewicht bis zu 2,8 t. Sind Parkflächen auf Straßen durch ununterbrochene Linien oder durch Nagelreihen abgegrenzt, so wird damit angeordnet, wie Fahrzeuge aufzustellen sind. Dazu genügt auf gekennzeichneten Parkplätzen (Zeichen 314 und 315) und an Parkuhren eine einfachere Markierung. Die ununterbrochenen Linien dürfen überquert werden.

226

Außerdem wurden die §§ 10 und 45 StVO entsprechend angepaßt: In § 10 StVO „Einfahren und Anfahren" wurde der erste Satz durch den Bundesrat ergänzt (14):
Wer aus einem Grundstück oder aus einem verkehrsberuhigten Bereich (Zeichen 325/326) auf eine Straße oder von anderen Straßenteilen auf die Fahrbahn einfahren oder vom Fahrbahnrand anfahren will, hat sich dabei so zu verhalten, daß eine Gefährdung anderer Verkehrsteilnehmer ausgeschlossen ist; erforderlichenfalls hat er sich einweisen zu lassen. Er hat seine Absicht rechtzeitig und deutlich anzukündigen; dabei sind die Fahrtrichtungsanzeiger zu benutzen.

227

Die Begründung hierfür lautet (15):
In der StVO fehlt eine Regelung über das Verhalten des Fahrzeugführers, der einen gekennzeichneten verkehrsberuhigten Bereich verläßt. Durch die vorgeschlagene Regelung wäre sichergestellt, daß niemand den verkehrsberuhigten Bereich unter Inanspruchnahme einer im Interesse der allgemeinen Verkehrssicherheit nicht wünschenswerten Vorfahrt verlassen kann. Anderenfalls müßte diese Regelung durch eine entsprechende Beschilderung ersetzt werden.

228

229

Im übrigen sollte die Formulierung des § 6 Abs. 1 Nr. 15 Straßenverkehrsgesetz, der bewußt den weiteren Begriff „verkehrsberuhigte Bereiche" verwendet, in die Straßenverkehrs-Ordnung und in die Verwaltungsvorschrift zur Straßenverkehrs-Ordnung übernommen werden. Der Begriff „verkehrsberuhigter Wohnbereich" engt die Anwendungsmöglichkeiten ein. Im übrigen kommt die Einrichtung solcher Bereiche nicht nur in den ausschließlich oder überwiegend dem Wohnen dienenden Gebieten, sondern auch in Gebieten mit gemischter baulicher Nutzung und in zentralen Einkaufsbereichen in Betracht. Letzteres ist besonders für Kernbereiche von Klein- und Mittelstädten von Bedeutung.

230

231

232

In § 45 StVO „Verkehrszeichen und Verkehrseinrichtungen" wird die Beteiligung der Straßenverkehrsbehörden geregelt:
Abs. 1b:
Die Straßenverkehrsbehörden treffen auch die notwendigen Anordnungen
...
3. zur Kennzeichnung von Fußgängerbereichen und verkehrsberuhigten Bereichen,
...
5. zum Schutz der Bevölkerung vor Lärm und Abgasen oder zur Unterstützung einer geordneten städtebaulichen Entwicklung.

233

Die Straßenverkehrsbehörden ordnen die Parkmöglichkeiten für Anwohner, die Kennzeichnung von Fußgängerbereichen und verkehrsberuhigten Bereichen und Maßnahmen zum Schutze der Bevölkerung vor Lärm und Abgasen oder zur Unterstützung einer geordneten städtebaulichen Entwicklung im Einvernehmen mit der Gemeinde an.

234

235

Die Bestimmung der sachlich zuständigen Behörde erfolgt nach Landesrecht, siehe die Zusammenstellung im Kapitel B 4.

Der Wortlaut des § 45 Abs. 1b StVO wurde teilweise durch den Bundesrat in dieser Form festgelegt. Er fügte auch die Nr. 5 neu ein. Die Begründung lautet (16):

Die städtebaulichen Aufgaben und damit auch die Wohnumfeldverbesserung durch Verkehrsberuhigung gehören zu den gemeindlichen Selbstverwaltungsangelegenheiten. Den Gemeinden ist daher bei städtebaulich begründeten straßenverkehrsrechtlichen Anordnungen ein Gestaltungsspielraum für eigenverantwortliche Entscheidungen zu gewähren (BVerwGE 6, 342, 345). Deshalb müssen die in dem neuen Satz 2 genannten Anordnungen jeweils im Einvernehmen mit der Gemeinde ergehen. 236 237

B 1.4 Allgemeine Verwaltungsvorschrift zur Straßenverkehrs-Ordnung (VwV-StVO)

(in der Fassung der Allgemeinen Verwaltungsvorschrift zur Änderung der Allgemeinen Verwaltungsvorschrift zur Straßenverkehrs-Ordnung vom 21. Juli 1980) (17)

Wortlaut der VwV-StVO zu den Zeichen 325 und 326 „Verkehrsberuhigte Bereiche" (18):

I. Allgemeines.

  1. Die Zeichen sind 650 mm hoch und 1000 mm breit. 301

  2. Am Anfang solcher Bereiche ist Zeichen 325 so aufzustellen, daß es bereits auf ausreichende Entfernung vor dem Einbiegen in den Bereich wahrgenommen werden kann. Am Ende ist Zeichen 326 höchstens 30 m vor der nächsten Einmündung oder Kreuzung aufzustellen. 302 303

II. Örtliche Voraussetzungen. 304

  Die Kennzeichnung von verkehrsberuhigten Bereichen setzt voraus, daß die in Betracht kommenden Straßen, insbesondere durch geschwindigkeitsmindernde Maßnahmen des Straßenbaulastträgers oder der Straßenbaubehörde, überwiegend Aufenthalts- und Erschließungsfunktionen haben. 305

III. Bauliche Voraussetzungen. 306

  1. Maßgebend für die Beschilderung von verkehrsberuhigten Bereichen sind — neben der damit angestrebten Erhöhung der Verkehrssicherheit — Gesichtspunkte des Städtebaus, insbesondere der Verbesserung des Wohnumfeldes durch Umgestaltung des Straßenraumes. 307

  2. Die mit Zeichen 325 erfaßten Straßen müssen durch ihre Gestaltung den Eindruck vermitteln, daß die Aufenthaltsfunktion überwiegt und der Fahrzeugverkehr hier eine untergeordnete Bedeutung hat. Dies kann u.a. dadurch erreicht werden, daß der Ausbau der Straße sich deutlich von angrenzenden Straßen, die nicht mit Zeichen 325 beschildert sind, unterscheidet. In der Regel wird ein niveaugleicher Ausbau für die ganze Straßenbreite erforderlich sein. 308 309 310 311

  3. Straßen, die mit Zeichen 325 beschildert sind, dürfen von Fußgängern zwar in ihrer ganzen Breite benutzt werden; dies bedeutet aber nicht, daß auch Fahrzeugführern ermöglicht werden muß, die Straße überall zu befahren. Daher kann es im Einzelfall zweckmäßig sein, Flächen für Fußgänger zu reservieren und diese in geeigneter Weise (z.B. durch Poller, Bewuchs) von dem befahrbaren Bereich abzugrenzen. 312 313

  4. Die Straße muß ein Befahren für alle dort zu erwartenden Fahrzeugarten gestatten. 314

  5. Der Parkraumbedarf sollte in angemessener Weise berücksichtigt werden. Die zum Parken bestimmten Flächen innerhalb des verkehrsberuhigten Bereichs brauchen nicht durch Parkplatzschilder gekennzeichnet zu sein. Es genügt eine andere Kennzeichnung, z.B. eine Bodenmarkierung (§ 41 Abs. 3 Nr. 7) oder Pflasterwechsel. 315 316

IV. Die Kennzeichnung von verkehrsberuhigten Bereichen kommt sowohl für alle Straßen eines abgegrenzten Gebietes als auch für einzelne Straßen und Straßenabschnitte in Betracht. Die Zeichen 325, 326 dürfen nur angeordnet werden, wenn die unter Nummern II und III aufgeführten Voraussetzungen vorliegen. Dabei muß jede Straße oder jeder Straßenabschnitt diesen Voraussetzungen genügen, sofern nicht die örtlichen Gegebenheiten — auch im Hinblick auf die Verkehrssituation — einzelne Abweichungen zulassen. 317 318 319

V. Innerhalb der durch die Zeichen 325, 326 gekennzeichneten Bereiche sind weitere Zeichen, z.B. Gefahrzeichen und Verkehrseinrichtungen in der Regel entbehrlich. 320

VI. Sonstiges. 321
  Neben der Einrichtung von verkehrsberuhigten Bereichen (Zeichen 325) kommen zur Verbesserung der Verkehrssicherheit und aus städtebaulichen Gründen u.a. folgende Maßnahmen in Frage:

  1. Veränderung des Straßennetzes oder der Verkehrsführung, um den Durchgangsverkehr zu verhindern, wie die Einrichtung von Sackgassen, Sperrung von „Schleichwegen", Diagonalsperre von Kreuzungen, 322

  2. die Sperrung für bestimmte Verkehrsarten, ggf. nur für die Nachtstunden, 323

  3. die Anordnung von Haltverboten und Geschwindigkeitsbeschränkungen an besonderen Gefahrenstellen (z.B. Zeichen 274 mit 136), 324

  4. die Einrichtung von Einbahnstraßen, 325

  5. Aufpflasterungen. 326

Erfahrungsgemäß verspricht nur die Kombination mehrerer dieser Maßnahmen Erfolg. 327

Erläuterungen und Begründungen zur VwV-StVO zu den Zeichen 325 und 326 (19):

Die Nummer II wurde nach erheblichen Veränderungen des zunächst beabsichtigten Textes neu gefaßt. Es wurden vor allem die vorher weitergehenden Einschränkungen der örtlichen Voraussetzungen gestrichen:
— ,,daß es sich um baulich in sich geschlossene Wohngebiete handelt'';
— daß ,,fremder Fahrzeugverkehr ferngehalten werden soll und auch keine Linienbusse verkehren''; 329
— daß ,,geeignete Umleitungsmöglichkeiten bestehen''. 330

Die Streichung der letztgenannten Voraussetzung wurde wie folgt begründet:
Die Regelung ist überflüssig. Das Problem der Verkehrsumleitung ist bei der vorausgehenden Planung zu lösen. 331

Die besondere Erwähnung der zuständigen Behörden in Nummer II wurde wie folgt begründet:
Die Einrichtung von verkehrsberuhigten Wohnbereichen ist in erster Linie Sache des Straßenbaulastträgers. Das soll hiermit zum Ausdruck gebracht werden. 332

In Nummer III Abs. 1 wurde die zunächst beabsichtigte Aussage ,,Maßgebend ... sind ... Gesichtspunkte des Städtebaus, **insbesondere der Straßengestaltung und der Wohnqualität**'' geändert in: ,,Maßgebend ... sind ... Gesichtspunkte des Städtebaus, **insbesondere der Verbesserung des Wohnumfeldes durch Umgestaltung des Straßenraums**'' (Hervorhebung d. d. Verf.).

Die Begründung hierfür lautet:
Der städtebauliche Aspekt wird durch die vorgeschlagene Formulierung deutlicher erfaßt. 333

In Nummer III Abs. 2 wurde im ersten Satz ,,Die mit Zeichen 325 erfaßten Straßen müssen durch ihre **bauliche** Gestaltung den Eindruck vermitteln,...'' (Hervorhebung d. d. Verf.) das Wort ,,bauliche'' mit folgender Begründung gestrichen:
Nicht nur durch bauliche Maßnahmen kann der erstrebte Zweck erreicht werden. Gestaltungen, die nicht mit dem Boden verbunden sind, und andere Einrichtungen, wie Fahrbahnmarkierungen, können in geeigneten Fällen ausreichend sein. 334

In Nummer III Abs. 5 wurde die inhaltliche Formulierung des letzten Satzes weiter gefaßt. Neben der Kennzeichnung der Stellplätze durch Parkplatzschilder (Zeichen 314 StVO) werden nun Bodenmarkierungen und Pflasterwechsel lediglich als Beispiele genannt. Dadurch sollen weitere geeignete Kennzeichnungsmöglichkeiten, wie sie sich aus der städtebaulichen Gestaltung ergeben, ausdrücklich zugelassen werden.

Die aktuelle Fassung der Nummer IV wird wie folgt begründet:
Die Anordnung verkehrsberuhigter Bereiche kommt nicht nur für abgegrenzte Gebiete in Betracht, sondern auch für einzelne Straßen und Straßenabschnitte... Verkehrsberuhigte Bereiche können nach Größe, Eigenart, Zahl der Anwohner und im Hinblick auf die Verkehrsverhältnisse unterschiedlich beurteilt werden. Daher müssen für einzelne Straßen oder Straßenabschnitte auch Abweichungen von den Voraussetzungen der Nummern II und III möglich sein. 335 336

VwV zu den §§ 39 bis 43 StVO ,,Allgemeines über Verkehrszeichen und Verkehrseinrichtungen'' (20) (Auszug):

I. *Die behördlichen Maßnahmen zur Regelung und Lenkung des Verkehrs durch Verkehrszeichen und Verkehrseinrichtungen stellen eine sinnvolle und notwendige Ergänzung der allgemeinen Verkehrsvorschriften dar. Die damit gegebenen Möglichkeiten sind, wo immer das im Interesse der Sicherheit oder im Interesse der Leichtigkeit des Verkehrs und der bestmöglichen Nutzung des Straßenraumes als geboten erscheint, voll auszunutzen...* 401 402

...

III. *Allgemeines über Verkehrsschilder*

1. *Es dürfen nur die in der StVO genannten Verkehrsschilder verwendet werden oder solche, die der Bundesminister für Verkehr nach Anhörung der zuständigen obersten Landesbehörden durch Verlautbarung im Verkehrsblatt zuläßt.* 403 404

2. *Die Formen der Verkehrsschilder müssen den Mustern der StVO entsprechen.* 405

3. *Bei den einzelnen Schildern werden nur die Außenmaße angegeben. ... In verkleinerter Ausführung dürfen nur diejenigen Verkehrsschilder angebracht werden, bei denen das in dieser Verwaltungsvorschrift ausdrücklich zugelassen ist.* 406 407

   Das Verhältnis der vorgeschrieben Maße soll auch bei Übergrößen und Verkleinerungen gegeben sein. ... 408

...

8. *Verkehrsschilder sind gut sichtbar in etwa rechtem Winkel zur Verkehrsrichtung auf der rechten Seite der Straße anzubringen, soweit nicht in dieser Verordnung anderes gesagt ist.* 409 410

   a) *Links allein oder über der Straße allein dürfen sie nur angebracht werden, wenn Mißverständnisse darüber, daß sie für den gesamten Verkehr in einer Richtung gelten, nicht entstehen können und wenn sie so besonders auffallen und jederzeit im Blickfeld des Fahrers liegen, links allein z.B. bei Linksabbiegeverboten auf Straßen mit Mittelstreifen oder auf Einbahnstraßen.* 411

   b) *Wo nötig, vor allem an besonders gefährlichen Straßenstellen, sind die Schilder auf beiden Straßenseiten, bei getrennten Fahrbahnen auf beiden Fahrbahnseiten aufzustellen. Das kann vor allem der Fall sein auf Straßen mit starkem oder schnellerem Verkehr und auf solchen, auf denen nebeneinander gefahren werden kann.* 412

...

11. a) *Die Unterkante der Schilder sollte, soweit nicht bei einzelnen Verkehrszeichen an-* 413

deres gesagt ist, in der Regel 2 m vom Boden entfernt sein, über Radwegen 2,20 m, an Schilderbrücken 4,50 m, auf Inseln und an Verkehrsteilern 0,60 m. 414
415

b) Verkehrszeichen dürfen nicht innerhalb der Fahrbahn aufgestellt werden. In der Regel sollte der Seitenabstand von ihr innerhalb geschlossener Ortschaften 0,50 m, keinesfalls weniger als 0,30 m betragen, außerhalb geschlossener Ortschaften 1,50 m. 416
417

...

B 2 Planungshinweise der Bundesländer

Die in den Kapiteln B 1.2 bis B 1.4 auszugsweise wiedergegebenen bundeseinheitlichen Regelungen (StVG, StVO, VwV-StVO), die u. a. vom Bundesminister für Verkehr und vom Bundesminister für Raumordnung, Bauwesen und Städtebau veröffentlichten Forschungsberichte und die sonstigen Publikationen zur Verkehrsberuhigung im allgemeinen und zu den 325-Bereichen im besonderen wurden von den zuständigen Ministern der Länder um zusätzliche Richtlinien bzw. Arbeitshilfen ergänzt.

Baden-Württemberg:

Verwaltungsvorschrift des Innenministeriums zur Straßenverkehrs-Ordnung (VwV IM — StVO —) vom 11. Juni 1981, Az. III 6-4101-4/1, Gemeinsames Amtsblatt Baden-Württemberg (GABl), Nr. 25 vom 21. August 1981, S. 793ff., mit Anlage: Verkehrsberuhigung in Wohngebieten/Einrichtung verkehrsberuhigter Bereiche durch Zeichen 325 StVO. BW 1

Die in der Anlage wiedergegebenen Grundsätze wurden im November 1980 anläßlich eines vom HUK-Verband veranstalteten Erfahrungsaustausches von Verkehrsjuristen, Städtebau-, Straßenbau- und Verkehrsingenieuren erarbeitet. Lt. Punkt 3.2 der VwV IM — StVO — wird den Gemeinden die Anwendung empfohlen.

Bayern:

— Vollzug der Straßenverkehrs-Ordnung. Bekanntmachung des Bayerischen Staatsministeriums des Innern vom 19. September 1981, Nr. I C/II D-2504-611/7, Ministerialamtsblatt der Bayerischen Inneren Verwaltung (MABl.) vom 23. November 1981, Jg. 33, Nr. 24/1981, S. 655-704. BY 1

— Verkehrsberuhigung. Hinweise und Beispiele für die verkehrsberuhigende Gestaltung von Erschließungsstraßen, in: Arbeitsblätter für die Bauleitplanung. Nr. 5, Hrsg.: Bayerisches Staatsministerium des Innern — Oberste Baubehörde, München: Kommunalschriften-Verlag Jehle München GmbH, 1983. BY 2

Hessen:

— Verkehrsberuhigung in Hessen. Beispiele, Möglichkeiten und Grenzen. Broschüre des Hessischen Ministers für Wirtschaft und Technik (Hrsg.), Wiesbaden 1984. HE 1

— Verkehrsberuhigung in Wohngebieten. Rundschreiben des Hessischen Ministers für Wirtschaft und Technik vom 26. März 1980, Az. III b 1 — 66 k 04.75.02. HE 2

— Verkehrsberuhigung in Wohngebieten. Hier: Verwendung der Zeichen 325 und 326 StVO, Rundschreiben des Hessischen Ministers für Wirtschaft und Technik vom 16. September 1980, Az. III b 1 — 66 k 12.11. HE 3

— Richtlinien des Landes Hessen für die Förderung von baulichen Maßnahmen an Straßen zur Verkehrsberuhigung in Wohngebieten — Ri zu § 38 FAG-Verkber —, Staatsanzeiger für das Land Hessen, Nr. 3/1982, S. 106—108. HE 4

— Voraussetzungen, Möglichkeiten und Auswirkungen von Maßnahmen zur Einrichtung verkehrsberuhigter Bereiche, Rundverfügung des Regierungspräsidenten in Darmstadt vom 16. Januar 1981, Darmstadt. HE 5

Niedersachsen:

Niedersächsischer Sozialminister (Hrsg.): Erfahrungen, Feststellungen und Empfehlungen zur Verkehrsberuhigung in Wohngebieten, in: Berichte zum Städtebau und Wohnungswesen, Heft 1, Hannover, 1980. ND 1

Nordrhein-Westfalen:

— Planung und Durchführung von Maßnahmen der Verkehrsberuhigung auf öffentlichen Straßen. Gemeinsamer Runderlaß des Ministers für Wirtschaft, Mittelstand und Verkehr — IV/A 3-79-11-6/83 — und des Ministers für Landes- und Stadtentwicklung — III C 2 — 87.15 — vom 18. Februar 1983, MBl.NW, Nr. 23 vom 31. März 1983, S. 376—378. NW 1

— Wohnumfeldverbesserung in der Städtebauförderung. Orientierungshilfe für die Förderung von Maßnahmen der Wohnumfeldverbesserung im Rahmen der Städtebauförderung, in: Kurzinformation des Ministers für Landes- und Stadtentwicklung des Landes Nordrhein-Westfalen (Hrsg.), Nr. 9/1982. NW 2

— Hinweise zur Berücksichtigung des ÖPNV bei Maßnahmen der Verkehrsberuhigung. Runderlaß des Ministers für Stadtentwicklung, Wohnen und Verkehr — I C 3 — 89.00 — 1447/86 — vom 11. Juni 1986, in: Kurzinformation des Ministers für Stadtentwicklung, Wohnen und Verkehr des Landes Nordrhein-Westfalen (Hrsg.), Nr. 2/1986. NW 3

Rheinland-Pfalz:

— StVO-Rundschreiben des Ministers für Wirtschaft und Verkehr des Landes Rheinland-Pfalz StVO I/1981 vom 30. Juli 1981, mit Anlage: Verkehrsberuhigung in Wohngebieten/Einrichtung verkehrsberuhigter Bereiche durch Zeichen 325 StVO. RP 1

Diese Anlage ist identisch mit derjenigen zur VwV IM — StVO — des Innenministeriums Baden-Württemberg, jedoch ergänzt um den Punkt 3. Finanzierung.

— Städtebauliche Voraussetzungen für die Schaffung verkehrsberuhigter Bereiche gemäß § 42 Abs. 4a der Straßenverkehrs-Ordnung, Zusammenfassung einer Besprechung im Ministerium der Finanzen des Landes Rheinland-Pfalz vom 13. Januar 1984.   RP 2

Saarland:
Keine zusätzlichen Planungshilfen (Stand Dezember 1984).

Schleswig-Holstein:
Hinweise für Maßnahmen zur Verkehrsberuhigung. Gemeinsamer Runderlaß des Innenministers und des Ministers für Wirtschaft und Verkehr vom 29. Dezember 1980 — IV 810-511.624.0/VII 500 — T 3102/2 —16 —, Amtsblatt für Schleswig-Holstein, Nr. 5/1981, S. 91—93.   SH 1
Im Punkt 6 wird auf folgende Hinweise für die Planung und Durchführung hingewiesen: Verkehrsberuhigung in Wohnbereichen. Empfehlungen der Beratungsstelle für Schadenverhütung des HUK-Verbandes, Nr. 1, Köln 1980, sowie auf: Verkehrsberuhigung in Wohngebieten. Schlußbericht der Beratergruppe über den Großversuch des Landes Nordrhein-Westfalen, Hrsg.: Der Minister für Wirtschaft, Mittelstand und Verkehr des Landes Nordrhein-Westfalen, Düsseldorf 1979.

B 3 Richtlinien in Österreich und der Schweiz

Österreich:
Straßenverkehrsordnung 1960, in der Fassung vom 3. März 1983 (10. StVO-Novelle), Bundesgesetzblatt für die Bundesrepublik Österreich, Jg. 1983, Nr. 174, Wien, S. 893—908.   A
Dieses Gesetz ist am 1. Juli 1983 in Kraft getreten.

Schweiz:
— Strassensignalisationsverordnung (SSV) in der Fassung vom 5. September 1979.   CH 1
Der Artikel 43 über Wohnstrassen ist am 1. Januar 1980 in Kraft getreten.
— Weisungen über Wohnstrassen. Erlass des Eidgenössischen Justiz- und Polizeidepartementes vom 1. Mai 1984, V. 9.604.9, Bern.   CH 2

B 4 Beteiligte Behörden bei der Einrichtung und Kennzeichnung von Verkehrsberuhigten Bereichen (325-Bereichen)

Die Bezeichnung „Verkehrsberuhigte Bereiche" ist ein fest umrissener Begriff des Straßenverkehrsrechts. Er umfaßt öffentliche Straßen (mehrere, einzelne oder Abschnitte von Straßen), die zwei grundsätzliche Voraussetzungen erfüllen:

1. örtliche und bauliche Voraussetzungen, die den besonderen Straßentyp verdeutlichen und die Mischnutzung der gesamten Straßenfläche ermöglichen und
2. die straßenverkehrsrechtliche Kennzeichnung durch die Zeichen 325 und 326 StVO.

● Zuständigkeiten für die örtlichen und baulichen Voraussetzungen

Für die Erstellung der örtlichen und baulichen Voraussetzungen ist der jeweilige Straßenbaulastträger oder die Straßenbaubehörde zuständig (siehe Kenn-Nummer 304). Die Straßen innerhalb des 325-Bereichs sind — straßenrechtlich gesehen — in der Regel Gemeindestraßen. Bundesstraßen, Landes-/Staatsstraßen und Kreisstraßen müssen ggf. vor Beginn der Umgestaltung zu Gemeindestraßen abgestuft werden. Straßenbaulastträger ist demnach die Gemeinde.

Die Beteiligung **überörtlicher Institutionen** ist von Art und Umfang der Gesamtaufgabe abhängig. Beispielsweise werden für Planungen in den historischen Ortskernen die Ämter für Denkmalpflege und bei verkehrlichen Auswirkungen auf klassifizierte Straßen die Straßenbauämter mit eingeschaltet.

Die obenstehenden Ausführungen beziehen sich lediglich auf die **ausführenden Fachressorts.** Die Initiative zur Durchführung verkehrsberuhigender Maßnahmen ist dagegen nicht institutionalisiert. Sie geht nach den vorliegenden Befragungsergebnissen häufig von engagierten Einzelpersonen aus. Hierzu gehören sowohl Personen aus unterschiedlichen Bereichen der Verwaltung als auch Kommunalpolitiker und — vor allem in Neubau-Wohngebieten — Bürger aus den jeweiligen Straßen.

● Zuständigkeiten für die straßenverkehrsrechtliche Kennzeichnung

Zuständige Behörde für die straßenverkehrsrechtliche Kennzeichnung von 325-Bereichen ist nach § 44 Abs. 1 Satz 1 StVO die untere Verkehrsbehörde:

Sachlich zuständig zur Ausführung dieser Verordnung sind, soweit nichts anderes bestimmt ist, die Straßenverkehrsbehörden; dies sind die nach Landesrecht zuständigen unteren Verwaltungsbehörden oder die Behörden, denen durch Landesrecht die Aufgaben der Straßenverkehrsbehörde zugewiesen sind.

Eine Sonderregelung bestand zeitweise in Nordrhein-Westfalen: Zur Anbringung und Entfernung der Zeichen 325 und 326 war die Zustimmung des Regierungspräsidenten einzuholen. Diese Zustimmungspflicht wurde im Februar 1983 aufgehoben (siehe Kapitel B 2, Quelle: NW 1).

Zuständige Verkehrsbehörden im Sinn des § 44 Abs. 1 Satz 1 StVO sind

— in Baden-Württemberg (21)
  a) für die kreisangehörigen Gemeinden
    — das Landratsamt oder
    — die Große Kreisstadt oder
    — die Verwaltungsgemeinschaft (Voraussetzungen sind: mehr als 20 000 Einwohner, mindestens eine Gemeinde mit mehr als 8000 Einwohnern und ein Antrag bei der Landesregierung),

b) für die kreisfreien Gemeinden
die Gemeinde.

— in Bayern (22)

Jede Gemeinde — unabhängig von ihrer Größe und Einwohnerzahl — ist örtliche Straßenverkehrsbehörde für die Gemeindestraßen in ihrem Gebiet.

— in Hessen (23)

a) für die kreisangehörigen Gemeinden
— der Landrat als Kreispolizeibehörde oder
— der Bürgermeister als Ortspolizeibehörde in Gemeinden mit mehr als 7500 Einwohnern,

b) für die kreisfreien Städte
der Oberbürgermeister als Kreispolizeibehörde.

— in Niedersachsen (24)

a) für die kreisangehörigen Gemeinden
der Landkreis,

b) für die selbständigen Gemeinden (Voraussetzungen sind: mehr als 30000 Einwohner, Festsetzung durch die Landesregierung)
die Gemeinde.

— in Nordrhein-Westfalen (25)

a) für die kreisangehörigen Gemeinden bis zu 25000 Einwohnern
die Kreisordnungsbehörden,

b) für die Gemeinden mit mehr als 25000 Einwohnern
die Gemeinde.

— in Rheinland-Pfalz (26)

a) für die Verbandsgemeinden
die Verbandsgemeindeverwaltung

b) für die verbandsfreien Gemeinden
die Gemeindeverwaltung

(jeweils für die nicht klassifizierten Straßen).

— in Schleswig-Holstein (27)

a) für die kreisangehörigen Gemeinden bis zu 20000 Einwohnern,
der Landrat

b) für die Städte mit mehr als 20000 Einwohnern,
der Bürgermeister.

Zusammenfassung

Für die Anordnung der Zeichen 325 und 326 StVO können zuständig sein:

a) alle Gemeinden ohne Einschränkungen (in Bayern),

b) die Verbandsgemeindeverwaltung für die kleinen Gemeinden oder die verbandsfreien Gemeinden selbst (in Rheinland-Pfalz),

c) der Landkreis für die kleinen Gemeinden oder die Gemeinde selbst bei Einwohnerzahlen
— über 7500 (in Hessen),
— über 20000 (in Schleswig-Holstein),
— über 25000 (in Nordrhein-Westfalen),
— über 30000 (in Niedersachsen),

d) der Landkreis oder die Große Kreisstadt oder die Verwaltungsgemeinschaft (in Baden-Württemberg).

Diese unteren Verwaltungsbehörden haben keinen direkten Einfluß auf die baulichen/gestalterischen Maßnahmen. Sie haben lediglich zu prüfen, ob die in der VwV-StVO genannten Voraussetzungen für die Kennzeichnung als „Verkehrsberuhigter Bereich" erfüllt sind. Da die praktischen Erfahrungen mit der Nutzungsart „Mischverkehr" auf lokaler Ebene entweder noch gar nicht oder nur in geringem Umfang vorhanden sind, kommt dieser Prüfung eine besonders große Bedeutung zu.

Teil C: Planungsgrundsätze

C 1 Zusammenfassung von Schlußfolgerungen

Leserhinweis:
In diesem Bericht werden zwei häufig auftretende Begriffe vereinfacht dargestellt:
1. Mit „Zeichen 325" bzw. „Zeichen 326" sind jeweils die Zeichen 325/326 StVO und
2. mit „VwV-StVO" ist jeweils die Allgemeine Verwaltungsvorschrift zu den Zeichen 325 und 326 StVO

gemeint — sofern keine anderen Zusätze vorhanden sind.

Seit der Änderung von StVG und StVO im Jahre 1980 haben sich Wissenschaftler verschiedenster Fachrichtungen dem Phänomen „Verkehrsberuhigte Bereiche" zugewandt. Je nach Ausgangsposition werden unterschiedliche Weiterentwicklungen der bestehenden straßenverkehrsrechtlichen Grundlagen aufgezeigt. Diese Literatur wird in diesen Bericht nicht einbezogen.

Gemäß § 42 Abs. 4a StVO dürfen sich die Fußgänger auch in den Straßenteilen aufhalten, die vom Fahrzeugverkehr genutzt werden. Begriffe wie Mischverkehr, Mischnutzung, Mischbereich oder ähnliche auf eine Mischung von Fahrzeugen und anderen Straßenbenutzern hinweisende Formulierungen treten im Straßenverkehrsgesetz, in der Straßenverkehrs-Ordnung und in den Allgemeinen Verwaltungsvorschriften zu den Zeichen 325 und 326 StVO nicht auf. Vielmehr wird in den Erläuterungen (siehe Kenn-Nummer 215 in Kapitel B 1.3) auf den Vorrang des Fußgängers verwiesen.

Eine andere Auslegung wird — zumindest in verbaler Form — in den Planungshinweisen der Bundesländer vertreten. Beispielsweise wird in den bayerischen Hinweisen für die verkehrsberuhigende Gestaltung von Erschließungsstraßen (siehe Kenn-Nummer BY 2 in Kapitel B 2) das Ordnungsprinzip Mischung der Verkehrsarten betont. Es heißt dort u. a.:

*Die Verkehrsflächen („Mischflächen") werden von Fußgängern und Fahrzeugen **gemeinsam** benutzt.*

*„Mischflächen" im Sinne der Straßenverkehrs-Ordnung sind die sogenannten **„verkehrsberuhigten Bereiche"**.*

Dieser Auffassung ist zuzustimmen; denn:
1. Die Vorrangstellung des Fußgängers wäre lediglich eine Umkehrung der bisher geltenden Verkehrsvorschriften. Die Mischnutzung wäre dagegen eine für die StVO neuartige Regelung, die die Hervorhebung „besonderer Straßentyp" (siehe Kenn-Nummer 208 in Kapitel B 1.3) in der Begründung zur StVO-Änderung rechtfertigen würde.
2. Die praktische Bedeutung der Mischnutzungskonzeption beruht auf der damit verbundenen gleichberechtigten Nutzung des Straßenraums durch alle Straßenbenutzer. Wie die im Teil D dieses Berichts dokumentierten Beispiele zeigen, werden die mit den 325-Bereichen verfolgten Zielsetzungen erschwert oder verhindert, wenn die baulichen/gestalterischen Maßnahmen nicht auf die Gleichberechtigung aller Straßenbenutzer, sondern auf die Abschreckung der Benutzergruppe „Fahrzeuge" ausgerichtet sind.

In den bereits oben erwähnten bayerischen Hinweisen (Kenn-Nummer BY 2) steht weiterhin:

*Mischflächen mit Zeichen 325/326 StVO sind eine extreme Form der Erschließung, die nur zum Einsatz gelangen sollte, wenn die Bedeutung der Straße für die nicht-verkehrlichen Nutzungen von Aufenthalt und Spiel **tatsächlich** überwiegt und sie dafür auch in Anspruch genommen wird.*

Dieser Satz ist von besonderer Bedeutung. Er nennt zum ersten Mal in amtlichen Planungshinweisen als Voraussetzung für die Kennzeichnung einer Straße mit Zeichen 325/326, daß die Mischnutzung nicht nur geplant ist, sondern auch tatsächlich stattfindet! Diese Zielvorgabe wird in den untersuchten 325-Bereichen allerdings nur in wenigen Fällen erfüllt.

● Für die Weiterentwicklung der einschlägigen Vorschriften ergibt sich folgende **Anregung**:

Der Begriff „Mischnutzung" bzw. „Mischverkehr" sollte in StVG und StVO festgeschrieben werden, beispielsweise durch die Änderung des heutigen Begriffs „Verkehrsberuhigter Bereich" in „Mischnutzungsbereich" o. ä. Voraussetzung für die Anordnung der Zeichen 325/326 sollte ausdrücklich die Mischnutzung des Straßenraums sein. (Für Langsamfahr-Straßen würde sich die Zonen-Geschwindigkeits-Beschränkung hervorragend anbieten.)

Begründung:
Dem **Fahrzeugführer** wird die Einhaltung der besonderen Verhaltensvorschriften des § 42 Abs. 4a StVO nur dann plausibel sein, wenn er dies als notwendige Anpassung an die Mischnutzung der Straße erkennen kann.

Die Akzeptanz der Mischnutzung durch die **Fußgänger** (und für das Kinderspiel) setzt voraus, daß diesen durch die Art der Straßenraumgestaltung die Hemmschwelle vor dem Verlassen ihres traditionellen Weges an der Hauswand genommen wird. Bauliche/gestalterische Maßnahmen zur Lenkung des Fahrzeugverkehrs sind in ihrer heutigen Einsatzweise jedoch Markierungspunkte bzw. -linien für die Trennung von Vorrangzonen für Fußgänger und Fahrzeuge.

C 2 Die „Mischnutzung" als Grundprinzip der 325-Bereiche

C 2.1 „Mischnutzung" in StVO und VwV-StVO

Die in § 42 Abs. 4a Nr. 1 StVO genannte Vorschrift, wonach innerhalb des 325-Bereichs gilt: „Fußgänger dürfen die Straße in ihrer ganzen Breite benutzen; Kinderspiele sind überall erlaubt" (siehe Kenn-Nummer 202 in Kapitel B 1.3) wird hier als Absicht der Verordnungsgeber interpretiert, unter bestimmten Voraussetzungen (siehe VwV-StVO, Kenn-Nummern 304 und 306) das Prinzip „Mischnutzung" für den öffentlichen Straßenraum wieder neu einzuführen. Die benutzerabhängige Differenzierung der einzelnen Straßenteile in Gehweg/Radweg/Fahrbahn ist in den 325-Bereichen aufgehoben (siehe auch Kenn-Nummer 209).

Einschränkungen der Nutzungsmöglichkeiten können der Gestaltungsfreiheit der zuständigen Straßenverkehrsbehörde überlassen werden, sofern sie das Mischnutzungsprinzip nicht grundsätzlich aufheben. Siehe hierzu den Text eines Erläuterungsschildes zum Zeichen 325 (aufgestellt im Juni 1982, siehe hierzu auch Übersicht D 2.3/3):

Hier beginnt eine verkehrsberuhigte Zone. Fußgänger dürfen die Straße in der ganzen Breite benutzen. Kinderspiele sind überall erlaubt.

Ausnahme: Lärmende Spiele, Fußball, Eishockey etc. von 12—15 Uhr und nach 20 Uhr.

Eine noch weitergehende Nutzungsbeschränkung wird in dem folgenden Auszug aus einer Amtlichen Bekanntmachung einer Gemeinde wiedergegeben:
Zur Vermeidung von Behinderungen und Sachschäden wegen der begrenzten Straßenbreite bitte ich (der Bürgermeister, Zusatz d. d. Verfasser) sinnloses Umherfahren mit dem Fahrrad möglichst zu unterlassen. Fußballspielen ist verboten.

(Zum Problem des Kinderspiels in 325-Bereichen siehe auch Kapitel D 2.3, Abschnitt Sinnbild der Zeichen 325 und 326 StVO.)

In den Untersuchungsgemeinden, die 325-Bereiche im Ortszentrum planen oder eingerichtet haben, wurde einhellig die Voraussetzung „Aufenthaltsfunktion überwiegt" (siehe Kenn-Nummer 309) kritisiert. In den zentralen Einkaufsbereichen ist ein erheblicher Zielverkehr von Kunden und Lieferanten vorhanden, der nicht dem Begriff „Aufenthalt" zugeordnet werden kann.

● Für zukünftige Änderungen der einschlägigen Vorschriften ergeben sich folgende **Anregungen:**
— Wichtigste örtliche Voraussetzung ist, daß Verkehrsstruktur und bauliche/gestalterische Maßnahmen einen Mischverkehr ermöglichen. Sollte eine Aufzählung von Straßennutzungen zusätzlich erwünscht sein, ist diese um die Einkaufsfunktion zu erweitern.
— Ein noch deutlicherer Hinweis auf den besonderen Status des 325-Bereichs wäre möglich, wenn der Begriff „Aufenthaltsfunktion" durch „Mischnutzung" ersetzt würde.

Unter Mischnutzung der Straße wird hier das gleichberechtigte Nebeneinander von **Verkehrsnutzungen** (durch motorisierte und nicht-motorisierte Fahrzeuge und Fußgänger) und **sonstigen Straßennutzungen** (Kinderspiel (siehe Kenn-Nummer 202), Aktivitäten der zwischenmenschlichen Kommunikation in Freizeit- und Erholung u.ä.) verstanden. Diese sonstigen Straßennutzungen entsprechen der in der VwV-StVO aufgeführten Aufenthaltsfunktion (siehe Kenn-Nummern 305 und 309). Beide Komponenten der Straßennutzung in 325-Bereichen werden von den anliegenden Flächennutzungen bestimmt (Wohnen von Einheimischen und/oder Fremdenverkehrsgästen, Verwaltung, Dienstleistungen, Erholungs- und Freizeiteinrichtungen, gewerbliche Einrichtungen u.ä.). Nutzungen außerhalb des betrachteten 325-Bereichs, die innerhalb des 325-Bereichs einen Quell- oder Zielverkehr induzieren, sind in die Planung zu integrieren. Damit wird die flächenhafte Verkehrsberuhigungsplanung erforderlich.

Nutzungen außerhalb des betrachteten 325-Bereichs, die einen Durchgangsverkehr hervorrufen, können je nach Höhe der von ihnen ausgehenden Belastungswirkungen unterschiedlich berücksichtigt werden. Nicht oder wenig störende Verkehrsarten (Fußgänger, Radfahrer) werden integriert, stark störende Verkehrsarten (Schwerlastverkehr) werden je nach gewünschter Nutzung innerhalb des 325-Bereichs ebenfalls integriert (z.B. als Lieferverkehr in Einkaufsstraßen) oder auf Umfahrungsmöglichkeiten verlegt (zur Verkehrsumleitung siehe auch Kenn-Nummer 331 in Kapitel B 1.4).

Mischnutzung im Sinne dieses Berichts ist nicht mit der Situation auf Straßen — vorwiegend in Landgemeinden und historischen Kernzonen von Städten — zu verwechseln, wo
— wegen ihrer geringen Breite keine bauliche Trennung von Geh- und Fahrweg (Separationsprinzip) möglich ist,
— wegen fehlender Finanzmittel nicht nach dem Separationsprinzip ausgebaut worden ist oder
— wegen der Planungsvorgabe „Sicherung der Flüssigkeit des Fahrverkehrs" und der konsequenten Einhaltung der Regelquerschnitte für den Fahrbahnbereich kein Raum für getrennte Gehwege verbleibt

und damit ein **de-facto-Mischverkehr** besteht. In diesen Fällen hat der Fahrzeugverkehr auf der gesamten Fläche weiterhin Vorrang; denn „Benutzen sie (die Fußgänger, d. Verf.) die Fahrbahn, so müssen sie innerhalb geschlossener Ortschaften am rechten oder linken Fahrbahnrand gehen... ...wenn die Verkehrslage es erfordert, müssen sie einzeln hintereinander gehen." (28)

Planung, Gestaltung und Benutzung von 325-Bereichen erfordern von allen Beteiligten besondere Denk- und Verhaltensweisen. Dies setzt einen Umdenkprozeß voraus; denn einige traditionelle Kernaussagen der Verkehrserziehung werden letztendlich umgestoßen. Damit werden die **psychologischen Aspekte** im Umgang mit 325-Bereichen deutlich.

Vorschriften, die bisher Ausnahmeregelungen waren, werden hier zur Grundsatzregel. Beispiele hierfür sind:
— Anpassung der Fahrgeschwindigkeit an den Fußgänger (siehe Kenn-Nummer 203);
— Wartepflicht für Fahrzeugführer (siehe Kenn-Nummern 204 und 215);
— grundsätzliches Parkverbot (siehe Kenn-Nummer 206);
— Vorrang der Aufenthaltsfunktion vor der (Fahr-)Verkehrsfunktion (siehe Kenn-Nummern 305 und 309);
— Vorrang der städtebaulichen Aspekte vor den Bedürfnissen des motorisierten Verkehrs (siehe Kenn-Nummern 307 und 333).

Der noch andauernde Umdenkprozeß läßt die erforderliche Breitenwirkung bei Politikern, Planern und Benutzern erst langfristig erwarten. Geeignete bauliche/gestalterische Maßnahmen innerhalb der 325-Bereiche und in deren näherer Umgebung können den Umdenkprozeß beschleunigen, ihn aber nicht ersetzen. Das beobachtete tatsächliche Verhalten in den 325-Bereichen der besuchten Orte zeigt, daß auch eine besonders aufwendige Gestaltung der Straßenoberfläche (z.B. durch mosaikartige Pflasterungen) sowie Möblierung und Begrünung des Straßenraumes das gewünschte Verhalten — die Verkehrsberuhigung — nicht im erwarteten Maß herbeiführen. Es ist daher den Aussagen zuzustimmen, die vor zu großen Hoffnungen auf kurzfristig eintretende Erfolge (wie langsame Fahrweise, Akzeptanz des Straßenbereichs als Kommunikationsbereich, Ordnung des ruhenden Verkehrs, Ausschaltung oder erhebliche Verringerung des motorisierten Durchgangsverkehrs) warnen.

In wissenschaftlichen Untersuchungen werden sowohl schlechte Erfahrungen mit den 325-Regelungen innerhalb dieser Gebiete (vor allem zu hohe Fahrgeschwindigkeit und somit besondere Unfallgefährdung für Fußgänger) als auch negative Folgewirkungen auf angrenzende Gebiete festgestellt. Aufgrund dieser Ergebnisse wird dann vorgeschlagen, die Einsatzmöglichkeiten für 325-Bereiche drastisch einzuschränken.

Dieser Auffassung kann nach den bisher vorliegenden Erfahrungen für die Gruppe der Landgemeinden und Kleinstädte nicht gefolgt werden. Eine abschließende Bewertung der Wirkungen von 325-Bereichen dürfte derzeit noch verfrüht sein, weil

— die **Erfahrungs- und Gewöhnungszeiträume** zu kurz sind und
— die **Grundvoraussetzung „Mischnutzung"** durch die fehlende Einbindung in flächenhafte Ortsentwicklungs- und Generalverkehrsplanungen nicht gewährleistet und durch die baulichen/gestalterischen Maßnahmen in der Regel nicht gefördert — teilweise sogar verhindert wird.

Die Verordnungsgeber waren sich dieser prinzipiellen Schwierigkeiten offensichtlich bewußt. Sie haben daher für die Aufstellung der Verkehrsschilder 325 und 326 die vorherige Erfüllung der in der VwV-StVO genannten Voraussetzungen vorgeschrieben: „Die Kennzeichnung von verkehrsberuhigten Bereichen setzt voraus, daß..." (siehe Kenn-Nummer 304). Die beabsichtigte und auch tatsächliche Wirkung der Zeichen 325 und 326 StVO beschränkt sich also lediglich auf die Klarstellung der straßenverkehrsrechtlichen Einordnung der so gekennzeichneten Straßen.

C 2.2 „Mischnutzung" in Planungshinweisen der Bundesländer
(Die Kenn-Nummer verweist auf die Zusammenstellung in Kapitel B 2)

Bayern (Kenn-Nummer BY 2)
Seite 8
Als wichtigste Mittel der Verkehrsberuhigung kommen grundsätzlich in Frage:
— *die Verringerung der Fahrgeschwindigkeiten*
— *die Verringerung der Verkehrsmengen*
— *die Erhöhung der Flächenanteile für Fußgänger*
— **die gemeinsame Nutzung der Straßenflächen von allen Verkehrsteilnehmern**
— *eine bewußte Gestaltung des Straßenraumes als selbstverständlicher Bestandteil des Straßenentwurfs.*

Seite 24
*Die Verkehrsflächen („Mischflächen") werden von Fußgängern und Fahrzeugen **gemeinsam** benutzt.*

*„Mischflächen" im Sinne der Straßenverkehrs-Ordnung sind die sogenannten **verkehrsberuhigten Bereiche**.*

Seite 24
*Mischflächen mit Zeichen 325/326 StVO sind eine extreme Form der Erschließung, die nur zum Einsatz gelangen sollte, wenn die Bedeutung der Straße für die nicht-verkehrlichen Nutzungen von Aufenthalt und Spiel **tatsächlich** überwiegt und sie dafür in Anspruch genommen wird. Dies ist vor allem in Anliegerstraßen dicht bebauter älterer Ortsteile der Fall, in denen häufig ausreichende private Freiflächen fehlen und der Straßenraum diese zusätzlichen Funktionen mit übernehmen muß. Hier bietet dann auch die Belebtheit der Straße mit Fußgängern, Radfahrern und Kindern größere Gewähr für ein der Mischnutzung angepaßtes Verkehrsverhalten der Fahrzeuglenker. Dagegen ist z.B. bei locker bebauten Einfamilienhausgebieten zu bedenken, ob der Straßenraum wirklich dem „Aufenthalt" dient. Mischflächen, die nicht als solche genutzt werden, verleiten zu höherer als Schrittgeschwindigkeit und können in Bezug auf die Verkehrssicherheit problematisch sein.*

Seite 38 (Hervorhebungen d.d. Verf.)
*Verkehrsberuhigte Bereiche werden durch Zeichen 325 und 326 StVO gekennzeichnet (§ 42 Abs. 4a StVO). Während im Fußgängerbereich die Kraftfahrzeuge in der Regel ausgeschlossen sind, besteht im verkehrsberuhigten Bereich ein Nebeneinander von Fußgängern, Radfahrern und Kraftfahrern, **die sich nach dem Grundsatz gegenseitiger Rücksichtnahme verhalten.***

Anmerkung: In der Bekanntmachung von 1981 (Kenn-Nummer BY 1) endete der letzte Satz: „..., **deren Verhalten im Sinne gegenseitiger Rücksichtnahme geregelt ist.**" Die neue Fassung zielt also auf das **tatsächliche Verhalten** ab und nicht mehr auf die **Regelung des Verhaltens.**

Hessen (Kenn-Nummer HE 1)
Seite 6
(Die Ziele der Verkehrsberuhigung) können dazu beitragen, den Aufenthalt im Straßenraum für die Anwohner wieder sicherer und attraktiver zu machen. Darüber hinaus kann die Wohnumgebung durch mehr Grün und mehr Bäume im Straßenraum natürlicher und schöner gestaltet werden.
(...)
Für Kinder und Jugendliche bedeutet dies, daß ihnen wieder Gelegenheit gegeben wird, wohnungsnah auf der Straße zu spielen oder sich im Straßenraum aufzuhalten.

Auf der Straße spielen heißt jedoch nicht auf der Fahrbahn spielen. Die gesamte Straßenbreite darf nur auf Mischflächen, die als verkehrsberuhigte Bereiche gekennzeichnet sind, von Kindern zum Spielen benutzt werden. In den übrigen Fällen ist Kinderspielen nur auf Gehwegen möglich, die dafür allerdings von parkenden Kraftfahrzeugen freigemacht werden müssen.

Von Beschwerden von Anwohnern, die sich durch den Lärm spielender Kinder gestört fühlen, berichten mehrere Gemeinden. Im Argumentekatalog zur „Verkehrsberuhigung in Hessen" wird dazu ausgeführt:

Hessen (Kenn-Nummer HE 1)
Seite 68
Einwand
Wohnstraßen verursachen übermäßigen Kinderlärm, sie werden zum Rummelplatz des ganzen Quartiers. Vermehrte Beschädigung an parkenden Autos werden die Folge sein.
Gegenargumente
— *Autolärm und Abgase sind nachweisbar gesundheitsschädigend (Schlafstörungen, Kreislaufstörungen, Gehörminderung usw.) — wegen spielenden Kindern ist noch niemand erkrankt.*
— *Schulkinder spielen an freien Nachmittagen und abends höchstens bis 20.00 Uhr. — Autos fahren dagegen durchgehend von 5.00 bis 1.00 Uhr.*
— *Solange nur vereinzelt verkehrsberuhigte Wohnstraßen bestehen, ist es wohl möglich, daß sich auch Kinder aus anderen Straßen in diesen Wohnstraßen tummeln und*

beim Spielen Lärm verursachen. Aus diesem Grunde sollten nicht nur einzelne Straßen, sondern ganze Wohnquartiere verkehrsberuhigt werden, damit sich die Kinder nicht in einer einzigen Wohnstraße konzentrieren.

C 2.3 „Mischnutzung" in Richtlinien der Schweiz
(Die Kenn-Nummer verweist auf die Zusammenstellung in Kapitel B 3)

Schweiz (Kenn-Nummer CH 2)
Punkt 1.1

Begriff und Zweck der Wohnstrasse
Wohnstrassen sind mit dem Signal „Wohnstrasse" (3.11) (entspricht dem Zeichen 325 StVO, Zusatz d. d. Verfasser) gekennzeichnete, besonders hergerichtete Gemischtverkehrsflächen, die in erster Linie für Fussgänger bestimmt sind und wo besondere Verkehrsregeln gelten, z.B. Vortritt der Fussgänger, Höchstgeschwindigkeit der Fahrzeuge 20 km/h (Art. 43 Abs. 1 SSV). Der Hauptzweck einer Wohnstrasse besteht darin, die Verkehrsfläche den Fussgängern — für Spiel und Sport oder als Begegnungsstätte — zur Verfügung zu stellen.

Punkt 1.2

Grundsätzliche Konsequenzen
Den verkehrsrechtlichen Besonderheiten der Wohnstrassen ist bei ihrer Wahl und Ausgestaltung Rechnung zu tragen. Die Anordnung einer Wohnstrasse ist für den fahrenden Verkehr eine der einschränkendsten Wohnschutzmassnahmen; sie ist daher nur sinnvoll, wenn der vorerwähnte Hauptzweck im Vordergrund steht und von den Anwohnern und Eigentümern anerkannt wird...

Punkt 3.2

Die Verkehrsfläche — eine von Fussgängern und Fahrzeugen gemeinsam benutzte Mischfläche — muss besonders (fussgängerfreundlich) hergerichtet sein.

Anhang: Punkt 1.1

Bei einem Gesuch für die Schaffung einer Wohnstrasse ist vorerst abzuklären, ob bei den Antragstellern tatsächlich der in den Weisungen (Ziff. 1.1) umschriebene Hauptzweck im Vordergrund steht.

Anhang: Punkt 1.2

Die Behörde sorgt dafür, daß die Anwohner ihre Kinder über den Charakter der Wohnstrasse als „Spielstrasse" und über die Gefahren der übrigen Strassen informieren.

C 3 Flächenhafte Verkehrsberuhigung

C 3.1 Modellvorhaben „Flächenhafte Verkehrsberuhigung"

Der Begriff „Flächenhafte Verkehrsberuhigung" ist eng mit dem gleichnamigen experimentellen Forschungsvorhaben der drei Bundesanstalten BUNDESANSTALT FÜR STRASSENWESEN (BASt), UMWELTBUNDESAMT (UBA) und BUNDESFORSCHUNGSANSTALT FÜR LANDESKUNDE UND RAUMORDNUNG (BfLR) verbunden. Während der mehrjährigen Projektlaufzeit werden in sechs Modellgemeinden (Berlin, Mainz, Buxtehude, Esslingen, Ingolstadt und Borgentreich) die Wirkungen flächenhafter Verkehrsberuhigung auf das Verkehrsgeschehen, die Verkehrssicherheit, den Städtebau und die Umweltbelastungen untersucht. Es sollen verkehrsberuhigende Maßnahmen unterschiedlicher Art kombiniert werden. Flächenhaft heißt, „die positiven Effekte der Verkehrsberuhigung sollen in größeren Quartieren wirken, es heißt nicht, an jeder Stelle des Straßenraumes wären Umgestaltungen nötig." (29)

Von den Modellgemeinden des Projektes „Flächenhafte Verkehrsberuhigung" zählt nur die Stadt Borgentreich zu der Gemeindegruppe „Kleinstädte und Landgemeinden". Nach einer intensiven Vorplanungsphase ist mit ersten baulichen Maßnahmen im Sommer 1984 zu rechnen.

Flächenhafte Verkehrsberuhigung im weiteren Sinne wird durch den Einsatz „konventioneller" Instrumente der StVO in kleineren Städten — vor allem in den Kur- und Erholungsorten — teilweise schon seit Jahrzehnten versucht. (30)

Der vorliegende Bericht berücksichtigt nur eine der möglichen Maßnahmen des Verkehrsberuhigungsinstrumentariums: die 325-Bereiche. Die Überlegungen zur flächenhaften Verkehrsberuhigung im folgenden Kapitel C 3.2 gehen daher vom Prinzip „Mischnutzung" aus.

C 3.2 Flächenhafte Betrachtungen für die Planung von 325-Bereichen

Der Begriff „flächenhaft" wird hier unter zwei Aspekten betrachtet: die flächenhafte bauliche/gestalterische Einzelmaßnahme und die flächenhafte Grundkonzeption der Planung.

● Flächenhafte Einzelmaßnahmen

Ein praktisches Beispiel für eine flächenhafte Einzelmaßnahme ist die Aufpflasterung einer Straße oder eines Straßenabschnitts. Sie wird sowohl bei Straßen in Neubaugebieten als auch in Altstadtgebieten als bauliche Standardvoraussetzung betrachtet; denn: „In der Regel wird ein niveaugleicher Ausbau für die ganze Straßenbreite erforderlich sein" (siehe Kenn-Nummer 311).

Diese Vorschrift wurde bei den Gemeindebefragungen häufig als Grund für die etappenweise Einrichtung und Erweiterung der 325-Bereiche in den Altbaugebieten genannt. Sie wird als Auflage betrachtet, durch kostspielige Baumaßnahmen

— die Hochbordsteine zu entfernen und
— den in der Regel vorhandenen Asphaltbelag durch Pflaster oder Platten zu ersetzen.

Beide Maßnahmen können zu schwerwiegenden Fehlinvestitionen führen, wenn ihre praktische Umsetzung nicht den Anforderungen eines Mischbereichs entspricht. Zur Erläuterung zwei Beispiele:

— Statt des Hochbords markieren nach dem Umbau (oder nach der Ersterstellung) Reihen von Pollern, Bäumen, Lampen, Blumenrabatten, Parkuhren u.ä. die Trennlinie zwischen Fahrbahn und Gehweg. Die verstärkte **vertikale Gliederung** der Straße kann die Trennwirkung im Vergleich zur konventionellen Methode (Bordstein) noch erhöhen (siehe Kapitel D 11 „Schutzstreifen für Fußgänger").

— Pflasterreihen, abgestufte Farben und/oder Formen für die verwendeten Materialien können in gleicher Weise die Bereiche Gehweg, Radweg, Fahrbahn und Stellplatz optisch trennen. Darüberhinaus kann diese Art der **horizontalen Gliederung** eine nicht erwünschte Funktion als Leiteinrichtung übernehmen, wenn sie als gleichmäßig breites Band die Fahrbahnverschwenkungen mit vollzieht. In diesen Fällen ist zusätzlich ein geschwindigkeitserhöhender Effekt zu erwarten, da dem Fahrzeugführer ein Sicherheitsgefühl vermittelt wird (siehe u. a. Kapitel D 10 „Bauliche/gestalterische Maßnahmen in 325-Bereichen").

Derartige Maßnahmen erschweren oder verhindern die Aufhebung des Separationsprinzips, sie genügen damit nicht den Anforderungen der Mischnutzung und damit auch nicht den baulichen/gestalterischen Voraussetzungen für einen 325-Bereich. Die Zielsetzung der Vorschrift „niveaugleicher Ausbau" wird häufig mißverstanden oder mit der Begründung „Fußgängerschutz hat Vorrang" unterlaufen. Der Gefahrenbereich „Fahrgasse" dürfte durch diese Ausbauart kaum entschärft werden, weil Fußgänger und Fahrzeugführer ihr traditionelles Verkehrsverhalten beibehalten.

In bestimmten Fällen kann die räumlich begrenzte Anwendung von Trennelementen jedoch sinnvoll sein, beispielsweise bei platzartigen Straßenerweiterungen oder Plätzen:

— um das unerwünschte Parken zu verhindern oder
— um aus bevorzugten Kommunikationsbereichen den Fahrverkehr herauszuhalten

(siehe auch Kenn-Nummer 313 in Kapitel B 1.4).

Für die „Mischnutzung" ist die flächenhafte Betrachtung der Straße bei Planung und Entwurf eines 325-Bereichs von entscheidender Bedeutung. Die Wirkungszusammenhänge werden nachfolgend beschrieben.

In der Praxis wird der Straßenraum zur Aufstellfläche für verkehrstechnisch bedingte Einbauten und für Möblierungselemente. Deren räumliche Anordnung erfolgt beiderseits der mehr oder weniger verschwenkten „Fahrgasse". Die konventionelle Planungsvorstellung, bei der die Fahrbahnachse (= Straßenachse) im Mittelpunkt steht, hat sich offensichtlich auch auf die Mischbereichsplanung übertragen. Statt der erforderlichen flächenhaften Betrachtung (Aufenthaltsfunktion!) wird die linienhafte (im Sinne der Transportfunktion) fortgesetzt.

Der Querverkehr (bezogen auf die Straßenachse) wird wie in der konventionell gestalteten und genutzten Straße weiterhin als Störfaktor betrachtet, der durch die fahrgassenbegleitenden Elemente weitgehend eingeschränkt werden soll. Als Begründung wird in diesen Fällen der erforderliche „Fußgängerschutz" angegeben.

Diese achsiale Orientierung der Straßengestaltung beeinflußt das Nutzerverhalten entscheidend: langsame Straßennutzer gehen am Rand, schnelle fahren in der Mitte. Dies entspricht dem klassischen Separationsprinzip. Die „Kanalisierung" des Fußgänger-Querverkehrs läßt den Vergleich mit dicht aufeinanderfolgenden Fußgängerüberwegen zu.

Platzartige Straßenaufweitungen und Straßenkreuzungen werden teilweise mit Brunnen, Hochbeeten, Baumgruppen u. ä. möbliert. Die dadurch deutlich vorgegebene „Fahrgasse" wird als solche auch von den Nicht-Fahrzeugführern akzeptiert. Die Nutzung der 325-Bereiche oder Teile davon für Kommunikation und Spiel wird dadurch erschwert oder verhindert.

Das achsiale Entwurfsprinzip stimmt mit den Bedürfnissen der Straßennutzer in den **Verkehrsstraßen** überein. Eine Übertragung auf **Bereiche mit Mischnutzung** ist nicht möglich. Die planerisch/baulich/gestalterisch vorgegebene räumliche Beschränkung bzw. Kanalisierung der Bewegungsvorgänge widerspricht daher den Voraussetzungen für die Kennzeichnung mit den Zeichen 325/326 StVO.

● Weitere Flächenbetrachtungen

Die im Vorkapitel beschriebene flächenhafte Betrachtung des Straßenraums zielt in erster Linie auf das Verhalten der Straßennutzer, die sich bereits innerhalb des 325-Bereichs befinden.

Der Einsatz der 325-Bereiche als Instrument zur Beeinflussung der Verkehrswegwahl könnte im Rahmen eines flächenhaften Konzepts (hier als zusammenhängendes Netz mit mehreren Straßen gesehen) erfolgreich sein. Diese Anwendungsweise würde vor allem in den zentralen Einkaufsbereichen und in den Kurbereichen neue, nicht-verkehrliche Aktivitäten im Straßenraum fördern und dadurch die Attraktivität für einen größeren Benutzerkreis als den der Anwohner erhöhen. (31)

Weitere Ebenen der flächenhaften Planungskonzeption bilden die Betrachtung der übrigen verkehrsberuhigten Gebiete eines Ortes als Teile eines Gesamtsystems und letztendlich des Gesamtortes. Durch die — vorerst nur theoretisch denkbare — Verknüpfung von verkehrsberuhigten Gebieten (einschließlich 325-Bereichen, Fußgängerbereichen, Parks, Erholungsflächen innerhalb und außerhalb des bebauten Bereichs u. ä.) eines Ortes untereinander durch verkehrsberuhigte Straßen wären darüberhinaus Wirkungen auf das Verkehrsgeschehen des Gesamtorts (Verkehrsmittelwahl) denkbar.

Derartige weitgehende Verkehrskonzepte werden nur in wenigen Orten ansatzweise geplant. Auf eine ausführliche Diskussion wird an dieser Stelle verzichtet.

C 4 Ansatz für einen Nutzungen-orientierten Planungsablauf

Im Kapitel C 2 wurden die Mischnutzung und die Gleichstellung aller Straßennutzungen als Grundprinzipien der 325-Bereiche erläutert. Damit ist auch der Bewertungsansatz vorgegeben:

Inwieweit fördern/behindern

a) die Planungsvorgaben und
b) die daraus abgeleiteten Gestaltungsmittel

diese Mischnutzung?

Welche der zu a) oder b) gehörenden Teilaspekte haben keinen oder einen nur geringen Einfluß auf die Mischnutzung? Diese Fragestellungen werden im Teil D bei der Diskussion ausgewählter Schwerpunktthemen mit einbezogen.

Die Mischnutzung ist kein homogener Begriff. Sie setzt sich aus Teilnutzungen unterschiedlichster Art zusammen. Die anliegenden Flächennutzungen — die wiederum die Straßennutzungen innerhalb des 325-Bereichs mit bestimmen — müssen nicht von der Wohnfunktion allein bestimmt werden. Folgerichtig wird in der VwV-StVO die Aufenthaltsfunktion betont (siehe Kenn-Nummern 305 und 309). Die sich hier aufhaltenden Personen können — je nach vorherrschender Nutzung bzw. Nutzungskombination — beispielsweise Anwohner, Kurgäste, Tagesgäste, Kunden oder Angestellte anliegender Dienstleistungs- und Gewerbebetriebe u.a.m. sein.

Eine derartige differenzierte Betrachtungsweise nach Nutzungsarten erfordert die Festlegung unterschiedlicher örtlicher und baulicher Voraussetzungen. Hierauf wird auch in der Begründung zur VwV-StVO Nr. IV hingewiesen (siehe Kenn-Nummer 336 in Kapitel B 1.4).

Die Abhängigkeit des Verkehrsverhaltens von den tatsächlichen Nutzungen und Aktivitäten innerhalb des 325-Bereichs erfordert auch für die Bewertung ein differenziertes Vorgehen: **der** Verkehrsberuhigte Bereich existiert nicht! Eine erste grobe Gliederung der 325-Bereiche könnte wie folgt aussehen:

I. 325-Bereiche in Groß- und Mittelstädten

II. 325-Bereiche in Kleinstädten und Landgemeinden
   1. in zentralen Einkaufsbereichen,
   2. in Misch- und Wohnbereichen,
   3. in Neubau-Wohngebieten am Ortsrand auf der „grünen Wiese".

Siehe hierzu die Beispiele in Übersicht C 4/1a bis 1c. Auch innerhalb einer Gemeinde muß es keine „Norm-Verkehrsberuhigung" geben, siehe die Beispiele in den Übersichten C 4/1b sowie 4/2a und 2b.

Für jeden oben genannten Bereichs-Typ sind spezifische Planungs- und Maßnahmenkonzepte zu entwickeln.

Übersicht C 4/1:
325-Bereiche mit unterschiedlichen Nutzungen

C 4/1a:
Einkaufsstraße im historischen Ortskern

C 4/1 b:
Wohnstraße mit Beherbergungsbetrieben in einer innerstädtischen Kurzone

C 4/1 c:
Wohnstraße in einem Neubau-Wohngebiet

Übersicht C 4/2:
*Varianten der baulichen/gestalterischen Maßnahmen in derselben Gemeinde
(siehe auch Übersicht C 4/1 b*

C 4/2a:
Wohnstraße am Ortsrand (im Hintergrund Einmündung in die Ortsumfahrungsstraße)

C 4/2b:
Eingangsstraße zum zentralen Wohn- und Geschäftsbereich der Altstadt

Übersicht 4/3:
Schematisierte Entscheidungsstruktur eines Nutzungen-orientierten Planungsablaufs

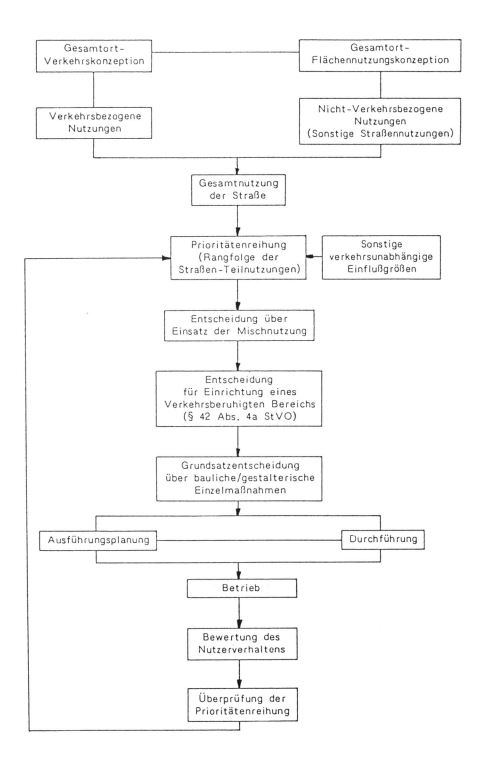

Zur Bürgerbeteiligung:
Die Akzeptanz der Mischnutzung ist der entscheidende Faktor für den Erfolg (oder Mißerfolg) des 325-Bereichs. Die frühzeitige und intensive Beteiligung aller Straßennutzer ist eine wesentliche Voraussetzung hierfür. Es wird zwischen Beteiligung an der Entscheidung und Bürgerentscheidung unterschieden.

in Phase 1:   Beteiligung der Bürger bei der Entwicklung der Gesamtortkonzeption.
Entscheidung durch die örtlichen Selbstverwaltungsgremien.
in Phase 4:   Beteiligung der betroffenen Bürger bei der Prioritätenreihung der Teilnutzungen.
Entscheidung durch die örtlichen Selbstverwaltungsgremien.
in Phase 8b: Entscheidung der betroffenen Bürger über die Detailausbildung.
in Phase 10: Entscheidung aller Straßennutzer für ihr eigenes Verhalten (Akzeptanz des Mischnutzungsprinzips).

Zu den verkehrsbezogenen Nutzungen:
Wesentliches Kriterium des vorgestellten Planungsablaufs ist der relativ geringe Einfluß der direkt verkehrsbezogenen Einflußgrößen bei der Auswahl der Einzelmaßnahmen (Phase 7). Es wird hier davon ausgegangen, daß die besondere Berücksichtigung der städtebaulichen Gesichtspunkte und vor allem die gezielte Förderung der sonstigen Straßennutzungen für die spätere Akzeptanz des Mischnutzungsprinzips — auch durch die Fahrzeugführer — entscheidend ist.

C 5 Anwendungschancen eines Nutzungen-orientierten Planungsansatzes

These 1: Für einen Nutzungen-orientierten Planungsansatz — d.h. einen relativ verkehrsunabhängigen — sind theoretisch keine grundsätzlichen Umsetzungsprobleme zu erwarten, weil die derzeitige Planungspraxis bereits wesentlich von verkehrsunabhängigen Einflußfaktoren bestimmt wird.

These 2: Für die offene Umsetzung des Nutzungen-orientierten Planungsansatzes in der kommunalen Praxis bestehen kurzfristig nur geringe Chancen, weil die — teilweise irrationalen — Faktoren des verkehrsunabhängigen Entscheidungsumfelds einem konsequenten, langfristig angelegten Planungsablauf häufig entgegenstehen.

C 5.1 Erläuterung der Bewertungskriterien

Die schriftlichen und mündlichen Befragungen dieses Kurzprojektes zielten auf zwei Gruppen von Ergebnissen:
— Erfassung eher technischer Daten über vollzogene und geplante 325-Bereiche in Kleinstädten und Landgemeinden. Hierzu zählen die Planungsunterlagen (Generalverkehrspläne, Ortsentwicklungspläne, Bauleitpläne u.ä.), die Maßnahmen selbst (Lage im Gemeindegebiet, Erstellungsjahr, Maßnahmenumfang mit Anzahl der einbezogenen Straßen, Straßenlängen, Straßenbreiten) und die Einrichtungen, die — neben dem Wohnen — die Straßennutzung mit beeinflussen können.
— Erfassung verkehrsunabhängiger Faktoren mit Einfluß auf den Planungsablauf für 325-Bereiche.

Alle Antworten sind nur bei Kenntnis der jeweiligen örtlichen Gegebenheiten und der jeweiligen „Planungsphilosophie" des Beantworters zu interpretieren und vor einer wissenschaftlichen Auswertung zu normieren. Die beschränkte Projektlaufzeit läßt angesichts dieses komplexen Sachverhalts nur eine erste Interpretation zu.

Die zur Verfügung stehenden Informationen aus
— schriftlichen Befragungen,
— ergänzenden mündlichen Befragungen,
— Zufallsäußerungen von Passanten, Taxifahrern, Geschäftsleuten,
— Berichten der Lokalpresse und
— Ortsbesichtigungen

lassen vermuten, daß der Planungsablauf für 325-Bereiche häufig von Einflußgrößen bestimmt wird, die kurzfristig weder erfaßbar noch ihrer Bedeutung nach eingestuft werden können.

Aufgrund glaubwürdiger Aussagen zählen hierzu beispielsweise:
— Wohnsitz einflußreicher Personen aus Kommunalpolitik und Wirtschaft, (32)
— Hoffnungen bzw. Befürchtungen bezüglich der Umsatzentwicklung in anliegenden Betrieben,
— die jeweilige Haushaltslage der Kommune (erkennbar beispielsweise an den verwendeten Materialien der verschiedenen Baustufen),
— befürchtete Belästigungen durch Licht von Straßenlampen oder Schatten von Bäumen,
— befürchtete Verschmutzungen der Vorgärten durch Laub der Straßenbäume,
— befürchtete Störungen durch spielende Kinder,
— näherrückende Termine von Kommunalwahlen,
— Verteilung von Straßenbaumitteln auf alle eingemeindeten Ortsteile,
— Abmessungen der Müllfahrzeuge und Einsatzbedingungen vorhandener Straßenkehrfahrzeuge.

Angesichts derartiger planungsbestimmender Einflußgrößen sind die in StVO und VwV-StVO genannten Voraussetzungen für 325-Bereiche kaum zu erfüllen. Größter Schwachpunkt der Planung ist die fehlende Vorgabe übergeordneter Leitvorstellungen, die die Verkehrs- und die sonstigen Bedürfnisse gleichermaßen berücksichtigen. Gesamtortentwicklungspläne bestehen entweder gar nicht, sind bereits veraltet oder berücksichtigen nicht die Chancen der Mischnutzung.

Die fehlende übergeordnete Konzeption führt zu allgemein unbefriedigenden Lösungen:

Fallgruppe 1: Neubau-Wohngebiete

Die Einrichtung von 325-Bereichen mit der Ersterstellung von Straßen in Neubau-Wohngebieten wurde von den betroffenen Anwohnern selbst gefordert oder ohne größere Probleme akzeptiert. Der geringe Fahrverkehr wird durch die Möblierungselemente kaum beeinträchtigt. Ausreichende private Stellplätze verhindern Parkierungs-Probleme.

Ergebnisse:

Die ortskundigen Fahrzeugführer halten die vorgeschriebene Schrittgeschwindigkeit nicht ein.

Die eingesetzten Möblierungselemente verringern lediglich die Monotonie herkömmlicher Erschließungsstraßen. Eine Förderung der Aufenthaltsfunktion ist nicht zu beobachten und wegen der großzügigen privaten Freiflächen nicht erforderlich.

Fallgruppe 2: Stark belastete Straßen im Ortszentrum

In den Altbaugebieten werden 325-Bereiche gern mit dem Ziel eingerichtet, den Durchgangsverkehr zu unterbinden. Die fehlende Einbindung in ein Gesamt-Verkehrsprogramm und die geringen Haushaltsmittel ergeben Mini-Bereiche mit nur ein oder zwei einbezogenen Straßen. Die damit verbundenen Umgestaltungen sind für den Fahrzeugverkehr nur eine geringe Belästigung, die teilweise Vergrößerung der Stellplatzzahl (Schrägaufstellung!) erhöht sogar noch die Attraktivität für die Pkw-Anfahrt und damit auch den Parksuchverkehr.

Ergebnisse:
Die Verkehrsmenge (Kraftfahrzeuge) und die Fahrgeschwindigkeit verringern sich nur unwesentlich. Eine Mischnutzung der Straße in ihrer ganzen Breite ist nicht möglich.

C 5.2 Konsequenzen für das weitere Vorgehen

Verkehrsberuhigende Maßnahmen werden in zunehmendem Maße auch in den Kleinstädten und Landgemeinden von den Bürgern gefordert und akzeptiert. Die politischen Entscheidungsträger und die Fachverwaltungen unterstützen diese Forderungen oder ergreifen selbst die Initiative. Für alle Beteiligten ist jedoch der Umgang mit dem besonderen Straßentyp „325-Bereich" und der damit verknüpften Mischnutzung relativ neu. Die bisher in den Kleinstädten und Landgemeinden praktizierte Einrichtung von 325-Bereichen ist noch unbefriedigend. Die allgemein beklagte überhöhte Fahrgeschwindigkeit ist ein Ergebnis der Planungsmängel, die sich wegen der Nichtbeachtung des Grundprinzips „Mischnutzung" zwangsläufig ergeben.

Aufgrund der vorliegenden Erfahrungen erscheint es daher zweckmäßig, die örtlichen Planer und Entscheidungsträger während der noch andauernden Erprobungszeit der 325-Bereich-Regelung bei der Erstellung des Planungskonzepts zu unterstützen. Von direkten Eingriffen in die städtebaulichen und verkehrstechnischen Entscheidungen der Gemeinden ist dabei abzuraten. Es erscheint jedoch empfehlenswert, eine Genehmigung für die Aufstellung der Zeichen 325 und 326 von der Vorlage eines **Erläuterungsberichtes** abhängig zu machen, der

— die Einbindung des 325-Bereichs in die Gesamtortentwicklung,

— die Chancen für die Erreichbarkeit einer Mischnutzung und

— die für die Akzeptanz bedeutsame Beteiligung der Bürger an der Planung

beschreibt.

Teil D: Die Planungspraxis der Kommunen im Spannungsfeld amtlicher Planungshinweise

D 1 Einführung

Im Teil D werden einige ausgewählte Schwerpunktthemen ausführlich dokumentiert und anhand von Beispielen aus der Alltagspraxis bundesdeutscher Gemeinden erläutert. Auf die Darstellung von Modellversuchen wird bewußt verzichtet.

Die Diskussion der Planungsergebnisse und die Ableitung von Anregungen für das weitere Vorgehen erfolgt unter der Fragestellung: Wie kann die Mischnutzungsmöglichkeit einer Straße behindert oder verhindert oder gefördert werden?

Den Erfahrungen aus der kommunalen Praxis werden die amtlichen Zielvorgaben anhand der einschlägigen Planungshinweise der Bundesländer sowie Österreichs und der Schweiz vorangestellt.

Hinweis:

Die Verweise auf Textstellen in StVG, StVO und VwV-StVO sowie auf die Quellen der zitierten Planungshinweise werden durch Kenn-Nummern gekennzeichnet.

Zu den Hinweisen auf StVG, StVO und VwV-StVO beachte die 1. Ziffer:

1 = StVG = Kapitel B 1.2, S. 19 ff.
2 = StVO = Kapitel B 1.3, S. 20 ff.
3 = VwV zu den Zeichen 325/326 StVO = Kapitel B 1.4, S. 22 ff.
4 = VwV zu den §§ 39 bis 45 StVO = Kapitel B 1.4, S. 22 ff.

Zu den Quellenhinweisen:

für die Planungshinweise der Bundesländer in Kapitel B 2, S. 24 ff., gelten folgende Abkürzungen:

BW = Baden-Württemberg
BY = Bayern
HE = Hessen
ND = Niedersachsen
NW = Nordrhein-Westfalen
RP = Rheinland-Pfalz
SH = Schleswig-Holstein

für die Richtlinien Österreichs und der Schweiz in Kapitel B 3, S. 25, gelten folgende Abkürzungen:

A = Österreich
CH = Schweiz

D 2 Übergang zwischen 325-Bereichen und anderen Straßentypen

Die Vorschriften bezüglich des Übergangsbereichs zwischen den 325-Bereichen und den anderen Straßentypen regeln

1. das Verhalten der Fahrzeugführer beim Verlassen des 325-Bereichs in § 10 StVO (siehe Kenn-Nummer 227 in Kapitel B 1.3);
2. die Beschilderung in § 42 Abs. 4a StVO (siehe Kapitel B 1.3) und in Punkt I.2 der VwV-StVO zu den Zeichen 325 und 326 (siehe Kenn-Nummern 302f. in Kapitel B 1.4);
3. die baulichen/gestalterischen Maßnahmen in den Punkten III.1 und III.2 der VwV-StVO zu den Zeichen 325 und 326 (siehe Kenn-Nummern 306ff. in Kapitel B 1.4).

D 2.1 Ergänzungen zu StVO und VwV-StVO in den Planungshinweisen der Bundesländer
(Die Kenn-Nummer verweist auf die Zusammenstellung in Kapitel B 2)

Baden-Württemberg (Kenn-Nummer BW 1)

Abschnitt 1, 2. Absatz

Verkehrsberuhigte Bereiche müssen ausschließlich mit Zeichen 325/326 StVO gekennzeichnet werden. Eine Kombination mit Zeichen 250 (mit oder ohne Zusatzschild) darf keinesfalls zugelassen werden.

Baden-Württemberg (Kenn-Nummer BW 1) und
Rheinland-Pfalz (Kenn-Nummer RP 1)

Anlage Punkt 2

Verkehrsberuhigte Bereiche sollten nicht an Verkehrsstraßen, auf denen die Vorfahrt mit Verkehrszeichen geregelt ist, angrenzen.

Bayern (Kenn-Nummer BY 1)

Punkt 41.2.1 (zu den Zeichen 205 und 206 Nr. VII.1 VwV-StVO, hier: Wohnwege)

Die Regelung in Nummer VII.1 letzter Satz der VwV-StVO betrifft vor allem Einmündungen verkehrsrechtlich-öffentlicher Wohnwege, die nicht als Gehwege beschildert sind und die über einen abgesenkten Gehweg eingeführt werden. Solche Wohnwege sind im Einmündungsbereich einseitig mit Zeichen 205 (ohne Z 306) zu kennzeichnen. Abweichend von Nr. I. zu Zeichen 205 VwV-StVO wird zugelassen, daß in diesen Fällen das Zeichen 205 eine Seitenlänge von je 600 mm haben darf.

Bayern (Kenn-Nummer BY 2)

Seite 25

Übergänge zu angrenzenden Straßen ohne Zeichen 325 StVO müssen durch bauliche Maßnahmen betont werden (z.B. durch Aufpflasterung, Bordsteinabsenkung, Materialwechsel, Engstelle).

Hessen (Kenn-Nummer HE 5)

Seite 9

Mischflächen dürfen nicht an Verkehrsstraßen angrenzen, d.h. im unmittelbar anschließenden Bereich sollten andere „Verkehrsberuhigende Maßnahmen", z.B. Geschwindigkeitsbeschränkung, Einengung der Fahrbahn u.ä. vorgenommen werden. Als Mischflächen können in Altbauquartieren kurze Straßenabschnitte (bis zu 50 m Länge — s. Erlaß vom 16.09.80 (siehe Kenn-Nummer HE 3, Anmerkung d. Verf.)) ausgebildet werden, die jeweils beiderseits durch Einmündungen begrenzt sind oder wenn es sich um das Ende einer Sackgasse handelt.

Nordrhein-Westfalen (Kenn-Nummer NW 1)

Punkt 3.8

Die Übergänge vom verkehrsberuhigten Bereich zu den anderen Straßen sind deutlich erkennbar auszubilden. Dies sollte durch eine bauliche Gestaltung bewirkt werden, die dem Fahrzeugführer deutlich macht, daß er in einen besonde-

ren Straßenbereich hineinfährt, der ein besonderes Verkehrsverhalten verlangt (Torwirkung). Die Übergangsbereiche können z. B. mit deutlichem Niveauunterschied zwischen den Verkehrsflächen hergestellt bzw. an Kreuzungen und Einmündungen wie eine Grundstücksausfahrt angelegt werden.

Es empfiehlt sich, den verkehrsberuhigten Bereich nicht unmittelbar in eine stark befahrene Straße mit Vorfahrtregelung nach Zeichen 301 oder 306 StVO einmünden zu lassen. Durch eine „Übergangszone", deren Länge etwa 20 m nicht unterschreiten sollte, ist der direkte Kontakt zu vermeiden. Damit kann dazu beigetragen werden, daß die im verkehrsberuhigten Bereich erlaubten Kinderspiele nicht auf stark befahrene Straßen übergreifen.

Punkt 2.4 (zu Verkehrsberuhigung allgemein)
Wenn die zur Einrichtung eines verkehrsberuhigten Bereiches erforderlichen örtlichen und baulichen Voraussetzungen nicht geschaffen werden können, sollte geprüft werden, ob die unter Nr. 2.1 bis 2.3 beschriebenen Maßnahmen der Verkehrsberuhigung ohne Kennzeichnung mit Zeichen 325/326 StVO (vgl. VwV VI zu den Zeichen 325/326 StVO) angeordnet werden können. Vielfach können diese Maßnahmen auch auf den Straßen im Vorfeld zu den Mischflächen angeordnet werden und damit die Voraussetzungen für die Einrichtung von Mischflächen verbessern.

Rheinland-Pfalz (Kenn-Nummer RP 1)
(siehe bei Baden-Württemberg)

In der Praxis wird bei der Maßnahmenkombination 325-Bereich/Einbahnregelung häufig nicht beachtet, daß Beginn und Ende des 325-Bereichs für die Fußgänger an allen Übergangsstellen gekennzeichnet sein muß. Hierauf wird in Kapitel D 4 ausführlicher eingegangen. Ergänzend zu den vorstehenden Planungshinweisen zur Verkehrsberuhigung wird hier ein Hinweis für den Übergang zwischen Fußgängerbereichen und anderen Straßentypen eingefügt:

Bayern (Kenn-Nummer BY 1)
Punkt 1.1.3
...ist das Ende eines Fußgängerbereichs nicht erkennbar, so ist dort das Zeichen 241 mit dem Zusatzschild 748 („Ende") aufzustellen....

(Siehe hierzu eine ausgeführte Variante in Übersicht D 2.3/45)

D 2.2 Hinweise in Richtlinien Österreichs und der Schweiz
(Die Kenn-Nummer verweist auf die Zusammenstellung in Kapitel B 3)

Österreich (Kenn-Nummer A)
§ 76b Abs. 3 Satz 2
Beim Ausfahren aus einer Wohnstraße ist dem außerhalb der Wohnstraße fließenden Verkehr Vorrang zu geben.

Schweiz (Kenn-Nummer CH 1)
Art. 43 Abs. 2
Das Signal „Ende der Wohnstrasse" (3.12) (Signal 3.12 SSV entspricht dem Zeichen 326 StVO, Anmerkung d. Verf.) zeigt an, dass wiederum die allgemeinen Verkehrsregeln gelten.

Schweiz (Kenn-Nummer CH 2)
Punkt 3.1
Die Ein- und Ausfahrten der Wohnstrasse müssen optisch klar erkennbar sein.

Anhang: Punkt 3.1
Es genügt nicht, das „Tor" bloss durch das Signal „Wohnstrasse" zu kennzeichnen. Vielmehr muss es durch bauliche Massnahmen wie Verengungen, Aufpflasterungen (horizontale und vertikale Versätze) usw. für den Verkehrsteilnehmer klar ersichtlich und spürbar gemacht werden.

Bei Einmündungen in Wohnstrassen von stark frequentierten Strassen ist das „Tor" zurückzuversetzen, damit der Verkehr auf der übergeordneten Strasse nicht durch Rückstau behindert wird.

Punkt 3.4
Signalisation
Das Signal „Wohnstrasse" (3.11) steht bei allen Einfahrten in Wohnstrassen, das Signal „Ende der Wohnstrasse" (3.12) bei allen Ausfahrten aus Wohnstrassen. In Abweichung von Art. 16 Abs. 2 SSV muss das Signal „Wohnstrasse" nicht nach jeder Verzweigung wiederholt werden, wenn es weiter gelten soll.

Anhang: Punkt 3.4.1
Standort der Signale
Die Signale „Wohnstrasse" und „Ende der Wohnstrasse" stehen unmittelbar beim „Tor" der Wohnstrasse, in der Regel im Normalformat; bei unbedeutenden Nebenein- und -ausfahrten können die Signale im Kleinformat aufgestellt werden. Das Signal „Ende der Wohnstrasse" kann auf der Rückseite des Signals „Wohnstrasse" angebracht werden. Auf Wegen, die in Wohnstrassen einmünden und ausschliesslich für Fussgänger bestimmt sind, werden die Signale nicht angebracht.

Punkt 3.4
Wo Wohnstrassen direkt in Querstrassen einmünden, ist über die Vortrittsverhältnisse durch die Signale 3.01 „Stop" oder 3.02 „Kein Vortritt" Klarheit zu schaffen.

(Diese Signale entsprechen den Zeichen 206 StVO „Halt! Vorfahrt gewähren!" und Zeichen 205 StVO „Vorfahrt gewähren!")

Punkt 3.4
Kombination der Signale „Wohnstrasse" und „Ende der Wohnstrasse" mit andern Signalen.

Wo es die örtlichen Verhältnisse erfordern, können die Signale „Wohnstrasse" und „Ende der Wohnstrasse" mit andern Signalen kombiniert werden.

Anhang: Punkt 3.4.2
Eine solche Kombination ist auf das unbedingt Notwendige zu beschränken. In Verbindung mit dem Signal „Wohnstrasse" kommen etwa Mass- oder Gewichtsbeschränkungen (Signale 2.16, 2.18) (diese Signale entsprechen den Vorschriftzeichen 262 bis 266 StVO, Zusatz d. d. Verfasser) oder die Hinweissignale „Einbahnstrasse" oder „Sackgasse" (4.08, 4.09) (= Zeichen 220, 357 StVO) in Frage. In Verbindung mit dem Signal „Ende der Wohnstrasse" sind Vortrittssignale „Stop" oder „Kein Vortritt" (3.01, 3.02) anzubringen, falls die Wohnstrasse direkt in eine Querstrasse einmün-

det (...). Bei solchen Kombinationen sind die Aufstellungsbestimmungen in Art. 101 Abs. 6 SSV zu beachten.

Auf die Kombination des Signals „Wohnstrasse" mit dem „Allgemeinen Fahrverbot in beiden Richtungen" (2.01) (= Zeichen 250 StVO „Verbot für Fahrzeuge aller Art") und der Zusatztafel „Zubringerdienste gestattet" ist zu verzichten, da sie dem Sinn und Zweck der Wohnstrasse widerspricht.

Punkt 4.3
Die Signale „Wohnstrasse" und „Ende der Wohnstrasse" dürfen erst angebracht werden, nachdem die Anordnungen rechtskräftig geworden (Art. 107 SSV) und das Wohnstrassenprojekt nach den eingereichten Unterlagen vollumfänglich ausgeführt ist.

Für die Anordnung einer Wohnstraße mit den Signalen 3.11/3.12 SSV ist die nach kantonalem Recht bezeichnete Behörde zuständig. Die während der Einführungsphase vom 1. Januar 1980 bis zum 30. April 1984 zunächst erforderliche Bewilligung durch das Bundesamt für Polizeiwesen in Bern ist mit der Einführung der neuen Richtlinien entfallen. Für die Prüfung der Anordnung der Signale 3.11/3.12 SSV sind folgende Unterlagen notwendig:

Schweiz (Kenn-Nummer CH 2)
Anhang: Punkt 4
4.1 Für die Prüfung der Anforderungen an die Strasse und den Verkehr
— Angaben über Anlass (Gründe für die Errichtung der Wohnstrasse) und Meinungsbildung (Orientierung und Anhörung der Anwohner und Eigentümer);
— Projektbeschrieb;
— Übersichtsplan der Gemeinde bzw. eines Ortsteils, aus dem Lage, Länge und Typ der Strasse sowie das Einzugsgebiet mit Einwohnerzahl und -dichte hervorgehen (z.B. Zonenplan, Strassennetzplan, Verkehrsplan usw.);
— Angaben zum Verkehrsaufkommen (Spitzenstundenverkehr/Tagesdurchschnittsverkehr).

4.2 Für die Prüfung der Anforderungen an die Ausgestaltung und Signalisation
Projektplan bzw. Gestaltungsplan mit Angaben:
— zur Gestaltung (Bepflanzung, Möblierung, Parkplatzanordnung usw.);
— zum Querschnitt der Verkehrsfläche (vorwiegend auf einer Ebene, Anrampungen usw.);
— zum Längsprofil (Steigung, Gefälle, partielle Aufpflasterungen);
— zur Signalisation: Standorte der Signale 3.11/3.12 sowie andere allfällig vorgesehene Signale bei den Ein- und Ausfahrten der Wohnstrasse.

4.3 Weitere Unterlagen für die Beurteilung
Für eine umfassende Beurteilung der Gesuche kann zusätzlich die „Projektierungsempfehlung zur Verkehrsberuhigung" des IVT, Bericht Nr. 83/1 (...) beigezogen werden. (33)

D 2.3 Dokumentation und Diskussion der Praxis der straßenverkehrsrechtlichen Kennzeichnung von 325-Bereichen

Gliederung nach Schwerpunktthemen:
Schwerpunktthema	Seite
— Sinnbild der Zeichen 325 und 326 StVO	41
— Zeichen 325 — Zusätze zum Sinnbild	42
— Zeichen 326 — Zusätze zum Sinnbild	45
— Zeichen 325 und 326 — Variation von Schildabmessungen und Aufstellort bei beengten Verhältnissen	49
— Abstimmung des Aufstellortes der Zeichen 325 u. 326 mit den baulichen/gestalterischen Gegebenheiten	53
— Vorankündigung eines 325-Bereichs	55
— Kennzeichnung des 325-Bereichs für Nicht-Fahrzeugführer	59

● Allgemeines

Aus der VwV-StVO, Punkte II und III (siehe Kenn-Nummern 304f. und 306ff. in Kapitel B 1.4), geht hervor, daß die Kennzeichnung einer Straße mit den Zeichen 325/326 erst nach Abschluß der notwendigen baulichen/gestalterischen Maßnahmen erfolgen darf. In der Praxis wird trotzdem häufig versucht, die Beachtung der in § 42 Abs. 4a StVO aufgeführten Verhaltensregeln nur durch das Aufstellen der Verkehrsschilder zu erzielen (vgl. Übersicht D 2.3/1). Wie die Verordnungsgeber bereits vorausgesehen hatten, ist in diesen Fällen eine Wirkung auf Fahrzeugführer und Fußgänger nur in Ausnahmefällen erkennbar.

Übersicht D 2.3/1:
Kennzeichnung eines 325-Bereichs durch Vielfach-Beschilderung, Leitbaken und Bodenmarkierungen

Übersicht D 2.3/2:
Sinnbild des Zeichens 325 StVO

● Sinnbild der Zeichen 325 und 326 StVO

Das in die Straßenverkehrs-Ordnung aufgenommene Verkehrszeichen mit der Nummer 325 ist im Rahmen der Europäischen Konferenz der Verkehrsminister (CEMT) nach eingehenden psychologischen und verkehrstechnischen Untersuchungen entwickelt worden (siehe Kenn-Nummer 207 in Kapitel B 1.3 sowie Übersicht D 2.3/2).

Im Ausland werden die mit diesem Verkehrszeichen gekennzeichneten Straßen Woonerf (in den Niederlanden) oder Wohnstraßen (in Österreich (34) und in der Schweiz (35)) genannt. In der Bundesrepublik Deutschland haben die Verordnungsgeber den Einsatzbereich dieses Zeichens ausdrücklich auch auf solche Straßen erweitert, in denen die anliegenden Flächennutzungen nicht auf das Wohnen beschränkt sind (siehe Kenn-Nummern 112ff. in Kapitel B 1.2 und 208 in Kapitel B 1.3).

Die von Laien und Fachleuten häufig verwendete Bezeichnung „Spielstraße" für die 325-Bereiche zeigt, daß das Sinnbild des Zeichens 325 die Straßennutzung „Kinderspiel" in den Vordergrund gerückt hat. Hierzu wurden in Erfahrungsberichten der Gemeindebehörden unter anderen die folgenden Problemgruppen genannt.

Fallbeispiel 1:
Für Einkaufsstraßen in den zentralen Ortsbereichen mit Fußgängerbereich-Charakter ist die Symbole-Kombination unbefriedigend oder verwirrend, weil die tatsächliche Straßennutzung sich darin nicht widerspiegelt.

Fallbeispiel 2:
Für Straßen mit den anliegenden Nutzungen Wohnen oder Kur/Erholung kann das Kinderspiel als Belästigung empfunden werden. Es wurden Einzelfälle bekannt, in denen aus diesem Grund die Wiedereinrichtung des konventionellen Straßentyps von Anwohnern gefordert wurde (siehe hierzu auch die „Lärmschutz-Verordnung" in Übersicht D 2.3/3).

Übersicht D 2.3/3:
Zusatzschild mit Erläuterungen zu § 42 Abs. 4a StVO und „Lärmschutz-Verordnung"
(siehe hierzu ergänzend Übersicht D 2.3/9)

Zwei Erfahrungsberichte von Gemeindeverwaltungen erwähnen Forderungen von Bürgern nach einem Verbot für Ballspiele im 325-Bereich, die mit zerbrochenen Schaufensterscheiben begründet wurden und mit dem Hinweis auf das im Sinnbild erkennbare Kind mit Ball von den Ordnungsbehörden zurückgewiesen wurden. Auf die Empfindlichkeit bei Lärm durch Kinderspiel wird hier nicht vertieft eingegangen.

- Zeichen 325 — Zusätze zum Sinnbild

Die Ausgestaltung von Straßen mit sogenannten ,,Möblierungs-'' bzw. ,,geschwindigkeitsmindernden baulichen/gestalterischen Elementen'' sowie die Aufstellung des Verkehrszeichens 325 bleibt in der Praxis häufig ohne deutliche Wirkungen auf das tatsächliche Verhalten im Straßenbereich. Dies gilt besonders für die Fahrgeschwindigkeit, das Parken, das Verhalten der Fußgänger gemäß Separationsprinzip und für den Durchgangsverkehr. In mehreren Orten wurden daher zum Zeichen 325 Zusatzschilder mit Erläuterungen aufgestellt (siehe Überschriften D 2.3/4 bis D 2.3/8). In einem Fall wurde die Ablehnung eines derartigen Zusatzschildes durch die Verkehrsaufsichtsbehörde gemeldet, die dies als unvereinbar mit den StVO-Vorschriften bezeichnete.

Die in den Übersichten D 2.3/7 und D 2.3/8 zu sehenden langen Texte auf Zusatzschildern zum Zeichen 325 dürften für den schnellfahrenden Fahrzeugführer kaum vollständig zu erfassen sein. Sie können jedoch zur ebenfalls wichtigen Aufklärung der Fußgänger beitragen. Der Einfluß der Erläuterungsschilder auf die Straßenbenutzer dürfte jedoch gering sein. Bei Beobachtungen in den hier dokumentierten 325-Bereichen wurde in keinem Fall das in der StVO vorgeschriebene Verkehrsverhalten (also die Mischnutzung des Straßenraums) beobachtet.

Übersicht D 2.3/4:
Zusatzschild ,,Schritt fahren''

Übersicht D 2.3/5:
Zusatzschild ,,bitte Schritt fahren''

Übersicht D 2.3/6:
Zusatzschild „Kein Durchgangsverkehr"

Übersicht D 2.3/7:
Zusatzschild
„VERKEHRSBERUHIGTER BEREICH
Fußgänger haben Vorrang
Fahren nur in Schrittgeschwindigkeit
Parken nur an markierten Stellen"

Übersicht D 2.3/8:
Zusatzschilder
1. „Verkehrsberuhigter Bereich
   Fußgänger haben Vorrang
   Fahren nur in Schrittgeschwindigkeit
   Parken verboten"
2. Zeichen 350 StVO „Fußgängerüberweg"

Eine andere Darstellungsart von zusätzlichen Erläuterungen zeigen die Übersichten D 2.3/9 bis D 2.3/11, bei denen die Wirkung von Symbolen im Vordergrund steht.

Übersicht D 2.3/9:
Zusatzschilder
oben = Betonung der „Spielstraße"
unten = siehe Übersicht D 2.3/3

Übersichten D 2.3/10 und D 2.3/11:
Nachträglich aufgestellte Hinweistafeln (Beispiele von zwei Aufstellorten in derselben Gemeinde)

Aus Gründen des Ortsbildschutzes soll das Aufstellen von Verkehrsschildern auf die unbedingt notwendigen Fälle beschränkt bleiben.

Bei beengten Platzverhältnissen könnte die Verringerung der Abmessungen von Zeichen 325 und 326 eine angemessene Lösung sein.

Trotz der vorstehend genannten Einschränkungen könnte ein ergänzender Hinweis auf die charakteristische Nutzungsart des 325-Bereichs in Einzelfällen sinnvoll sein, beispielsweise wenn es sich nicht um ein Wohnquartier im engeren Sinn handelt. Die Übersichten D 2.3/12 und D 2.3/13 zeigen eine mögliche Kombination von Zeichen 325 mit Erläuterungstexten auf einer Verkehrszeichentafel, die die in der VwV-StVO vorgeschriebenen Grundabmessungen 1000 x 650 mm beibehält (zu den Abmessungen siehe Kenn-Nummer 301 in Kapitel B 1.4). Vor der Aufstellung sollte die Zustimmung der Verkehrsaufsichtsbehörde eingeholt werden. Zur Variation der Schildabmessungen in anderen Fällen siehe ausführlich die folgenden Abschnitte.

Die Übersicht D 2.3/14 zeigt zum Vergleich die Verkehrszeichentafel für eine Fahrverbotsregelung, bei der allerdings die Verkehrszeichen in der Originalgröße verwendet worden sind.

Übersicht D 2.3/12:
Verkehrszeichentafel mit Zeichen 325 StVO und Zusatztext
Querformat 1000 x 650 mm

Übersicht D 2.3/14:
Verkehrszeichentafel für eine Fahrverbotsregelung
(zum Vergleich)

Übersicht D 2.3/13:
Verkehrszeichentafel mit Zeichen 325 StVO und Zusatztext
Hochformat 650 x 1000 mm

● Zeichen 326 — Zusätze zum Sinnbild

§ 42 Abs. 4a StVO regelt lediglich das Verhalten innerhalb eines 325-Bereichs (siehe Kenn-Nummer 201 in Kapitel B 1.3). Die Vorschrift zum Verhalten des Fahrzeugführers beim Verlassen eines 325-Bereichs ist dagegen in den § 10 StVO aufgenommen worden (siehe Kenn-Nummer 227 in Kapitel B 1.3). Es wird daher bei den zuständigen Straßenverkehrsbehörden unterstellt, daß diese Vorschrift noch weniger bekannt ist als die innerhalb der 325-Bereiche geltenden Verhaltensregeln. Aus Gründen der Verkehrssicherung werden daher in vielen Fällen neben dem Zeichen 326 noch zusätzliche Verkehrszeichen aufgestellt: Zeichen 205 StVO „Vorfahrt gewähren!" (siehe Übersicht D 2.3/15) oder Zeichen 206 StVO „Halt! Vorfahrt gewähren!" (siehe Übersicht D 2.3/16). Die Übersicht D 2.3/17 zeigt eine Kombination von Zeichen 205 und Zeichen 326 mit einem Zusatzschild zur Vorankündigung des 325-Bereich-Endes.

Übersicht D 2.3/15:
Verkehrszeichenkombination Zeichen 326 und 205 StVO

Übersicht D 2.3/16:
Verkehrszeichenkombination Zeichen 326 und 206 StVO

Übersicht D 2.3/17:
Verkehrszeichenkombination
Zeichen 326 mit Zusatzschild 741 und Zeichen 205 StVO

● Für künftige Änderungen der einschlägigen Verordnungen und für die Arbeit der Planungsbehörden ergeben sich folgende **Anregungen:**

— Die Vorfahrtregelung an der 325-Bereich-Ausfahrt sollte als Verhaltensvorschrift zusätzlich in § 42 Abs. 4a aufgenommen werden. Dies würde die Aufklärungsarbeit vereinfachen und die besondere straßenverkehrsrechtliche Stellung des 325-Bereichs noch deutlicher erkennbar werden lassen (Gleichstellung mit einer Grundstücksausfahrt).

— In der Verkehrsaufklärung und Verkehrserziehung sind die Verhaltensregeln im und am 325-Bereich verstärkt zu berücksichtigen. Es ist darauf zu achten, daß in lokalen Aufklärungsaktionen bei der Neueinführung von 325-Bereichen (Zeitungsartikel, Handzettel und ähnliches) neben dem § 42 Abs. 4a auch der § 10 StVO stets berücksichtigt wird.

— Die Erkennbarkeit der Symbole auf dem Zeichen 326 ist bei der Ausfahrt weniger wichtig als bei der Einfahrt. Eine wesentliche Verkleinerung sollte daher beim Vorliegen bestimmter Voraussetzungen als Variante zugelassen werden. Dies ist auch wegen der Annäherung mit Schrittgeschwindigkeit bzw. mit sehr geringer Geschwindigkeit, wodurch sich die Reaktionszeit verlängert, vertretbar.
Analog zu den Verkehrszeichentafeln mit Zeichen 325 (siehe Übersichten D 2.3/12 und D 2.3/13) sollten — zumindest für die Eingewöhnungszeit — auch Verkehrszeichentafeln mit den Zeichen 326 zugelassen werden (siehe Übersichten D 2.3/18 bis D 2.3/21).

Übersicht D 2.3/18:
Zeichen 326 StVO

Übersicht D 2.3/19:
Verkehrszeichentafel
Zeichen 326 und 206 StVO
Querformat 1000 x 650 mm

Übersicht D 2.3/20:
Verkehrszeichentafel
Zeichen 326 und 206 StVO
Hochformat 650 x 1000 mm

Übersicht D 2.3/21:
Verkehrszeichentafel
Zeichen 326 und 205 StVO
Hochformat 650 x 1000 mm

— Aus Gründen der Rechtssicherheit muß jedes Ende eines 325-Bereichs mit dem Zeichen 326 gekennzeichnet werden. Die in mehreren Gemeinden erfolgte „einfache" Beschilderung mit Zeichen 205 StVO allein sollte ausdrücklich als nicht zulässig genannt werden.
— An Einmündungen von 325-Bereichen in stark befahrene Straßen sollte die in Übersicht D 2.3/17 gezeigte Lösung mit Vorankündigung zugelassen bzw. empfohlen werden. Die erforderliche Ausnahmegenehmigung sollte mit der Auflage verbunden werden, durch geeignete bauliche/gestalterische oder verkehrslenkende Maßnahmen die Gefährdung durch den schnellen Fahrverkehr auf der bevorrechtigten Straße zu beseitigen bzw. zu verringern.
— Die Vergrößerung des Schilderwaldes durch beidseitiges Aufstellen der Zeichen 325 und 326 und durch Kombination dieser Zeichen mit Hinweisschildern oder Gefahrzeichen ist kein Ersatz für unzureichende bauliche/gestalterische Maßnahmen. Das vorgeschriebene Verhalten (wie beim Verlassen eines Grundstücks) dürfte dann erreichbar sein, wenn die Gestaltung der 325-Bereich-Ausfahrt derjenigen von Grundstücksausfahrten entspricht. Ist dies, beispielsweise wegen der damit verbundenen geringeren Leistungsfähigkeit, nicht erwünscht, sind andere verkehrsberuhigende Maßnahmenkonzepte ohne Mischnutzung des Straßenraums einzusetzen (siehe auch Punkt VI. der VwV-StVO, Kenn-Nummern 321 ff. in Kapitel B 1.4).
— Kombinationen der Zeichen 325/326 mit den Zeichen 301 „Vorfahrt", Zeichen 306 „Vorfahrtstraße" (siehe Übersicht D 2.3/22) oder 350 „Fußgängerüberweg" (siehe Übersicht D 2.3/8) sowie die Einrichtung von Lichtsignalanlagen oder von zwei und mehr Fahrstreifen je Fahrtrichtung (siehe ebenfalls Übersicht D 2.3/22) widersprechen den Voraussetzungen für eine Mischnutzung und sollten daher in keinem Fall zulässig sein.

Hinweis:
Siehe ergänzend die Abschnitte D 10 „Bauliche/gestalterische Maßnahmen in 325-Bereichen" und D 5 „Vorfahrtregelung".

Übersicht D 2.3/22:
Beispiel für ein 325-Bereich-Ende mit zwei Fahrspuren und Kennzeichnung als Vorfahrtstraße (Zeichen 306 StVO, rechts im Bild)

- Zeichen 325 und 326 — Variation von Schildabmessungen und Aufstellort bei beengten Verhältnissen

Definitionen gemäß den Begriffsbestimmungen im Straßenbau, aufgestellt von der Forschungsgesellschaft für Straßen- und Verkehrswesen (36):

Verkehrsraum = Rechtswinklig begrenzter Raum über den für den Verkehr bestimmten Flächen, dessen Höhe sich aus festgelegten Grundmaßen zuzüglich eines Bewegungsspielraumes ergibt.

Lichter Raum = Von festen Gegenständen freizuhaltender Raum, der sich aus dem Verkehrsraum und einem Breiten- und Höhenzuschlag zusammensetzt.

Das sachgerechte Aufstellen der Zeichen 325 und 326 bereitet in engen Straßen wegen des Großformats von 650 x 1000 mm (siehe Kenn-Nummer 301 in Kapitel B 1.4) häufig Schwierigkeiten. In historischen Ortsbereichen stören die großformatigen Schilder auch das Straßenbild.

Laut VwV-StVO muß die Signalwirkung „Hier beginnt bzw. endet der besondere Straßentyp mit Mischnutzung" eindeutig von der Art der Straßengestaltung ausgehen (siehe Kenn-Nummer 308 in Kapitel B 1.4). Da dem Zeichen 325 also wenig Einfluß auf das Verhalten der Straßenbenutzer zugesprochen wird, sollte die Variation von Schildabmessungen und Aufstellort in begründeten Fällen erlaubt werden. Die in der Praxis entwickelten und ausgeführten Ausweichlösungen sind teilweise unbefriedigend (siehe Übersichten D 2.3/23 und D 2.3/24), teilweise können sie als Anregung für eine flexiblere Art der straßenverkehrsrechtlichen Kennzeichnung aufgegriffen werden (siehe Übersichten D 2.3/26 bis D 2.3/29).

Übersicht D 2.3/24:
325-Bereich-Ende: Aufstellort des Zeichens 326 (mit Z 325 auf der Rückseite) auf Privatgrund aus Platzgründen. Sonstige Kennzeichnung des 325-Bereichs durch eine rot/weiße Bodenmarkierung.

Übersicht D 2.3/23:
325-Bereich-Ende bei beengtem Raum: Zeichen 326 aus Platzgründen über der Straße aufgehängt

Übersicht D 2.3/25:
325-Bereich-Beginn bei beengtem Raum: Bepflanzte Steintröge lenken die Fahrzeuge um das in den Verkehrsraum ragende Verkehrsschild mit Zeichen 325

Übersicht D 2.3/26:
325-Bereich-Beginn bei beengtem Raum: Beidseitige Beschilderung parallel zur Fahrtrichtung (Zeichen 325 und 220 ,,Einbahnstraße")

Übersichten D 2.3/27 bis D 2.3/29:
Zeichen 325: Die niedrige Aufstellung paßt sich der kleinräumigen Gliederung des Straßenraums an

Zu Übersicht D 2.3/29:
Zur Überwindung des relativ hoch herausragenden Tiefbords wurde in Privatinitiative eine Rampe (Pfeil) für Fahrräder angelegt

Gemäß VwV zu den §§ 39 bis 43 StVO soll die Unterkante der Verkehrsschilder in der Regel 2 m vom Boden entfernt sein (siehe Kenn-Nummer 414 in Kapitel B 1.4). Diese Aufstellart ist dann zweckmäßig, wenn das Zeichen bereits in größerer Entfernung vor dem Beginn des 325-Bereichs wahrgenommen werden kann. In vielen Fällen kann eine niedrigere Aufstellhöhe jedoch ohne Informationsverlust sinnvoll sein oder sogar die Erkennbarkeit noch erhöhen:

Fallbeispiel 1:
Der 325-Bereich beginnt direkt an der Einmündung in eine konventionell gestaltete Straße. Erst nach dem Einbiegen werden die baulichen/gestalterischen Maßnahmen erkennbar, die auf einen besonderen Straßentyp hinweisen. Der Überraschungseffekt könnte dann von der Erkennung des in über 2 m Höhe angebrachten Verkehrszeichens ablenken. Bei solchen örtlichen Gegebenheiten könnte ein in Augenhöhe oder niedriger befestigtes Verkehrszeichen — auch mit kleineren Abmessungen — eine situationsgerechte Lösung sein.

Fallbeispiel 2:
Vor allem in Neubau-Wohngebieten sind auch in 325-Bereichen breite Straßen und zusätzliche Vorgärten zu finden. Auf den großzügig bemessenen Sammelstraßen wird relativ schnell gefahren. Beim Einbiegen in die 325-Bereiche werden daher kleinere Einbauten (sogenannte Geschwindigkeitsbremsen) häufig übersehen. Es werden dann nach den ersten Erfahrungen mit umgefahrenen Bäumen, plattgewalzten Blumenrabatten o. ä. zusätzliche Leiteinrichtungen aufgestellt (siehe Übersicht D 2.3/31). Würden bei derartigen örtlichen Gegebenheiten die Verkehrsschilder mit den Zeichen 325 und 326 in niedrigerer Höhe angebracht,

— könnten sie zusätzliche Leiteinrichtungen ersetzen und
— würden den erforderlichen Sehfeldumfang für die Erfassung von Schild und niedrigen Gestaltungs- und Möblierungselementen verringern.

Grundsätzlich sollte versucht werden, durch entsprechende Berücksichtigung bei der Planung und durch bauliche/ gestalterische Maßnahmen derartige Engpässe bei der Beschilderung zu vermeiden. Dies würde auch durch eine verbesserte und frühzeitige Abstimmung zwischen der für die baulichen/gestalterischen Maßnahmen zuständigen Behörde und der für die Kennzeichnung zuständigen Straßenverkehrsbehörde erreicht werden können.

Übersicht D 2.3/30:
Engpaß in historischer Altstadt

Übersicht D 2.3/31:
Häufig überfahrenes Schrägbord an einem 325-Bereich-Beginn

- Abstimmung des Aufstellortes der Zeichen 325 und 326 mit den baulichen/gestalterischen Gegebenheiten

In der VwV-StVO werden zur Kennzeichnung eines 325-Bereichs getrennte Hinweise zum Aufstellort gegeben:

Gemäß Punkt I.2 1. Satz muß gewährleistet sein, daß das Zeichen 325 bereits vor dem Einbiegen wahrgenommen werden kann. Es wird also in der Regel so nah wie möglich an die Übergangsstelle zum jeweils angrenzenden Straßentyp aufzustellen sein. Andererseits ist nach Punkt I.2 2. Satz ein Abrücken des Zeichens 326 bis zu 30 m von der nächsten Einmündung gestattet. Bei einem derartigen räumlichen Versatz der Verkehrszeichen in Richtung der Straßenachse würde jedoch eine straßenverkehrsrechtliche Grauzone von max. 30 m Länge entstehen.

In den Hinweisen zur „Planung und Durchführung von Maßnahmen der Verkehrsberuhigung auf öffentlichen Straßen" des Landes Nordrhein-Westfalen (siehe Kenn-Nummer NW 1 in Kapitel B 2) wird die Einrichtung einer Übergangszone zwischen 325-Bereichen und den stark befahrenen Straßen mit Vorfahrtregelung nach Zeichen 301 oder 306 StVO empfohlen, deren Länge 20 m nicht unterschreiten sollte. Damit soll ein Übergreifen des Kinderspiels auf stark befahrene Straßen verhindert werden.

Der Aspekt „Übergreifen des Kinderspiels" kann in diesem Bericht nur kurz angerissen werden. Beim oben genannten Fall der stark befahrenen Straße dürfte das Spielverbot den Kindern relativ einfach zu erklären sein. Wesentlich schwieriger dürfte diese Einsicht jedoch in denjenigen Fällen erreichbar sein, wo 325-Bereiche ohne deutlich abweichende Gestaltung in andere Straßentypen mit geringem Fahrzeugverkehrsaufkommen übergehen (siehe hierzu die Übersichten D 2.3/32 bis D 2.3/34).

- Für künftige Änderungen der einschlägigen Vorschriften und für die Planungsarbeiten ergeben sich folgende **Anregungen**:

— Beginn und Ende eines 325-Bereichs müssen sich durch bauliche/gestalterische Gegebenheiten deutlich von allen angrenzenden Straßentypen unterscheiden. Die Zeichen 325 und 326 sind unter Berücksichtigung der jeweiligen örtlichen Gegebenheiten möglichst nah an dieser optisch erkennbaren Nahtstelle aufzustellen. Zweckmäßigerweise sind die Zeichen 325 und 326 auf Vorder- bzw. Rückseite desselben Schildes. (Dieses wird in der Praxis auch inoffiziell Zeichen 327 genannt.)

— Varianten zur vorgenannten Aufstellweise können in Sonderfällen zugelasen werden:

Fallbeispiel 1:
Wegen der beengten räumlichen Verhältnisse ist eine eindeutige Kennzeichnung durch bauliche/gestalterische Maßnahmen („Torsituation") nicht möglich.

Fallbeispiel 2:
Aus Gründen der Einheitlichkeit des Ortsbildes sind die erforderlichen krassen Gestaltungsunterschiede zwischen den Straßentypen nicht erwünscht.

In derartigen Ausnahmesituationen sollten im Rahmen einer flächenhaften Verkehrsberuhigung Kompromisse bei der baulichen/gestalterischen Ausführung in Verbindung mit Vorankündigungsschildern zugelassen werden.

Hinweis:
Zur Vorankündigung des 325-Bereich-Endes siehe Abschnitt „Zeichen 326 — Zusätze zum Sinnbild" und Übersicht D 2.3/17. Zur Vorankündigung des 325-Bereich-Beginns siehe den folgenden Abschnitt.

Übersicht D 2.3/32:
Übergreifen des Kinderspiels auf einen Nicht-325-Bereich

Übersicht D 2.3/33:
Übergreifen des Kinderspiels auf einen Nicht-325-Bereich.
Der Übergang zum 325-Bereich ist im Bild rechts, siehe hierzu Übersicht D 2.3/34

Übersicht D 2.3/34:
Blick auf den Übergangsbereich mit einem Baum als Verkehrsinsel

● Vorankündigung eines 325-Bereichs

Der Beginn eines 325-Bereichs sollte so früh erkennbar sein, daß dem Fahrzeugführer noch die Wegewahlalternative „Umfahrung des 325-Bereichs" möglich ist. Dies ist zum einen für die Ablenkung des unerwünschten Durchfahrverkehrs wichtig. Zum anderen dürfte damit bei den noch verbleibenden „freiwilligen" Durchfahrern die Akzeptanz des Mischverkehr-Prinzips verbessert werden.

Negativ wirkende Überraschungseffekte beim unerwarteten Beginn eines 325-Bereichs („Sackgassen-Effekt") ergeben sich vor allem dann, wenn eine konventionelle Straße ohne Ausweichmöglichkeit direkt in einen 325-Bereich einmündet, weniger beim Abbiegen von einer konventionellen Straße in einen 325-Bereich. In der Regel sind in diesen Fällen planerische Lösungen anzustreben. Ersatzmaßnahmen, wie beispielsweise zusätzliche Schilder zur Vorankündigung, sollten daher die Ausnahme sein:

Fallbeispiel 1:
Die Übersicht D 2.3/35 zeigt eine konventionelle Straße, die nach einer Kurve in einen 325-Bereich einmündet. Ein Verkehrsschild mit Zeichen 325 und Zusatzschild 741 StVO „nach 125 m" (siehe Pfeil) übernehmen hier die Funktion eines „Gefahrzeichens". Die planerische Lösung wäre hier beispielsweise die Erweiterung des 325-Bereichs bis zum Standort des Vorankündigungsschildes, also bis zu der in der Übersicht erkennbaren Straßeneinmündung.

Übersicht D 2.3/35:
Vorankündigung eines 325-Bereichs:
Zeichen 325 mit Zusatzschild „nach 125 m"

Fallbeispiel 2:
Die Übersichten D 2.3/36 und D 2.3/37 zeigen Vorankündigungen auf einen 325-Bereich, dessen Beginn hinter einer stark befahrenen Kreuzung nicht frühzeitig erkennbar ist. Auf die vorhandene Umfahrungsmöglichkeit für diese zentrale Geschäftsstraße wird nicht hingewiesen.

Übersicht D 2.3/36:
Vorankündigung eines 325-Bereichs
(kombiniert mit Übersicht D 2.3/37)

Übersicht D 2.3/37:
Vorankündigung eines 325-Bereichs auf einer Wegweisertafel
(kombiniert mit Übersicht D 2.3/36)

Fallbeispiel 3:
Vor allem in historischen Ortsbereichen ist die Aufstellung der Zeichen 325 am Bereichsbeginn wegen beengter Raumverhältnisse häufig nur unbefriedigend zu lösen (siehe auch Abschnitt „Zeichen 325 und 326 — Varianten von Schildabmessungen und Aufstellort bei beengten Verhältnissen" und die Übersichten D 2.3/24, D 2.3/26 sowie (mit Zeichen 326) D 2.3/23). In solchen Fällen könnten beispielsweise im Zuge der durchgehenden Straße Ankündigungsschilder mit Zeichen 325 — ggf. im Kleinformat mit 500 mm Breite — und dem Zusatzschild 842 StVO infrage kommen (siehe Übersicht D 2.3/38).

Übersicht D 2.3/38:
Ankündigungsschild für einen 325-Bereich vor einer unübersichtlichen Einmündung: Zeichen 325 mit Zusatzschild 842 R StVO

Fallbeispiel 4:
Eine enge Gasse mündet in einen 325-Bereich: Die Gassenbreite läßt die Aufstellung eines 1000 mm in den Verkehrsraum für Kraftfahrzeuge ragenden Schildes nicht zu. Die folgenden Übersichten dokumentieren drei unterschiedliche „Lösungen" aus der Praxis:

In der Übersicht D 2.3/39 wird der Aufstellort des Zeichens 325 mit der Ankündigung auf dem Schild „30 m" vorgezogen. Das Schild ragt nun in ein privates Grundstück.

In der Übersicht D 2.3/40 wurde der 325-Bereich-Beginn um eine Straßenlänge ohne besondere bauliche/gestalterische Zusatzmaßnahmen bis zur nächsten Querstraße vorgezogen.

In Übersicht D 2.3/41 wird eine Lösungsvariante gezeigt, bei der das Zeichen 325 erst nach dem Einbiegen in die durchlaufende Querstraße des 325-Bereichs erkennbar wird. Auf die Unverträglichkeit der Doppelbeschilderung einer Straße mit Zeichen 325 und den Vorfahrtzeichen 301 bzw. 306 StVO wird in Kapitel D 5 „Vorfahrtregelung" eingegangen.

Diese drei Lösungsvarianten sind entweder unbefriedigend oder unvereinbar mit der VwV-StVO. Die Lösungsmöglichkeit ist für alle aufgezeigten Fallbeispiele der Einbezug der einmündenden Gasse in den 325-Bereich nach vorheriger Umgestaltung.

Übersicht D 2.3/39:
Vorankündigung eines 325-Bereichs ohne Ausweichmöglichkeit: Zeichen 325 mit Zusatzschild „30 m". Siehe auch das Hineinragen in ein Privatgrundstück

Übersicht D 2.3/40:
Vorziehen des 325-Bereich-Beginns ohne bauliche/gestalterische Maßnahmen

Übersicht D 2.3/41:
Einmündung einer Straße mit Separations-Prinzip in einen 325-Bereich mit Vorfahrt für den Verkehr im 325-Bereich (Zeichen 301 StVO, siehe Übersicht D 13.3/1)
(siehe hier Zeichen 205 StVO „Vorfahrt gewähren!")

Fallbeispiel 5:
Vor allem in den Einkaufsbereichen kleinerer Städte wird heute die Einrichtung eines 325-Bereichs als Alternative zum Fußgängerbereich (Zeichen 241 StVO) bevorzugt (siehe die Beispiele in Teil E „Dokumentation der vollzogenen und geplanten Verkehrsberuhigten Bereiche..."). Die Attraktivität dieser Straßen für Einkaufs-, Bummel- und Kommunikationsnutzungen ist in historischen Altstadtquartieren besonders groß. Da einerseits Hinweise auf derartige Attraktionsbereiche besonders unter Fremdenverkehrsgesichtspunkten zweckmäßig sind, andererseits ein zusätzlicher Fahrverkehr in diese Bereiche hinein nicht wünschenswert ist, könnte eine Ankündigungstafel analog zum Fußgängerbereich in der Übersicht D 2.3/42 eine sinnvolle Kompromißlösung sein.

Übersicht D 2.3/42:
Hinweis auf einen Fußgängerbereich mit Richtungsempfehlung für die Fahrzeugführer

- Kennzeichnung des 325-Bereichs für Nicht-Fahrzeugführer

Die Mischnutzung erfordert auch für den Fußgängerverkehr und für die sonstigen nicht-verkehrlichen Straßennutzungen (wie beispielsweise Kinderspiel, Bummeln) ein neues Verhalten. Wichtige Voraussetzung für das erforderliche Umdenken vom sogenannten schwachen Verkehrsteilnehmer zum gleichberechtigten Straßenbenutzer ist, daß keine Unsicherheiten bezüglich des Straßenstatus bestehen. Trotzdem werden bei der Beschilderung häufig die Fußgänger gar nicht oder nicht sachgerecht berücksichtigt:

Fallbeispiel 1:
In einer engen Straße wird das Zeichen 325 unmittelbar an der Einmündung an einer Hauswand befestigt. Während der einbiegende Fahrzeugführer das Schild gut erfassen kann, kann der vom Gehweg der durchgehenden Straße einbiegende Fußgänger es jedoch „unterlaufen" (siehe die vergleichbare Situation in Übersicht D 2.3/25).

Fallbeispiel 2:
Die Einfahrt in einen 325-Bereich ist wegen einer Einbahnregelung gesperrt (Zeichen 267 StVO). Für die eintretenden Fußgänger wird die Kennzeichnung mit dem Zeichen 325 unterlassen. Die eindeutige Zuordnung dieser Straße zu einem Straßentyp ist dem Fußgänger also nur über das für die ausfahrenden Fahrzeugführer in der Gegenrichtung aufgestellte Zeichen 326 möglich (siehe Übersicht D. 2.3/43 für die Eingangssituation und Übersicht D 2.3/44 für die Ausgangssituation).

Fallbeispiel 3:
Die Einfahrt in einen 325-Bereich mit Einbahnregelung ist mit dem Zeichen 325 gekennzeichnet. Die Kennzeichnung des gleichzeitigen 325-Bereich-Endes durch Zeichen 326 in der Gegenrichtung wird dagegen unterlassen. Die Fußgänger werden also nicht darüber informiert, daß sie wieder eine Straße des konventionellen Typs betreten.

Fallbeispiel 4:
Ein Fußgängerbereich (Zeichen 241 StVO) geht in einen 325-Bereich über. Die Gestaltung (wie der niveaugleiche Ausbau, die Pflasterung, die Möblierung usw.) ist für beide Straßentypen im wesentlichen gleich. Damit wird der Wechsel vom Nur-Fußgänger-Bereich (in dem allerdings ein erheblicher Fahrzeugverkehr mit Ausnahmegenehmigungen (37) sein kann) zum Mischverkehrs-Bereich anhand der baulichen/gestalterischen Situation nicht erkennbar. In diesen Fällen wird der Übergang vom Fußgängerbereich zum 325-Bereich häufig nicht durch Zeichen 325 gekennzeichnet, dagegen wird der Übergang vom 325-Bereich zum Fußgängerbereich durch Zeichen 241 StVO wegen des damit verbundenen Einfahrtverbots gekennzeichnet (siehe Übersicht D 2.3/44).

Eine eindeutige Beschilderung einer Übergangsstelle zeigt die Übersicht D 2.3/45: Die Gestaltungselemente sind bei diesem Beispiel im 325-Bereich und im Fußgängerbereich identisch, um ein einheitliches Ortsbild zu bewahren.

Übersicht D 2.3/43:
Fahrzeugführer-orientierte Beschilderung eines 325-Bereich-Beginns an einer Einbahnstraße: Zeichen 267 StVO „Verbot der Einfahrt", ohne Zeichen 325 (Zeichen 326 wurde für die ausfahrenden Fahrzeuge aufgestellt)

Übersicht D 2.3/44:
Fahrzeugführer-orientierte Beschilderung eines Übergangs zwischen 325-Bereich und Fußgängerbereich ohne Wechsel der Gestaltungselemente: Einfahrmöglichkeit in den Fußgängerbereich (links im Bild) durch Zeichen 241 StVO „Sonderweg Fußgänger" für Fahrzeuge gesperrt, Eingehmöglichkeit in den 325-Bereich dagegen ohne Kennzeichnung durch Zeichen 325

Übersicht D 2.3/45:
Übergang zwischen 325-Bereich und Fußgängerbereich ohne Gestaltungswechsel. Kennzeichnung durch Schild „Ende der Fußgängerzone"/Zeichen 325 bzw. Zeichen 326/Zeichen 241 StVO

D 2.4 Zusammenfassung der Diskussion und Schlußfolgerungen

Die vorstehend dokumentierten Problemfälle bei der straßenverkehrsrechtlichen Kennzeichnung von 325-Bereichen mit Verkehrsschildern sind keine Einzelerscheinungen. Sie treten in erster Linie in den gewachsenen Ortsbereichen bei der nachträglichen Umgestaltung auf. Gleichzeitig sind die baulichen/gestalterischen Mindestvoraussetzungen für die Anordnung der Zeichen 325 und 326 häufig nicht erfüllt.

● Für die Überprüfung von Planungsarbeiten durch die Straßenverkehrsbehörden ergeben sich folgende **Anregungen:**

— Jeder Übergang vom 325-Bereich zu öffentlichen Straßen und Wegen eines anderen Straßentyps — ggf. auch zu privaten Grundstücken mit weiteren Zugangs-/Zufahrtsmöglichkeiten — muß mit den Zeichen 325 und 326 gekennzeichnet sein.

— Die Zeichen 325 und 326 müssen für Fahrzeugführer **und** Fußgänger deutlich erkennbar aufgestellt sein, ggf. sind sie zu wiederholen.
— An gefährlichen Übergängen zu konventionellen Straßen sind in Abstimmung mit der Verkehrsaufsichtsbehörde zusätzliche Vorfahrtregelungen (mit Zeichen 205 bzw. 206 StVO) bis zum Abschluß der baulichen Umgestaltung möglich.
— Bei Planungskonzepten, die konventionelle Straßen in 325-Bereiche einmünden lassen, wird die Kennzeichnung mit Zeichen 325 wegen des „Sackgassen-Effekts" nur zeitlich befristet angeordnet. In diesen Fällen sind Ankündigungsschilder so aufzustellen, daß sie in der durchgehenden Straße bereits in ausreichender Entfernung vor der Einbiegestelle wahrgenommen werden können.
— Erläuterungsschilder sind kein Ausgleich für unterlassene Informationen in der Planungs- und Betriebsphase sowie für konzeptionelle und bauliche/gestalterische Mängel.
— Für Straßen, in denen auch längerfristig keine Mischnutzung gewünscht oder ermöglicht werden soll, werden Erläuterungsschilder nicht zugelassen. Die Zeichen 325 und 326 sind in diesen Fällen — vor allem unter den Gesichtspunkten Rechtssicherheit und Verkehrssicherungspflicht — zu entfernen. Der Verkehrsablauf in derartigen teilgestalteten Straßen kann ggf. durch Anwendung anderer straßenverkehrsrechtlicher Instrumente (wie Gefahrzeichen, Vorschriftzeichen, Richtzeichen) zweckmäßiger geordnet werden (siehe auch Punkt VI. der VwV-StVO, Kenn-Nummer 321 in Kapitel B 1.4).
— In die frühzeitige Abstimmung zwischen der Bau- bzw. Planungsbehörde und der für die Anordnung der Zeichen 325 und 326 zuständigen Straßenverkehrsbehörde ist auch der spätere Aufstellort der Verkehrsschilder einzubeziehen. Dadurch können die Zeichen in die Gestaltungselemente integriert und die Streitfälle verringert werden.

● Für zukünftige Änderungen der einschlägigen Vorschriften ergeben sich folgende **Anregungen:**
— Das derzeitige Sinnbild des Zeichens 325 sollte trotz der von den Praktikern geäußerten Bedenken unverändert bleiben, um die Einheitlichkeit der Beschilderung von Wohnstraßen in den CEMT-Staaten zu erhalten.
— Die Abmessungen der Verkehrszeichen 325 und 326 sollten in begründeten Fällen in Abstimmung mit der Straßenverkehrsbehörde verringert werden können. Sie sind in Abhängigkeit von den jeweiligen örtlichen Gegebenheiten festzulegen. In der Breite sollten 500 mm nicht unterschritten werden, dies entspricht der bevorzugten Abmessung von Zusatzschildern.
— Zusatzinformationen zum Zeichen 325, die den Grund für die Einrichtung dieses 325-Bereichs verdeutlichen und damit die freiwillige Akzeptanz des Mischnutzungs-Prinzips verbessern können, sind in begründeten Fällen auf Zusatzschildern oder auf einer gemeinsamen Verkehrszeichentafel zuzulassen. Diese Zusatzinformationen können sowohl auf Nutzungen innerhalb des Straßenbereichs selbst hinweisen (wie beispielsweise Kinderspiel) als auch auf Nutzungen in den anliegenden Bereichen (wie beispielsweise Schule, Kurbetrieb). Die wichtigsten Einzelinformationen sollten vereinheitlicht werden, ihre Auswahl ist auf die jeweilige örtliche Situation abzustellen.
— Zur Ablenkung des unerwünschten motorisierten Durchgangsverkehrs sollten die baulichen/gestalterischen Maßnahmen des 325-Bereichs bereits an den Hauptverkehrsstraßen beginnen bzw. enden. Die Zeichen 325 und 326 sind stets direkt an den Einmündungen aufzustellen. Die in Punkt I.2 der VwV-StVO zum Zeichen 326 enthaltene 30-m-Regelung sollte entfallen.
— Zur Erleichterung der Aufklärungsarbeit sollte die in den § 10 StVO aufgenommene Vorfahrtregelung bei der Ausfahrt aus einem 325-Bereich in den § 42 Abs. 4a StVO übernommen werden.
— Nach erweiterter Auslegung der VwV zu den §§ 39 bis 43 StVO, Abs. 3 Nr. 11a („auf Inseln und an Verkehrsteilern", siehe Kenn-Nummer 415 in Kapitel B 1.4) und bei bestimmten örtlichen Gegebenheiten sollte das Aufstellen des Verkehrsschildes mit dem Zeichen 325 oder 326 in geringer Höhe (beispielsweise 0,60 m bis zur Unterkante des Schildes) erlaubt und/oder empfohlen werden.

Weitere Anregungen bezüglich der Beschilderung sind:
— Die Aufklärung der Bevölkerung über die Bedeutung der Zeichen 325 und 326 ist zu intensivieren.
— Zur Erleichterung der Aufklärungsaktionen im Zusammenhang mit der Neueinrichtung von 325-Bereichen durch die Lokalpresse und durch Handzettel der Behörden sollte ein Leitfaden erarbeitet werden. Dadurch könnte die Arbeit der Gemeindeverwaltungen erleichtert und die umfassende Information gewährleistet werden, vor allem im Hinblick auf die häufig vergessene Erwähnung der Vorfahrtregelung (§ 10 StVO).

D 3 Sackgassen und Schleifenstraßen

Definitionen gemäß den Begriffsbestimmungen im Straßenbau, aufgestellt von der Forschungsgesellschaft für Straßen- und Verkehrswesen:

Sackgasse = Für Anliegerverkehr bestimmte kurze Gasse oder Straße, die nur von einem Ende her zugänglich ist mit oder ohne Wendegelegenheit auf öffentlichem Straßenland.

Schleifenstraße = Meist U-förmig geführte Anliegerstraße, die mit beiden Enden an dieselbe Straße (meist Sammelstraße) angeschlossen ist.

Bei Neuplanungen von Straßennetzen kann der motorisierte Durchgangsverkehr von vornherein vermieden werden, wenn die Durchquerung keine Vorteile bietet. Dies ist beispielsweise dann der Fall, wenn Einfahrt und Ausfahrt gleich sind oder in dieselbe Straße einmünden, also bei Sackgassen und Schleifenstraßen.

Bei der Einrichtung von 325-Bereichen in gewachsenen Ortsbereichen ist eine nachträgliche Umgestaltung des Straßennetzes mit Sackgassen und Schleifenstraßen nicht in jedem Fall sinnvoll. Die — nicht repräsentativen — Auswertungsergebnisse der Gemeindebefragung vom Oktober 1983/Februar 1984 zeigen, daß diese Maßnahmenkombinationen vor allem in Verbindung mit Neubau-Wohngebieten gemeldet wurden (siehe die Übersichten D 3/1 und D 3/2).

Übersicht D 3/1: Sackgassen in 325-Bereichen

		Anzahl der Sackgassen	
		absolut	in v.H.
Einsatz in 325-Bereichen insgesamt		28	20
nach der Lage:	Zentrum	4	14
	Zentrumsrand	6	22
	Außenbereich	18	64
nach Erstellungsart:	Ersterstellung	17	61
	Nachträgliche Umgestaltung	11	39

Anmerkung:
In 28 (= 20%) der 142 zu dieser Frage ausgewerteten 325-Bereiche sind Sackgassen einbezogen. Einsatzschwerpunkte sind die am Ortsrand gelegenen Neubau-Wohngebiete mit Wohn-Sackgassen. Die Sackgassen in den zentralen Bereichen sind häufig nachträglich eingerichtet worden, um den Schleichverkehr zu unterbinden.

Übersicht D 3/2: Schleifenregelungen in 325-Bereichen

		Anzahl der Schleifenregelungen	
		absolut	in v.H.
Einsatz in 325-Bereichen insgesamt		12	8
nach der Lage:	Zentrum	2	—
	Zentrumsrand	1	—
	Außenbereich	9	—
nach Erstellungsart:	Ersterstellung	9	—
	Nachträgliche Umgestaltung	3	—

Anmerkung:
In 12 (= 8%) der 142 zu dieser Frage ausgewerteten 325-Bereiche sind Schleifenregelungen mit einbezogen worden. Einsatzschwerpunkte sind — wie bei den Sackgassen — die am Ortsrand gelegenen Neubau-Wohngebiete. In den 325-Bereichen der gewachsenen Ortsteile sind sie selten. Entsprechend ist auch nur für vier 325-Bereiche der Einsatz von Diagonalsperren gemeldet worden, die eine bauliche Voraussetzung für die Bildung von Schleifenregelungen sein können. Diagonalsperren sind feste Einbauten im Kreuzungsbereich, die die Geradeausfahrt verhindern und nur das Links- bzw. Rechtsabbiegen zulassen.

Obwohl der motorisierte Durchgangsverkehr in Mischbereichen eine Störnutzung darstellt, ist seine völlige Unterbindung nicht zwingend. Gemäß der VwV-StVO ist lediglich Voraussetzung, daß die Aufenthalts- und Erschließungsfunktionen überwiegen (siehe Kenn-Nummer 305 in Kapitel B 1.4).

Die häufig von kommunalen Planern vertretene Auffassung, daß Mischnutzungsbereiche im Prinzip nur in den Wohn-Sackgassen eingerichtet werden können, wird also weder von der VwV-StVO gestützt noch ist sie sinnvoll, weil sie die Einrichtung flächenhafter Verkehrsberuhigter Bereiche bereits im Ansatz verhindert.

D 4 Einbahnregelung

D 4.1 Hinweise in Richtlinien der Schweiz
(Die Kenn-Nummer verweist auf die Zusammenstellung in Kapitel B 3)

Schweiz (Kenn-Nummer CH 2)

Anhang: Punkt 3.2
Kleinräumig und differenziert gestaltete Strassenräume werden vom Fahrzeugführer unbewusst in verringerte Geschwindigkeit umgesetzt. In Einbahnstrassen wird im allgemeinen schneller gefahren als auf Strassen mit Gegenverkehr. Diesem Aspekt ist bei der Gestaltung besonders Rechnung zu tragen.

D 4.2 Dokumentation und Diskussion

Die Neueinrichtung bzw. Beibehaltung von Einbahnregelungen in 325-Bereichen zur Verdrängung des motorisierten (und nicht-motorisierten) Fahrzeugverkehrs wird unterschiedlich bewertet. Als negative Folgewirkungen werden mögliche oder tatsächliche Geschwindigkeitserhöhungen genannt, als positive Folgewirkungen die tatsächliche Verdrängung des Schleichverkehrs.

Die — nicht repräsentativen — Auswertungsergebnisse der Gemeindebefragung vom Oktober 1983/Februar 1984 zeigen, daß in 22 (= 15%) von 142 325-Bereichen Einbahnregelungen einbezogen worden sind. Einsatzschwerpunkt ist der zentrale Ortsbereich mit engen Gassen und Straßen, entsprechend sind sie in den untersuchten Bereichen ausschließlich im Zusammenhang mit der nachträglichen Umgestaltung genannt worden (siehe Übersicht D 4/1).

Übersicht D 4/1: Einbahnregelungen und 325-Bereiche

		Anzahl der Einbahnregelungen	
		absolut	in v.H.
Einsatz in 325-Bereichen insgesamt		22	15
nach der Lage:	Zentrum	18	82
	Zentrumsrand	3	14
	Außenbereich	1	—
nach Erstellungsart:	Ersterstellung	0	0
	Nachträgliche Umgestaltung	22	100

Die Übersicht D 4/2 zeigt einen 325-Bereich mit Einbahnregelung in einer Hauptgeschäftsstraße (= ehemalige Ortsdurchfahrt im Zuge einer Bundesstraße) mit einer geschlossenen Fahrzeugreihe, die einer Stausituation gleicht. Das Verhalten der Straßenbenutzer entspricht eher der Situation in einer Langsamfahrstraße mit Separationsprinzip. Die große Attraktivität der Straße für den motorisierten Durchgangsverkehr dürfte auch auf die Einbahnregelung zurückzuführen sein, die zwar eine relativ langsame, aber — in Verbindung mit der Kennzeichnung als Vorfahrtstraße am Bereichende — kontinuierliche Durchfahrt fördert.

Übersicht D 4/2:
325-Bereich mit Einbahnregelung in einer „ehemaligen" Ortsdurchfahrt:
Geschlossene Fahrzeugreihe während der rush-hour
(Zur Gestaltung und Beschilderung siehe Übersicht D 2.3/22)

Ein häufiger Grund für die Einrichtung von Einbahnregelungen ist die Schaffung zusätzlicher Stellplätze im Bereich der vorherigen Gegenfahrbahn. Falls diese Verbesserung für den ruhenden Fahrzeugverkehr zulasten der Aufenthaltsqualität für Personen geht, entfallen jedoch die in der VwV-StVO genannten Voraussetzungen für 325-Bereiche. In derartigen Fällen könnte die Zonen-Geschwindigkeits-Beschränkung das geeignete straßenverkehrsrechtliche Instrument sein.

● Für die Planung von 325-Bereichen ergeben sich folgende **Anregungen:**

— Einbahnregelungen können Geschwindigkeitserhöhungen des motorisierten Verkehrs begünstigen. Bei einer flächenhaften Verkehrsbetrachtung kann deutlich werden, daß das Gesamtverkehrsaufkommen wegen der erforderlichen Umwegfahrten, einschließlich beim Parksuchverkehr, erheblich ansteigt. Einbahnregelungen sind daher in der Regel kein Instrument der Verkehrsberuhigung. Sie sind in der Kombination mit dem Zeichen 325 zu vermeiden und auf besonders enge Straßen und Gassen zu beschränken.

— Die zusätzliche Parkraumbeschaffung durch Einbahnregelungen in Verbindung mit Fahrgassenverschwenkungen (Schräg- bzw. Senkrechtaufstellung der Fahrzeuge) schränkt den Raum für die nicht-verkehrlichen Straßennutzungen ein. Dies behindert bzw. verhindert die Mischnutzung der Straße und ist daher in 325-Bereichen zu vermeiden. Derartige Maßnahmen sollten auf begründete Einzellösungen im Rahmen einer flächenhaften Verkehrsberuhigung beschränkt bleiben.

— Einbahnregelungen zur Unterbindung des Schleichverkehrs bewirken eine Entlastung nur in einer Richtung und verdrängen den Fahrverkehr lediglich in andere Straßen. Die Einrichtung eines kurzen 325-Bereichs — z.B. auf den Straßenabschnitt zwischen zwei aufeinanderfolgenden Straßenkreuzungen beschränkt — ohne Einbindung in eine flächenhafte Konzeption dürfte von den Fahrzeugführern als bloße Schikane angesehen werden. Sie ist ohne Einfluß auf das Fahrverhalten innerhalb des 325-Bereichs sowie auf die Verkehrsmenge. Eine Mischnutzung der Straße ist daher unmöglich, es sind also andere straßenverkehrsrechtliche Maßnahmen als die Kennzeichnung mit den Zeichen 325 und 326 einzusetzen.

D 5 Vorfahrtregelung

Die Verordnungsgeber haben eine Vorfahrtregelung innerhalb von 325-Bereichen nicht erwähnt.

D 5.1 Ergänzungen zu StVO und VwV-StVO in den Planungshinweisen der Bundesländer
(Die Kenn-Nummer verweist auf die Zusammenstellung in Kapitel B 2)

Bayern (Kenn-Nummer BY 2)

Seite 39
Die Verhaltensvorschriften zu den Zeichen 325 und 326 StVO gehen den allgemeinen Verkehrsregeln vor. Das bedeutet, daß diejenigen allgemeinen Regeln, die mit der besonderen Funktion des verkehrsberuhigten Bereichs nicht zu vereinbaren sind, in diesem Bereich nicht anzuwenden sind. Sind Verkehrsflächen in verkehrsberuhigten Bereichen so ausgestaltet, daß sie einer Kreuzung oder Einmündung entsprechen, so gelten hier die Regeln über die Vorfahrt; vorfahrtregelnde Verkehrszeichen kommen allerdings in der Regel nicht in Betracht. Die Grundregel des § 1 Abs. 2 StVO ist insbesondere für das Verhalten der Kraftfahrer untereinander anwendbar. Verhaltensrechtliche Vorschriften für Verkehrsteilnehmer in verkehrsberuhigten Bereichen sind außerhalb der Straßenverkehrs-Ordnung nicht zulässig.

Hessen (Kenn-Nummer HE 1)
Seite 9 f. (zu Verkehrsberuhigung allgemein)
Vorfahrtsberechtigte Straßen, die mit Zeichen 301 StVO (Vorfahrt) oder Zeichen 306 StVO (Vorfahrtstraße) beschildert sind, werden in der Regel schneller befahren als nicht bevorrechtigte Straßen. Aus diesem Grunde wird häufig eine Vorfahrtsregelung „Rechts vor Links" in Wohngebieten gefordert. Die Verwaltungsvorschrift zu § 8 der StVO fordert jedoch, daß Einmündungen von rechts die Vorfahrt grundsätzlich genommen werden soll. Nur wenn beide Straßen überwiegend dem Anliegerverkehr dienen und auf beiden nur geringer Verkehr herrscht, bedarf es nach den Erfahrungen einer Vorfahrtsbeschilderung nicht. An Kreuzungen sollte der Grundsatz „Rechts vor Links" nur gelten, wenn

— *die kreuzenden Straßen einen annähernd gleichen Querschnitt und annähernd gleiche, geringe Verkehrsbedeutung haben,*
— *keine der Straßen, etwa durch Straßenbahngleise, Baumreihen, durchgehende Straßenbeleuchtung, ihrem ortsfremden Benutzer den Eindruck geben kann, er befinde sich auf der wichtigeren Straße,*
— *die Sichtweite nach rechts aus allen Kreuzungszufahrten etwa gleichgroß ist und*
— *in keiner der Straßen in Fahrstreifen nebeneinander gefahren wird.*

Die Beseitigung einer vorfahrtsregelnden Beschilderung an einem Knotenpunkt und die Einführung der Vorfahrtsregelung „Rechts vor Links" erfordert deshalb den Umbau des Knotens, den Einbau von Schwellen oder eine Teilaufpflasterung des gesamten Knotenpunktes.

Hessen (Kenn-Nummer HE 5)
Seite 9
Wegen der geforderten gegenseitigen Rücksichtnahme gelten innerhalb der Mischfläche in der Regel keine Vorfahrtregelungen, und es wird auch nicht durch Gefahrenzeichen auf besonders kritische Bereiche aufmerksam gemacht.

D 5.2 Dokumentation und Diskussion

Gemäß dem Prinzip der Gleichberechtigung aller Verkehrsteilnehmer innerhalb eines 325-Bereichs schließen sich die gleichzeitige Kennzeichnung einer Straße mit Zeichen 325 und mit vorfahrtregelnden Verkehrszeichen grundsätzlich aus. Trotzdem wird diese Zeichenkombination eingesetzt (siehe Übersicht D 5.2/1). Dabei handelt es sich um Hauptverkehrsstraßen, auf denen verkehrsberuhigende Elemente die Fahrzeuggeschwindigkeit senken sollen. Die einmündenden Straßen mit geringer Bedeutung für den motorisierten Verkehr sind dann — zumindest in der ersten Stufe der Umgestaltung — in den 325-Bereich nicht mit einbezogen.

Fallbeispiel:
Für eine Hierarchisierung von Straßen innerhalb eines 325-Bereichs ist ein Beispiel bekannt: Hier münden enge Gassen direkt hinter dem Stadttor in die durchgehende Straße innerhalb eines 325-Bereichs. Die Einsicht in die jeweils kreuzende Straße ist nicht möglich (siehe Übersicht D 5.2/2).

Bei derartigen örtlichen Voraussetzungen ist einer Vorfahrtregelung mit Zeichen 301 StVO und Zeichen 205 bzw. 206 StVO nur dann zuzustimmen, wenn keine anderen planerischen Lösungen, wie Sackgasse oder Einbahnregelung, möglich sind.

Übersicht D 5.2/1:
Beispiel für eine mit Zeichen 325 und 326 gekennzeichnete Verkehrsstraße.
Die Pfeile weisen (von links nach rechts) auf folgende Zeichen: 306 StVO „Vorfahrtstraße", 205 StVO „Vorfahrt gewähren!" = Ausfahrt aus einem Fußgängerbereich, 326 StVO „Ende des Verkehrsberuhigten Bereichs", 350 StVO „Fußgängerüberweg" (teilweise verdeckt)

Übersicht D 5.2/2:
Vorfahrtregelung innerhalb eines 325-Bereichs an einer unübersichtlichen Kreuzung
(Zeichen 301 StVO im Torbogen)

● Für zukünftige Änderungen der einschlägigen Vorschriften ergeben sich folgende **Anregungen:**

— Vorfahrtregelungen innerhalb von 325-Bereichen sollten ausdrücklich als unvereinbar genannt werden.

— Gleichzeitig sollten nach Abstimmung mit der Straßenverkehrsaufsichtsbehörde Lösungen wie für die in Übersicht D 5.2/2 gezeigten örtlichen Gegebenheiten ermöglicht werden. Der Einsatz des Zeichens 306 StVO „Vorfahrtstraße" in Kombination mit Zeichen 325 sollte ohne Ausnahmemöglichkeit verboten werden.

— Es sollte auch diskutiert werden, ob das Rechtsfahrgebot (§ 2 Abs. 1 StVO) und das Rechtsparkengebot (§ 12 Abs. 4 StVO) in 325-Bereich-Straßen mit Gegenverkehr aufgehoben werden können. Vorteile dieser Neuregelung wären: Die zusätzliche Mischung von Fahrzeugen in der ganzen befahrbaren Straßenbreite könnte weitere geschwindigkeitsmindernde Wirkungen haben, das Parken würde vereinfacht und vor allem würde der besondere Straßentyp „Verkehrsberuhigter Bereich" noch deutlicher herausgestellt werden. (Das Rechtsparkengebot wird in der Praxis — vor allem in den reinen Wohnstraßen, weniger in den zentralen Ortsbereichen — bereits heute nicht mehr streng eingehalten und kontrolliert.)

Hinweis:
Zur Vorfahrtregelung an der 325-Bereich-Ausfahrt siehe Abschnitt „Zeichen 326 — Zusätze zum Sinnbild" in Kapitel D 2.3.

D 6 Parken in 325-Bereichen

Definitionen gemäß den Begriffsbestimmungen im Straßenbau, aufgestellt von der Forschungsgesellschaft für Straßen- und Verkehrswesen:

Ruhender Verkehr = Gesamtheit der Vorgänge, die dem Abstellen, dem Ein- und Aussteigen sowie dem Be- und Entladen dienen.

Abstellen = Stillstand eines Fahrzeuges, der weder verkehrs- noch betriebsbedingt ist, noch ausschließlich dem Ein- und Aussteigen oder dem Be- und Entladen dient.

Parkstreifen = Entlang einer Fahrbahn verlaufender Streifen zum Parken (Längs-, Schräg-, Senkrechtparkstreifen).

Längsaufstellung = Abstellen der Fahrzeuge in Fahrtrichtung hintereinander.

Schrägaufstellung = Abstellen der Fahrzeuge in einem spitzen Winkel zur Fahrtrichtung.

Senkrechtaufstellung = Abstellen der Fahrzeuge in einem rechten Winkel zur Fahrtrichtung.

6.1 Stellplatzproblematik

Ergänzungen zu StVO und VwV-StVO in den Planungshinweisen der Bundesländer
(Die Kenn-Nummer verweist auf die Zusammenstellung in Kapitel B 2)

Bayern (Kenn-Nummer BY 2)

Seite 31 (zu Verkehrsberuhigung allgemein)
Soweit nicht beengte Verhältnisse im Straßenraum stärkere Eingriffe erfordern, sollte eine Überreglementierung des Parkens vermieden werden. Unreglementiertes „freies" Parken kann in harmloser Weise zur Verkehrsberuhigung beitragen.

Seite 31
Das Parkverbot außerhalb der als öffentliche Stellplätze gekennzeichneten Flächen erfordert eine sorgfältige Ermittlung des Stellplatzbedarfs.

Nordrhein-Westfalen (Kenn-Nummer NW 1)
Punkt 2.2 (zu Verkehrsberuhigung allgemein)
Für die Verbesserung des Wohnumfeldes und der Verkehrssicherheit ist die zufriedenstellende Unterbringung des ruhenden Verkehrs und vor allem die Sicherstellung des Anliegerparkens in angemessener Entfernung von besonderer Bedeutung. Die Parkraumorganisation muß daher den Zielsetzungen der Verkehrsberuhigung entsprechen. Zweckmäßigerweise sollte daher vor der Durchführung von Maßnahmen der Verkehrsberuhigung eine gebietsbezogene Stellplatzbilanz aufgestellt werden.

Schleswig-Holstein (Kenn-Nummer SH 1)
Punkt 3.4 (zu Verkehrsberuhigung allgemein)
Für die Verbesserung des Wohnumfelds und der Verkehrssicherheit ist eine befriedigende Unterbringung des ruhenden Verkehrs von entscheidender Bedeutung. Bei der Neuordnung des ruhenden Verkehrs durch wechselseitiges Anordnen der Parkplätze, um dadurch Fahrgassenversätze zu schaffen, ist dieses Problem im allgemeinen lösbar. Anderenfalls müssen Lösungen erarbeitet werden, um die notwendige Parkfläche auch außerhalb des Straßenraums zur Verfügung zu stellen.

Hinweise in Richtlinien Österreichs und der Schweiz
(Die Kenn-Nummer verweist auf die Zusammenstellung in Kapitel B 3)

Österreich (Kenn-Nummer A)
§ 23 Abs. 2a
In Wohnstraßen ist das Parken von Kraftfahrzeugen nur an den dafür gekennzeichneten Stellen erlaubt.

Schweiz (Kenn-Nummer CH 1)
Art. 32 Abs. 1
... Fahrzeuge dürfen nur an den durch Signale (Verkehrszeichen, d. Verf.) oder Markierungen gekennzeichneten Stellen parkiert werden.

Schweiz (Kenn-Nummer CH 2)
Punkt 3.3
Das Parkplatzangebot ist auf die Anwohner und Besucher auszurichten und wenn möglich in der Wohnstrasse selber vorzusehen.

Anhang: Punkt 3.3
Durch das Errichten einer Wohnstrasse darf die Umgebung nicht durch Fahrzeuge von Anwohnern und Besuchern zusätzlich belastet werden.

● Dokumentation und Diskussion

Das grundsätzliche Parkverbot im 325-Bereich ist nach den Erfahrungen der Ordnungsbehörden den Fahrzeugführern häufig noch unbekannt oder es wird bewußt mißachtet. Das „wilde Parken" wird daher in den Erfahrungsberichten der Gemeinden als sehr großes Problem beschrieben. Dies gilt besonders in den Einkaufsstraßen in zentralen Ortslagen mit Stellplatzmangel (siehe Übersicht D 6.1/1), weniger in den großzügig ausgestatteten Straßen in den Neubau-Wohngebieten, wo ausreichend private Einstellplätze zur Verfügung stehen.

Die in der Gemeindebefragung vom Oktober 1983/Februar 1984 gestellte Frage nach der Stellplatzsituation wurde als Vorher/Nachher-Vergleich für die Bereiche mit nachträglicher Umgestaltung ausgewertet.

Übersicht D 6.1/1:
Wildes Parken in einem 325-Bereich. Im Bild sind neun Pkw zu sehen, die gegen das Parkverbot verstoßen. Nachträglich wurde eine Regelung mit Parkscheibe eingeführt, siehe Ausschnitt unten links

Übersicht D 6.1/2: Änderungen der Anzahl von Stellplätzen bei der Einrichtung von 325-Bereichen

	Lage des 325-Bereichs				
	Zentrum	Zentrumsrand	Außenbereich	Insgesamt	
a) erhöht					
— öffentliche	21	6	2	29	38%
— halböffentliche*	9	—	—	9	12%
b) verringert					
— öffentliche	15	7	2	24	32%
— halböffentliche	3	2	—	5	6%
c) nicht verändert					
— öffentliche	13	6	4	23	30%
— halböffentliche	37	17	8	62	82%
325-Bereiche mit öffentlichen Stellplätzen				76	100%
325-Bereiche mit halböffentlichen Stellplätzen				76	100%

* beispielsweise auf den Grundstücken von Hotels, Banken u. ä.

Anmerkung:
Die Auswertung der Stellplatzveränderungen im Zusammenhang mit der Einrichtung von 76 325-Bereichen zeigt, daß Erhöhungen und Verringerungen der Stellplatzzahl nur in geringem Maße vorgenommen wurden. Hintergründe dieses — nicht repräsentativen — Ergebnisses dürften sein:

— Die Parkplatznot ist — im Vergleich mit den hoch verdichteten Großstadtquartieren — in den kleinen Orten nicht so gravierend und in den Neubau-Wohngebieten sind ausreichend private Einstellplätze vorhanden.

— In den historischen Kernbereichen der Kleinstädte und Landgemeinden ist wegen der geringen Straßenbreiten die Stellplatzvermehrung durch Schräg- oder Senkrechtparken häufig nicht möglich.

— Die Veränderungen in den Mini-325-Bereichen mit einer oder zwei Straßen je Bereich (siehe Übersicht E 1) sind — absolut gesehen — nicht besonders einschneidend. In den besuchten Gemeinden wurde — bei Maßnahmen unter Einbezug der zentralen Einkaufsstraßen — durch Vergrößerung bzw. Neuanlegung von außerhalb gelegenen Parkplätzen
 — die Stellplatzzahl in der Nähe des 325-Bereichs erhöht bzw.
 — Stellplatzverminderungen innerhalb des 325-Bereichs wieder kompensiert.

D 6.2 Sonderparkberechtigungen
Ergänzungen zu StVO und VwV-StVO in den Planungshinweisen der Bundesländer
(Die Kenn-Nummer verweist auf die Zusammenstellung in Kapitel B 2)

Baden-Württemberg (Kenn-Nummer BW 1)
Punkt 3.4 (nicht speziell für verkehrsberuhigte Straßen)
Die in die StVO nunmehr neu aufgenommene Möglichkeit zur Schaffung von Sonderparkberechtigungen für Anwohner wirft zahlreiche Rechtsfragen und Probleme auf. Erfahrungen mit diesem neuen Instrument bestehen in der Bundesrepublik Deutschland bisher nur in geringem Umfang.

Die Forschungsgesellschaft für das Straßenwesen hat eine Arbeitsgruppe ,,Verkehrsführung und Verkehrssicherheit" gebildet, die Hinweise für die Parkregelung zugunsten von Anwohnern erarbeitet hat. Diese Hinweise fassen bisherige Eindrücke und Erfahrungen zusammen und sollen den planenden und ausführenden Stellen erste Handhabungshinweise geben. Nach Vorliegen weiterer Erfahrungen sollen die Hinweise später nochmals überarbeitet werden.

...

Zum Inhalt der Broschüre weist das Innenministerium vorsorglich darauf hin, daß die dort dargestellten Möglichkeiten zum Teil noch nicht abschließend geprüft und rechtlich abgesichert sind. Dies gilt insbesondere für die auf S. 8 angesprochene Möglichkeit, Anwohner von der Verpflichtung, die Parkuhr zu bedienen bzw. Parkscheine zu lösen, auszunehmen sowie für die dort angesprochenen gebührenrechtlichen Fragen. Im übrigen erscheinen auch die auf S. 10 und 11 dargestellten Formen der Beschilderung teilweise problematisch, weil schwer verständlich und rechtlich nicht endgültig abgesichert (z. B. auf S. 10: Zeichen 314 mit Zusatzschildern 850 und 867, auf S. 11: Zeichen 314 mit Zusatzschildern 867 und 870 bzw. 852 und 867).

Bayern (Kenn-Nummer BY 1)
Punkt 12.5
Wegen der Kennzeichnung von Sonderparkplätzen

— für Schwerbehinderte mit außergewöhnlicher Gehbehinderung und für Blinde vgl. Anlage 7;

— für Anwohner vgl. Anlage 8.

Anlage 8
1. Allgemeines
Um die Parkraumsituation der Anwohner von innerörtlichen Wohnstraßen in Stadtteilen, die aufgrund älterer Bauart über keine privaten Abstellflächen verfügen, zu verbessern und dadurch den Wohnwert für die Anwohner zu erhöhen, können durch verkehrsrechtliche Maßnahmen Sonderparkplätze für Anwohner ausgewiesen werden. Dabei bedarf es einer sorgfältigen Abwägung zwischen den Interessen des allgemeinen Verkehrs und den Interessen der Anwohner an für sie besonders gekennzeichneten Stellflächen. Der Anordnung einer solchen Maßnahme muß eine gründliche Prüfung der örtlichen Verkehrssituation unter Beteiligung des Straßenbaulastträgers (Verkehrsingenieur), der Polizei und etwaiger Ortsverkehrsverbände vorausgehen. Auch die Frage der Überwachung wird in die Überlegungen einzubeziehen sein.

2. Beschilderung (Auszug)
...
Die Ausweisung von Einzelstellflächen für bestimmte Anwohner ist nicht statthaft. Um die Überwachung zu erleichtern empfiehlt es sich, für jeden räumlich abgrenzbaren Bereich eine gesonderte Nummerngruppe festzulegen.

3. Parkausweis

4. Besonderheiten

(3. und 4. sind hier weggelassen)

● Dokumentation und Diskussion

In den zentral gelegenen 325-Bereichen der Untersuchungsorte sind in der Regel zusätzliche Parkregelungen angeordnet worden, die über die grundsätzlichen Beschränkungen des § 42 Abs. 4a Nr. 5 (siehe Kenn-Nummer 206) hinausgehen. Diese örtlichen Sonderregelungen gelten innerhalb des gesamten 325-Bereichs oder nur für besonders gekennzeichnete Stellplätze.

Hierzu zählen die Kurzpark-Regelung (siehe Kapitel D 6.3) und die Sonderparkberechtigungen für Anwohner. Zu letzteren wird in der VwV zu § 45 Abs. 1 StVO unter Nummer IX.4. erklärt:

Sonderparkberechtigungen für Anwohner sollten nur dort angeordnet werden, wo ausreichender Parkraum für alle Parkplatzsucher nicht anderweitig geschaffen werden kann. Die Reservierung des gesamten Parkraums für Anwohner sollte jedoch nicht erfolgen.

Fallbeispiel:
In einer Untersuchungsgemeinde wurden zunächst alle Stellplätze innerhalb des 325-Bereichs für Anwohner mit Sonderparkberechtigungen reserviert (siehe Übersicht D 6.2/1). Diese enge Auslegung ist jedoch nach einer räumlichen Erweiterung des 325-Bereichs auf Widerstand — vor allem bei den anliegenden Geschäftsinhabern — gestoßen. Die notwendige — gebührenpflichtige — Verlängerung der Berechtigungen wird zunehmend von den Anwohnern ignoriert. Trotz einer Tiefgarage am Bereichsrand nimmt auch das wilde Parken von Nicht-Anwohnern innerhalb des 325-Bereichs zu. Als erste Reaktion wurde inzwischen für den neuen Bereichsabschnitt eine Kurzpark-Regelung mit Parkscheibe eingeführt (siehe hierzu Übersicht D 6.1/1).

Übersicht D 6.2/1:
Kennzeichnung der Sonderparkberechtigung für Anwohner in einem 325-Bereich

D 6.3 Kurzpark-Regelung
Hinweise in Richtlinien der Schweiz
(Die Kenn-Nummer verweist auf die Zusammenstellung in Kapitel B 3)

Schweiz (Kenn-Nummer CH 2)
Anhang: Punkt 3.3
Zeitliche Beschränkungen des Parkierens sind nur als Ausnahme vorzusehen, wobei die Zahl der zeitlich beschränkten Parkplätze höchstens einen Viertel des gesamten Parkplatzangebotes ausmachen soll. Parkplätze mit zeitlicher Beschränkung sind am Rande der Wohnstrasse (Ein- bzw. Ausfahrt) anzuordnen.

● Dokumentation und Diskussion

Stellplätze mit Kurzpark-Regelungen werden innerhalb von 325-Bereichen in der Regel auf Drängen der Inhaber anliegender Gewerbebetriebe eingerichtet. Ihre Ausweisung erfolgt sowohl als Zonenlösung für den gesamten 325-Bereich als auch für einzelne Stellplatzgruppen (siehe Übersichten D 6.3/1 bis D 6.3/3).

Zur Anfrage einer Gemeinde bezüglich der Verträglichkeit von 325-Bereichen und Kurzpark-Regelungen erklärte der Hessische Minister für Wirtschaft und Technik u. a.:

Gegen die Parkbevorrechtigung von Anwohnern in verkehrsberuhigten Bereichen bestehen — zumindest für einen Teil der gekennzeichneten Parkstände — m.E. grundsätzlich keine Bedenken. Durch eine solche Maßnahme wird vielmehr eher erreicht, daß der verkehrsberuhigte Bereich von noch weniger Kraftfahrern angefahren wird. Bedenken bestehen allerdings, wenn das Parken auf den in einem verkehrsberuhigten Bereich gekennzeichneten Parkständen zeitlich beschränkt wird (z.B. durch Parkscheibenregelung oder das Aufstellen von Parkuhren). Dadurch wird in aller Regel bewirkt, daß weit mehr Kraftfahrer diese Parkplätze in Anspruch nehmen als ohne eine zeitliche Beschränkung. Diese Steigerung des Verkehrsaufkommens steht aber im Widerspruch zu den Intentionen eines verkehrsberuhigten Bereiches.

Dieser Auffassung ist zuzustimmen. In der Praxis wird jedoch eine flexible, kompromißbereite Haltung unumgänglich sein. Die zu den Kurzpark-Regelungen befragten Gemeindevertreter waren ausnahmslos der Meinung, daß ohne diese Regelung keine Zustimmung zur Einrichtung eines 325-Bereichs bei den anliegenden Geschäftsinhabern erreicht worden wäre.

Übersicht D 6.3/2:
Kennzeichnung der Kurzpark-Regelung für den gesamten 325-Bereich mit Ergänzung durch Zeichen 286 StVO „Eingeschränktes Haltverbot"

Übersicht D 6.3/1:
Kennzeichnung der Kurzpark-Regelung für den gesamten 325-Bereich

Übersicht D 6.3/3:
Kennzeichnung der Kurzpark-Regelung für eine Stellplatzgruppe innerhalb des 325-Bereichs

D 6.4 Kennzeichnung der Stellplätze

Ergänzungen zu StVO und VwV-StVO in den Planungshinweisen der Bundesländer
(Die Kenn-Nummer verweist auf die Zusammenstellung in Kapitel B 2)

Bayern (Kenn-Nummer BY 2)

Seite 3

Parken im „verkehrsberuhigten Bereich":
Eine straßenverkehrsrechtliche Sonderregelung gilt im „verkehrsberuhigten Bereich" mit Zeichen 325/326 StVO. Hier ist das Parken außerhalb der dafür gekennzeichneten Flächen unzulässig, ausgenommen zum Ein- oder Aussteigen, zum Be- oder Entladen. Die Kennzeichnung braucht nicht durch Parkplatzschilder zu erfolgen, es genügt z.B. eine Bodenmarkierung oder Pflasterwechsel:

Bei verschmutzter oder schneebedeckter Straßenoberfläche sind Bodenkennzeichnungen schlecht oder gar nicht erkennbar. Parkstände sollten deshalb bereits in ihrer Lage im Straßenraum deutlich ablesbar sein.
(...)

Nordrhein-Westfalen (Kenn-Nummer NW 1)

Punkt 3.11

Gemäß § 42 Abs. 4a Nr. 5 StVO ist das Parken im verkehrsberuhigten Bereich nur auf den besonders gekennzeichneten Flächen zulässig. Nach VwV III Nr. 3 zu den Zeichen 325/326 StVO genügt hierzu zwar ein „Pflasterwechsel"; jedoch empfiehlt sich, soweit auf eine Beschilderung gemäß § 42 Abs. 4 StVO verzichtet wird, im Interesse einer besseren Erkennbarkeit eine besondere Bodenmarkierung (§ 41 Abs. 3 Nr. 7 Satz 3 StVO), gegebenenfalls mit einem weißen „P".

Hinweise in Richtlinien der Schweiz
(Die Kenn-Nummer verweist auf die Zusammenstellung in Kapitel B 3)

Schweiz (Kenn-Nummer CH 2)

Punkt 3.4

Parkplätze innerhalb der Wohnstrasse sind entsprechend zu signalisieren und/oder zu markieren (Art. 43 Abs. 1 Bst. a, 48 und 79 SSV).

● Dokumentation und Diskussion

Die Kennzeichnung der Stellflächen und Einzelstellplätze wird in vielen Varianten ausgeführt (siehe die folgenden Übersichten D 6.4/1 bis D 6.4/5 sowie Übersicht D 6.3/3).

Übersicht D 6.4/1:
Stellplatzkennzeichnung: Materialwechsel zur Abgrenzung von anderen Straßenteilen und zwischen den Einstellplätzen. Zusätzliche Markierung durch in Beton eingelassene Metallplatte mit Emaillierung: Weißes „P" auf blauem Grund

Übersicht D 6.4/2:
Stellplatzkennzeichnung: Durchgezogene Pflasterreihe in einer Schwarzdecke. Zusätzlicher Farbauftrag: Weißes „P" auf blauem Grund

Übersicht D 6.4/3:
Stellplatzkennzeichnung: Materialwechsel und niedriges Verkehrsschild (Zeichen 314 StVO)

Übersicht D 6.4/4:
Stellplatzkennzeichnung: Abtrennung eines Parkhafens durch eine Beton-Pfostenreihe

Übersicht D 6.4/5:
Übergang einer Stellplatzmarkierung in ein Pflasterornament ohne Farb- oder Materialwechsel

Übersicht D 6.4/6:
Fehldeutung eines als „Gehweg" vorgesehenen Pflasterstreifens als Parkstreifen (siehe hinteres Fahrzeug)

Die Kennzeichnung der Stellplätze mit Bodenmarkierungen kann flächenhaft (durch Farb- und/oder Materialwechsel) oder umrißhaft (durch durchgehende Linien oder Punktreihen) erfolgen. Die Erkennbarkeit und damit auch die Akzeptanz der Stellplätze ist sehr unterschiedlich. Problematisch sind:

— Schnee und Laub können diese Markierungen verdecken.

— Der Material- bzw. Farbunterschied zwischen Stellplatz und „Fahrgasse" ist zu gering und die Stellplätze können nicht oder nur mit Mühe von den Fahrzeugführern erkannt werden:
  — von Anfang an und ständig,
  — nur bei Regenwetter,
  — nach Witterungseinwirkungen bleichen die Farben allmählich aus und gleichen sich an,
  — durch Witterungseinwirkungen platzen bei Kunstpflastersteinen geringer Qualität die oberen Schichten mit dem Farbzusatz ab.

— Material und/oder Farbe werden einheitlich für die Markierung der Stellplätze und für sogenannte Ornamente verwendet, wodurch im Einzelfall die eindeutige Funktionszuordnung zu einem Ratespiel für den Autofahrer werden kann.

Stellplätze werden bei einer versetzten Anordnung auch gern als bauliche/gestalterische Elemente zur Markierung von Fahrgassenversätzen herangezogen. Bei nicht besetzten Stellplätzen (vor allem tagsüber in Wohnstraßen) werden Bodenmarkierungen leicht überfahren und der beabsichtigte geschwindigkeitsmindernde Effekt tritt nicht ein (siehe Übersicht D 13.3/3).

Ergänzender Hinweis:
Im Erfahrungsbericht einer Gemeinde wird auf das bewußt herbeigeführte wilde Parken in einer Straße ohne Zeichen 325/326 hingewiesen. Die ungeordnet stehenden Fahrzeuge werden als wirkungsvolle geschwindigkeitsmindernde Objekte bezeichnet.

D 6.5 Haltverbotsschilder

Da die Parkierungsvorschriften der StVO für 325-Bereiche (siehe Kenn-Nummer 206 in Kapitel B 1.3) von den Autofahrern nur wenig beachtet werden, haben viele Gemeinden nachträglich Haltverbotsschilder aufgestellt, gleichzeitig werden die für das Parken bestimmten Flächen durch das Zeichen 314 StVO „Parkplatz" gekennzeichnet.

Die Auswertung der Gemeindebefragung vom Oktober 1983/Februar 1984 ergab, daß in 17 (= 12%) der 142 zu dieser Frage ausgewerteten 325-Bereiche zusätzliche Haltverbotsschilder aufgestellt sind. Einsatzschwerpunkte sind die nachträglich umgestalteten und die zentral gelegenen Straßen (siehe Übersicht D 6.5). In Einzelfällen wurde bekannt, daß die bereits vor der Umgestaltung vorhandenen Haltverbotsschilder beibehalten worden sind.

Übersicht D 6.5: Zusätzliche Haltverbotsschilder in 325-Bereichen

		Zusätzliche Haltverbote	
		absolut	in v. H.
Einsatz in 325-Bereichen insgesamt		17	12
nach der Lage:	Zentrum	10	59
	Zentrumsrand	5	—
	Außenbezirk	2	—
nach Erstellungsart:	Ersterstellung	3	—
	Nachträgliche Umgestaltung	14	82

D 6.6 Anregungen für die Stellplatzplanung

— Kleinflächige Stellplatzkonzentrationen an den Übergangsstellen zu konventionellen Straßen können sinnvoll die Übergangssituation betonen. Dies gilt nicht für die Mini-325-Bereiche, die auf kurze Teilabschnitte einer Straße beschränkt sind.

— Bei Wohn-Sackgassen ist die Anordnung der öffentlichen Stellplätze an der Einmündungsstelle zweckmäßiger als an der Wendestelle.

— Innerhalb eines 325-Bereichs — aber auch in allen 325-Bereichen eines Ortes — sollten einheitliche Stellplatzmarkierungen verwendet werden, die die schnelle und eindeutige Erkennbarkeit erleichtern. Varianten können jedoch bei Bereichen mit unterschiedlicher Hauptnutzung sinnvoll sein, z.B. Einkaufsstraßen im historischen Ortskern/Wohnstraßen in Neubaugebieten.

— Vor allem wenn ein Stellplatzmangel zu erwarten ist, muß eine jederzeit erkennbare Stellplatzmarkierung gewählt werden. Die eindeutige Markierung ist eine wesentliche Voraussetzung für die Akzeptanz der Stellplatz-Regelung.

— Durchgehende Parkstreifen erschweren die Überquerung der Straße und den Eindruck, „daß die Aufenthaltsfunktion überwiegt und der Fahrzeugverkehr hier eine untergeordnete Bedeutung hat" (siehe Kenn-Nummer 309 in Kapitel B 1.4).

— Durch Reduzierung der „Fahrgassen"breite kann nach Einrichtung eines 325-Bereichs zusätzlicher Parkraum entstehen. Für überwiegend als Parkplatz genutzte Bereiche sind jedoch andere straßenverkehrsrechtliche Lösungen als der Mischverkehrsbereich zweckmäßiger.

— Die Qualitätsprüfungen bezüglich Dauerfestigkeit, Farbechtheit und Kontrastwirkung der Markierungselemente (vor allem bei Pflasterungen) sind zu verbessern.

— Stellplatzmarkierungen auf der Fahrbahnoberfläche sind als Markierungen für Fahrgassenversätze oder Fahrgasseneinengungen unbrauchbar, sie sind durch feste Einbauten zu ergänzen.

— Zusätzliche Haltverbotschilder sind ein Merkmal für eine nicht sachgerechte Gestaltung. Sie sind durch Anpassung der baulichen/gestalterischen Maßnahmen an das beobachtete Verhalten der Kraftfahrer überflüssig zu machen.

D 7 Zulässige Höchstgeschwindigkeit und zulässige Verkehrsmenge

Definitionen gemäß den Begriffsbestimmungen im Straßenbau, aufgestellt von der Forschungsgesellschaft für Straßen- und Verkehrswesen:

Zulässige Höchstgeschwindigkeit = Durch Verkehrsvorschriften oder Verkehrszeichen für alle Fahrzeuge oder für bestimmte Fahrzeugarten beschränkte Geschwindigkeit.

Fahrgeschwindigkeit = Quotient aus der Länge der zurückgelegten Strecke und der dazu benötigten Zeit einschließlich eventueller verkehrsbedingter Verzögerungen und Halte.

Haltesichtweite = Entfernung, die ein Fahrzeugführer benötigt, um nach Wahrnehmung eines Gegenstandes von bestimmter Höhe sein Fahrzeug zum Halten zu bringen.

Anhalteweg = Während der Reaktionszeit und der Bremszeit zurückgelegte Wegstrecke.

Verkehrsstrom = Auf einem Verkehrsweg in der gleichen Richtung sich bewegende Verkehrselemente.

Verkehrsmenge (Stärke eines Verkehrsstromes) = Anzahl der Verkehrselemente eines Verkehrsstromes je Zeiteinheit an einem Querschnitt.

Fahrzeugreihe = Zwei oder mehr Fahrzeuge, die sich in einer Fahrspur (Fahrstreifen) hintereinander befinden.

Fahrzeugkolonne = Fahrzeuge einer Fahrzeugreihe, von denen jedes außer dem ersten in seinem Geschwindigkeitsverhalten durch mindestens ein vorausfahrendes Fahrzeug beeinflußt wird.

D 7.1 Ergänzungen zu StVO und VwV-StVO in den Planungshinweisen der Bundesländer
hier: zulässige Höchstgeschwindigkeit
(Die Kenn-Nummer verweist auf die Zusammenstellung in Kapitel B 2)

Baden-Württemberg (Kenn-Nummer BW 1)
Punkt 3.3.7 (zu Verkehrsberuhigung allgemein)
Zu dem vielfach geforderten flächendeckenden ,,Tempo 30" in Wohngebieten ist festzustellen, daß der Kraftfahrer nach den bisherigen gesicherten Erfahrungen in der Regel nicht bereit ist, solche Geschwindigkeitsbeschränkungen einzuhalten. Vor allem dann nicht, wenn ihm die Notwendigkeit hierfür nicht einleuchtet. Darüber hinaus spiegelt ,,Tempo 30" den Fußgängern eine Sicherheitslage vor, die in Wirklichkeit nicht gegeben ist. Schließlich muß bei einer niedrigen Geschwindigkeit in niedrige Gänge geschaltet werden, was wegen der höheren Drehzahlen in der Regel auch stärkeren Lärm verursacht. Allein durch Verkehrszeichen angeordnetes ,,Tempo 30" ist deshalb kein geeignetes Mittel zur effektiven Hebung der Verkehrssicherheit und zur Verkehrslärmbekämpfung. Es ist jedoch zu hoffen, daß eine Steigerung der Verkehrssicherheit durch den neuen § 3 Abs. 2a StVO eintritt, der eine besondere Sorgfaltspflicht gegenüber Kindern, hilfsbedürftigen und älteren Menschen statuiert und dem insbesondere in Wohngebieten Bedeutung zukommt.

Bayern (Kenn-Nummer BY 1)
Punkt 42.4.3
Die vom Fahrzeugverkehr einzuhaltende Schrittgeschwindigkeit entspricht der eines normal gehenden Fußgängers. Sie muß wesentlich unter 20 km/h liegen.

Bayern (Kenn-Nummer BY 2)
Seite 20
Die vom Fahrzeugverkehr einzuhaltende Schrittgeschwindigkeit entspricht der eines normal gehenden Fußgängers.
(Hinweis: Der unter Kenn-Nummer BY 1 angegebene Zusatz ,,unter 20 km/h" ist entfallen.)

Seite 24
Mischflächen, die nicht als solche genutzt werden, verleiten zu höherer als Schrittgeschwindigkeit und können in Bezug auf die Verkehrssicherheit problematisch sein.

Hessen (Kenn-Nummer HE 1)
Seite 13
Unter Schrittgeschwindigkeit ist wohl im allgemeinen eine Geschwindigkeit von etwa 4 bis 5 km/h zu verstehen. Da jedoch eine so niedrige Geschwindigkeit nicht von allen Verkehrsteilnehmern eingehalten werden kann (...), wird es als ausreichend angesehen, wenn 85% der motorisierten Verkehrsteilnehmer nicht schneller als 20 km/h fahren und eine Geschwindigkeit von 30 km/h von keinem Fahrzeug überschritten wird.

Hessen (Kenn-Nummer HE 5)
Seite 8
Der Fahrzeugverkehr muß Schrittgeschwindigkeit einhalten, jedenfalls deutlich unter 20 km/h; dies gilt für alle Fahrzeuge. Die Fahrzeugführer dürfen die Fußgänger weder gefährden noch behindern, wenn nötig, müssen sie halten.

Nordrhein-Westfalen (Kenn-Nummer NW 1)
Punkt 3.6
Durch geschwindigkeitsbeschränkende Elemente wie z.B. Fahrgassenversätze, Einengungen, Schwellen sind die Fahrer von Fahrzeugen zu spürbar verhaltener Fahrweise zu veranlassen. Die zwischen diesen Elementen liegenden Fahrgassen sollen nicht länger als etwa 40 Meter sein. Der Abstand von Elementmitte zu Elementmitte kann damit etwa 50 bis 60 m betragen.

In Verbindung mit den Elementen zur Verdeutlichung der Aufenthaltsfunktion (...) muß — auch auf Dauer — dafür gesorgt werden, daß langsam gefahren wird; auch ohne Verkehrszeichen 325/326 StVO sollte durch bauliche Maßnahmen bewirkt werden, daß ca. 85% der Kraftfahrzeuge unter 20 km/h fahren und Geschwindigkeiten von mehr als 30 km/h im allgemeinen nicht vorkommen. Erforderlichenfalls ist die Straße durch zusätzliche Elemente, die die Aufenthaltsfunktion verdeutlichen und zu langsamerer Fahrweise beitragen, zu verändern und/oder dafür zu sorgen, daß im Zuge eines verkehrsberuhigten Bereiches die vom Verkehrsteilnehmer zurückzulegende Strecke ca. 250 m nicht überschreitet.

Rheinland-Pfalz (Kenn-Nummer RP 1)
Anlage, Punkt 2
Wenn sich als Folge von baulichen Maßnahmen zur Verkehrsberuhigung in Wohngebieten Bereiche ergeben, in denen wegen
— *ihrer geringen Ausdehnung und*
— *des schwachen Verkehrs ausschließlich von Anwohnern und*
— *der besonderen baulichen Gestaltung der Straße*
alle Kraftfahrer sehr langsam fahren und annähernd Schrittgeschwindigkeit einhalten, kommt eine Beschilderung mit Zeichen 325/326 StVO in Frage. Das Schild dient dann der rechtlichen Klärung.
...
Nach Einrichten eines verkehrsberuhigten Bereiches durch Zeichen 325 StVO sollte regelmäßig geprüft werden, ob weiterhin Schrittgeschwindigkeit gefahren wird. Wenn sich zeigt, daß die anfangs beobachtete Schrittgeschwindigkeit nicht mehr eingehalten wird, sind Überlegungen anzustellen, wie für eine Verlangsamung des Verkehrs gesorgt werden kann.

Schleswig-Holstein (Kenn-Nummer SH 1)
Punkt 3.24 (zu Verkehrsberuhigung allgemein)
Durch Aufstellen von Verkehrszeichen zur Beschränkung der zulässigen Höchstgeschwindigkeit (Zeichen 274 StVO) wird im allgemeinen keine ausreichende Reduzierung der Geschwindigkeit erreicht. Dies gilt insbesondere für die erforderliche flächenhafte Verbesserung der Verkehrsverhältnisse. Eine Reduzierung der Geschwindigkeit durch Verkehrszeichen ist punktuell dort zu erwarten, wo diese auch für den Kraftfahrer in der Begründung offenbar wird (z.B. in der Nähe von Schulen durch Zeichen 136 StVO — Kinder — verdeutlicht).

D 7.2 Hinweise zur zulässigen Höchstgeschwindigkeit in Richtlinien Österreichs und der Schweiz
(Die Kenn-Nummer verweist auf die Zusammenstellung in Kapitel B 3)

Österreich (Kenn-Nummer A)

§ 76b Abs. 3
Die Lenker von Fahrzeugen in Wohnstraßen ... dürfen nur mit Schrittgeschwindigkeit fahren.

Schweiz (Kenn-Nummer CH 1)

Art. 34 Abs. 1a
Die Höchstgeschwindigkeit der Fahrzeuge beträgt 20 km/h;
...

D 7.3 Dokumentation und Diskussion zur zulässigen Höchstgeschwindigkeit

Im Rahmen dieser Forschungsarbeit konnten keine eigenen Geschwindigkeitsmessungen durchgeführt werden. Die befragten Gemeindevertreter konnten die Einhaltung der Schrittgeschwindigkeit durch die Fahrzeuge (einschließlich Fahrrad, Mofa, Moped, siehe Kenn-Nummer 213 in Kapitel B 1.3) nur in Einzelfällen bestätigen. Höhere Geschwindigkeiten gelten als Regelfall.

Dies gilt auch für den reinen Anwohner-Fahrverkehr in Wohn-Sackgassen. In einer der besuchten Gemeinden forderten daher die Anwohner mehrerer Wohn-Sackgassen die Anordnung einer Geschwindigkeitsbegrenzung auf max. 30 km/h — trotz des niveaugleichen Ausbaus für die ganze Straßenbreite, ,,straßenrandbegleitender" Begrünung und Aufstellung der Zeichen 325 (siehe hierzu Übersicht D 11.3/3).

Nach Beobachtungen in einzelnen 325-Bereichen wird die Einhaltung der Schrittgeschwindigkeit in der Praxis dann möglich, wenn tatsächlich eine Mischnutzung stattfindet. Diese war in allen bekannten Fällen jedoch auf diejenigen Zeitabschnitte beschränkt, in denen der starke Fußgängerverkehr in den Einkaufs- oder Kurzonen die Straßen in ihrer ganzen Breite benutzte. Sogenannte ,,geschwindigkeitshemmende Einbauten" waren hier auf die langsame Fahrweise ohne Einfluß: Sie waren nur vereinzelt und in sehr großen Abständen vorhanden. Zu Zeiten mit geringem Fußgängerverkehr wird daher auch hier die Schrittgeschwindigkeit überschritten. Von großer Bedeutung für die Akzeptanz der ganzen Straßenbreite durch die Fußgänger dürfte das Nichtvorhandensein sogenannter Fußgänger-Schutzräume beigetragen haben (siehe hierzu auch Kapitel D 11 ,,Schutzstreifen für Fußgänger"). Die Einrichtung von Fußgängerbereichen statt 325-Bereichen war von den zugehörigen Gemeindebehörden mit der Begründung abgelehnt worden, daß damit unerwünschte Änderungen der Ortsstruktur verbunden wären, weil

— neue Umfahrungsmöglichkeiten für den Durchgangsverkehr und/oder
— neue Zugangsstraßen für die rückseitige Andienung der anliegenden Geschäfte und Beherbergungsbetriebe

erstellt werden müßten.

Gerade für Gebiete mit gemischter baulicher Nutzung und in den zentralen Einkaufsbereichen der Kleinstädte und Landgemeinden wird die Mischnutzung des gesamten Straßenraums als ideale Lösung angesehen (siehe auch die Kenn-Nummern 113 und 114 in Kapitel B 1.2). Die in Kur- und Erholungsorten häufig angewandte Kombination von Fußgängerbereichen mit Ausnahmeregelungen für bestimmte Benutzergruppen oder Einzelpersonen, wird vor allem wegen der Probleme bei der Erteilung von Ausnahmegenehmigungen und deren Kontrolle als nicht zweckmäßig abgelehnt.

Anlieger- und Wohnstraßen — vor allem in den Neubau-Wohngebieten mit Einzelhausbebauung — sind auch tagsüber zeitweise fast unbelebt. Bei geringem Fahr- und Gehverkehr steht dem einzelnen Fahrzeug also die gesamte befahrbare Straßenfläche zur Verfügung. Das Fahren auf der ,,Ideallinie" ermöglicht höhere Geschwindigkeiten auch bei Fahrgassenversätzen, d.h. gerade bei geringer Verkehrsmenge kann die Gefährdung des einzelnen ,,schwachen" Straßenbenutzers durch schnell fahrende Fahrzeuge besonders groß sein. Die Tendenz zum Durchschießen mit hoher Geschwindigkeit wird teilweise durch die Oberflächengestaltung der Straßen noch bestärkt, wenn beispielsweise gepflasterte Entwässerungsrinnen in der Straßenmitte die Funktion einer Leitlinie übernehmen (siehe hierzu Übersicht D 7.3/1).

Hinweis:
Zu weiteren baulichen/gestalterischen Maßnahmen, die eher zur Erhöhung als zur Verminderung der Geschwindigkeit verleiten, siehe ausführlich Kapitel D 10 ,,Bauliche/gestalterische Maßnahmen in 325-Bereichen".

Zwei geschwindigkeitserhöhende Maßnahmen planerischer Art zeigt die Übersicht D 7.3/2. Zur Situation: Der 325-Bereich beginnt an einer vielbefahrenen Kreuzung mit Lichtsignalanlage.

Maßnahme 1:
Den rechtsabbiegenden Fahrzeugen steht eine separate Abbiegespur (im Bild) ohne Ampelsteuerung zur Verfügung, die zügige Einfahrt in den 325-Bereich ist trotz des Tiefbords mit Schwelleneffekt möglich.

Maßnahme 2:
Den geradeausfahrenden und linksabbiegenden Fahrzeugen wird das Vorfahrtsrecht gegenüber den Rechtsabbiegern gegeben (siehe Zeichen 205 StVO), sie können also direkt in den 325-Bereich ,,schießen".

Zusätzlich wird auch die Einfahrt allgemein erleichtert und damit die Verkehrsmenge erhöht. Der große Anteil des Durchfahrverkehrs am Gesamtverkehr dieses 325-Bereichs soll durch Zusatzbeschilderungen an anderer Stelle verringert werden (siehe hierzu Übersichten D 2.3/6, D 2.3/36 und D 2.3/37).

Der ,,Vorteil" einer fixierten Geschwindigkeits-Obergrenze (in km/h) wäre, daß sie mit den bekannten Meßmethoden objektiv nachprüfbar ist. Der schwerer wiegende Nachteil ist, daß damit der Eindruck entstehen könnte, ein 325-Bereich sei vorrangig eine Langsam-Fahr-Zone. Es sei hier daran erinnert, daß die Verordnungsgeber ausdrücklich von einem ,,besonderen Straßentyp" sprechen (siehe Kenn-Nummer 208), der eine weitgehende Umstrukturierung der Straßengestaltung und des Benutzerverhaltens voraussetzt.

Übersicht D 7.3/1:
Geschwindigkeiterhöhende Leitlinie durch Pflasterrinne in Mittellage
(siehe auch die Zeichenkombination Zeichen 326 und 205 StVO)

Übersicht D 7.3/2:
Einfahrt in einen 325-Bereich mit geschwindigkeitserhöhenden Elementen: Rechtsabbiegespur und Vorfahrtregelung

Der Vorschlag, die Vorschrift „Schrittgeschwindigkeit" durch „20 km/h Höchstgeschwindigkeit" zu ersetzen und damit an die Realität anzupassen, wurde bereits 1982 beim 20. Deutschen Verkehrsgerichtstag diskutiert, als Empfehlung jedoch abgelehnt. „Das Problem, eine Formulierung zu finden, die der Verträglichkeit der Geschwindigkeiten von unterschiedlichen Verkehrsteilnehmern und Straßennutzern in realistischer, einsichtsfähiger Weise Rechnung trägt, ist damit aber nicht vom Tisch." (38)

Die vergeblichen Versuche zur drastischen Verringerung der Fahrgeschwindigkeiten werden durch zusätzliche Anordnungen einer zulässigen Höchstgeschwindigkeit erkennbar. Die Auswertung der Gemeindebefragung vom Oktober 1983/Februar 1984 ergab, daß in 13 (=9%) der 142 zu dieser Frage ausgewerteten 325-Bereiche zusätzliche Verkehrsschilder mit Angabe einer zulässigen Höchstgeschwindigkeit aufgestellt wurden.

Hinweis:
Anregungen zu den Diskussionsthemen „Höchstgeschwindigkeit in 325-Bereichen" und „Verkehrsmenge in 325--Bereichen" werden in Kapitel D 7.7 zusammengefaßt.

D 7.4 Ergänzungen zu StVO und VwV-StVO in den Planungshinweisen der Bundesländer
hier: zulässige Verkehrsmenge
(Die Kenn-Nummer verweist auf die Zusammenstellung in Kapitel B 2)

Bayern (Kenn-Nummer BY 2)
Seite 24
Obergrenzen der verträglichen Verkehrsstärken und Straßenlängen hängen stark von den örtlichen Verhältnissen (Netzausbildung, bauliche Nutzung, Baudichte) ab. Starre Grenzwerte können daher nicht angegeben werden. Es kann jedoch davon ausgegangen werden, daß bei Verkehrsstärken von im Mittel über ca. 100 Kfz/h eine echte Mischnutzung von Verkehrsflächen fraglich wird und bei Weglängen von mehreren hundert Metern die Schrittgeschwindigkeit nicht mehr eingehalten wird.

Hessen (Kenn-Nummer HE 3)
Seite 4
Darüber hinaus darf die Verkehrsmenge in einem verkehrsberuhigten Bereich nur sehr gering sein, damit die Benutzung der ganzen Straßenbreite durch Fußgänger und das Spielen der Kinder im Hinblick auf die Verkehrssicherheit vertretbar ist.

Nordrhein-Westfalen (Kenn-Nummer NW 1)
Punkt 3.4
Gemäß § 42 Abs. 4a StVO dürfen im verkehrsberuhigten Bereich Fußgänger die Straße in ihrer ganzen Breite benutzen; Kinderspiele sind überall erlaubt. Gleichzeitig muß der verbleibende Kraftfahrzeugverkehr möglich gemacht werden. Diese Mischfunktion verträgt keine größeren Verkehrsmengen. Verkehrsbelastungen von 150 Kfz pro Spitzenstunde (beide Fahrtrichtungen zusammen) sollen nicht überschritten werden.

D 7.5 Hinweise zur zulässigen Verkehrsmenge in Richtlinien der Schweiz
(Die Kenn-Nummer verweist auf die Zusammenstellung in Kapitel B 3)

Schweiz (Kenn-Nummer CH 2)
Punkt 2.3
... Das Verkehrsaufkommen ist gering. Der zu erwartende Spitzenstundenverkehr beträgt höchstens 100 Motorfahrzeuge pro „Tor" (pro Ein- bzw. Ausfahrt), der durchschnittliche Tagesverkehr höchstens 500 Motorfahrzeuge pro „Tor".

Anhang: Punkt 2.3
Das Verkehrsaufkommen kann als Spitzenstundenverkehr oder durchschnittlicher Tagesverkehr ausgedrückt werden. Der Spitzenstundenverkehr wird je nach örtlichen Verhältnissen und Wochentag zu unterschiedlichen Tageszeiten erreicht.

In Erschliessungsstrassen setzt sich der Verkehr zusammen aus dem notwendigen Ziel-Quellverkehr und allfälligem Durchgangsverkehr (Schleichverkehr). Sie können dann in Wohnstrassen umgestaltet werden, wenn das zu erwartende Verkehrsaufkommen (Ziel-Quellverkehr und verbleibender Schleichverkehr) 100 Motorfahrzeuge pro Spitzenstunde und 500 Motorfahrzeuge im Tagesdurchschnitt pro „Tor" nicht übersteigt.

Der Ziel-Quellverkehr während der Spitzenstunde kann über den Motorisierungsgrad der Anwohner oder das durch die Wohnstrasse erschlossene Parkplatzangebot (private und öffentliche Parkplätze inkl. Garagen) mit folgender Faustformel ermittelt werden: Anzahl Motorfahrzeuge bzw. Parkplatzangebot geteilt durch zwei.

D 7.6 Dokumentation und Diskussion bezüglich Verkehrsmenge

Die Mischnutzungsmöglichkeit wird auch von der Stärke des nach der Einrichtung des 325-Bereichs noch verbleibenden Verkehrs beeinflußt. Als Entscheidungshilfen werden den Planern beispielsweise „Grenzbelastungen von 50 bis 100 Kfz in der Spitzenstunde (1 bis 2 Kfz/min)" (Kapitel 4.4.1 der Empfehlungen für die Anlage von Erschließungsstraßen — EAE, Stand Juni 1984) oder maximale „Verkehrsbelastungen von 150 Kfz pro Spitzenstunde (beide Fahrtrichtungen zusammen)" (Runderlaß für das Land Nordrhein-Westfalen, siehe Kenn-Nummer NW 1 in Kapitel B 2) angeboten.

Eigene Verkehrsmengenmessungen konnten im Rahmen dieser Forschungsarbeit nicht durchgeführt werden. Die bisherigen Erfahrungen lassen die praktische Bedeutung von einseitig Kfz-Verkehr-orientierten Richtwerten als gering erscheinen, solange die jeweils zugrundegelegten Nebenbedingungen nicht eindeutig definiert sind.

Die Mischnutzung wird in den Fällen, wo eine Nutzungsart dominiert, keine allgemein befriedigende Lösung sein (39). Eine kurzzeitige „Überlastung" sollte jedoch zulässig sein, wenn sonst die Voraussetzung für eine flächenhafte Verkehrsberuhigung entfallen würde, beispielsweise während des Stoßverkehrs bei Schul- oder Geschäftsschluß in den anliegenden Gebäuden.

In vielen Fällen sind die planerischen Möglichkeiten zur Verringerung der Kfz-Verkehrsmenge noch nicht ausgeschöpft. Beispielsweise könnte durch die Erweiterung des im Zuge eines Schleichweges gelegenen Mini-325-Bereichs zu einem flächenhaften 325-Bereich nicht nur der Durchfahrtwiderstand erhöht werden, sondern auch der Sinn des „Durchfahrverbots" eher verständlich werden. Ein weiteres Mittel ist der Abbau von Maßnahmen, die Durchfahrtverkehr induzieren, wie beispielsweise die Wegweisung durch einen 325-Bereich zu einem Parkplatz (siehe Übersicht D 7.6).

Übersicht D 7.6:
Erhöhung der Verkehrsmenge durch die Wegweisung zu einer Tiefgarage durch einen 325-Bereich

D 7.7 Zusammenfassende Betrachtung über Richtwerte für Geschwindigkeiten und Verkehrsmengen in 325-Bereichen

Die Diskussionen über die richtige Interpretation des Begriffs „Schrittgeschwindigkeit" in § 42 Abs. 4a StVO bzw. über akzeptable Höchstgeschwindigkeiten für Fahrzeuge (in km/h) könnten entschärft werden, wenn der Wille der Verordnungsgeber zur Einführung des Mischverkehr-Prinzips stärker in den Vordergrund gestellt würde. Die „richtige" Fahrzeuggeschwindigkeit wäre dann diejenige, die auf das Gesamtverhalten der Fahrzeuge und der Fußgänger — und nicht auf deren Gehweise allein — abgestellt ist. Dies ist bereits an anderen Stellen in der StVO festgelegt:

§ 1 StVO:
Die Teilnahme am Straßenverkehr erfordert ständige Vorsicht und gegenseitige Rücksicht.
Jeder Verkehrsteilnehmer hat sich so zu verhalten, daß kein Anderer geschädigt, gefährdet oder mehr als nach den Umständen unvermeidbar, behindert oder belästigt wird.

§ 3 Abs. 2a StVO:
Die Fahrzeugführer müssen sich gegenüber Kindern, Hilfsbedürftigen und älteren Menschen, insbesondere durch Verminderung der Fahrgeschwindigkeit und durch Bremsbereitschaft, so verhalten, daß eine Gefährdung dieser Verkehrsteilnehmer ausgeschlossen ist.

Anwendungsorientierte Planungsrichtwerte bezüglich der zulässigen Verkehrsmengen müßten auf die jeweiligen unterschiedlichen örtlichen Gegebenheiten abgestimmt sein. Beispielsweise wären neben der heute üblichen Vorgabe der Kfz-Verkehrsmenge in der Spitzenstunde auch folgende Strukturmerkmale der Straßennutzung einzubeziehen:

— die Häufigkeit des Auftretens dieser Spitzenwerte im Tagesverlauf,

— der Zeitpunkt des Auftretens dieser Spitzenwerte im Tagesverlauf,

— die Kfz-Verkehrsmenge in den Nicht-Spitzenstunden,

— die Struktur der Straßennutzung nach Kfz-Verkehrsarten, Fahrradverkehr, Fußgängerverkehr und sonstigen Straßennutzungen,

— der Anteil des Durchgangsverkehrs am gesamten Kfz-Verkehr,

— die Nutzungsstruktur der anliegenden Bereiche (Wohnen/Einkaufen/Erholen/Bummeln usw.).

● Für die weitere Diskussion über die 325-Bereiche wird **angeregt**, grundsätzlich auf die Vorgabe von Zahlen-Richtwerten zu verzichten und stattdessen die Eigenverantwortung der örtlichen Planer für die Schaffung der Voraussetzungen einer Mischnutzungsmöglichkeit stärker zu betonen.

D 8 Straßenlänge von 325-Bereichen

D 8.1 Ergänzungen zu StVO und VwV-StVO in den Planungshinweisen der Bundesländer
(Die Kenn-Nummer verweist auf die Zusammenstellung in Kapitel B 2)

Bayern (Kenn-Nummer BY 2)
Seite 24
Obergrenzen der verträglichen Verkehrsstärken und Straßenlängen hängen stark von den örtlichen Verhältnissen (Netzausbildung, bauliche Nutzung, Baudichte) ab. Starre Grenzwerte können daher nicht angegeben werden. Es kann jedoch davon ausgegangen werden, daß ... bei Weglängen von mehreren hundert Metern die Schrittgeschwindigkeit nicht mehr eingehalten wird.

Hessen (Kenn-Nummer HE 1)
Seite 13
Da jedoch eine so niedrige Geschwindigkeit (4 bis 5 km/h, Zusatz d. d. Verfasser) nicht von allen Verkehrsteilnehmern eingehalten werden kann (motorisierten Zweirädern ist es unmöglich, auf einer längeren Strecke so langsam zu fahren), wird es als ausreichend angesehen, wenn 85% der motorisierten Verkehrsteilnehmer nicht schneller als 20 km/h fahren und eine Geschwindigkeit von 30 km/h von keinem Fahrzeug überschritten wird. Aus diesem Grunde sollen verkehrsberuhigte Bereiche nur kurz sein (bis 50 m Länge) oder bei längeren Straßenabschnitten durch entsprechende Möblierung so gestaltet werden, daß nur sehr langsam gefahren werden kann.

Hessen (Kenn-Nummer HE 3)

Seite 4

Verkehrsberuhigte Bereiche, die mit Zeichen 325 StVO gekennzeichnet werden, sollen deshalb

1. nur kurz (bis 50 m Länge) sein oder

2. bei längeren Straßenabschnitten nur eine geringe Fahrgeschwindigkeit durch Möblierung ermöglichen.

Darüber hinaus darf die Verkehrsmenge in einem verkehrsberuhigten Bereich nur sehr gering sein, damit die Benutzung der ganzen Straßenbreite durch Fußgänger und das Spielen der Kinder im Hinblick auf die Verkehrssicherheit vertretbar ist.

D 8.2 Hinweise in Richtlinien der Schweiz
(Die Kenn-Nummer verweist auf die Zusammenstellung in Kapitel B 3)

Schweiz (Kenn-Nummer CH 2)

Punkt 2.2

Die Fahrlänge auf dem kürzesten Weg bis zum nächstliegenden ,,Tor" (...) ist bei durchgehenden Strassen höchstens 300 m, bei Sackgassen und Einbahnstrassen höchstens 500 m. Die Strasse soll mindestens 50 m lang sein.

Anhang: Punkt 2.2

Bei der maximal zulässigen Fahrlänge wird unterschieden zwischen Strassen, die durchgehend und in beiden Richtungen befahren werden dürfen, sowie Einbahnstrassen und Sackgassen.

Massgebend für die Beurteilung ist die Fahrlänge bis zum nächstliegenden ,,Tor" und nicht die effektive Länge der Strasse. Während bei Einbahnstrassen und Sackgassen Fahrlänge und effektive Länge praktisch identisch sind, kann die effektive Länge einer durchgehenden Strasse 600 m oder mehr betragen, ohne dass die maximale Fahrlänge von 300 m überschritten wird.

Bei zusammenhängenden Wohnstrassen (Wohnstrassennetze) gelten die maximalen Fahrlängen von 300 m bzw. 500 m sinngemäss.

Anmerkung:
Nach den Ergebnissen der schriftlichen Befragungen liegen die Straßenlängen der 325-Bereiche mit nur einer zugehörigen Straße zwischen 40 und 820 m.

Eine ausführliche Diskussion des Planungskriteriums ,,Straßenlänge" kann im Rahmen dieses Berichts nicht erfolgen.

D 9 Fahrgassenbreite in 325-Bereichen

Definitionen gemäß den Begriffsbestimmungen im Straßenbau, aufgestellt von der Forschungsgesellschaft für Straßen- und Verkehrswesen:

Fahrbahnbreite = Abstand der Fahrbahnränder rechtwinklig zur Fahrbahnachse.

Fahrstreifen = Fahrbahnteil, dessen Breite für die Fortbewegung einer Fahrzeugreihe ausreicht.

Fahrspur = Durch Fahrbahnmarkierungen oder bauliche Elemente gekennzeichnete Fahrstreifen.

Ergänzungen zu StVO und VwV-StVO in den Planungshinweisen der Bundesländer
(Die Kenn-Nummer verweist auf die Zusammenstellung in Kapitel B 2)

Bayern (Kenn-Nummer BY 2)

Seite 25f.

Geschwindigkeitshemmende Elemente (z. B. Fahrgassenversätze, Engstellen) sind so anzuordnen, daß sie den Fahrzeugverkehr lediglich führen, jedoch keine Hindernisse (im Sinne des § 32 StVO) darstellen. Die zwischen geschwindigkeitshemmenden Elementen liegenden Fahrgassen sollen eine Mindestbreite von 3,50 m aufweisen.

Seite 28 (zu Verkehrsberuhigung allgemein)

Die Bemessung der Fahrbahnbreiten von Verkehrswegen ist neben der Linienführung das wichtigste Instrument bei der Planung von Erschließungsstraßen und -wegen.

— *Der Bemessung sind grundsätzlich Gesichtspunkte der Straßenfunktion, der Straßengestalt sowie der Wirtschaftlichkeit zugrundezulegen.*

— *Die Fahrbahnbreite soll eine ausreichende Befahrbarkeit der Straße bei den gegebenen bzw. zu erwartenden Verkehrsstärken sowie für die Nutzung der anliegenden Grundstücke gewährleisten.*

— *Bei untergeordneten Erschließungsstraßen braucht nicht davon ausgegangen zu werden, daß die größten nach der Straßenverkehrs-Zulassungs-Ordnung (StVZO) zugelassenen Fahrzeuge an jeder Stelle ohne Einschränkungen aneinander vorbeifahren können. (Stattdessen Schaffung von Ausweichmöglichkeiten in entsprechenden Abständen für die Begegnung Pkw/Lkw bzw. Lkw/Lkw.)*

Nordrhein-Westfalen (Kenn-Nummer NW 1)

Punkt 3.10

Im verkehrsberuhigten Bereich muß ein Befahren für alle dort zu erwartenden Fahrzeugarten möglich sein. Es genügt — auch für Straßen mit Gegenverkehr — eine Fahrgassenbreite von 3,5 Metern. Diese Fahrgassenbreite bietet soviel Platz, daß sich ein Personenwagen und ein Radfahrer ungehindert begegnen können und Feuerwehrwagen und Lastkraftwagen sowie Müllfahrzeuge eine ausreichende Fahrmöglichkeit vorfinden.

Voraussetzung ist jedoch, daß in entsprechenden Abständen Ausweichmöglichkeiten für Pkw/Lkw bzw. Lkw/Lkw angeboten werden. Für Fahrzeugbegegnungen kommen z. B. Fahrgassenversätze sowie solche Stellen in Betracht, an denen vor einer Stellplatzreihe zusätzlich ein etwa 1 m breiter Streifen, der sich optisch deutlich von der Fahrgasse unterscheidet, angelegt ist. Im übrigen dürfen auch Einbahnstraßen angeordnet werden. Sie sind jedoch in den mit Zeichen 325/326 StVO gekennzeichneten Bereichen als Ausnahme anzusehen.

Anmerkung:
Zur Dokumentation und Diskussion des Planungskriteriums ,,Fahrgassenbreite" wird auf die anderen Kapitel dieses Berichts verwiesen.

D 10 Bauliche/gestalterische Maßnahmen in 325-Bereichen

Auf die konstruktiven Details der vorwiegend zur Geschwindigkeitsminderung eingesetzten baulichen und gestalterischen Elemente kann in dem vorliegenden Untersuchungsbericht nicht ausführlich eingegangen werden. Einzelne Maßnahmen werden unter dem Gesichtspunkt der Behinderung bzw. Verhinderung des Mischnutzungs-Prinzips in 325-Bereichen in den Kapiteln D 11 „Schutzstreifen für Fußgänger", D 12 „Fahrdynamisch wirksame Maßnahmen" und D 13 „Fahrgassenversätze" dokumentiert und diskutiert.

D 10.1 Ergänzungen zu StVO und VwV-StVO in den Planungshinweisen der Bundesländer hier: Allgemeine Erläuterungen zu den baulichen/gestalterischen Maßnahmen
(Die Kenn-Nummer verweist auf die Zusammenstellung in Kapitel B 2)

Baden-Württemberg (Kenn-Nummer BW 1)

Abschnitt 1, 1. Absatz
Vor der Anordnung von Zeichen 325 StVO ist die Durchführung von baulichen Maßnahmen (vgl. VwV-StVO zu den Zeichen 325 und 326) **unabdingbare** *Voraussetzung. Wo die vorgeschriebenen baulichen und örtlichen Voraussetzungen für die Anordnung der Zeichen 325/326 StVO nicht erfüllt sind, kommt* **weder** *eine derartige Beschilderung* **noch** *eine sonstige Kennzeichnung für eine Verkehrsberuhigung in Wohngebieten in Frage.*

Bayern (Kenn-Nummer BY 1)

Punkt 42.4.3
Die in den Erläuterungen zu den Zeichen 325 und 326 enthaltenen Vorschriften über das Verhalten in verkehrsberuhigten Bereichen gehen von deren Ausgestaltung als Mischflächen aus. Die Trennung der Verkehrsarten ist aufgehoben. Im Interesse der Verkehrssicherheit ist hierzu eine entsprechende bauliche Umgestaltung als unabdingbare Voraussetzung für die Anordnung der Zeichen 325 und 326 notwendig.

Bayern (Kenn-Nummer BY 2)

Seite 25f.
Die Mischung von Fahr- und Fußgängerverkehr muß für den Verkehrsteilnehmer klar erkennbar sein. Unabhängig von dem Gebot zur Schrittgeschwindigkeit nach dem Zeichen 325 StVO sind bauliche Maßnahmen zur Verringerung der Fahrgeschwindigkeit (geschwindigkeitshemmende Elemente) und zur Verdeutlichung der Aufenthaltsfunktion notwendig.
Dazu dienen:
- *ein niveaugleicher Ausbau der Straßenfläche*
- *wechselnde Fahrgassenbreiten mit räumlichen Engstellen und Aufweitungen*
- *Fahrgassenversätze*
- *Ausstattungselemente wie Bäume, Grünflächen, Leuchten, Poller u. a.*
- *die Gliederung der Straßenoberfläche durch Materialwahl und -wechsel, Verlegungsart*

Welche Maßnahmen angewendet und miteinander kombiniert werden, hängt von den Gegebenheiten der städtebaulichen Situation ab. Das bloße Aufstellen des Zeichens 325/326 StVO „verkehrsberuhigter Bereich" genügt in keinem Fall. Obwohl die Trennung der Verkehrsarten aufgehoben ist, sollen Mischflächen nicht völlig frei gestaltet werden:

- *Übergänge zu angrenzenden Straßen ohne Zeichen 325 StVO müssen durch bauliche Maßnahmen betont werden (z. B. durch Aufpflasterung, Bordsteinabsenkung, Materialwechsel, Engstelle).*
- *Trotz prinzipiell gemeinsamer Nutzung der Verkehrsflächen sollten sie nicht in ihrer gesamten Breite durchgängig befahrbar sein. Es genügt, eine ausreichend breite Fahrgasse freizuhalten. Gegebenenfalls können — z.B. vor Hauseingängen — Schutz- und Aufenthaltsflächen für Fußgänger durch Poller, Abweispfosten u. a. vom befahrbaren Bereich abgegrenzt werden, die aber nicht den Eindruck eines Gehwegs entstehen lassen dürfen.*
- *Die Übersichtlichkeit des Straßenraumes auch im Nahbereich muß gewahrt bleiben. Der Straßenraum darf nicht mit sichtbehindernden Ausstattungselementen verstellt werden.*
- *Geschwindigkeitshemmende Elemente (z. B. Fahrgassenversätze, Engstellen) sind so anzuordnen, daß sie den Fahrzeugverkehr lediglich führen, jedoch keine Hindernisse (im Sinne des § 32 StVO) darstellen. Die zwischen geschwindigkeitshemmenden Elementen liegenden Fahrgassen sollen eine Mindestbreite von 3,50 m aufweisen.*

Der **Umbau** *von Straßen mit Sonderwegen (Gehwegen) zu Mischflächen wirft manchmal Probleme auf, da nach der Allg. Verwaltungsvorschrift zu den Zeichen 325/326 StVO* **in der Regel** *ein niveaugleicher Ausbau erforderlich ist. Aus Kostengründen scheitert jedoch häufig eine vollständige Beseitigung des Bordsteins mit durchgehend niveaugleichem Ausbau über die gesamte Straßenlänge. Maßgebend ist in diesem Zusammenhang der Grundsatz, daß die Gestaltung der Straße den Eindruck ihrer überwiegenden Aufenthaltsfunktion und einer untergeordneten Bedeutung des Kraftfahrzeugverkehrs vermittelt.*

In diesem Sinne ist ein teilweises Beibehalten des Bordsteins z. B. zwischen regelmäßig angeordneten, großflächigen Aufpflasterungen mit Anhebung der Fahrbahn auf Gehwegniveau denkbar, wenn durch die Gestaltung des Straßenraumes insgesamt der Charakter einer Mischfläche zweifelsfrei abzulesen ist. Bei einem derartigen Teilausbau muß freilich sichergestellt sein, daß nicht durch die noch verbleibenden Gehwege der Eindruck einer nach wie vor vorhandenen Trennung der Verkehrsarten entsteht.

Bayern (Kenn-Nummer BY 2)

Seite 39
Die Verhaltensvorschriften gehen von der Ausgestaltung verkehrsberuhigter Bereiche als **Mischflächen** *aus. Die Trennung der Verkehrsarten ist aufgehoben. Aus Gründen der Verkehrssicherheit ist eine entsprechende bauliche Umgestaltung notwendig. Die Gestaltung des verkehrsberuhigten Bereichs muß dem Kraftfahrer auch optisch zweifelsfrei verdeutlichen, daß er keine Vorrechte mehr besitzt.*

Hessen (Kenn-Nummer HE 1)

Seite 7
Wenn nämlich in einer Straße die Aufteilung in Fahrbahn und Bürgersteig beibehalten wird, können Kinder nicht verstehen, daß sie auf der Fahrbahn der einen Straße, nur weil sich

dort ein Schild befindet, spielen dürfen, während sie in der Nachbarstraße dies nicht dürfen. Dies würde zudem den Lernansätzen der Jugendverkehrserziehung widersprechen. Kinder, die die Bedeutung der Verkehrszeichen noch nicht verstehen, müssen sofort erkennen können, daß sie in der einen Straße spielen dürfen, in der anderen jedoch nicht.

Seite 12 (zu Verkehrsberuhigung allgemein)
In sehr schwach belasteten Straßen ist es nicht erforderlich, an jeder Stelle Fahrzeugbegegnungen zu ermöglichen. Es können dann Straßen einspurig mit Ausweichstellen oder zweispurig zu befahrenden Engstellen ausgebildet werden, ohne daß dadurch die Verkehrserschließung für Kraftfahrzeuge oder der Verkehrsablauf insgesamt wesentlich beeinträchtigt wird. Mit diesen verkehrsberuhigenden Maßnahmen soll erreicht werden, daß die Straßen für den Kraftfahrzeug-Durchgangsverkehr weniger attraktiv werden und insgesamt langsamer gefahren wird. Vor allem können hierdurch für den Fahrverkehr entbehrliche Fahrbahnflächen gewonnen und z.B. dem Fußgängerverkehr zur Verfügung gestellt werden. Engstellen bzw. einspurige Straßenabschnitte müssen überschaubar sein. Ihre Wirksamkeit kann durch Teilaufpflasterungen in Verbindung mit vertikalen Straßeneinbauten und Möblierungselementen erhöht werden. Fahrbahnengstellen sind besonders für das Überqueren durch Fußgänger geeignet.

Durch die Gestaltung der dem Fahrverkehr entzogenen Flächen wird zudem ein direkter Beitrag zur Wohnumfeldverbesserung im Straßenraum geleistet.

Seite 13
Die Einrichtung verkehrsberuhigter Bereiche nach der StVO erfordert erhebliche bauliche Aufwendungen, da die durchgehende Aufhebung der Trennung von Gehweg und Fahrbahn in der Straße gefordert wird (Entfernung der Bordsteine). Die hierfür erforderliche gründliche Umgestaltung einer Straße wird wegen des finanziellen Aufwandes die Ausnahme sein.

Wenn die nach der Verwaltungsvorschrift zur StVO vorgeschriebene Gestaltung fehlt, werden erfahrungsgemäß die mit dem Verkehrszeichen ,,verkehrsberuhigter Bereich" verbundenen Verhaltensregeln nicht einzuhalten sein. Insbesondere wird dann vom Kraftfahrer wesentlich schneller gefahren als die geforderte ,,Schrittgeschwindigkeit".

Hessen (Kenn-Nummer HE 2)
Seite 2 (zu Verkehrsberuhigung allgemein)
Allerdings ist allein durch das Aufstellen von Schildern ohne begleitende Maßnahmen nicht zu erwarten, daß eine spürbare Verbesserung der Verkehrsverhältnisse eintritt, weil viele Verkehrsteilnehmer erfahrungsgemäß diese nicht beachten.

Hessen (Kenn-Nummer HE 3)
Seite 2ff.
Die mit der Änderung der Straßenverkehrs-Ordnung neu eingeführten Zeichen 325/326 StVO beinhalten sowohl für den Kraftfahrer als auch für den Fußgänger bestimmte Verhaltensnormen:
(Es folgen die Vorschriften des § 42 Abs. 4a StVO, Anmerkung d. Verf.)
Da diese Verhaltensvorschriften in der Regel von den Kraftfahrern im Zuge von herkömmlichen Straßen nicht befolgt werden, sind grundsätzlich Änderungen im Straßenraum notwendig, die eine erhebliche Verminderung der Fahrge-

schwindigkeit bis auf Schrittgeschwindigkeit bewirken. Da — vergleichbar mit der Aufstellung anderer Verkehrszeichen — davon ausgegangen werden muß, daß allein durch die Aufstellung des Zeichens 325 StVO (sowohl) das Fahrverhalten der Kraftfahrer als auch die Laufgewohnheiten der Fußgänger und das Spielverhalten der Kinder nicht nachhaltig beeinflußt werden kann, sind für die Schaffung verkehrsberuhigter Bereiche bestimmte örtliche und bauliche Voraussetzungen notwendig.

(Es folgen die Vorschriften Nr. II und III der VwV-StVO zu den Zeichen 325 und 326 StVO, Anmerkung d. Verf.)

Es ist also unzulässig, lediglich die Zeichen 325/326 aufzustellen, ohne begleitende Maßnahmen durchzuführen. Die Anordnung von Zeichen 325/326 StVO ohne Umgestaltung des Straßenraums kann zu haftungsrechtlichen Ansprüchen führen, wenn die in der Straßenverkehrs-Ordnung und der Verwaltungsvorschrift ergangenen Voraussetzungen für die Aufstellung dieser Zeichen nicht erfüllt sind.

Die Schaffung von mit Zeichen 325 StVO gekennzeichneten verkehrsberuhigten Bereichen setzt demnach voraus, daß die Straße durch bauliche Maßnahmen derart verändert wird, daß das Separationsprinzip (die Aufteilung der Straße in Fahrbahn und Bürgersteige) aufgehoben wird und sogenannte Mischflächen entstehen. Denn nur so kann erreicht werden, daß die Aufenthaltsfunktion überwiegt und die Kinder begreifen, daß sie hier — im Gegensatz zu anderen Straßen — auf der Straße spielen dürfen. Die alleinige Aufpflasterung ohne begleitende Maßnahmen im Straßenraum wird jedoch in der Regel nicht ausreichen, die Fahrgeschwindigkeit auf Schrittgeschwindigkeit zu vermindern.

Hessen (Kenn-Nummer HE 5)
Punkt 7. Mischflächen
Lediglich die Mischflächen dürfen bei Vorliegen bestimmter Voraussetzungen mit dem neuen Verkehrszeichen 325 und 326 ausgewiesen werden. Dieses Verkehrszeichen wurde nach eingehenden Untersuchungen im Rahmen des CEMT entwickelt und fordert ein völlig neues Verhalten aller Verkehrsteilnehmer.

Mischflächen entstehen durch Aufpflasterungen längerer Straßenabschnitte in der Weise, daß keine Unterschiede zwischen Gehweg, Radweg und Fahrbahn mehr bestehen. Das sonst für den Straßenbau geltende Separationsprinzip, d.h. Trennung zwischen Fahrbahn, Bürgersteig und Radweg, wird aufgehoben.

Wegen Einzelheiten verweise ich auf die neue Fassung § 42 Abs. 4a StVO. Ohne eine erhebliche bauliche Änderung und Umgestaltung der Straße ist es im Interesse der Verkehrssicherheit nicht zu verantworten, die seitherige Differenzierung der einzelnen Straßenteile nach Benutzungsarten (Gehweg, Radweg, Fahrbahn) durch Aufstellen des vorgenannten neuen Verkehrszeichens aufzuheben. Die verantwortlichen Sachbearbeiter machen sich sonst zweifellos einer Amtspflichtverletzung schuldig.

Nordrhein-Westfalen (Kenn-Nummer NW 1)
Punkt 2.1 (zu Verkehrsberuhigung allgemein)
...
Es hat sich gezeigt, daß durch Schilder allein in der Regel eine ausreichende Veränderung des Fahrverhaltens nicht erreicht werden kann. Wirksamer sind — zumeist in sinnvoller Kombination — bauliche, verkehrslenkende und gestalteri-

sche Maßnahmen, die den Fahrweg verändern und so zu angepaßtem langsamen Fahren veranlassen und zugleich aber auch die Gestaltung der Straße und die Nutzungsspielräume der nicht motorisierten Straßenbenutzer verbessern.

Die dazu erforderlichen Maßnahmen wie schmale Fahrbahnen, Fahrgassenverschwenkungen, wechselseitiges Parken, Aufpflasterungen, Verzicht auf erhöhte Bordsteinführung, Schwellen, Fahrbahneinengungen sowie Bepflanzungen und Möblierungen müssen die sichere Abwicklung des verbleibenden Verkehrs gewährleisten und den Einsatz von Rettungsfahrzeugen ermöglichen. Ferner darf die aus Gründen der Verkehrssicherheit erforderliche Sicht zwischen Fußgängern und Fahrzeugführern nicht behindert werden.

Punkt 2.4
Mischflächen gemäß § 42 Abs. 4a StVO als eine Möglichkeit der Verkehrsberuhigung stehen dem Fußgänger und dem Fahrzeugverkehr gleichermaßen zur Verfügung.

Die hierfür erforderliche Kennzeichnung mit Zeichen 325/326 StVO ist zulässig, wenn die in der Allgemeinen Verwaltungsvorschrift (VwV) zu den Zeichen 325/326 StVO festgelegten örtlichen und baulichen Voraussetzungen erfüllt sind.

Punkt 3.9 (zu 325-Bereichen)
Die zur ordnungsgemäßen Führung des Kfz-Verkehrs dienenden Elemente sind keine Hindernisse im Sinne von § 32 StVO. Sie dürfen jedoch die Fahrzeugführer, wenn sie die in Nr. 3.6 dargestellten Geschwindigkeiten einhalten, nicht gefährden und müssen auch während der Dunkelheit gut sichtbar sein (Straßenbeleuchtung).

Die im Zusammenhang mit geschwindigkeitsmindernden Maßnahmen aufgestellten Pflanzkästen und vertikalen Gestaltungselemente dürfen die Übersicht im Nahbereich und die Sicht der Fahrzeugführer, insbesondere auf Fußgänger, nicht behindern.

Rheinland-Pfalz (Kenn-Nummer RP 1)
Punkt 5.
Die Anordnung der Zeichen 325/326 StVO ohne bauliche Maßnahmen verstößt gegen die VwV-StVO, in der die Mindestanforderungen für die Einrichtung verkehrsberuhigter Bereiche festgelegt sind.

Schleswig-Holstein (Kenn-Nummer SH 1)
Punkt 3.2
Eine Veränderung des Fahrverhaltens verbleibender Fahrzeuge ist im allgemeinen nicht allein durch Verkehrszeichen zu erreichen. Es werden Maßnahmen im Straßenraum insbesondere durch bauliche Gestaltung erforderlich sein. Die Erfahrung zeigt, daß gerade die bauliche Gestaltung des Straßenraums den Kraftfahrer zu einem langsameren und rücksichtsvolleren Fahrverhalten veranlaßt. Die Fahrsicherheit darf jedoch durch bauliche Maßnahmen nicht beeinträchtigt werden.

Punkt 4.1.1
Die Aufstellung der Zeichen 325/326 ordnen u. a. an, daß die Fußgänger die Straße in ihrer ganzen Breite benutzen dürfen, Kinderspiele überall erlaubt sind, der Fahrzeugverkehr Schrittgeschwindigkeit einhalten muß. Aus Verkehrssicherungsgründen ist die Anordnung dieser Zeichen daher nur vertretbar, wenn durch die Gestaltung des Straßenraums die Einhaltung dieser Vorschriften auch erwartet werden kann. Die VwV zu diesen Zeichen führt die wesentlichen Voraussetzungen an. Durch Aufstellungsorte für diese Zeichen und Gestaltung des Straßenraums muß gewährleistet sein, daß in jedem Bereich des Gebietes die Einhaltung der Verkehrsvorschrift und damit die Verkehrssicherheit zu erwarten ist.

D 10.2 Hinweise in Richtlinien der Schweiz
(Die Kenn-Nummer verweist auf die Zusammenstellung in Kapitel B 3)

Schweiz (Kenn-Nummer CH 2)
Punkt 3.2
Die Verkehrsfläche — eine von Fussgängern und Fahrzeugen gemeinsam benutzte Mischfläche — muss besonders (fussgängerfreundlich) hergerichtet sein. Sie liegt vorwiegend auf einer Ebene (keine Trottoirs). Bereiche für Spiel und Sport oder als Anwohner-Treffpunkte (Dorfplatzcharakter) sind optisch klar auszuweisen. Der Fahrbereich ist so kleinräumig und differenziert zu gestalten, dass der Fahrzeugführer gezwungen wird, höchstens mit 20 km/h zu fahren, z. B. durch seitliche Versätze, partielle Aufpflasterungen, Einbezug der Parkflächen in die Gestaltung usw. Die Durchfahrt für Feuerwehr, Kehrichtwagen, Schneeräumung usw. muss jedoch gewährleistet sein.

Bei der Wahl und Anbringung der gestalterischen Elemente ist darauf zu achten, dass die Verkehrsteilnehmer nicht gefährdet werden. Die Strassenbeleuchtung ist so auszulegen, dass diese Elemente (Einengungen, Aufpflasterungen, Pflanzenkisten usw.) auch bei Nacht gut sichtbar sind.

Anhang: Punkt 3.2
*Der Eindruck, dass die Wohnstrasse aus einem Geh- und einem Fahrbereich besteht, ist zu vermeiden. Die Verkehrsfläche muss daher vorwiegend auf **einer** Ebene liegen. Allfällig vorhandene Trottoirs sind auszugleichen durch:*
— *flaches Anrampen;*
— *Absenken;*
— *Anheben der Fahrbahn auf Trottoirniveau.*

Nur bei Parkplätzen, Rabatten und dgl., wo keine Fussgängerquerbeziehungen bestehen, dürfen Trottoirs belassen werden.

Bereiche für Spiel und Sport oder als Begegnungsstätten (mit Möblierung) sollen nicht unmittelbar bei den ,,Toren'' oder bei Parkplätzen angeordnet werden. Bei der Gestaltung der Fahrfläche ist darauf zu achten, dass der Verkehr nicht zu nahe an diese Bereiche sowie an Ausgänge aus Häusern und Vorgärten herangeführt wird. Oft sind bauliche Massnahmen wie Wehrsteine, Pflanzentröge usw. zum Schutze der Fussgänger notwendig. Es soll jedoch nicht der Eindruck entstehen, dass die Fussgänger den übrigen Strassenraum nicht benützen dürfen.

Gerade, niveaugleiche Strassen werden vom Fahrzeugführer nicht als Wohnstrasse erkannt. Bauliche und gestalterische Massnahmen wie Verengungen, horizontale und vertikale Versätze bewirken, dass der Fahrbereich kleinräumig erscheint und daher die zulässige Höchstgeschwindigkeit von 20 km/h eingehalten wird. Auf der Verkehrsfläche angeordnete Parkplätze (z. B. seitlich versetzt) sind am Anfang und Ende durch gestalterische Elemente abzugrenzen, damit auch bei freien Parkfeldern der optische Eindruck der Kleinräumigkeit bestehen bleibt. Partielle Aufpflasterungen sollen (ohne die beidseitigen Anschrägungen) mindestens 5 m lang sein. Die Abstände zwischen all diesen baulichen Vorkehren sollen höchstens 40 m betragen. Die Gestaltung ist so anzulegen, dass die Fahrzeugführer die verschiedenen Bereiche der Wohnstrasse überblicken können; insbesondere bei Hindernissen, Garageein- und -ausfahrten ist speziell darauf zu achten, dass die Sicht gewährleistet ist.

Kleinräumig und differenziert gestaltete Strassenräume werden vom Fahrzeugführer unbewusst in verringerte Geschwindigkeit umgesetzt. ...

D 10.3 Dokumentation
(Siehe ergänzend die Kapitel D 11 bis D 13)

Der Entwurf der baulichen/gestalterischen Maßnahmen für einen 325-Bereich muß eng auf die jeweiligen örtlichen Gegebenheiten abgestimmt werden. Wegen der Vielzahl der Kombinationsmöglichkeiten können in den folgenden Übersichten nur einzelne ausgewählte Beispiele dargestellt werden.

☐ Torsituation

In Übersicht D 10.3/1 ist eine deutliche Torsituation erkennbar, die nur einspurig zu passieren ist (Zweiräder ausgenommen). Da die Einfahrt am anderen 325-Bereich-Beginn/Ende wesentlicher breiter gestaltet wurde, hat sich nun eine „Trichtersituation" ergeben. Wegen der unterschiedlichen Tor-Kapazitäten bilden sich vor dem hier gezeigten Tor in den Verkehrsspitzenstunden häufig Staus bei den ausfahrenden Fahrzeugen.

☐ Fahrbahnteiler

Bepflanzte Mittelinseln in den befahrbaren Straßenteilen von 325-Bereichen werden sowohl auf Straßenkreuzungen (siehe Übersicht D 10.3/2) und in Straßeneinmündungen (siehe Übersicht D 2.3/34) als auch innerhalb der Fahrgasse (siehe Übersicht D 10.3/3) eingerichtet, um das Durchschießen der Fahrzeuge zu verhindern. Es sollte im Einzelfall abgewogen werden, ob sie nicht die konventionelle Funktion eines verkehrslenkenden Fahrbahnteilers übernehmen, von dem wieder geschwindigkeitserhöhende Effekte zu erwarten sind. Zusätzliche Leiteinrichtungen, wie beispielsweise Vorschriftzeichen für die Vorbeifahrt (siehe Zeichen 222 StVO in Übersicht D 10.3/3), betonen die Bedeutung einer Straße für den Fahrzeugverkehr und verhindern damit den Eindruck, daß die Aufenthaltsfunktion überwiegen soll.

☐ Sonstige Leiteinrichtungen

Zur Unterscheidung des 325-Bereichs von anderen Straßentypen wird in Punkt III.2 der VwV-StVO (siehe Kenn-Nummer 311 in Kapitel B 1.4) der niveaugleiche Ausbau für die ganze Straßenbreite als Regelfall genannt. Der niveaugleiche Ausbau soll jedoch nicht nur das Überqueren der Straße (durch Entfallen der Bordsteinstufe) erleichtern und die Aufhebung der bisher getrennten Verkehrsflächen für Fußgänger, Fahrzeuge und Parken signalisieren (siehe ausführlich Kapitel D 11 „Schutzstreifen für Fußgänger"), sondern auch die geschwindigkeitserhöhende Leitwirkung des Hochbords aufheben.

Diese Absicht der Verordnungsgeber wird in der Praxis durch bauliche/gestalterische Maßnahmen in zahlreichen Varianten umgangen: Das Hochbord wird beispielsweise sehr häufig durch Pflasterrinnen ersetzt, die die Fahrgasse ebenso deutlich wie ein Hochbord vom „Gehweg" abgrenzen (siehe Übersicht D 10.3/4).

Übersicht D 10.3/1:
Torgestaltung am Beginn/Ende eines 325-Bereichs

Übersicht D 10.3/2:
Bepflanzte Mittelinsel auf einer Straßenkreuzung

Übersicht D 10.3/3:
Fahrbahnteiler, kombiniert mit seitlichen Einengungen

Übersicht D 10.3/4:
Niveaugleicher Ausbau: Pflasterrinnen übernehmen die Leitfunktion des Hochbords

Andere Leiteinrichtungen, die eher die Verkehrs- als die Aufenthaltsfunktion betonen, sind:

— Leitpfosten,
— Leitbaken,
— rückstrahlende „Katzenaugen",
— Fahrgassenmarkierungen durch Farb- und/oder Materialwechsel (anders = Markierung der Stellplätze, siehe Kapitel D 6 „Parken in 325-Bereichen").

Wenn derartige Einrichtungen aus verkehrlichen Gründen notwendig werden, sollten sie nur für die Übergangszeit bis zum Abschluß der Nachbesserung durch bauliche/gestalterische Maßnahmen zugelassen werden. Eine andere Möglichkeit wäre auch der Verzicht auf die Kennzeichnung mit Zeichen 325 und stattdessen die Einrichtung einer Zonen-Geschwindigkeits-Beschränkung.

Bei der Planung ist weiterhin zu berücksichtigen, daß geschwindigkeitserhöhende Leitwirkungen auch beim bewußten Weglassen von Fahrgassenmarkierungen und anderen Leiteinrichtungen in Straßenraum entstehen können, wenn exakt ausgerichtete Häuserfronten und Gartenzäune die Straßengrenze markieren. Fließende Übergänge vom öffentlichen zum privaten Straßenraum verhindern dagegen geschwindigkeitserhöhende Leitmerkmale und verbessern zusätzlich die Akzeptanz der Straße als Aufenthaltsraum. Hierfür ist eine enge Zusammenarbeit zwischen den zuständigen Behörden und den Bürgern erforderlich, unter Umständen sollte auch der Erlaß einer Gestaltungssatzung o. ä. in die Gesamtkonzeption einbezogen werden.

☐ Pflaster

Im Zusammenhang mit den baulichen Maßnahmen zur Verkehrsberuhigung wird häufig der Begriff „Aufpflasterung" gebraucht. In der Regel ist damit die partielle Aufpflasterung gemeint (siehe hierzu Kapitel D 12 „Fahrdynamisch wirksame Maßnahmen").

In der Praxis wird die Aufpflasterung bzw. die Pflasterung generell teilweise als „das" Kennzeichen eines 325-Bereichs verstanden. Der bloße Ersatz von Asphalt oder Beton durch Pflasterflächen ist jedoch noch kein ausreichendes Instrument zur Verbesserung der Aufenthaltsfunktion einer Straße (siehe die „tote" Pflasterfläche in den Übersichten D 10.3/5 und D 10.3/6). Der optische Eindruck eines gepflasterten Parkplatzes wird durch die Leitpfosten zum Schutz der Bäume zusätzlich verstärkt.

Übersichten D 10.3/5 und D 10.3/6:
„Tote" Pflasterflächen: Ersatz von Asphalt und Beton durch Pflasterung

D 10.4 Zusammenfassende Überlegungen

Die Übersichten des Kapitels D 10.3 zeigen beispielhaft, daß der bloße Austausch von Gestaltungselementen und Materialien allein noch kein ausreichender Ansatz für die erfolgreiche Planung von Straßen mit vorherrschender Aufenthaltsfunktion ist. Entscheidend ist vielmehr die Abstimmung der einzelnen Instrumente auf die jeweiligen örtlichen Gegebenheiten im Rahmen einer Planungskonzeption mit der Zielsetzung „Mischnutzung des Straßenraums".

Die Formulierung des Punktes II. der VwV-StVO zum Zusammenhang von geschwindigkeitsmindernden Maßnahmen und Aufenthalts-/Erschließungsfunktion ist mißverständlich. Unter geschwindigkeitsmindernden Maßnahmen werden vorrangig Fahrgasseneinengungen und Fahrgassenversätze verstanden. Die bauliche Umsetzung in der kommunalen Praxis zeigt, daß die verwendeten Elemente häufig eine separierende Wirkung haben. Die Breitenabmessungen der neuen „Gehwege" und „Fahrgassen" zeigen eindeutig die Priorität des Fahrverkehrs. Die Restflächen lassen auch bei aufwendiger Möblierung eine Verbesserung der Aufenthalts- und Kommunikationsfunktion nur begrenzt zu.

Die in den untersuchten Kleinstädten und Landgemeinden bereits vollzogenen und geplanten 325-Bereiche sind sehr klein (siehe Übersicht E 1 sowie die „Dokumentation der vollzogenen und geplanten Verkehrsberuhigten Bereiche..."). In diesen Mini-Bereichen können sich die von den Verordnungsgebern beabsichtigten zusätzlichen Aufenthalts- und Kommunikationsnutzungen gar nicht entfalten. Die gemäß Punkt III.1 der VwV-StVO — neben der erstrebten Erhöhung der Verkehrssicherheit — für die Beschilderung maßgebenden Gesichtspunkte bleiben unberücksichtigt bzw. sie werden durch verkehrsbezogene Kriterien, wie Geschwindigkeiten, Kfz-Verkehrsmenge, Unfallzahlen, ersetzt. Diese Planungsphilosophie behindert bzw. verhindert die nicht-verkehrlichen Nutzungen innerhalb des 325-Bereichs. Deshalb muß dem Fahrzeugführer zwangsläufig das Schrittgeschwindigkeitsgebot funktionslos erscheinen.

Die weiterhin zu hohen Fahrzeuggeschwindigkeiten werden in der Regel als Anlaß genommen, die vorab versäumte planerische Einbindung der Verkehrsberuhigung in eine flächenhafte Konzeption durch massive bauliche Geschwindigkeitsbremsen auszugleichen: Damit wird der Verkehrsberuhigte Bereich zu einer Langsam-Fahrstraße.

- Für die Straßenverkehrsaufsichtsbehörden ergibt sich die **Anregung,** in ihrem Zuständigkeitsbereich eine allgemeine Überprüfung der 325-Bereiche auf ihre Eignung für die Zonen-Geschwindigkeits-Beschränkung vorzunehmen. Damit dürfte in vielen Fällen eine befriedigende Übereinstimmung von tatsächlichem Verkehrsverhalten und straßenverkehrsrechtlicher Kennzeichnung erreicht werden können. Die zahlreichen Mini-Bereiche mit einer zugehörigen Straße müßten dann ggf. mit dem konventionellen Zeichen 274 StVO „Zulässige Höchstgeschwindigkeit" gekennzeichnet werden.

D 11 Schutzstreifen für Fußgänger

Die Folgen der bereits mehrfach erwähnten einseitigen Ausrichtung der 325-Bereich-Planung auf die verkehrlichen Gegebenheiten und die unzureichende Förderung der Aufenthaltsqualität sollen in diesem Kapitel anhand der „Schutzstreifen für Fußgänger" ausführlich dokumentiert werden.

Definition gemäß den Begriffsbestimmungen im Straßenbau, aufgestellt von der Forschungsgesellschaft für Straßen- und Verkehrswesen:

Separationsprinzip = Aufteilung der Verkehrsfläche in baulich gegeneinander abgegrenzte Bereiche für verschiedene Verkehrsarten.

D 11.1 Ergänzungen zu StVO und VwV-StVO in den Planungshinweisen der Bundesländer
(Die Kenn-Nummer verweist auf die Zusammenstellung in Kapitel B 2)

Hessen (Kenn-Nummer HE 1)

Seite 12

Die Schaffung von Mischflächen erfordert aber keinesfalls unbedingt die Aufstellung des Zeichens 325/326 StVO (verkehrsberuhigter Bereich). Auf diesen Straßen ist es jedoch — soweit es die Breite der Straße zuläßt — grundsätzlich erforderlich, Spiel- und Fußgängerflächen zu schaffen, die vom Kraftfahrzeugverkehr nicht benutzt werden können. Dies kann im allgemeinen nur dadurch erreicht werden, daß solche Flächen baulich abgegrenzt und so gegen das Befahren durch Kraftfahrzeuge gesichert werden.

Nordrhein-Westfalen (Kenn-Nummer NW 1)

Punkt 3.7

Durch Anordnung von Pollern, Bepflanzung, besondere Gestaltung der Wasserrinne u.ä. sollte dafür gesorgt werden, daß Kraftfahrzeuge nicht dicht an den Häusern und unübersichtlichen Stellen entlang fahren können. Sie sollten hier so angebracht sein, daß zum Fahrgassenrand eine mindestens 1 m breite Schutzfläche für den Fußgänger zur Verfügung gestellt wird. Diese Schutzfläche darf jedoch nicht den Eindruck eines ununterbrochenen Gehweges entstehen lassen. Durch die Aufstellung von Pflanzkübeln, Bänken u.ä. kann dieser Eindruck vermieden werden und das Befahren der Schutzfläche, insbesondere durch motorisierte Zweiradfahrer, unterbunden werden.

D 11.2 Hinweise in Richtlinien der Schweiz
(Die Kenn-Nummer verweist auf die Zusammenstellung in Kapitel B 3)

Schweiz (Kenn-Nummer CH 2)

Anhang: Punkt 3.2

Bei der Gestaltung der Fahrfläche ist darauf zu achten, dass der Verkehr nicht zu nahe an diese Bereiche sowie an Ausgänge aus Häusern und Vorgärten herangeführt wird. Oft sind bauliche Massnahmen wie Wehrsteine, Pflanzentröge usw. zum Schutze der Fussgänger notwendig. Es soll jedoch nicht der Eindruck entstehen, dass die Fussgänger den übrigen Strassenraum nicht benützen dürfen.

D 11.3 Dokumentation

Unter Berufung auf den Hinweis in der VwV-StVO, nach dem den Fahrzeugführern nicht ermöglicht werden muß, die Straße überall zu befahren (siehe Kenn-Nummer 312 in Kapitel B 1.4), werden sogenannte Schutzstreifen für Fußgänger von den „Fahrgassen" abgetrennt. Die Übersichten D 11.3/1 bis D 11.3/6 zeigen einige Ausführungen. Weitere Beispiele sind an anderen Stellen dieses Berichts folgenden Übersichten zu entnehmen: D 2.3/6, D 2.3/10, D 2.3/17, D 2.3/22, D 2.3/25, D 4/2, D 5.2/1 und D 6.4/6.

Die deutliche Abgrenzung von Gehweg, Parkstreifen und Fahrweg durch Material- und/oder Farbwechsel (siehe Übersicht D 11.3/1) kann durch Verwendung von vertikalen Elementen, wie Poller, Gitter, Ketten, Leuchten, Bäume, Blumenrabatten u.ä. noch weiter verstärkt werden. Das im „Überlebenstraining" geschulte Auge der Verkehrsteilnehmer registriert in solchen Fällen offensichtlich das Separationsprinzip. Diese optische Trennwirkung wird auch im Verhalten der Straßenbenutzer — von Fußgängern und Fahrzeugführern gleichermaßen — deutlich (siehe Übersicht D 11.3/2).

Übersichten D 11.3/1 und D 11.3/2:
Aufrechterhaltung des Separations-Prinzips durch deutliche gestalterische Abgrenzung von Fahrweg, Parkstreifen und beidseitigen Gehwegen.

Übersicht D 11.3/3:
Deutliche Aufteilung der Verkehrsfläche auch ohne Materialwechsel

Die versetzbaren Metallpoller im Fallbeispiel der Übersicht D 11.3/4 wurden so verstellt, daß der verbleibende Raum für Fußgänger mit Traglasten bereits zu eng geworden ist.

Übersicht D 11.3/4:
Nachträgliche Umstellung beweglicher Metallpoller zugunsten des rollenden Verkehrs.

Die Übersichten D 11.3/5 und D 11.3/6 dokumentieren zwei sinnvolle Beispiele für fahrzeugfreie Zonen: Eine platzartige Erweiterung mit Aufenthalts- und Kommunikationsfunktion sowie einen „echten" Schutzstreifen an einer unübersichtlichen Einmündung mit engen Straßen.

Übersicht D 11.3/5:
Abgrenzung eines platzartigen Aufenthaltsbereichs durch Poller

Übersicht D 11.3/6:
Abgrenzung eines Schutzstreifens für Fußgänger an einer unübersichtlichen Straßeneinmündung

Übersicht D 11.3/7
Poller mit Doppelfunktion: Abweisen der Fahrzeuge und Sitzgelegenheit

Übersicht 11.3/8
Abweisende „Metallspieße"

Die Methode, durch niveaugleichen Straßenausbau die Voraussetzung für die Zuerkennung des Zeichens 325 zu schaffen und gleichzeitig das Separationsprinzip im tatsächlichen Verkehrsablauf beizubehalten, kann als Standardfall der Verkehrsberuhigungsplanung in den Untersuchungsgemeinden bezeichnet werden. Um nicht den Eindruck eines durchgehenden Gehwegs entstehen zu lassen, werden „Kompromiß"lösungen, wie sie Übersicht D 11.3/9 beispielhaft zeigt, entwickelt. Derartige Fußgängerfallen sind keine Ausnahmefälle.

Übersicht D 11.3/9:
Einbau zur Vermeidung des Eindrucks eines durchgehenden Gehwegs

Die Begründung für die faktische Beibehaltung des Separationsprinzips lautet: Sicherheit für die schwachen Verkehrsteilnehmer. Bei beengten Straßenverhältnissen ist es jedoch durchaus üblich, an den Engstellen den Fußgängerschutzstreifen zugunsten der Fahrgassenbreite wieder einzuengen oder zu unterbrechen. In einzelnen Fällen gehen 325-Bereiche mit Separationsprinzip-Gestaltung und Tempo-50-Bereiche ohne Gehwege — zumindest in der Phase zwischen einzelnen Baustufen — direkt ineinander über. Derartige Planungsergebnisse sind wohl eher als verwirrend und weniger als ein Beitrag zur Steigerung der Verkehrssicherheit und zur Verbesserung des Wohnumfeldes zu bewerten.

D 12   Fahrdynamisch wirksame Maßnahmen

Definitionen gemäß den Begriffsbestimmungen im Straßenbau, aufgestellt von der Forschungsgesellschaft für Straßen- und Verkehrswesen:

Querschwelle = Fahrdynamisch wirksames, überfahrbares Hindernis zum Zweck der Geschwindigkeitsminderung.

Delfter Hügel = Trapezförmige Querschwelle.

Kreissegmentschwelle = Querschwelle mit kreiszylinderförmiger Oberfläche.

Teilaufpflasterung = Flach angerampte Anhebung der Fahrbahn innerhalb und am Rand Verkehrsberuhigter Bereiche mit einer sich von Fahrbahnen und Gehwegen unterscheidenden Befestigung.

Bord = Bauliche Einfassung von Verkehrsflächen.

Hochbord = über die Verkehrsfläche deutlich herausragender Bord.

Tiefbord = über die Verkehrsfläche nicht oder nur wenig herausragender Bord.

D 12.1   Ergänzungen zu StVO und VwV-StVO in den Planungshinweisen der Bundesländer
(Die Kenn-Nummer verweist auf die Zusammenstellung in Kapitel B 2)

Baden-Württemberg (Kenn-Nummer BW 1)
Punkt 2.1.3 (zu Verkehrsberuhigung allgemein)
Errichtung von fahrdynamischen Schwellen.
Auch wenn die in den Empfehlungen erwähnten Voraussetzungen gegeben sind, ist es rechtlich zweifelhaft, ob die so angelegten Schwellen als Verkehrshindernisse i. S. von § 32 StVO zu betrachten sind. Ohne Zweifel wird durch derartige Schwellen im Straßenkörper der Verkehr erschwert. Für den Einbau derartiger Schwellen hat das Innenministerium vorsorglich einen Zustimmungsvorbehalt gemacht. Mit der Zustimmung kann im allgemeinen gerechnet werden, wenn die in den Empfehlungen genannten Voraussetzungen in allen Punkten gegeben sind. Mangels einer auch nur einigermaßen gesicherten Rechtssprechung zu dieser Problematik stellt der Einbau von Schwellen sowohl in zivilrechtlicher als auch in strafrechtlicher Hinsicht ein gewisses Risiko dar.

Punkt 2.1.4.8
Werden Mischflächen eingerichtet (...), so sollte auf den Einsatz von fahrdynamischen Schwellen zur Beeinflussung des Verkehrs verzichtet werden, da eine bauliche Einbindung von Schwellen im Bereich von Mischflächen wegen der Aufpflasterung nicht sinnvoll gelöst werden kann.

Punkt 3.3.6 (zu Verkehrsberuhigung allgemein)
Fahrdynamische Schwellen:
Insoweit wird darauf hingewiesen, daß für den Einbau von Schwellen ein Zustimmungsvorbehalt des Innenministeriums angeordnet wurde.

Bayern (Kenn-Nummer BY 2)
Seite 40 (zu Verkehrsberuhigung allgemein)
Unzulässig *ist der Einbau von Hindernissen in die Fahrbahn (vgl. § 315b StGB und § 32 StVO), zu denen auch sogenannte fahrdynamische Schwellen zählen.*

Seite 29 (zu Verkehrsberuhigung allgemein)
Aufpflasterungen dürfen nicht mit **Schwellen** *verwechselt werden. Schwellen unterscheiden sich von Aufpflasterungen durch ihre höhere Längsneigung und geringe Tiefenerstreckung, die den Kraftfahrer wegen des sonst eintretenden Schlageffekts zu einem langsamen Überfahren zwingen.*

Aufgrund der damit verbundenen Gefährdung der Fahrzeuglenker bei bereits wenig höheren Überfahrgeschwindigkeiten dürfen Schwellen nicht verwendet werden.

Schwellen werden vom Kraftfahrer als Schikanen empfunden und tragen nicht zu einem verantwortungsbewußten Fahrverhalten bei.

Hessen (Kenn-Nummer HE 1)
Seite 12 (zu Verkehrsberuhigung allgemein)
Um Fahrgeschwindigkeiten von Kraftfahrzeugen zu reduzieren, werden hin und wieder Schwellen in die Fahrgasse eingebaut. Sie wirken jedoch nur örtlich sehr begrenzt und leisten als rein verkehrstechnische Maßnahme keinen Beitrag zur Wohnumfeldverbesserung. Schwellen müssen gut erkennbar ausgebildet sein und dürfen nicht in zu großen Abständen angeordnet werden (höchstens 30 bis 50 m), wenn dadurch die Geschwindigkeiten deutlich verringert werden sollen. Voraussetzung für den Einbau von Schwellen sind eine geringe Verkehrsmenge (höchstens 100 Kfz/Stunde), wenig Lkw-Verkehr sowie kein öffentlicher Nahverkehr.

Hessen (Kenn-Nummer HE 2)
Seite 3 (zu Verkehrsberuhigung allgemein)
Im Hinblick darauf, daß Fahrbahnschwellen lediglich nur eine punktuelle Geschwindigkeitsverminderung bewirken und Probleme beim Überfahren durch Lkw (z.B. das Verlieren der Ladung) auftreten können, ist der Einbau von fahrdynamischen Schwellen mit dem Ziel einer flächendeckenden Verkehrsberuhigung unzweckmäßig.

Schleswig-Holstein (Kenn-Nummer SH 1)
Punkt 3.2.2 (zu Verkehrsberuhigung allgemein)
Schwellen als fahrdynamische Hindernisse sollten nur ausnahmsweise in Erwägung gezogen werden. Sie kommen allenfalls dann in Betracht, wenn geringe Verkehrsbelastungen vorliegen und andere Maßnahmen nicht möglich sind. Schwellen sind kritisch z.B. für Rettungsfahrzeuge und für die in ihnen transportierten Patienten. Sie haben zudem den Nachteil, daß erfahrungsgemäß die Geschwindigkeit bei der einzelnen Schwelle reduziert, aber danach wieder zügig gefahren wird.

D 12.2 Hinweise in Richtlinien Österreichs und der Schweiz
(Die Kenn-Nummer verweist auf die Zusammenstellung in Kapitel B 3)

Österreich (Kenn-Nummer A)

§ 76b Abs. 4
Die Anbringung von Schwellen, Rillen, Bordsteinen und dgl. sowie von horizontalen baulichen Einrichtungen ist in verkehrsgerechter Gestaltung zulässig, wenn dadurch die Einhaltung der Schrittgeschwindigkeit nach Abs. 3 gewährleistet wird.

Schweiz (Kenn-Nummer CH 2)

Rundschreiben zur Einführung der ,,Weisungen über Wohnstrassen'' vom 1. Mai 1984
(Auf) zylindersegmentartige Fahrbahnerhöhungen und -absenkungen (Schwellen, Rinnen und Rillen) (ist) aus Gründen der Verkehrssicherheit (Gefährdung der Zweiradfahrer, schlechte Entwässerung und dadurch Eisbildung usw.) zu verzichten.

Schweiz (Kenn-Nummer CH 2)
Anhang: Punkt 3.2
Partielle Aufpflasterungen sollen (ohne die beidseitigen Anschrägungen) mindestens 5 m lang sein. Die Abstände zwischen (...) diesen baulichen Vorkehren sollen höchstens 40 m betragen.

D 12.3 Dokumentation

Der Einsatz fahrdynamisch wirksamer Querschwellen zur Verringerung der Fahrzeuggeschwindigkeit ist bei den befragten Gemeindevertretern sehr umstritten. Die hier vorliegenden Erfahrungen beruhen auf nicht-repräsentativen Einzelfällen, da Ausführungsart, Lage im 325-Bereich, Straßennutzungsarten und die übrigen baulichen/gestalterischen Maßnahmen jeweils unterschiedlich waren. Vor einer abschließenden Stellungnahme sind daher Ergebnisse weiterer Untersuchungen abzuwarten.

Bei der Einrichtung von Schwellen sollten ebene Furten für Fußgänger (Kinderwagen) und Radfahrer vorgesehen werden. Wie das in den Übersichten D 12.3/1 bis D 12.3/3 gezeigte Beispiel zeigt, sind dabei auch die Ausweichreaktionen der Fahrzeugführer mit zu berücksichtigen.

Zur Situation: Die Schwelle besteht aus in Beton eingelassenen Pflastersteinen, die Fahrgasse wird durch eine bepflanzte Einbuchtung (links im Bild) eingeengt, rechts ist der eben angelegte, gepflasterte ,,Gehweg'' zu erkennen. Einfahrende (siehe Übersicht D 12.3/1) und ausfahrende Fahrzeuge (siehe Übersicht D 12.3/2) benutzen den ebenen ,,Gehweg'', der fahrdynamisch weniger belastet. Die schwarzen Streifen durch Reifenabrieb auf dem Gehwegpflaster zeigen, daß dieser Weg häufig benutzt wird. Auch der Radfahrer wechselt auf die Gehwegseite (siehe Übersicht D 12.3/3).

Übersichten D 12.3/1 bis D 12.3/3:
Umgehung einer Querschwelle durch Mitbenutzung eines ebenen „Gehwegs"

Die Übersicht D 12.3/4 zeigt an der Übergangsstelle zu einem 325-Bereich ein Tiefbord, das zur Geschwindigkeitsverminderung beitragen soll.

Übersicht D 12.3/4:
Tiefbord mit Schwellenfunktion

Die Übersicht D 12.3/5 zeigt ebenfalls eine Ausführung mit Tiefbord, die hier jedoch durch eine zusätzliche „partielle Vertiefung" (= ausgefräste Asphaltdecke) ergänzt wird.

Eine gelungene Kombination verschiedener baulicher Elemente zeigt die Übersicht D 12.3/6. Hier ergänzen sich

1. ein horizontaler Versatz,
2. ein vertikaler Versatz mit flacher Anrampung,
3. eine quer verlaufende Wasserrinne und
4. ein Wechsel der Querneigung.

Übersicht D 12.3/5:
Kombination von Erhöhung (= Tiefbord, im Hintergrund) und Vertiefung (= ausgefräster Asphaltbelag) zur Verstärkung der Schwellenfunktion

Übersicht D 12.3/6:
Kombination mehrerer fahrdynamisch wirksamer Elemente mit einem horizontalen Versatz

Ein weiteres Ausführungsbeispiel mit den schwach ausgerundeten Gossen-Formteilen zeigt die Übersicht D 12.3/7. Als besonderer Vorteil wurde betont, daß Radfahrer diesen Querrinnentyp gefahrlos passieren können, schnellfahrende Fahrzeuge jedoch einen deutlichen Schlag erhalten.

Ein Sonderfall für Konstruktion und Einsatz einer Schwelle ist in der Übersicht D 12.3/8 zu sehen, die Straße ist nicht als 325-Bereich gekennzeichnet.

Zur Situation: Eine Wohnstraße ohne Gehwege, die parallel zu einer vielbefahrenen Ortsdurchgangsstraße verläuft, wurde als Schleichweg benutzt. Diese Durchfahrten sollten verhindert werden, gleichzeitig sollte die Durchfahrt für Feuerwehr und Rettungswagen möglich bleiben.

Die Lösung: Bauliche Einengung, an den Fahrgassenrändern auf jeder Seite zwei buckelartige Erhebungen hintereinander, in der Mitte eine ebene Furt für Fußgänger und Radfahrer. Die Zufahrten sind mit Zeichen 357 „Sackgasse" gekennzeichnet.

Wirkung: Die Buckel sind nur für Fahrzeuge mit großer Bodenfreiheit zu überwinden, normale Pkw setzen mit ihrer Bodenplatte auf.

Übersicht D 12.3/7:
Schwellenartige Effekte durch querverlaufende Wasserrinnen

Übersicht D 12.3/8:
Sonderfall: Schwelle mit Furt für Fußgänger und Radfahrer. Durchfahrtmöglichkeit für Kraftwagen nur bei großer Bodenfreiheit

D 13 Fahrgassenversätze

Definition gemäß den Begriffsbestimmungen im Straßenbau, aufgestellt von der Forschungsgesellschaft für Straßen- und Verkehrswesen:

Fahrgassenversatz = Fahrgeometrisch bemessene Verschwenkung einer verschmälerten Fahrbahn zum Zweck der Verkehrsberuhigung.

D 13.1 Ergänzungen zu StVO und VwV-StVO in den Planungshinweisen der Bundesländer
(Die Kenn-Nummer verweist auf die Zusammenstellung in Kapitel B 2)

Bayern (Kenn-Nummer BY 2)

Seite 27 (zu Verkehrsberuhigung allgemein)
Wesentliches Mittel zur Beeinflussung der Fahrgeschwindigkeit ist die Linienführung der Erschließungsstraßen. Lange, ohne Unterbrechung gerade verlaufende Straßenabschnitte verleiten zu höheren Geschwindigkeiten. Eine geschwungene oder gebrochene Linienführung und nur kurze gerade Streckenanteile gliedern den Straßenraum in überschaubare, optisch geschlossene Teilräume ohne „Tiefenzug" und wirken einer zu schnellen Fahrweise entgegen. Spezielles Instrument zur Verringerung der Fahrgeschwindigkeiten auf geraden Straßenabschnitten ist der Fahrbahn-Versatz. Dazu wird die Fahrbahn regelmäßig in bestimmten Abständen um mindestens die Fahrbahnbreite versetzt.

— Fahrbahnversätze sollen möglichst durch die Bebauung begründet sein. Beim Straßenneubau sollten sie daher bereits im städtebaulichen Entwurf durch entsprechende Stellung der Gebäude berücksichtigt werden.

— Beim Straßenumbau sollen Fahrbahnversätze mit anderen Elementen, z.B. Parkständen (wechselseitiges Parken) und Bäumen, kombiniert werden. Sie sind so anzuordnen, daß sie den Fahrzeugverkehr führen, jedoch keine Hindernisse darstellen, die den Verkehr gefährden können.

Hessen (Kenn-Nummer HE 1)

Seite 11 (zu Verkehrsberuhigung allgemein)
Fahrgassenversätze werden in der Regel dadurch gebildet, daß wechselseitig das Parken nur auf der einen Fahrbahnseite angeordnet wird. Damit wird der „optische Durchschuß" für den Kraftverkehr gebrochen, die Fahrgeschwindigkeit verringert sowie die Übersicht im Straßenraum verbessert. Fahrgassenversätze müssen tief genug sein und in nicht zu weiten Abständen wiederholt werden, damit spürbar langsamer gefahren wird. Die Wirkung der Versätze kann durch vertikale Straßeneinbauten und Teilaufpflasterungen erhöht werden. Konsequent in einem Quartier angewandte Fahrgassenversätze in Verbindung mit Teilaufpflasterungen können erhebliche verkehrsberuhigende Wirkungen erzielen. Sie können sowohl in Straßen mit Bordsteinen (nach dem Separationsprinzip) als auch bei Mischflächen vorgesehen werden. Es ist besonders wichtig, Fahrgassenversätze vor allem dort anzuordnen, wo sie auch aus städtebaulichen Gründen sinnvoll sind. Dies gilt z.B. bevorzugt für Stellen mit besonderer Konzentration des Fußgängerverkehrs.

Fahrgassenversätze können auch provisorisch durch Fahrbahnmarkierungen hergestellt werden. Wegen der besseren Erkennbarkeit (bei Dunkelheit und Feuchtigkeit) sollten sie dann aber unbedingt durch vertikale Einbauten besonders zusätzlich gekennzeichnet werden.

Schleswig-Holstein (Kenn-Nummer SH 1)

Punkt 3.2.1 (zu Verkehrsberuhigung allgemein)
Als besonders geeignete Maßnahmen hat sich die Anlage von Fahrgassenversätzen bewährt. Die Versätze werden im allgemeinen durch die wechselseitige Anordnung der Parkstände oder dadurch geschaffen, daß wechselseitig die den Fußgängern vorbehaltenen Straßenräume verbreitert werden. Die Versätze sollten durch Möblierung oder Begrünung verdeutlicht werden. Aus Verkehrssicherheitsgründen darf dabei an Stellen, an denen Fußgänger verstärkt die Fahrbahnfläche überqueren, der Blickkontakt Fahrzeugführer — Fußgänger nicht beeinträchtigt werden.

D 13.2 Hinweise in Richtlinien der Schweiz
(Die Kenn-Nummer verweist auf die Zusammenstellung in Kapitel B 3)

Schweiz (Kenn-Nummer CH 2)

Anhang: Punkt 3.2
Gerade, niveaugleiche Strassen werden vom Fahrzeugführer nicht als Wohnstrasse erkannt. Bauliche und gestalterische Massnahmen wie Verengungen, horizontale und vertikale Versätze bewirken, dass der Fahrbereich kleinräumig erscheint und daher die zulässige Höchstgeschwindigkeit von 20 km/h eingehalten wird. Auf der Verkehrsfläche angeordnete Parkplätze (z.B. seitlich versetzt) sind am Anfang und Ende durch gestalterische Elemente abzugrenzen, damit auch bei freien Parkfeldern der optische Eindruck der Kleinräumigkeit bestehen bleibt (...) Die Abstände zwischen all diesen baulichen Vorkehren sollen höchstens 40 m betragen.

D 13.3 Dokumentation

Neben Begrünung und Pflasterung werden die Fahrgassenversätze als wesentliche Voraussetzungen für 325-Bereiche genannt. In Einzelfällen wurden die Meinungen vertreten:

— enge Gassen (auch ohne Gehwege), in denen wegen der geringen Straßenbreite keine horizontalen Versätze möglich sind, können nicht in 325-Bereiche einbezogen werden und

— Straßen in den Neubau-Wohngebieten müßten gegenüber konventionell gestalteten Straßen einen Breitenzuschlag erhalten, um später auch die Fahrgassen versetzt anordnen zu können.

In der Regel werden jedoch für die Kennzeichnung mit den Zeichen 325/326 weniger aufwendige Maßnahmen von den Straßenverkehrsbehörden als ausreichend anerkannt, beispielsweise einzelne Blumenkübel in Hauswandnähe.

Fahrgassenversätze und Fahrgassenverengungen werden häufig kombiniert angeordnet, wobei für die Bemessung der minimalen Fahrgassenbreite der Begegnungsfall Pkw/Pkw angenommen wird. Bei derartig großzügig bemessenen Fahrgassenbreiten brauchen Fahrzeuge bei fehlendem Gegenverkehr die Verschwenkungen allerdings gar nicht oder nur schwach nachzuvollziehen — der geschwindigkeitsmindernde Effekt ist dann gering. Diese Situation ist der Regelfall in den Neubau-Wohngebieten mit Einzelhausbebauung, wo die Verkehrsstärken sehr gering sind.

Vor einer abschließenden Stellungnahme sind die Ergebnisse weiterer Untersuchungen abzuwarten.

Die Übersicht D 13.3/1 zeigt die Einbauten in einer Einbahnstraße mit einer großen Versatzwirkung, die keine Geradeausfahrt zuläßt. Trotzdem mußten nachträglich zusätzliche Pflanzenkübel aufgestellt werden. Die hohen Fahrzeuggeschwindigkeiten dürften auch dadurch begünstigt werden,

— daß die Fußgänger nicht die Fahrgasse mitbenutzen, sondern auf den seitlichen „Gehwegen" bleiben und

— daß in der Einbahnstraße kein Gegenverkehr durch Fahrzeuge zu erwarten ist.

Anmerkung:
Das Zeichen 301 StVO „Vorfahrt" wurde innerhalb des 325-Bereichs aufgestellt, siehe hierzu die Beschilderung der Einmündung in Übersicht D 2.3/41.

Die Übersicht D 13.3/2 zeigt den Einsatz eines Versatz-Elements: einen Baum, kombiniert mit einer Markierung durch andersfarbiges Pflaster (rosa in grau). Wegen des zu geringen Farbkontrasts ist die Versatzmarkierung nur schwer erkennbar. Die Reifenabdrücke (siehe Pfeil) zeigen, daß der als Parkstreifen mißdeutete „Gehweg" auch an dieser Engstelle befahren wird.

Übersicht D 13.3/1:
Hohe Fahrzeuggeschwindigkeiten trotz großer Versatzwirkung in einer Einbahnstraße zwangen nachträglich zum Aufstellen zusätzlicher Pflanzenkübel

Übersicht D 13.3/2:
Kombinierte Versatzelemente: Baum und Bodenmarkierung. Der Pfeil weist auf Reifenspuren von Kraftfahrzeugen

Das in Übersicht D 13.3/3 gezeigte Beispiel zeigt einen Straßenzug ohne Zeichen 325. Die Fahrbahnmarkierungen kennzeichnen versetzt angeordnete Stellplätze. In Zeiten mit nichtbelegten Stellplätzen dürfte die Wirkung derartiger Versatzanordnungen gering sein, weil die Markierungslinien überfahren werden.

Eine gelungene Kombination verschiedener baulicher Elemente zeigt die Übersicht D 13.3/4. Hier ergänzen sich an der Übergangsstelle zwischen einem 325-Bereich und einer Hauptverkehrsstraße

1. ein Fahrgassenversatz,
2. Fahrgassenverengungen und
3. leicht erhöhte Pflasterbänder in den Engstellen.

Die Signalwirkung dieser für Kraftwagen nur einspurig zu befahrenen Engstellen dürfte sowohl für die einfahrenden als auch für die ausfahrenden Fahrzeugführer sehr hoch sein.

Übersicht D 13.3/3:
Markierung eines Fahrgassenversatzes mit versetzt angeordneten Stellplätzen

Übersicht D 13.3/4:
Anordnung eines Fahrgassenversatzes mit hoher Signalwirkung an einer Übergangsstelle

D 14 Kostensparende Maßnahmen

D 14.1 Ergänzungen zu StVO und VwV-StVO in den Planungshinweisen der Bundesländer
(Die Kenn-Nummer verweist auf die Zusammenstellung in Kapitel B 2)

Bayern (Kenn-Nummer BY 2)
Seite 26
*Der **Umbau** von Straßen mit Sonderwegen (Gehwegen) zu Mischflächen wirft manchmal Probleme auf, da nach der Allg. Verwaltungsvorschrift zu den Zeichen 325/326 StVO **in der Regel** ein niveaugleicher Ausbau erforderlich ist. Aus Kostengründen scheitert jedoch häufig eine vollständige Beseitigung des Bordsteins mit durchgehend niveaugleichem Ausbau über die gesamte Straßenlänge. Maßgebend ist in diesem Zusammenhang der Grundsatz, daß die Gestaltung der Straße den Eindruck ihrer überwiegenden Aufenthaltsfunktion und einer untergeordneten Bedeutung des Kraftfahrzeugverkehrs vermittelt.*

In diesem Sinne ist ein teilweises Beibehalten des Bordsteins z. B. zwischen regelmäßig angeordneten, großflächigen Aufpflasterungen mit Anhebung der Fahrbahn auf Gehwegniveau denkbar, wenn durch die Gestaltung des Straßenraums insgesamt der Charakter einer Mischfläche zweifelsfrei abzulesen ist. Bei einem derartigen Teilausbau muß freilich sichergestellt sein, daß nicht durch die noch verbleibenden Gehwege der Eindruck einer nach wie vor vorhandenen Trennung der Verkehrsarten entsteht.

Nordrhein-Westfalen (Kenn-Nummer NW 1)
Punkt 3.5
Gemäß VwV III Nr. 2 zu den Zeichen 325/326 StVO muß der verkehrsberuhigte Bereich durch seine Gestaltung den Eindruck vermitteln, daß die Aufenthaltsfunktion überwiegt und der Fahrzeugverkehr eine untergeordnete Bedeutung hat. Dies erfordert in der Regel einen niveaugleichen Ausbau über die ganze Straßenbreite.

Soll eine Straße nicht durchgängig niveaugleich ausgebaut werden, so ist durch andere Elemente die Aufenthaltsfunktion zu verdeutlichen. Dazu reicht jedoch eine nur vereinzelt durchgeführte punktuelle Umgestaltung des Straßenraumes nicht aus. Auch muß der Eindruck vermieden werden, daß die Straße durchgängig in Fahrbahn und Gehweg(e) unterteilt ist (Aufhebung des Trennprinzips). Zur Verdeutlichung der Aufenthaltsfunktion dienen im wesentlichen folgende Elemente:

— *Ausbau der Kreuzungs- und Einmündungsbereiche auf Gehwegniveau und gegebenenfalls dazwischen*

— *Teilausbau (Aufpflasterung der Fahrbahn auf Gehwegniveau) von ausreichender Länge in regelmäßigen Abständen (max. etwa 40 m Zwischenstrecke mit Trennprinzip) sowie Gestaltungselemente zur Sicherung und Abgrenzung von reinen Aufenthaltsflächen gegenüber den Flächen, die auch für den ruhenden und fließenden Verkehr zur Verfügung stehen, z. B. Bänke, Poller, Bepflanzung, Materialwechsel.*

Für Sackgassen, die mit Zeichen 325/326 StVO gekennzeichnet werden sollen und nicht länger als ca. 60 m sind, reicht eine Aufpflasterung im Kreuzungs- und Einmündungsbereich aus. Bei größeren Längen sind die in diesen Hinweisen beschriebenen Voraussetzungen zu schaffen.

Schleswig-Holstein (Kenn-Nummer SH 1)
Punkt 3.2.3
Teilaufpflasterungen sollten am Rande des verkehrsberuhigten Gebiets und auf den Kreuzungen und Einmündungen sowie ggf. im Bereich von Fahrgassenversätzen auf Streckenabschnitten vorgenommen werden. Teilaufpflasterungen unterbrechen das durchlaufende Band der Fahrgasse und verdeutlichen so im Erscheinungsbild den Unterschied zwischen der herkömmlichen Verkehrsstraße und einer Fahrbahn im verkehrsberuhigten Bereich.

Punkt 3.5
Um eine am Ergebnis kontrollierte optimale Lösung zu erreichen, kann es sich empfehlen, das vorgesehene Konzept schrittweise zu verwirklichen. Hierbei können kostenaufwendige Maßnahmen zunächst mit einfachen, provisorischen Mitteln (z. B. Farbmarkierungen) dargestellt werden.

D 14.2 Dokumentation

Die Auskünfte der Gemeindevertreter über die Kosten der Erstellung von 325-Bereichen schwanken zwischen „billiger" und „wesentlich teurer" als konventionell gestaltete Straßen.

Die Baukosten können vor allem dann verringert werden, wenn die befestigten Straßenbereiche auf die tatsächlich erforderliche Breite verringert werden. Kostensteigerungen dürften vor allem durch die Lohnkosten bei handarbeitsintensiven Detailausbildungen erfolgen, wie

— Kurvenausrundungen, die bei den relativ breiten Fahrgassen und den geringen Fahrzeuggeschwindigkeiten nicht mehr erforderlich sind,

— winklige Bordsteinführungen im Straßenverlauf, die zusätzlich die Straßenunterhaltung und -reinigung verteuern können,

— gesondert mit Hochbord eingefaßte „Restflächen".

(siehe die Übersichten D 14.2/1 und D 14.2/2).

In diesen Übersichten ist auch zu beachten, daß die Abgrenzung der Fahrgasse von den bepflanzten Bereichen durch das Hochbord eine deutliche Leitwirkung für die Fahrzeugführer hat.

Übersichten D 14.2/1 und D 14.2/2:
Teuere Gestaltung durch lohnintensive Detailausführungen

D 15 Öffentlicher Personennahverkehr (ÖPNV)

D 15.1 Ergänzungen zu StVO und VwV-StVO in den Planungshinweisen der Bundesländer
(Die Kenn-Nummer verweist auf die Zusammenstellung in Kapitel B 2)

Baden-Württemberg (Kenn-Nummer BW 1)

Punkt 2.1.4.4
Wird der öffentliche Personennahverkehr betroffen (Teil 3 Nr. 1.1), so ist bei jeder Veränderung des Straßennetzes darauf zu achten, daß auch in den Fällen, in denen Linienbusse aus Wohnbereichen verdrängt werden, ein günstiger Haltestellen-Einzugsbereich gewahrt bleibt und die erforderlichen Fußwege zu den Haltestellen nicht über gefährdete Stellen im Straßennetz geführt werden müssen.

Bei Schulbushaltestellen sollte aus Gründen der Verkehrssicherheit geprüft werden, ob auf eine Verlegung an eine Stelle außerhalb der Wohnbereiche verzichtet werden kann.

Hessen (Kenn-Nummer HE 5)

Seite 9
Mischflächen kommen nicht in Frage, wenn auf der Straße eine Buslinie verkehrt oder wenn die Straße wegen anliegenden Gewerbes mit Lkw befahren werden muß.

Nordrhein-Westfalen (Kenn-Nummer NW 3)

Punkt 8
Diese (die Verkehrsberuhigten Bereiche, Zusatz d. d. Verfasser) kommen vorwiegend dort in Betracht, wo aus städtebaulichen Gründen die Aufenthaltsfunktion überwiegen muß. Sie sind nach § 42 Abs. 4a StVO mit Zeichen 325/326 StVO zu kennzeichnen und nach Möglichkeit so anzulegen, daß ein Durchfahren für den ÖPNV nicht notwendig wird. Soweit es für die Linienführung und die Fahrgäste vorteilhaft ist, kann der ÖPNV diese Straße jedoch benutzen. Allerdings sind die hier geltenden besonderen Verkehrsregeln im Hinblick auf die „Schrittgeschwindigkeit" und die Mischnutzung zu beachten (vgl. Hinweise zur Planung und Durchführung von Maßnahmen der Verkehrsberuhigung, MBl. NW. 1983, S. 376).

D 15.2 Hinweise in Richtlinien der Schweiz
(Die Kenn-Nummer verweist auf die Zusammenstellung in Kapitel B 3)

Schweiz (Kenn-Nummer CH 2)

Punkt 2.3
(Die Strasse) wird nicht von Fahrzeugen im öffentlichen Linienverkehr befahren.

D 16 Klassifizierte Straßen

Definition nach den Begriffsbestimmungen im Straßenbau, aufgestellt von der Forschungsgesellschaft für Straßen- und Verkehrswesen:

Klassifizierte Straßen (Straßen des überörtlichen Verkehrs) = Sammelbegriff für Bundesfernstraßen, Landesstraßen/Staatsstraßen/Landstraßen I. Ordnung und Kreisstraßen/Landstraßen II. Ordnung unter Einbezug ihrer Ortsdurchfahrten.

D 16.1 Ergänzungen zu StVO und VwV-StVO in den Planungshinweisen der Bundesländer
(Die Kenn-Nummer verweist auf die Zusammenstellung in Kapitel B 2)

Bayern (Kenn-Nummer BY 2)

Seite 24
*Im Zuge der **Ortsdurchfahrten** von Kreis-, Staats- und Bundesstraßen können verkehrsberuhigte Bereiche nicht eingerichtet werden.*

Nordrhein-Westfalen (Kenn-Nummer NW 1)

Punkt 1.5
Soweit verkehrsberuhigte Bereiche im Zuge von Ortsdurchfahrten von Bundes-, Landes- und Kreisstraßen eingerichtet werden, ist eine vorherige Abstufung zur Gemeindestraße erforderlich (Änderung der Verkehrsbedeutung).

D 17 Hinweise zum Planungsrecht in den Planungshinweisen der Bundesländer
(Die Kenn-Nummer verweist auf die Zusammenstellung in Kapitel B 2)

Baden-Württenberg (Kenn-Nummer BW 1)
Punkt 3.3.4
Ob die Einrichtung verkehrsberuhigter Bereiche in jedem Fall straßenrechtliche bzw. bauplanungsrechtliche Maßnahmen voraussetzt, erscheint fraglich, da bei Umwandlung einer dem öffentlichen Verkehr bisher uneingeschränkt gewidmeten Straße in einen verkehrsberuhigten Bereich die bisher zugelassenen Nutzungsarten grundsätzlich fortbestehen. Entsprechende straßenrechtliche bzw. bauplanungsrechtliche Maßnahmen sind jedenfalls dann erforderlich, wenn Teile der Straßenfläche auf Dauer dem Gemeingebrauch entzogen und einem anderen Verwendungszweck zugeführt werden sollen.

Unabhängig hiervon empfiehlt das Innenministerium im Hinblick auf die bei der Einrichtung verkehrsberuhigter Bereiche ohnehin notwendigen baulichen Umgestaltungsmaßnahmen und in Anbetracht der besonderen Funktion dieser Bereiche, die Einrichtung verkehrsberuhigter Bereiche in jedem Fall durch straßenrechtliche Maßnahmen (nach dem Straßengesetz oder durch Aufstellung eines Bebauungsplans i.V. mit §§ 5 und 7 StrG) vorzubereiten.

Straßenverkehrsrechtlich ist die Ermächtigung zur Kennzeichnung von verkehrsberuhigten Bereichen und zu Anordnungen bezüglich der Erhaltung der Sicherheit oder Ordnung in diesen Bereichen nunmehr neu in § 45 Abs. 1b Nr. 3 und 4 StVO geregelt.

Bayern (Kenn-Nummer BY 1)
Punkt 42.4.2
Der verkehrsrechtlichen Anordnung geht die ortsplanerische Entscheidung der Gemeinde über die Anlage eines verkehrsberuhigten Bereichs voraus. Dazu wird häufig ein Bebauungsplan erforderlich sein, der Verkehrsflächen besonderer Zweckbestimmung im Sinn des § 9 Abs. 1 Nr. 11 BBauG festsetzt. Die Straßenverkehrsbehörde wirkt hierbei bereits als Träger öffentlicher Belange mit.

Die Gemeinde muß bei ihrer Entscheidung auch die etwaige Verlagerung des Durchgangsverkehrs berücksichtigen.

Grundsätzlich muß der Bebauungsplan deshalb auf einer Gesamtkonzeption beruhen. Ein straßenrechtlicher Akt ist dann erforderlich, wenn entweder die bisherige Widmung der Straße (Art. 6 BayStrWG) eingeschränkt oder die Straße umgestuft werden muß (Art. 7 BayStrWG). Die verkehrsrechtliche Einengung der tatsächlichen Nutzung nach Aufstellung der Zeichen 325/326 macht für sich allein eine Widmungsbeschränkung nicht notwendig. Die Straßenverkehrsbehörde hört auch die zuständige Straßenbaubehörde und die Polizei an, bevor sie die Aufstellung der Zeichen 325 und 326 anordnet. Eine frühzeitige und umfassende Information der betroffenen Bürger und deren angemessene Beteiligung sind zweckmäßig.

Bayern (Kenn-Nummer BY 2)

Seite 41

Der verkehrsberuhigte Bereich nach der StVO ist noch kein straßenrechtlich verfestigter Begriff: er hat keine Entsprechung in einer bestimmten Straßenklasse. Die mit Zeichen 325/326 StVO bezweckten straßenverkehrsrechtlichen Regelungen bewirken regelmäßig keine Nutzungsbeschränkungen und stellen deshalb keine straßenrechtlich bedeutsamen Beschränkungen des Gemeingebrauchs dar. In der Regel sind daher für die Kennzeichnung verkehrsberuhigter Bereiche keine begleitenden straßenrechtlichen Maßnahmen notwendig.

Hessen (Kenn-Nummer HE 5)

Seite 12

Ein straßenrechtliches Verfahren ist entbehrlich, wenn lediglich eine Mischfläche ausgewiesen werden soll, weil auf dieser — im allgemeinen — sämtlicher Kraftverkehr zugelassen ist.

Nordrhein-Westfalen (Kenn-Nummer NW 1)

Punkt 1.5

Rechtsgrundlage für Maßnahmen der Verkehrsberuhigung können neben dem Straßenverkehrsrecht auch das Straßenrecht und das Bauplanungsrecht sein.

Die Anordnung verkehrsberuhigter Bereiche durch Zeichen 325/326 StVO setzt in der Regel keine wegerechtliche Widmungsbeschränkung (Teileinziehung) voraus, weil dadurch nicht der Gemeingebrauch an einer öffentlichen Straße beschränkt wird, sondern nur Regelungen für dessen Ausübung, z. B. Schrittgeschwindigkeit der Fahrzeuge, gleichberechtigte Nutzung der Straße durch Fußgänger und Fahrzeuge, getroffen werden.

...

Die notwendigen ortsplanerischen Entscheidungen können auch durch einen Bebauungsplan nach § 9 Abs. 1 Nr. 11 BBauG getroffen und dabei die Nutzung und Gestaltung des Straßenraumes im einzelnen festgelegt werden. Die Straßenverkehrsbehörden wirken hierbei als Träger öffentlicher Belange mit. Die Festsetzung verkehrsberuhigter Bereiche bzw. Fußgängerbereiche in Bebauungsplänen (§ 9 Abs. 1 Nr. 11 BBauG) ersetzt die straßenrechtliche Widmungsverfügung nicht; sie bindet jedoch die widmende Straßenbaubehörde.

Rheinland-Pfalz (Kenn-Nummer RP 2)

Seite 2f.

...

Maßgebend für die Einrichtung verkehrsberuhigter Bereiche sind, neben der damit angestrebten Erhöhung der Verkehrssicherheit, Gesichtspunkte des Städtebaues und hier besonders die Verbesserung des Wohnumfeldes durch Umgestaltung des Straßenraumes.

Bei der Prüfung der Frage der städtebaulichen Voraussetzungen sind im wesentlichen 3 Fallgruppen zu unterscheiden:

a) *Es handelt sich um einen Bereich innerhalb des bebauten Ortsteils einer Gemeinde, für den kein bzw. kein qualifizierter Bebauungsplan besteht (sog. unbeplanter Innenbereich, § 34 BBauG); diese Fälle dürften in der Praxis überwiegen.*

b) *Es handelt sich um einen Bereich, für den ein rechtsverbindlicher Bebauungsplan im Sinne des § 30 BBauG aufgestellt ist.*

c) *Es handelt sich um einen Bereich, für den ein Bebauungsplan im Sinne des § 30 BBauG aufgestellt werden soll.*

Im Falle a) ist ein Bebauungsplan zur Schaffung einer verkehrsberuhigten Zone in der Regel nicht erforderlich. Die Aufstellung eines Bebauungsplans, der den verkehrsberuhigten Bereich seiner Umgebung anpaßt, ist notwendig, wenn die Maßnahme wegen ihres Umfangs bodenrechtliche Spannungen verursacht und eine Vielzahl unterschiedlicher Interessen berührt (das könnte z. B. der Fall sein, wenn in dem fraglichen Bereich Gewerbebetriebe mit starkem Zu- und Auslieferungsverkehr liegen oder die Verkehrsberuhigung eines Straßenzuges zu einer ins Gewicht fallenden Verlagerung von Verkehrsströmen führt).

Im Falle b) ist die Änderung des Bebauungsplans erforderlich, wenn dieser differenzierte Festsetzungen für die öffentliche Verkehrsfläche enthält (z. B. Gliederung der öffentlichen Verkehrsfläche in Gehsteige für Fußgänger, Radwege und Fahrbahnen), die durch die Einrichtung der verkehrsberuhigten Zone berührt werden.

Im Falle c) (Planung eines neuen Baugebietes) muß der verkehrsberuhigte Bereich als solcher im Bebauungsplan festgesetzt werden, weil sonst nicht eindeutig feststeht, wie die öffentliche Verkehrsfläche ausgestaltet werden soll. Es genügt die Festsetzung ,,verkehrsberuhigter Bereich gemäß Zeichen 325 zu § 42 Abs. 4a StVO" ohne nähere Einzelheiten. Dies gewährleistet die notwendige Flexibilität bei der Ausgestaltung des verkehrsberuhigten Bereichs.

Schleswig-Holstein (Kenn-Nummer SH 1)

Punkt 4.3

Maßnahmen zur Verkehrsberuhigung setzen im allgemeinen planungsrechtlich in Gebieten, für die ein Bebauungsplan nach § 30 BBauG besteht, Festsetzungen nach § 9 Abs. 1 Nr. 11, in Einzelfällen auch Nr. 9 BBauG voraus. Im unbeplanten Innenbereich (§ 34 BBauG) können solche Maßnahmen in § 125 Abs. 2 BBauG ihre planungsrechtliche Grundlage finden.

Teil E: Dokumentation der vollzogenen und geplanten Verkehrsberuhigten Bereiche in Kleinstädten und Landgemeinden

E 1 Einführung

Die Dokumentation der vollzogenen und geplanten Verkehrsberuhigten Bereiche gibt den Informationsstand vom 31. Oktober 1985 wieder. Teilweise ist auf ältere Angaben zurückgegriffen worden, die im Rahmen einer Gemeindebefragung vom Sommer/Herbst 1982 (siehe Fußnote 2) erfaßt worden waren. Diese Daten sind durch „*" hinter dem Gemeindenamen gekennzeichnet. Weitere Daten beruhen auf Informationen interessierter Behörden aus dem Jahre 1984. Sie sind durch „**" hinter dem Gemeindenamen gekennzeichnet.

- Die Zusatzinformation „Lage des 325-Bereichs im zentralen Ortsbereich" (= „Z" in Spalte 6 der Dokumentation) ist ein Indikator für den Einsatz in Einkaufsstraßen. Die häufige Anwendung bestätigt die Entscheidung der Verordnungsgeber für den umfassenderen Begriff „Verkehrsberuhigte Bereiche" statt „Verkehrsberuhigte Wohnzone" (siehe hierzu Kenn-Nummer 112 ff. in Kapitel B 1.2).

- Die große Anzahl der hier erfaßten 325-Bereiche zeigt die Bedeutung, die den Zeichen 325/326 StVO in den Kleinstädten und Landgemeinden zugemessen wird. Die besonderen Gegebenheiten und Bedürfnisse dieser Gemeindegruppe sollten in zukünftigen Änderungen der einschlägigen Vorschriften verstärkt berücksichtigt werden.

- Die flächendeckende Übersicht erleichtert die stärkere Berücksichtigung dieser Gemeindegruppe in empirischen Untersuchungen zur Verkehrsberuhigung.

- Den örtlichen Planern steht erstmals eine umfassende Zusammenstellung von Referenzgemeinden zur Verfügung, die den interkommunalen Erfahrungsaustausch erleichtern und fördern soll.

- Die große Zahl der Mini-Bereiche mit nur einer oder zwei einbezogenen Straßen/Straßenteilstücken je Bereich ist ein Indikator für die punktuelle Verkehrsberuhigung (siehe ausführlich Übersicht E 1), häufig im Zuge eines Schleichweges oder in Form von Sackgassen in Neubaugebieten.

Übersicht E 1:

Auswertung der Dokumentation nach der Anzahl der in die 325-Bereiche einbezogenen Straßen/Straßenteilstücke je Bereich

Anmerkung:

Die Befragungsergebnisse vom Oktober 1983/Februar 1984 wurden zusätzlich nach der Lage der 325-Bereiche ausgewertet. Die Angaben in der Spalte „1985" schließen alle früheren Befragungsergebnisse mit ein. Zum Vergleich werden in der Spalte „1982" die Ergebnisse aus den Befragungen im Rahmen des Vorgängerprojekts angeführt.

Anzahl der einbezogenen Straßen	1983/84 Lage des 325-Bereichs					1985		1982	
	Zentrum	Zentrumsrand	Außenbereich	Insgesamt					
1	41	32	26	99	56%	362	67%	38	57%
2	16	6	9	31	17%	80	15%	14	21%
3	6	2	7	15	8%	34	6%	5	8%
4	6	1	5	12	7%	30	5%	—	—
4 und mehr	16	6	10	32	19%	65	12%	9	14%
5	5	3	2	10	6%	20	4%		
6 und mehr	5	2	3	10	6%	15	3%		
Insgesamt	79	46	52	177	100%	541	100%	66	100%

E 2 Tabelle

Erläuterungen der folgenden Tabelle:

1. Spalte	PLZ = Postleitzahl der Gemeinde bzw. Ortsteils mit Sitz der Gemeindeverwaltung.
2. Spalte	Name der Gemeinde und des Ortsteils, in dem sich der zugehörige 325-Bereich befindet. Stimmen Gemeinde- und Ortsteilname überein, wird die Bezeichnung „Kernort" angegeben.
3. Spalte	Einw. = Einwohnerzahl der Gemeinde und — sofern mitgeteilt — des Ortsteils. Teilweise liegen für die Ortsteile nur angenäherte Daten vor, in diesen Fällen ist eine Ortsteilgrößengruppe angegeben: die 1000er-Stellen sind weggelassen, also „5—10" entspricht einer Ortsteilgrößengruppe von 5000 bis unter 10000 Einwohnern.
4. Spalte	Stand = Angabe des Planungszustands „P" oder der Fertigstellung. Die Angabe „E" entspricht einer Ersterstellung, die Angabe „N" einer nachträglichen Umgestaltung zum 325-Bereich.
5. Spalte	Fertig = Jahr der Fertigstellung. Bei einer über mehrere Jahre dauernden Gesamtmaßnahme ist die letzte Jahresangabe gewählt worden.
6. Spalte	Lage = Lage des 325-Bereiches im jeweiligen Ortsteil. Es wurden die folgenden Abkürzungen gewählt: „A" = Außen (Ortsrand oder Neubaugebiet auf der grünen Wiese), „R" = Rand (Ortskerns), „Z" = Zentral gelegener Ortsbereich.
7. Spalte	Anz. = Anzahl der in den 325-Bereich einbezogenen Plätze, Straßen oder Teilabschnitte von Straßen.
8. Spalte	Länge (m) = Gesamtlänge der einbezogenen Straßen in Metern.
9. Spalte	Bemerkungen.

PLZ	Gemeinde und Ortsteil	Einw.	Stand	Fertig	Lage	Anz.	Länge (m)	Bemerkungen
8901	Adelsried	1729						
	Kernort	1729	E	1983	A	1	600	Neubau-Wohngebiet
3220	Alfeld (Leine)	23115						
	Kernort	14000	E	1982	A	3	285	
	Kernort	14000	P E	1985	A	1	290	
	Kernort	14000	P E	1986	A	1	300	
	Förste	1180	P E	1985	A	1	140	
	Gerzen	1180	P E	1985	A	1	170	
	Limmer	1340	E	1984	A	2	570	
5411	Alsbach	613						
	Kernort	613	E	1982	R	1	500	
8966	Altusried**	7022						
8755	Alzenau in Unterfranken	15140						
	Kernort	6829	N	1981	Z	1	150	
	Kernort	6829	N	1981	R	1	240	
	Kernort	6829	E	1984	Z	1	60	
6508	Alzey	15791						
	Kernort	13008	N		A	1	800	Wohnstraße, Zugang zu Naherholungsgebiet
	Kernort	13008	N		R	1	370	
8450	Amberg	46415						
	Kernort		E	1981	A	2	407	einschl. Wohn-Sackgassen
	Kernort		E	1984	A	2	435	einschl. Wohn-Sackgassen
5470	Andernach	28000						
	Kernort	22000	E	1982	R	2	900	Neubau-Wohngebiet, Schleichweg
	Kernort	22000	N	1983	A	1	600	
8800	Ansbach	38220						
	Kernort	30000	N		Z		250	Mehrere Straßen in der historischen Altstadt
	Kernort	30000	N		Z		220	Mehrere Straßen in der historischen Altstadt, Stadtsanierungsgebiet, Ergänzung des Fußgängerbereichs
	Kernort	30000	N	1983	A	1	300	Wohngebiet
8750	Aschaffenburg	59000						
	Kernort/Stadtmitte	16000	N	1982	Z	1	87	Sackgasse, Kirchenvorplatz
	Kernort/Stadtmitte	16000	N	1983	Z	1	210	Historische Altstadt
	Kernort/Stadtmitte	16000	F/P N	1984/87	Z	4	535	Einkaufszone
	Kernort/Oststadt	5800	E	1981	A	1	280	Neubau-Wohngebiet
	Kernort/Damm	13600	N	1984	R	2	160	Wohngebiet
	Schweinheim	7300	N	1981	Z	1	117	Einkaufszone
	Schweinheim	7300	N	1983	R	4	285	Wohngebiet

PLZ	Gemeinde und Ortsteil	Einw.	Stand		Fertig	Lage	Anz.	Länge (m)	Bemerkungen
4715	Ascheberg	12707							
	Kernort	6190		N	1982	Z	1	600	Wohngebiet
	Kernort	6190	P	E	1984/85	R	5	1070	Neubau-Wohngebiet
	Kernort	6190	P	E	1985/86	Z	1	370	Neubau-Wohngebiet
	Davensberg	1784		E	1982	R	2	265	Wohnstraßen
	Davensberg	1784	P	E	1985/90	R	3	955	Neubau-Wohngebiet
	Herbern	4733		E	1982	R	1	430	Wohnstraße
	Herbern	4733		E	1984	Z	1	820	Wohnstraße
	Herbern	4733	P	E	1985/90	R	—	1600	Neubau-Wohngebiet
4936	Augustdorf**	7199							
5582	Bad Bertrich	1170							
	Kernort	1170		N	1984	Z	1	1500	Ehemalige Ortsdurchfahrt, Busverkehr gestattet
5484	Bad Breisig	7526							
	Niederbreisig	3800		N	1983	Z	1	120	
8788	Bad Brückenau	6586							
	Kernort	4773		N	1984	A	1	90	Einbahnstraße, Schleichweg
3490	Bad Driburg	18565							
	Kernort	11453		N	1980	R	1	320	Verbindungsstraße zwischen Ortskern und Kurgebiet
	Kernort	11453		N	1983	Z	2	600	Hauptgeschäftsstraße, ehem. Ortsdurchfahrt, Bus-Linienverkehr
6702	Bad Dürkheim	15656							
	Kernort	10—15		N	1982	Z	2	390	Kurzone
5427	Bad Ems	10358							
	Kernort	5—10		N			1		
7570	Baden-Baden	48837							
	Oberbeuern	3000		E	1981	A	1	160	Wohn-Sackgasse
	Varnhalt	1—2,5	P	E	1985	A	4	700	Neubau-Wohngebiet
4515	Bad Essen*	11781							
	Kernort		P						
	Eielstädt		P						
	Wehrendorf		P						
	Wittlage		P						
8397	Bad Füssing	6433							
	Kernort	1530		N	1983	Z	1	240	Kurwohnzone
3388	Bad Harzburg	24924							
	Bündheim			N	1983	A			Wohngebiet
	Schlewecke		P	E		A			Neubau-Wohngebiet
5928	Bad Laasphe	15927							
	Kernort	5949	P	N		Z	3		Historischer Ortskern, Kurbezirk, ehemalige Ortsdurchfahrt
4518	Bad Laer*	11272							
	Kernort								
5439	Bad Marienberg (Westerw.)**	4904							
	Kernort			N			3		
6990	Bad Mergentheim	19140							
	Kernort	11288		N	1982	Z	1	100	Historischer Ortskern
5358	Bad Münstereifel	14566							
	Kernort	5—10		N	1981	Z	5		Historischer Ortskern, ehemalige Ortsdurchfahrt
3052	Bad Nenndorf	8600							
	Kernort	6000		N	1984	Z	1	180	Einkaufsstraße im Kurbezirk
	Kernort	6000	P	N	1985	Z	1		Erweiterung, Verbindung zum Kurpark
5483	Bad Neuenahr-Ahrweiler	25497							
	Ahrweiler	7800		N	1983	Z	2	340	Ergänzung Fußgängerbereich
	Ahrweiler	7800							
	Bad Neuenahr	11950							15 weitere — teilweise flächenhafte — Verkehrsberuhigte Bereiche in den alten Ortskernen und in den Neubau-Wohngebieten sind in der Planung
	Bachem	1150							
	Gimmigen	700							
	Heimersheim	2560							
8740	Bad Neustadt a. d. Saale	14198							
	Kernort	5—10		N	1980	Z	1		Marktplatz in historischer Altstadt, Einkaufszone, Ergänzung Fußgängerbereich
	Brendlorenzen	2700		E	1980	A	3	660	Neubau-Wohngebiet
4970	Bad Oeynhausen	44339							
	Kernort	20 u. m.		N	1980	Z	1	50	Kreuzung mit Fußgängerbereich
	Kernort	20 u. m.		N	1983	Z	1	500	Einkaufsstraße, Schleichweg

PLZ	Gemeinde und Ortsteil	Einw.	Stand	Fertig	Lage	Anz.	Länge (m)	Bemerkungen
	Kernort	20 u.m.	N	1980	R	1	300	Verbindungsstraße zwischen Kurpark und Kurkliniken
	Kernort	20 u.m.	P N		R	2	600	Verbindungsstraße zwischen Kurpark und Kurkliniken
	Dehme		E	1980	R	1	80	Neubau-Wohngebiet
	Dehme		E	1982	R	1	250	Neubau-Wohngebiet
	Rehme		E	1982	R	1	300	Neubau-Wohngebiet
	Werste		E	1981	R	2	1050	Neubau-Wohngebiet
6927	Bad Rappenau	14181						
	Kernort	6338	E	1982	Z	1	95	Wohn-Sackgasse
	Kernort	6338	E	1983	Z	1	80	Wohn-Sackgasse
	Kernort	6338	N	1983	A	1	400	Kurzone
8230	Bad Reichenhall	18000						
	Kernort	10—15	N	1983	Z	4	420	Historische Altstadt
	Kernort	10—15	N	1983	Z	1	170	Kurbezirk
	Kernort	10—15	N	1983	Z	1	160	Kurbezirk
	Kernort	10—15	N	1983	R	1	470	Wohnstraße
	Kernort	10—15	N	1983	Z	2	320	Kurwohnbezirk
	Kernort	10—15	N	1983	R	2	590	Kurbezirk
	Kernort	10—15						Weitere Verkehrsberuhigte Bereiche fertiggestellt oder geplant
	Marzoll	2000	N	1982	A	1	550	Wohnstraße, Schleifenstraße
	Marzoll	2000	N	1982	A	1	300	Ortssanierung
4502	Bad Rothenfelde	6480						
	Aschendorf	1000	E	1981	A	1	230	Wohnstraße
7880	Bad Säckingen	15341						
	Kernort	11719	N	1982	Z	1	150	Wohnstraße in der Altstadt
3202	Bad Salzdetfurth	14685						
	Bodenburg	1891	P E/N		A	3	480	Wohngebiet
	Groß Düngen	1196	E	1983	A	1	92	Neubau-Wohngebiet
4902	Bad Salzuflen	53900						
	Grastrup-Hölsen	896	N	1982	Z	1	300	Wohnstraße
	Holzhausen	3076	N	1981	R	1	180	Wohnstraße
	Werl-Aspe	6143	E	1979	R	1	180	Neubau-Wohngebiet
	Wüsten	3819	N	1983	A	2	530	Wohnstraße
4772	Bad Sassendorf	9763						
	Neuengeseke	2,5—5	E	1981	A	1	340	Wohn-Sackgasse
7525	Bad Schönborn	8782						
	Mingolsheim	4824	N	1960	Z	5	2000	Verbindungsstraße zwischen Ortskern und Kurgebiet
2407	Bad Schwartau	19547						
	Rensefeld	6427	E	1982	R	1	750	Schleichweg
6232	Bad Soden am Taunus**	18331						
3437	Bad Sooden-Allendorf**	9825						
	Bad Sooden							
7432	Bad Urach	11000						
	Kernort	8500	N	1982	R	1	235	Wohnstraße
	Kernort	8500	P N	1984	Z	1	140	Historischer Ortskern, Stadtsanierung
8939	Bad Wörishofen	13533						
	Kernort	7746	N	1985	A	3	1050	Kurwohnbezirk
	Kernort	7746	N	1983	Z	2	100	Ergänzung Fußgängerbereich
2903	Bad Zwischenahn	23583						
	Kernort	15—20	E					Neubau-Wohngebiet
7982	Baienfurt	6473						
	Kernort	5—10	E	1983	A	1	300	Neubau-Wohngebiet
3013	Barsinghausen	35166						
	Kernort	14747	E	1983	A	3	390	Neubau-Wohngebiet
5401	Bassenheim	2280						
	Kernort	1—2,5	E	1983	A	2	660	Neubau-Wohngebiet
3501	Baunatal	23238						
	Kernort	9014	P E	1984	A			Neubau-Wohngebiet
	Kernort	9014	P E	1984	A			Neubau-Wohngebiet
	Kernort	9014	E	1982	A	1	100	Neubau-Wohngebiet
5413	Bendorf	16000						
	Sayn	4000	N	1979	R	1	250	Historischer Ortskern
5780	Bestwig	12461						
	Ostwig	1170	N	1981	Z	1	50	

PLZ	Gemeinde und Ortsteil	Einw.	Stand		Fertig	Lage	Anz.	Länge (m)	Bemerkungen
3560	Biedenkopf	14 560							
	Kernort	7273		N	1982	Z	1	180	Historische Altstadt, Stadtsanierung
	Kernort	7273		N	1982	Z	1	250	Historische Altstadt, Stadtsanierung
8903	Bobingen	13 271							
	Kernort	5—10		E	1983	R	5	3207	Neubau-Wohngebiet
4703	Bönen	18 883							
	Kernort	10—15	P	N	1984	R	1	600	Schleichweg, Schulwegsicherung
	Kernort	10—15		N	1982	R	1	700	Schleichweg, Schulwegsicherung
	Kernort	10—15		N	1979	Z	1	250	Stadtsanierung
5421	Bollendorf	1518							
	Kernort	1518		N	1983/85	Z	6	650	
	Kernort	1518	P	N	1985	Z	1	210	
	Kernort	1518	P	N	1985	Z	1	180	
4791	Borchen	10 540							
	Kirchborchen	3820		E	1981	Z	2	300	
5805	Breckerfeld	7473							
	Kernort	4000		N	1982	R	1	260	
	Kernort	4000		N	1983	Z	1	130	Einkaufsstraße im Ortskern
5790	Brilon	24 533							
	Kernort	12 000		E		R	1	120	
2814	Bruchhausen-Vilsen**	4667							
3062	Bückeburg	21 000							
	Kernort	15—20		E	1983	R	1	150	Wohn-Sackgasse
	Kernort	15—20		N	1984	Z	1	200	Altstadtbereich
4793	Büren	19 048							
	Kernort	6900		E	1983	A	2	1200	Neubau-Wohngebiet
5590	Cochem	6310							
	Kernort	2655		N	1982	Z	4	245	Historischer Ortskern, Einkaufsstraße
5568	Daun	7163							
	Waldkönigen	504		E	1982		1	280	Neubau-Wohngebiet
5434	Dernbach	3165							
	Kernort	3165		E	1983	A	1	170	Wohn-Sackgasse
	Kernort	3165		N	1985	R	4	715	Wohngebiet
	Kernort	3165		N	1985	R	1	455	Wohngebiet
7433	Dettingen an der Erms	7963							
	Kernort	5—10		N	1983	Z	4	1200	Historischer Ortskern
5419	Dierdorf	4017							
	Kernort	2000		N		R	1	100	
	Kernort	2000		N		R	1	100	
6638	Dillingen/Saar	22 112							
	Kernort/Innenstadt	12 700		N	1981	R	1	150	
	Kernort/Innenstadt	12 700		N	1984	R	1	140	
	Kernort/Innenstadt	12 700	P	N		Z	1	140	Umbau zur Sackgasse
	Kernort/Innenstadt	12 700	P	N		Z	1	190	Anschluß an Fußgängerbereich
	Diefflen	4500	P	E		A	5		Neubau-Wohngebiet
8804	Dinkelsbühl	10 525							
	Kernort	5—10		N	1981	Z	1	127	Historische Altstadt
	Neustädtlein	unter 1		N		A	1	180	
8901	Dinkelscherben	6310							
	Kernort	3046		E	1981	A	1	300	
4220	Dinslaken	62 998							
	Hiesfeld	17 500		N	1983	Z	5	1040	Ortskern, Einkaufszone
6072	Dreieich	41 345							
	Dreieichenhain	8275		N	1984	Z	1	50	
	Sprendlingen	21 683		N/E	1984	R	2	180	
3428	Duderstadt**	22 846							3 325-Bereiche
8057	Eching	9400							
	Kernort	5—10		E	1980	A	1	350	Neubau-Wohngebiet
8031	Eichenau b. München	9520							
	Kernort	9520		E	1982	R	1	220	Wohnstraße
5411	Eitelborn	2390							
	Kernort	1—2,5		N	1983	Z	1	600	
6228	Eltville am Rhein**	15 650							
7707	Engen/Hegau	9326							
	Kernort	5—10		N		Z			Historische Altstadt, Einkaufszone
4904	Enger	17 059							
	Kernort	7000		N	1982	Z	2	300	
	Pödinghausen	1300		E	1983	A	4	820	Neubau-Wohngebiet

PLZ	Gemeinde und Ortsteil	Einw.	Stand	Fertig	Lage	Anz.	Länge (m)	Bemerkungen
5828	Ennepetal	35425						
	Milspe	10—15		N	1981	R	1	150	Wohnstraße
	Voerde	10—15		N	1982	Z	1	150	Historische Altstadt, Einkaufszone
6686	Eppelborn	19300						
	Kernort	5100	i. Bau		Z	2	300	
7991	Eriskirch	3500						
	Kernort	1028		N	1982	Z	1	250	Wiederherstellung nach Kanalarbeiten
4782	Erwitte	13680						
	Kernort	5480		E	1982	A	1	180	Neubau-Wohngebiet
	Bad Westernkotten	2994		E	1983	A	1	270	Neubau-Wohngebiet
	Völlinghausen	666		E	1981	A	2	335	Neubau-Wohngebiet
2943	Esens	6062						
	Kernort	2,5—5		E	1980	A	2	902	Neubau-Wohngebiet
5421	Ferschweiler	942						
	Kernort	942		N	1984	Z	1	140	
	Kernort	942	P	N	1985	Z	1	100	
8805	Feuchtwangen	10500						
	Kernort	6000		N		Z	2	300	Historische Altstadt
5531	Feusdorf	542						
	Kernort	542		E	1981	A	3	820	Neubau-Wohngebiet
3558	Frankenberg/Eder	16211						
	Kernort	11300							Historische Altstadt:
				N	1980	Z	1	120	a) Ergänz. zum Fußgängerbereich
			P	N		Z	3	329	b) Erweiterung
7290	Freudenstadt*	19328						
	Kernort							
6382	Friedrichsdorf	23581						
	Burgholzhausen	3683		N	1981	Z	2	540	Historische Altstadt, Ortssanierung
3580	Fritzlar	15161						
	Kernort	8990		N	1981	Z	2	240	Historische Altstadt, Einkaufszone
	Kernort	8990	P	N		Z	2		Historische Altstadt, Einkaufszone
8100	Garmisch-Partenkirchen	27288						
	Partenkirchen	12000		N	1981	R	1	250	Wohnstraße
3007	Gehrden	11974						
	Kernort	9000		N	1984	Z	1	200	
6222	Geisenheim**	12063						
8192	Geretsried	20000						
	Kernort		F/P	E	1981/85	A	4	1100	Gewerbe-Wohngebiet
	Kernort			E	1981	A	1	85	Gewerbe-Wohngebiet
	Kernort			E	1981	A	1	217	Wohngebiet
	Kernort			E	1982	A	1	270	Wohngebiet
	Kernort			E	1983/84	A	4	990	Wohngebiet
	Kernort			E	1983/84	A	2	1109	Gewerbe-Wohngebiet
	Kernort			E	1985	A	1	1170	Neubau-Wohngebiet
	Kernort		P	N		A	1	395	Wohngebiet
	Stein			E	1982/83	A	3	802	Neubau-Wohngebiet
8723	Gerolzhofen	6302						
	Kernort	6100		E	1979	A	1	180	Neubau-Wohngebiet
	Kernort	6100		N	1983	Z	1	350	
	Kernort	6100	P	E	1985	R	2	300	Neubau-Wohngebiet
	Kernort	6100	P	E	1986	A	2	540	Neubau-Wohngebiet
5231	Giesenhausen	326						
	Kernort	326		E	1982	R	1	150	Wohn-Sackgasse
3380	Goslar	52104						
	Kernort	20 u. mehr		N	1984	Z	2	200	Wohnstraßen in der Altstadt
	Ohlhof	1654		E	1982	A	41	4000	Neubau-Wohngebiet, Sackgassen
8722	Grafenrheinfeld	3042						
	Kernort	3042		E	1983	A	1	200	Neubau-Wohngebiet
	Kernort	3042		E	1983	R	1	300	Neubau-Wohngebiet, Zugang zur Naherholungsanlage
8018	Grafing b. München	10600						
	Kernort	10600		N	1984	R	3	200	
	Kernort	10600		N	1984	R	1		
8722	Grettstadt	3550						
	Kernort	1700	P	E	1985	A	1	150	
6103	Griesheim**	20129						
8038	Gröbenzell	17617						
	Kernort	10—15		N	1983	R	1	130	
	Kernort	10—15		N	1983	R	2	350	
	Kernort	10—15		E	1983	A	1	170	

PLZ	Gemeinde und Ortsteil	Einw.	Stand		Fertig	Lage	Anz.	Länge (m)	Bemerkungen
	Kernort	10—15		N/E	1983	A	3	540	
	Kernort	10—15	P	E		A	1	100	
	Kernort	10—15	P	N		A	2	480	
	Kernort	10—15	P	E		R	1	50	
	Kernort	10—15	P	E		A		400	lt. Bebauungsplan
2962	Großefehn	11 000							
	Ostgroßefehn	2500		N	1979/83	Z	1	900	Rückbau einer ehem. Kreisstraße
	Ostgroßefehn	2500		E	1983	Z	2	1160	Neubau-Wohngebiet
5431	Großholbach	715							
	Kernort	unter 1		E	1982	R	2	700	
8754	Großostheim**	13 242							
5238	Hachenburg	5223							
	Kernort	5223		N	1983	R	1	600	Wohnstraße, Schleichweg
8751	Haibach	7540							
	Grünmorsbach	1750		N	1983	R	1	120	
7452	Haigerloch	9375							
	Kernort	1700		N	1983	Z	3	600	Ortskern
4834	Harsewinkel	18 403							
	Kernort	12 106		E	1983	Z	2	210	
	Marienfeld	4297		N	1983	R	1	110	
	Greffen	2587	P	N		R	1	300	
8728	Haßfurt	11 665							
	Kernort	7500		E	1984	A	1	300	
5440	Hausen (Wied)	2035							
	Kernort	2035		E	1983		1	130	Wohn-Sackgasse
4401	Havixbeck	10 142							
	Kernort	5—10		E	1983	R	2	1490	Neubau-Wohngebiet
	Kernort	5—10		E	1984	A	1	560	Neubau-Wohnsackgasse
	Kernort	5—10	i. Bau	E	1985	A	4	1730	Neubau-Wohngebiet
	Hohenholte		P	N	1986	Z	1	320	
4438	Heek	7133							
	Kernort	4755	P	N	1985	Z	1	140	Sackgasse
	Nienborg	2378		E	1981	R	1	250	Neubau-Wohngebiet
	Nienborg	2378		E	1984/85	R	5	980	Wohngebiet
8751	Heigenbrücken	2300							
	Kernort	2000		N	1982	E	1	250	
5431	Heiligenroth	1295							
	Kernort	1—2,5		E	1984	A	3	1050	
3330	Helmstedt**	26 718							1 325-Bereich
5202	Hennef (Sieg)	30 000							
	Kernort	12 000		N	1983	Z	1	300	Ortskern, Kurbereich
	Kernort	12 000		N	1980	A	1	200	Neubau-Wohngebiet, Sackgasse
6148	Heppenheim (Bergstraße)	24 600							
	Kernort	15—20		E	1983	A	2	750	Neubau-Wohngebiet
6348	Herborn	21 710							
	Kernort	21 710		N	1984/85	Z	5	480	Historischer Ortskern mit Hauptgeschäftsstraße, Straßenzug parallel zur Fußgängerstraße
6601	Heusweiler	19 922							
	Kernort	7445		E	1981	Z	1	400	
	Kernort	7445		E	1983	Z	1	600	
	Kernort	7445		E	1983	R	1	200	Wohn-Sackgasse
	Kernort	7445		E	1984	Z	1	300	
	Kernort	7445		E	1984	A	1	200	
	Kernort	7445	P	E		A	2	200	
	Kernort	7445	P	E		R	1	300	
	Holz	4349		E	1983	A	1	400	Neubau-Wohngebiet
	Niedersalbach	1163	P	E		A	1	600	
6203	Hochheim am Main	14 729							
	Kernort			N	1981/84	Z	9	953	Historischer Ortskern
5239	Höchstenbach	734							
	Kernort	734		E	1982	R	1	90	
	Kernort	734	P			R	1	100	
8552	Höchstadt a. d. Aisch**	9986							
5410	Höhr-Grenzhausen	9300							
	Kernort	5—10		N	1982	Z	1	60	
	Kernort	5—10	P	E		A	1	750	
	Kernort	5—10	P	E		A	1	1700	

PLZ	Gemeinde und Ortsteil	Einw.	Stand	Fertig	Lage	Anz.	Länge (m)	Bemerkungen
4791	Hövelhof	12300						
	Kernort	5—10		E	1980	A	1	300	Neubau-Wohnstraße
	Kernort	5—10		E	1981	R	1	200	Neubau-Wohnstraße
	Kernort	5—10		E	1983	A	1	800	Neubau-Wohnstraße
3520	Hofgeismar	13617						
	Kernort	10—15		N	1981	Z	1	100	
	Kernort	10—15						
	Schöneberg							
6238	Hofheim am Taunus	36162						
	Kernort	18250		N	1980	Z	1	80	Hauptgeschäftsstraße
5421	Holsthum	518						
	Kernort	518	P	E	1985	A	1	230	Neubau-Wohngebiet
3450	Holzminden	22218						
	Kernort	19300		N	1984	R	1	70	Wohnstraße, Altstadtsanierung
6650	Homburg	41811						
	Kernort	13814		N	1981/84	Z	5	665	Ergänzung zum Fußgängerbereich
	Kernort	13814		N	1984	Z	1	30	Zufahrt zu Parkplatz
4224	Hünxe	13000						
	Kernort	10—15		N	1979	R	1	220	
5431	Hundsangen	1734						
	Kernort	1—2,5		E	1983	A	1	380	Neubau-Wohngebiet
5521	Irrel	1228						
	Kernort	1228		N	1983	Z	1	100	Ortskernsanierung
	Kernort	1228	P	E	1985	A	3	1700	Neubau-Wohngebiet
3004	Isernhagen	20051						
	Altwarmbüchen	8000		E	1983/84	R	10	2500	Neubau-Wohngebiet
	Neuwarmbüchen	2000		N	1982/83	A	1	350	
2942	Jever	12841						
	Kernort	9896		E	1981	Z	1	250	
	Kernort	9896		E	1981	R	1	185	
	Kernort	9896		E	1982	R	1	245	
	Kernort	9896		E	1983	R	1	540	
	Kernort	9896		E	1983	R	1	510	
	Kernort	9896		E	1984	R	1	240	
	Rahrdum	900		E	1982	A	1	135	
	Moorwanfen	919		E	1984	A	1	340	
4150	Kempen**	30169						
	St. Hubert							
4178	Kevelaer	21801						
	Kernort	13580		N	1982	Z	1	150	Ergänzungen zum Fußgängerbereich
	Kernort	13580		E	1983	A	3	734	Neubau-Wohngebiet
7402	Kirchentellinsfurt	4900						
	Kernort	2,5—5		N	1982	Z	3	300	Ortskern, Einkaufszone
8710	Kitzingen	20490						
	Kernort	9200		N	1983/84	Z	3	270	Historische Altstadt, Ergänzung zum Fußgängerbereich
	Kernort	9200		E	1981	A	1	700	Neubau-Wohngebiet
	Kernort	9200	P	N	1985	R	1	90	Historische Altstadt, Wohnstraße mit Kindergarten
8752	Kleinostheim	7650						
	Kernort			N	1973	A	1	50	
	Kernort			E	1981	A	1	100	Neubau-Wohngebiet
8901	Königsbrunn	19500						
	Kernort			N	1983	R	1		Teil eines Radwegnetzes
	Kernort			N	1984	R	1		Wohnsiedlung
	Kernort			N	1984	Z	1		
	Kernort			E	1984	A	1		Neubau-Wohngebiet
	Kernort		P	E		A	1		Neubau-Wohngebiet
	Kernort		P	E		A	1		Neubau-Wohngebiet
	Kernort		P	E		A	1		Neubau-Wohngebiet
5330	Königswinter	37429						
	Niederdollendorf	2976		N	1982	Z	1		Historische Altstadt
	Oberpleis	3550	P	N	1985	Z	1	350	Schulweg
	Oelinghoven	894		N	1983	Z	1	100	Schleichverkehr in Wohnstraße
5503	Konz	15800						
	Kernort	8700	P	N	1985	Z	1	500	Ortssanierung
3540	Korbach	22346						
	Kernort	17161		N	1981	Z	1	65	Historische Altstadt, Ergänzung zum Fußgängerbereich

PLZ	Gemeinde und Ortsteil	Einw.	Stand		Fertig	Lage	Anz.	Länge (m)	Bemerkungen
5910	Kreuztal	31289							
	Kernort	2782	P	N		R	4	600	
	Eichen	3983	P	E					
	Littfeld	8393	P	N		Z	4	550	
6239	Kriftel**	10007							
	Kernort			N	1981	R	1	150	Wohnstraße
5473	Kruft	4077							
	Kernort	4077		E	1983	A	4	678	Neubau-Wohngebiet
5239	Kundert	290							
	Kernort	290		E	1983		1	200	
	Kernort	290		E	1983		1	100	
5420	Lahnstein	19083							
	Niederlahnstein	10—15		N	1982	A	1	150	Wohnstraße
8910	Landsberg am Lech	19500							
	Kernort			E	1984	A	1	200	Erweiterung geplant
8560	Lauf an der Pegnitz	23000							
	Kernort	14000		N	1983/85	Z	4	410	Historische Altstadt, Marktplatz und anliegende Straßen
	Kernort	14000			1982	A	1	190	Wohn-Sackgasse
2950	Leer (Ostfriesland)	30444							
	Kernort	18000		N	1978	Z	1	200	
	Kernort	18000		N	1979	Z	1	140	
	Kernort	18000		N	1981	Z	1	140	
	Kernort	18000		N	1982	Z	1	100	
	Loga	6000		E	1984	R	1	750	Neubau-Wohngebiet
	Loga	6000		E	1984	R	1	240	
4421	Legden	5500							
	Kernort	4000		E	1974	Z	1	550	
	Kernort	4000		N	1982	R	1	300	
	Kernort	4000		N	1982	R	1	150	
	Kernort	4000		N	1982	R	1	300	
	Kernort	4000		E	1983	R	2	480	
	Kernort	4000		E	1984	Z	1	120	Wohn-Sackgasse im Ortskern
	Kernort	4000		E	1984	R	1	120	Hotelanlage
	Asbeck	1500		E	1983	R	1	200	Sackgasse in Neubau-Wohngebiet
4543	Lienen	7800							
	Kernort	3000		N	1980	R	5	750	Schleichweg, Wohnstraßen
	Kattenrenne	1100		E	1984	R	1	500	Schleichweg
4775	Lippetal**	10395							
	Kernort						1	200	
3503	Lohfelden	12228							
	Neues Ortszentrum	634	P	E	1984	A	6	2270	Neubau-Wohngebiet
4531	Lotte	10812							
	Alt-Lotte	3750		E	1982	A	1	180	Wohn-Sackgasse
	Halen	1150		E	1984	A	4	1045	Neubau-Wohngebiet
5239	Luckenbach	548							
	Kernort	548		E	1982	R	1	130	
	Kernort	548		E	1984	R	1	90	
4927	Lügde	11021							
	Kernort				1984		1		
6735	Maikammer	3600							
	Kernort	2,5—5		N	1982	Z	2	300	Marktplatz im historischen Ortskern, Einkaufszone
8717	Mainbernheim	2300							
	Kernort	2300		N	1984	A	1	350	
3477	Marienmünster	5000							
	Voerden	1100		E	1982	A	1	200	
7778	Markdorf	10495							
	Kernort			N		Z			Historische Altstadt, Einkaufszone
5440	Mayen	19717							
	Kernort	10—15		N	1983	Z	1	40	Historische Altstadt, Einkaufszone
5789	Medebach	7464							
	Kernort	3985		N	1982	Z	7	790	Ortskern, Wiederherstellung nach Kanalisationsarbeiten
6554	Meisenheim	3307							
	Kernort	3307		N	1982	Z	1	300	
8901	Meitingen b. Augsburg	9089							
	Kernort	4570			1983	R	1	183	
	Kernort	4570			1984	R	2	486	
	Herbertshofen	1975		E		R	4	714	Neubau-Wohngebiet

PLZ	Gemeinde und Ortsteil	Einw.	Stand	Fertig	Lage	Anz.	Länge (m)	Bemerkungen
3508	Melsungen	13458						
	Kernort	10—15		N 1980/83	Z	10		Historischer Ortskern, Einkaufs- und Wohnstraßen
5442	Mendig	7924						
	Kernort	5—10		E 1983	R	1	225	Wohnbereich
5441	Mertloch	971						
	Kernort	971		E 1980	R	1		
4532	Mettingen	10270						
	Kernort	5—10		E 1983	A	3	700	Neubau-Wohngebiet
	Kernort	5—10		E 1983	R	2	570	Neubau-Wohngebiet
	Kernort	5—10		N 1985	Z		1000	Sanierungsgebiet
5431	Mogendorf	1219						
	Kernort	1219	i.Bau	N 1985	Z	1	125	Wohnstraße
5552	Morbach	9341						
	Kernort			N 1982		1	350	
	Kernort			E 1984	A		400	Neubau-Wohngebiet
5403	Mühlheim-Kärlich	9671						
	Kernort	5—10		N 1982	Z	6	1077	Schleichverkehr
3510	Münden	27298						
	Kernort	18374		N 1982	R	1	150	
	Kernort	18374		N 1984	R	1	100	
8732	Münnerstadt**	8045						
7916	Nersingen	8004						
	Leibi	1528		E 1984	A	1	140	Neubau-Wohngebiet
4054	Nettetal	37302						
	Lobberich							
	Lobberich							
8858	Neuburg a.d. Donau**	24097						
2831	Neuenkirchen	772						
	Kernort	772		E 1982	R	4	695	Neubau-Wohngebiet
5528	Neuerburg	1590						
	Kernort			1983	Z	2		Sanierungsgebiet „Alter Stadtkern"
8056	Neufahrn	14395						
	Kernort	13000		E 1982	A	3	1153	Neubau-Wohngebiet
5411	Neuhäusel	1507						
	Kernort			E	A	1		Neubau-Wohngebiet
6078	Neu-Isenburg	38500						
	Kernort	30500		N 1979/83	R	3	350	
	Kernort	30500		N 1982	Z	4	600	Historische Altstadt
4133	Neukirchen-Vluyn	25519						
	Neukirchen	5000		N 1982/84	Z	2	720	
	Vluyn	3500		N 1984	Z	3	510	
5241	Neunkhausen**	747		E		1		
7910	Neu-Ulm	47415						
	Kernort/Stadtmitte	17000		N 1980	R	1	100	
	Finningen	1000		E 1984	A	1	450	einschl. Wohnsackgassen
	Finningen	1000	P	E	A	1	280	
	Hausen	300	P		A	1	200	
	Pfuhl	8000		N 1980	Z	1	60	
	Pfuhl	8000		E 1984	A	1	170	
	Reutti	1200	P	E	A	1	520	einschl. Wohnsackgassen
2260	Niebüll	6755						
	Kernort	5—10		E 1982	A	5	1200	Neubau-Wohngebiet
	Kernort	5—10		E 1982	A	2	460	Neubau-Wohngebiet
	Kernort	5—10	P	E	A			Neubau-Wohngebiet
8860	Nördlingen	19721						
	Kernort	14341		N 1983	Z	3	405	Historische Altstadt
2279	Norddorf	871						
	Kernort	871	F/P	N 1982/—	Z	1	541	
2982	Norderney	8125						
	Kernort	5—10		E 1980	A	1	160	Neubau-Wohngebiet
	Kernort	5—10		N 1982	Z	1	600	Ortskern, Kurzone, Ergänzung zum Fußgängerbereich, Omnibus-Linienverkehr
8741	Nordheim v.d. Rhön	1224						
	Kernort	1033		N 1983	Z	1	150	Marktplatz
4717	Nordkirchen	8547						
	Kernort	4455		E 1983	R		970	Neubau-Wohngebiet
	Südkirchen	2533		E 1984	R		1200	Neubau-Wohngebiet

PLZ	Gemeinde und Ortsteil	Einw.	Stand	Fertig	Lage	Anz.	Länge (m)	Bemerkungen
5223	Nümbrecht	12537						
	Kernort	3261	E	1982	A	4	890	Neubau-Wohngebiet
	Kernort	3261	N	1980	Z	3	390	Ortskern
8501	Oberasbach	15300						
	Unterasbach	5–10	E	1983	A	1	180	Wohn-Sackgasse
3063	Obernkirchen	11000						
	Kernort	7200	N	1981	R	1	100	
8980	Oberstdorf	12000						
	Kernort	9000	N	1983	Z	2	850	Einkaufszone, Verbindungsstraße zw. Ortskern und Auffangparkplatz
	Kernort	9000	N	1983	Z	5	420	Einkaufszone, Ergänzung zum Fußgängerbereich
5405	Ochtendung	4000						
	Kernort	3900	E	1983	A	1	500	Neubau-Wohngebiet
	Kernort	3900	N	1983	Z	1	200	Ortskern
8037	Olching	18981						
	Kernort	10–15	E		A	5		Wohn-Sackgasse, zusätzlich Wohnwege
5787	Olsberg	15362						
	Kernort	7959	N	1981	Z	1	800	Kurzone
	Bruchhausen	1242	E	1983	A	2	725	Neubau-Wohngebiet
7293	Pfalzgrafenweiler	5270						
	Kernort	3093	P	N	Z			Historische Altstadt, Einkaufszone, Ortssanierung
7417	Pfullingen	15900						
	Kernort	10–15	N	1982	Z	1		Ergänzung zum Fußgängerbereich
	Kernort	10–15	N	1982	Z	2		Ergänzung zum Fußgängerbereich
4994	Preußisch Oldendorf	10800						
	Kernort	2490	N	1983/84	R	4	960	
	Holzhausen	2850	N	1984	R	2	580	Kurpromenade
	Börninghausen	2050	N	1984	R	1	200	
5421	Prümzurley	475						
	Kernort	475	E	1984	A	1	210	Neubau-Wohngebiet
8039	Puchheim	18857						
	Puchheim-Bhf.	16665	E	1982	R	2	500	
4242	Rees	18293						
	Kernort	8500	E	1984	R	5	950	Neubau-Wohngebiet
	Millingen	1800	E	1982	A	5		Neubau-Wohngebiet
5480	Remagen	14150						
	Kernort		N	1983	R	1	700	Schleichweg
	Kernort		E		R	2		Wohn-Sackgasse
	Kernort		E		R	1		
	Kernort		E		A	1		
	Kripp		E		A	2		Wohn-Sackgassen
	Kripp		E		A	1		
	Kripp		N		R	2		
	Oberwinter		N		Z	1		Wohn- und Geschäftsstraße, ehemalige Ortsdurchfahrt
	Unkelbach		E		A	1		
4137	Rheurdt	5790						
	Kernort	3000	E	1982	R	2	420	
	Kernort	3000	E	1985	R	6	580	Teilweise Wohn-Sackgassen
4986	Rödinghausen	8471						
	Kernort	780	N	1982	Z	1	285	Verbindungsstraße zwischen Ortskern und Kurpark
	Ostkilver/Bruchmühlen	528	N	1982	R	7	1495	
7463	Rosenfeld	5200						
	Kernort	1900	N	1983	R	1	120	Ortssanierung
6442	Rotenburg a.d. Fulda	14489						
	Kernort	10–15	N	1983	Z	5	650	Historische Altstadt, Einkaufszone
	Kernort	10–15	N	1983	Z	3		Historische Altstadt
4401	Saerbeck	4729						
	Kernort	4729	E	1982	R	4	1100	Neubau-Wohngebiet
4796	Salzkotten	19235						
	Kernort	7115	E	1981	R	3	420	Neubau-Wohngebiet
	Kernort	7115	E	1982	A	4	775	Neubau-Wohngebiet
	Niederntudorf	1962	E	1982	R	5	1090	Neubau-Wohngebiet
	Niederntudorf	1962	E	1982	A	2	320	Neubau-Wohngebiet, Schleichweg
	Oberntudorf	1021	E	1983	R	2	510	Neubau-Wohngebiet

PLZ	Gemeinde und Ortsteil	Einw.	Stand		Fertig	Lage	Anz.	Länge (m)	Bemerkungen
	Thüle	1517		E	1983	R	1	460	Neubau-Wohnstraße
	Upsprunge	1284		N	1983	R	1	150	
6670	St. Ingbert	44018							
	Kernort	27802		N	1982	R	2	828	Wohn-Sackgassen
	Kernort	27802		N	1983	R	1	597	Wohnstraße
	Kernort	27802		N	1984	R	1	65	Wohnstraße
	Kernort	27802	P	N	1986	R	1	453	Wohnstraße
3203	Sarstedt								
	Kernort	13401		N	1981	A	1	305	Wohn-Sackgasse
	Kernort	13401		E	1982	A	1	225	Wohnsiedlung, Einbahnstraße
	Kernort	13401		N	1982	A	2	250	Wohnsiedlung
	Kernort	13401		N	1982	A	1	130	Sackgasse
	Kernort	13401		N/E	1983	A	2	190	Wohnsiedlung
	Kernort	13401		E	1983	A	1	200	2 Sackgassen durch Kfz-Sperre nach halber Straßenlänge
	Kernort	13401		N	1983	A	1	235	Wohnsiedlung
	Kernort	13401		N	1983	A	1	160	Sackgasse
	Kernort	13401		N	1983	A	1	105	Zugang zum Bürgerpark
	Kernort	13401		N	1983	A	1	270	Wohnsiedlung
	Kernort	13401		N	1984	Z	1	120	Sackgasse
	Kernort	13401		N	1984	A	1	185	Wohn-Sackgasse
	Kernort	13401		N	1985	A	2	230	Wohnsiedlung
	Kernort	13401	P	N	1985	A	5	700	Wohnstraßen mit Sackgassen
	Kernort	13401	P	N		R	1	70	Sackgasse
	Kernort	13401	P	N		A	1	70	Sackgasse
	Gödringen	496		N	1982	R	1	190	
	Gödringen	496		N	1982	A	1	150	Wohnsiedlung
	Heisede	1038		N	1982	A	1	140	Wohn-Sackgasse
	Heisede	1038		N	1982	A	2	220	2 Wohn-Sackgassen
	Schliekum	534		E	1982	A	1	190	Wohnsiedlung, Schleifenregelung
	Schliekum	534		N	1983	A	1	130	Wohn-Sackgasse
	Schliekum	534		N	1983	A	1	100	Wohn-Sackgasse
	Schliekum	534	P	N		A	1	300	
8201	Schechen	3410							
	Kernort	650		E	1983	R	1	325	
4235	Schermbeck	12000							
	Schieneberg			N	1984	R	6	2800	Neubau-Wohngebiet
	Gahlen			E	1981	A	1	220	Wohn-Sackgasse
4797	Schlangen	7428							
	Oesterholz	1—2,5		E	1981	A	1	371	Neubau-Wohngebiet
7464	Schömberg	14505							
	Kernort	2355		E	1984	R	1	200	Neubau-Wohngebiet
	Kernort	2355	P	E		R	5	1050	Neubau-Wohngebiet
	Kernort	2355	P	N		Z	1	150	Marktplatz, Altstadtsanierung
	Schörzingen	1193	P	E		R	1	200	Neubau-Wohngebiet
8720	Schweinfurt	55000							
	Kernort			E	1985	A	1	500	Neubau-Wohngebiet
5439	Seck	1157							
	Kernort			N		Z	2	450	
3370	Seesen	22400							
	Kernort	12273		E	1982	A	4	1660	Neubau-Wohngebiet, einschl. Wohn-Sackgassen
	Kernort	12273	P	E	1985	A	1	480	3 Wohn-Sackgassen
	Kernort	12273	P	N		Z	2	500	Einkaufszone
7913	Senden	19103							
	Kernort	9200		E	1982	R	1		Neubau-Wohngebiet
	Ay	4500		E	1982	A	1		Neubau-Wohngebiet
4415	Sendenhorst	10357							
	Kernort	7300		N	1981	Z	1	185	Ursprünglich als Fußgängerbereich geplant
5433	Siershahn	2853							
	Kernort	2853		N	1980	R	1	160	Wohnstraße
	Kernort	2853		E	1984	R	1	145	Wohnstraße
	Kernort	2853		N	1985	R	1	220	Wohnstraße
7275	Simmersfeld	1668							
	Aichhalden	207	P	N	1987	R	1	120	
5485	Sinzig	14842							
	Kernort	8004		N	1982/84	Z	4		Wohnstraßen

PLZ	Gemeinde und Ortsteil	Einw.	Stand		Fertig	Lage	Anz.	Länge (m)	Bemerkungen
	Kernort	8004	P	E		A	3		Neubau-Wohngebiet
	Kernort	8004	P	E		A	1		Neubau-Wohngebiet
	Bad Bodendorf	2830		E	1984	A	5		Kurgebiet
	Löhndorf		P	E		A	4		Neubau-Wohngebiet
	Löhndorf		P	E		A	3		Neubau-Wohngebiet
	Westum	1215		E	1983	A	2		Neubau-Wohngebiet
	Westum	1215	P		1983	A	3		Neubau-Wohngebiet
6553	Sobernheim	7500							
	Kernort	7500		N	1983	Z	1	300	Hauptgeschäftsstraße
3509	Spangenberg	6800							
	Kernort	3000		N	1983	Z	1	75	Historische Altstadt
5522	Speicher**	2725		N	1984		3		Ortssanierung
3060	Stadthagen	22704							
	Kernort	17000		N	1981	R	1	160	Wohngebiet
	Kernort	17000		E	1982	A	1	400	Neubau-Wohngebiet
	Kernort	17000		N	1982	R	1	140	Wohngebiet
	Kernort	17000		E	1983	A	1	145	Wohn-Sackgasse
	Kernort	17000		N	1984	R	1	330	Wohngebiet
	Kernort	17000		E	1984	R	1	300	Wohngebiet
	Kernort	17000		E	1984	R	2	600	Neubau-Wohngebiet
	Kernort	17000		E	1984	A	1	100	Wohn-Sackgasse
	Kernort	17000	P	E	1985	A	1	60	Neubau-Wohngebiet
	Kernort	17000	P	E		A	2	440	Neubau-Wohngebiet
	Obernwöhren	560		E	1984	R	1	100	Neubau-Wohngebiet
	Obernwöhren	560	P	E	1985	R	1	175	Wohn-Sackgasse
	Wendthagen	1300		E	1983	A	1	300	Wohn-Sackgasse
5531	Stadtkyll	1301							
	Kernort	1301		E	1981	A	1	290	Wohn-Sackgasse
3457	Stadtoldendorf	6143							
	Kernort			E	1984	A	1	210	Wohn-Sackgasse
5432	Staudt	995							
	Kernort	995		N	1984	R	1	190	Wohnstraße
	Kernort	995		N	1984	R	1	370	Wohnstraße
4803	Steinhagen	16300							
	Obersteinhagen	10—15		N	1983	A	3	400	
4939	Steinheim	7420							
	Kernort			E	1982	A	2	350	Neubau-Wohngebiet
8209	Stephanskirchen	9100							
	Schloßberg	2500		N	1984	Z	1	330	
5239	Streithausen	564							
	Kernort	564		N	1980	R	1	130	
	Kernort	564		E	1980	R	1	500	
	Kernort	564		E	1981	R	1	200	
6534	Stromberg	2256							
	Kernort	2256		N	1983	Z	1	450	
2805	Stuhr	26418							
	Brinkum			N		Z	1	300	
	Brinkum			N		R	1	500	Schleichweg
	Moordeich			N/E		Z	2	250	
	Moordeich		P	E		Z	1	400	
	Varrel			E		Z	1	190	
8458	Sulzbach-Rosenberg	17700							
	Kernort		P	E	1985/86	A	4		Neubau-Wohngebiet
2808	Syke	18292							
	Kernort	8300		E	1982	A	1		
	Kernort	8300		N	1984	Z	1		Einkaufsstraße
	Kernort	8300	P/F	E	1984/85	R	1		
	Barrien	3800		E	1980	A	1		
	Gessel			E	1981	A	1		
4542	Tecklenburg	8779							
	Kernort			E	1984	A	1	72	
	Brochterbeck			E	1982	R	1	220	
	Brochterbeck			E	1985	R	1	165	
	Leeden			E	1982	Z	1	130	
8180	Tegernsee	5016							
	Kernort	5016		E	1984	Z	1	150	Wohngebiet
8593	Tirschenreuth	9500							
	Kernort	9500		E	1982	A	2	250	Neubau-Wohngebiet
	Kernort	9500		E	1983	A	1	200	Neubau-Wohngebiet

PLZ	Gemeinde und Ortsteil	Einw.	Stand	Fertig	Lage	Anz.	Länge (m)	Bemerkungen
	Kernort	9500		E	1984	A	1	400	Neubau-Wohngebiet
	Kernort	9500		E	1984	A	1	150	Neubau-Wohngebiet
7867	Todtmoos	2021						
	Vorder-Todtmoos			N	1984	Z	1	120	Zentrale Einkaufsstraße, 1jähriger Versuchszeitraum
5580	Traben-Trarbach	6600						
	Trarbach	1950		N	1981	Z	1	200	
8220	Traunstein	17198						
	Kernort	10—15		N	1983	R	1	150	
	Kernort	10—15		N	1985	R	1	125	
	Kernort	10—15	P	N	1987	A	6	1500	
	Kernort	10—15	P	N	1985	A	1	80	
	Kernort	10—15	P	N	1985	A	1	75	
	Kernort	10—15	P	N	1985	A	1	150	
	Kernort	10—15	P	N	1986	A	1	300	
	Haslach			E	1984	A	2		
	Neu-Traunstein			N	1983	A	1	90	
8931	Untermeitingen	5480						
	Lagerlechfeld	180		N	1983	A	1	40	Neubau-Wohngebiet
6390	Usingen	11768						
	Kernort	5787		N	1981	Z	2	310	Historischer Ortskern, Landwirtschaftliche Betriebe
5414	Vallendar	9664						
	Kernort			N	1980	Z	1	600	Historische Altstadt
8011	Vaterstetten	18810						
	Baldham	8900		E	1983	Z	1	200	
	Baldham	8900		E	1984	Z	1	420	
	Baldham	8900	P	E		A	1	210	
4282	Velen**	9434						
4837	Verl	18744						
	Kernort	6000		E	1982	R	3	530	
3387	Vienenburg	11546						
	Lochtum	682		E	1983	A	1	435	Neubau-Wohngebiet
4973	Vlotho	19959						
	Kernort	10—15		N	1982	Z	1	200	Historische Altstadt, Einkaufszone
7917	Vöhringen**	12304						
5451	Waldbreitbach	1981						
	Kernort	1413		N	1982	R	1	150	
	Kernort	1413		E	1984	A	1	250	Neubau-Wohngebiet
	Kernort	1413	P	E					
3544	Waldeck	7026						
	Kernort								
	Höringhausen				1981				
	Sachsenhausen				1981				
3530	Warburg (Westf.)	21812						
	Kernort	15—20		N	1981/86	Z	6	2540	Historische Altstadt, Einkaufszone, Omnibus-Linienverkehr
4788	Warstein	29168						
	Kernort	9900		E	1981	R	2	250	Wohngebiet
	Allagen/Niederbergheim	3750		E	1981	A	1	140	Neubau-Wohngebiet
	Belecke	6750		E	1984	A	1	285	Wohngebiet
	Suttrop	3650		E	1982	A	1	250	Neubau-Wohngebiet
2952	Weener	14105						
	Kernort	6210		E	1981	R	1	432	Neubau-Wohngebiet
	Weenermoor	2100		E	1983	R	1	590	Neubau-Wohngebiet
8901	Wehringen	1960						
	Kernort	1960		E	1981	A	2	755	
8995	Weißensberg	2000						
	Kernort	800		E	1984	Z	1	150	
	Grübels	1000		E	1981	R	1	220	
4806	Werther (Westf.)	10193						
	Kernort	10193		E	1982	R	1	690	Neubau-Wohngebiet
5438	Westerburg	5665						
	Gershasen	404		E	1983	R	1	440	Neubau-Wohnstraße
4535	Westerkappeln**	8805						
2280	Westerland/Sylt	7000						
	Kernort	7000		N	1985	R	1	120	Wohnstraße, Einbahnregelung

PLZ	Gemeinde und Ortsteil	Einw.	Stand	Fertig	Lage	Anz.	Länge (m)	Bemerkungen
2910	Westerstede	17748						
	Kernort	5—10	E	1982	A	9	1255	Neubau-Wohngebiet
	Kernort	5—10	E	1984	A	2	1870	Neubau-Wohngebiet
	Kernort	5—10	N	1984	Z	4	480	Ortskern, Einkaufszone
	Kernort	5—10	N	1982	R	1	210	Wohnstraße, Schleichweg
	Ocholt	1889	E	1983	A	1	130	Neubau-Wohngebiet
4441	Wettringen	6795						
	Kernort		E	1982/84	A	2	330	Neubau-Wohngebiet
	Kernort		E	1982/84	A	1	235	Neubau-Wohngebiet
	Kernort		F/P N	1982/—	Z	4	565	Wohn- bzw. Geschäftsstraßen
5276	Wiehl	22580						
	Kernort	10—15	E	1982	A	1	97	Neubau-Wohngebiet
6444	Wildeck	5900						
	Obersuhl	3000	N	1981	Z	1	50	Marktplatz
5432	Wirges	5221						
	Kernort	5221	N	1982	R	2	285	Wohnstraßen
	Kernort	5221	N	1982	R	1	160	Wohnstraße
	Kernort	5221	N	1983	R	2	400	Wohnstraßen
2278	Wittdün	839						
	Kernort	839	N	1983	Z	3		Versuch, ohne Straßenumbau
5560	Wittlich**	15778						
	Wengerohr					1	145	
3180	Wolfsburg	125935						
	Kernort	80000						mehrere 325-Bereiche
	Fallersleben	12000	F/P N/E	1983/86	Z	2	530	Einkaufszone
	Fallersleben	12000	E	1984	A	1	180	
	Fallersleben	12000	P N	1985	R	1	200	Wohnstraße
	Mörse	2000	P E	1985	A	1	180	
	Vorsfelde		F/P E	1984/85	A	2	470	
5603	Wülfrath	20699						
	Kernort	10—15	E	1984	R	6	3800	Neubau-Wohngebiet
4798	Wünnenberg	9598						
	Bleiwäsche	870	N	1982	A	1	400	
8592	Wunsiedel	10984						
	Kernort	8174	N		Z	1	100	Schulbereich

Anmerkungen und Literatur

1) PFUNDT, K.; MEEWES, V.; MAIER, R.; HEUSCH, H.; LUTTER, W.; MÄCKE, P.-A.; SCHNEIDER, W.; TEICHGRÄBER, W.; ZLONICKY, P.: Verkehrsberuhigung in Wohngebieten. Schlußbericht über den Großversuch des Landes Nordrhein-Westfalen. Hrsg.: Minister für Wirtschaft, Mittelstand und Verkehr des Landes Nordrhein-Westfalen, Bonn 1979.

2) Vgl. hierzu HEINZE, G.W.; SCHRECKENBERG, W.: Verkehrsplanung für eine erholungsfreundliche Umwelt. Ein Handbuch verkehrsberuhigender Maßnahmen für Kleinstädte und Landgemeinden. Gemeinsamer Endbericht zu Forschungsaufträgen des Bundesministers für Verkehr, der Bundesanstalt für Straßenwesen und der Akademie für Raumforschung und Landesplanung (ARL) in: Veröffentlichungen der ARL, Abhandlungen, Band 85, Hannover: Vincentz 1984.

3) Der Begriff „Wohnstraße" wird in der Schweiz und in Österreich für den in der Bundesrepublik Deutschland als „Verkehrsberuhigten Bereich" bekannten Straßentyp verwendet.

4) Vgl. Verkehrsblatt, Heft 7/1980, S. 241—250.

5) Ebenda, S. 242.

6) Ebenda, S. 247.

7) Ebenda.

8) Ebenda.

9) Vgl. Verkehrsblatt, Heft 14/1980, S. 511—523.

10) Ebenda, S. 513.

11) Ebenda, S. 519.

12) Ebenda.

13) Ebenda.

14) Ebenda, S. 512.

15) Ebenda, S. 515f.

16) Ebenda, S. 520.

17) Vgl. Verkehrsblatt, Heft 14/1980, S. 520—523.

18) Ebenda, S. 521.

19) Ebenda, S. 522f.

20) Vgl. Verkehrsblatt, Heft 23/1976, S. 723 ff.

21) Vgl. Landesverwaltungsgesetz (LVG) in der Fassung vom 1. April 1976, Gesetzblatt (Ges.Bl.) Nr. 8/76 vom 15. April 1976, S. 325—331; sowie Verordnung des Innenministeriums über Zuständigkeiten nach der Straßenverkehrs-Ordnung und der Ferienreiseverordnung (StVOZuVO) vom 2. Juli 1981, Ges.Bl. Nr. 15/81, S. 443.

22) Vgl. Gesetz zum Vollzug der Straßenverkehrs-Ordnung vom 28. April 1978, Bayerisches Gesetz- und Verordnungsblatt (GVBl), S. 172, in der Fassung vom 9. März 1982, GVBl S. 154; sowie Verordnung zur Übertragung von Befugnissen nach der Straßenverkehrs-Ordnung (BefugVO-StVO) vom 18. September 1978, GVBl S. 698, in der Fassung vom 13. Februar 1980, GVBl S. 140.

23) Vgl. Gesetz über die Verkündung von Rechtsverordnungen, Organisationsverordnungen und Anstaltsverordnungen vom 2. November 1971, Gesetz- und Verordnungsblatt für das Land Hessen (GVBl), Teil I, S. 258, in der Fassung vom 11. Juni 1982, GVBl. S. 140, 143; sowie Verordnung zur Bestimmung von Zuständigkeiten nach der Straßenverkehrs-Ordnung und der Straßenverkehrs-Zulassungs-Ordnung vom 8. Dezember 1981, GVBl.I, Nr. 25/1981 vom 21. Dezember 1981, S. 431, 432 in der Fassung der Verordnung zur Änderung der Verordnung zur Bestimmung von Zuständigkeiten nach der Straßenverkehrs-Ordnung und der Straßenverkehrs-Zulassungs-Ordnung vom 27. Juli 1982, GVBl.I, Nr. 12/1982 vom 30. Juli 1982, S. 179.

24) Vgl. Niedersächsische Landeskreisordnung (NLO) vom 22. Juni 1982, Niedersächsisches Gesetz- und Verordnungsblatt (Nds. GVBl), S. 256; sowie Niedersächsiche Gemeindeordnung (NGO) vom 22. Juni 1982, Nds. GVBl. S. 229.

25) Vgl. Verordnung über die Bestimmung der zuständigen Behörden nach der Straßenverkehrs-Ordnung vom 9. Januar 1983, Gesetz- und Verordnungsblatt für das Land Nordrhein-Westfalen (GV.NW.), Nr. 4 vom 30. Januar 1983, S. 24 f; sowie Verordnung zur Änderung der Verordnung über die Bestimmung der zuständigen Behörden nach der Straßenverkehrs-Ordnung vom 16. November 1979, GV.NW. Nr. 66 vom 7. Dezember 1979, S. 875; sowie Gemeindeordnung für das Land Nordrhein-Westfalen in der Fassung der Bekanntmachung vom 1. Oktober 1979, GV.NW. Nr. 50 vom 3. Oktober 1979, S. 594.

26) Vgl. Landesverordnung über die Zuständigkeit der allgemeinen Polizeibehörden (Zuständigkeitsverordnung) des Ministeriums für Wirtschaft und Verkehr in der Fassung vom 31. Oktober 1978, GVBl. Rheinland-Pfalz, S. 695, geändert durch Verordnung vom 26. Juli 1982, GVBl. S. 280; sowie 11. Landesgesetz über die Verwaltungsvereinfachung im Lande Rheinland-Pfalz vom 24. Februar 1971, GVBl. S. 67.

27) Vgl. Landesverordnung zur Bestimmung der zuständigen Behörden auf dem Gebiet des Straßenverkehrsrechts (Zuständigkeits-VO Straßenverkehr) vom 26. August 1971, Gesetz und Verordnungsblatt für Schleswig-Holstein (GVOBl.) 1971, S. 421.

28) Vgl. § 25 Abs. 1 Satz 3 und Satz 4 StVO. Siehe auch Entscheidung des Bundesgerichtshofs in Strafsachen, in: Verkehrsrechtssammlung (BGHSt VRS), Jg. 32, S. 206: „denn auf der Fahrbahn hat der Fahrverkehr Vorrang".

29) Vgl. KELLER, H.: Flächenhafte Verkehrsberuhigung, in: Nahverkehrsforschung '82, Hrsg.: Der Bundesminister für Forschung und Technologie, Bonn 1982, S. 579.

30) Eine ausführliche Diskussion über das Zusammenwirken intensitätsmäßig unterschiedlicher Verkehrsberuhigungsinstrumente erfolgt in: HEINZE, G.W.; SCHRECKENBERG, W.: a.a.O.

31) Vgl. ausführlich: SCHRECKENBERG, W.: Verkehrsberuhigung zur Attraktivitätssteigerung von Kur- und Erholungsorten, in: Verkehrsberuhigung in Gemeinden. Planung, Durchführung, Finanzierung, Rechtsfragen. Hrsg.: Walprecht, D., Köln-Berlin-Bonn-München 1983, S. 203—217 sowie derselbe: Neuorientierung der Verkehrsberuhigung in Kur- und Erholungsorten — vom Umweltschutz zum Attraktivitätsmerkmal, in: Heilbad und Kurort, Heft 9/1984, S. 316—322.

32) Die Einflußnahme einzelner einflußreicher Persönlichkeiten wurde in vielen Gesprächen sehr deutlich. Sie entzieht sich allerdings einer Überprüfung. Hierzu heißt es im Ergebnis-Protokoll des Seminars ,,Verkehrsberuhigung in Wohngebieten'', veranstaltet vom Hessischen Minister für Wirtschaft und Technik, am 30. November 1979: ,,Die Auswahl der zu verkehrsberuhigenden Zonen sollte — nach Ansicht des HUK-Verbandes — nicht nach gutdünken geschehen und sich auch nicht danach richten, welche Personen dort wohnen''. In der Rundverfügung des Regierungspräsidenten in Darmstadt vom 16. Januar 1981 (Kenn-Nummer HE 5 in Kapitel B 2 des vorliegenden Berichts) heißt es ebenfalls: ,,Keineswegs kann es darum gehen, ohnehin privilegierte Eigenheimbesitzer oder ‚Ortsgewaltige' zu Lasten bereits benachteiligter Personengruppen weiter zu bevorzugen. Entscheidend ist also nicht, wer wo wohnt.''

33) IVT = Institut für Verkehrsplanung und Transporttechnik der Eidgenössischen Technischen Hochschule Zürich. Vgl. ROTACH, M.; GROH, J.-M.; DIETRICH, K.; SPACEK, P.; BACHMANN, P.; BÜTZBERGER, H.U.; OTT, R.; TRAUB, D.: Projektierungsempfehlung zur Verkehrsberuhigung, IVT-Bericht Nr. 83/1, Zürich 1983.

34) Vgl. Straßenverkehrsordnung 1960, in der Fassung vom 3. März 1983 (10. StVO-Novelle), Bundesgesetzblatt für die Bundesrepublik Österreich, Jg. 1983, Nr. 174, Wien, S. 893—908.

35) Vgl. Verordnung über die Strassensignalisation (SSV) in der Fassung vom 5. September 1979.

36) Vgl. FORSCHUNGSGESELLSCHAFT FÜR STRASSEN- UND VERKEHRSWESEN (Hrsg.): Begriffsbestimmungen. Teil: Straßenplanung und Straßenverkehrstechnik, Ausgabe 1984, Köln 1984.

37) Vgl. HEINZE, G.W.; SCHRECKENBERG, W., a.a.O., S.34f. und S. 52ff.

38) Vgl. COSSON, R.: Rechtsfragen bei Maßnahmen zur Verkehrsberuhigung — Verkehrsregelung, Verkehrssicherung, Straßennutzung, in: Verkehrsberuhigung in Gemeinden. Planung, Durchführung, Finanzierung, Rechtsfragen. Hrsg.: Walprecht, D., Köln-Berlin-Bonn-München 1983, S. 151.

39) Vgl. PFUNDT, K.; MEEWES, V.; MAIER, R.: Theorie und Praxis der Verkehrsberuhigung, in: Verkehrsberuhigung in Gemeinden. Planung, Durchführung, Finanzierung, Rechtsfragen. Hrsg.: Walprecht, D., Köln-Berlin-Bonn-München 1983, S. 36.

Teil II: Forschungsprogramm Stadtverkehr

A. Gliederungsschema der Forschungen und Untersuchungen

1. Planungsmethodik und Planung
    1.1 Städtebau, Landesplanung und Raumordnung
    1.2 Gesamtverkehrsplanung
    1.3 Einzelverkehrsplanung
    1.4 Rechtsfragen
    1.5 Sonstiges

2. Technische Untersuchungen
    2.1 Bautechnik
    2.2 Fahrzeugtechnik
    2.3 Verkehrstechnik
    2.4 Betriebstechnik
    2.5 Bau- und Betriebskosten
    2.6 Städtebau
    2.7 Sonstiges

3. Ökonomische Untersuchungen
    3.1 Nachfrage
    3.2 Angebot (Ökonomie und Technik)
    3.3 Investitionen und Finanzierung
    3.4 Sonstiges

4. Soziologische, medizinische und andere Untersuchungen
    4.1 Soziologie, Psychologie
    4.2 Medizin und verwandte Gebiete
    4.3 Sonstiges

5. Spezialuntersuchungen
    5.1 Elektronische Datenverarbeitung (EDV)
    5.2 Neue Verkehrssysteme
    5.3 Sonstiges

B. Übersicht der Forschungen und Untersuchungen

Projekt		Forschungsstelle	Kurzfassung veröffentlicht in Heft
1 Planungsmethodik und Planung			
1.1 Städtebau, Landesplanung und Raumordnung			
4/67	Das Verkehrsaufkommen in Abhängigkeit von der Siedlungs-, Wirtschafts- und Sozialstruktur (Flächennutzung) (Erweiterungsauftrag s. 2/70)	Prof. Dr. Mäcke, Aachen, Prof. Dr. Jürgensen, Hamburg	1
5/67	Stadtstruktur, Netzform und Verkehrsdichte (Grundlagen zur Entwicklung von Maßstäben für die zumutbare und zulässige Verkehrsbelastung von Wohnstraßen, Wohnsammelstraßen, Geschäftsstraßen und städtischen oder regionalen Hauptverkehrsstraßen) (Erweiterungsauftrag s. 13/68)	Ing.-Büro Dr. Scholz, Düsseldorf	4
15/67	Städtebauliche Verdichtung und ruhender Individualverkehr	Dorsch Consult Ingenieurgesellschaft mbH, Wiesbaden	2
13/68	Stadtstruktur, Netzform und Verkehrsdichte (Erweiterungsauftrag zu 5/67)	Ing.-Büro Dr. Scholz, Düsseldorf	4
12/69	Entwurfsgrundsätze für planfreie städtische Knotenpunkte	Prof. Dr. Schaechterle, München	9
1/70	Interdependenzen zwischen Städtebaukonzeptionen und Verkehrssystemen	Prof. Dr. Seidenfus, Münster	9
2/70	Das Verkaufsaufkommen in Abhängigkeit von der Siedlungs-, Wirtschafts- und Sozialstruktur (Flächennutzung) (Erweiterungsauftrag zu 4/67)	Prof. Dr. Mäcke, Aachen Prof. Dr. Jürgensen, Hamburg	14
1/72	Einfluß der Zentralität eines Ortes auf Verkehrserzeugung und Verkehrsverteilung	Prof. Dr. Mäcke, Aachen	18
2/72	Die verkehrlichen Verflechtungen städtischer Regionen mit ihren Kernbereichen	Prof. Dr. Schaechterle, München	24
1/73	Überbauung von Bahnanlagen zur Verbesserung der Verkehrsverhältnisse in den Gemeinden; Nutzen-Kosten-Untersuchung (Phase I) (Erweiterungsaufträge s. 1/75 und 1/77)	Dr. de Lorenzo Buffalo, Düsseldorf ite, Hamburg	13
2/73	Abhängigkeit zwischen Siedlungsdichte und dem Leistungsangebot öffentlicher Verkehrsmittel	Dipl.-Ing. Leopold, Hamburg	16
3/73	Einfluß der Tarifgestaltung auf städtebauliche Entwicklung in regionalen Räumen (Voruntersuchung)	Prof. Dr. Heidemann, Prof. Dr. Leutzbach, Karlsruhe	16
1/74	Omnibusnetze zur Erschließung von Verdichtungsräumen und deren Randzonen als ergänzende Infrastrukturmaßnahmen	Prof. Dr. Mäcke, Aachen	24
30/74	Erstellung einer Richtlinie für die Nahverkehrsplanung	Dorsch Consult, München, Prof. Dr. Kutter, Berlin	22
1/75	Überbauung von Bahnanlagen zur Verbesserung der Verkehrsverhältnisse in den Gemeinden; Nutzen-Kosten-Untersuchung (Phase II) (Erweiterungsauftrag zu 1/73)	Dr. de Lorenzo Buffalo, Düsseldorf, u. a.	21
20/76	Erschließung von Wochenend- und Ferienhausgebieten	Prof. Dr. Strack, Bonn	24
1/77	Überbauung von Bahnanlagen zur Verbesserung der Verkehrsverhältnisse in den Gemeinden; Kosten-Nutzen-Untersuchung (Phase III) (Erweiterungsauftrag zu 1/73 und 1/75)	Dr. de Lorenzo Buffalo, Düsseldorf	29
3/77	Maßnahmen der Verkehrsplanung in Sanierungsgebieten – Vorstudie	Institut Wohnen und Umwelt, Darmstadt	26
70 001/78	Verkehr und Stadt als Interaktionsmechanismus (VUSI)	Intraplan Consult GmbH, Düsseldorf	27
70 014/79	Auswirkungen der Verkehrsberuhigung in Innenstadtquartieren auf das Verkehrsverhalten	Institut für Zukunftsforschung, Berlin	29
70 041/79	Planungsstrategien für den Öffentlichen Personennahverkehr (ÖPNV) unter veränderten siedlungsstrukturellen und demographischen Rahmenbedingungen	Prof. Dr. Willeke, Köln	29
77010/79	Ermittlung von Abgrenzungskriterien für die Bildung von verkehrsberuhigten Gebieten	Prof. Dr. Steierwald, Stuttgart	37
77011/79	Möglichkeiten und Grenzen zur Deckung des öffentlichen und privaten Stellplatzbedarfs in verkehrsberuhigten Altbaugebieten	Prof. Dr. Schnüll, Hannover	37
77 018/80	Folgen der Verdrängung von Kfz-Verkehr aus verkehrsberuhigten Bereichen und dessen Bündelung auf Randstraßen	Ingenieursozietät BGS, Frankfurt/M.	33

Projekt		Forschungsstelle	Kurzfassung veröffentlicht in Heft
70110/82	Verkehrsinvestitionen für eine erholungsfreundliche Umwelt — Empirische Bestandsaufnahme verkehrslenkender und verkehrsberuhigter Maßnahmen in Freizeitgemeinden —	Prof. Dr. Heinze, Berlin	37
70111/83	Belange des öffentlichen Personennahverkehrs bei der Planung und Anlage verkehrsberuhigter Zonen — Planerische Behandlung von Linienbussen	Prof. Dr. Mäcke, Aachen	37 Erweiterte Kurzfassung
70124/83	Verkehrsberuhigte Bereiche in Kleinstädten und Landgemeinden — Dokumentation und Diskussion von Erfahrungen mit den Zeichen 325/326 StVO —	Prof. Dr. Heinze, Berlin	Erweiterte Kurzfassung Sonderheft 40

1.2 Gesamtverkehrsplanung

Projekt		Forschungsstelle	Kurzfassung veröffentlicht in Heft
1/67	Welche Grundsätze sind bei der Gesamtverkehrsplanung der Städte, der Regionen, der Länder und des Bundes zu beachten, um ein einheitliches und koordiniertes Verkehrssystem in der Bundesrepublik zu erhalten und zu entwickeln?	Prof. Dr. Voigt, Bonn	2
16/67	Untersuchungen über die Möglichkeit, Verkehrsmengenerhebungen im Rahmen städtischer bzw. regionaler Verkehrsplanungen durch Verkehrsdichte-Erhebungen zu ersetzen (Erweiterungsauftrag s. 18/69)	Prof. Dr. Leutzbach, Karlsruhe	2
10/68	Theoretische Untersuchungen zur Planung von Verkehrsnetzen unter besonderer Berücksichtigung des öffentlichen Personennahverkehrs	Prof. Dr. Grabe, Hannover	10
11/68	Die anzustrebende Verknüpfung städtischer Straßennetze mit Autobahnen	Prof. Dr. Mecke, Braunschweig	11
12/68	Stellplatzbedarf für Personenwagen in Bürogebäuden für Dienstleistungsbetriebe	Prof. Sill, Hamburg	7
18/69	Untersuchungen über die Möglichkeit, Verkehrsmengenerhebungen im Rahmen städtischer bzw. regionaler Verkehrsplanungen durch Verkehrsdichteerhebungen zu ersetzen (Erweiterungsauftrag zu 16/67)	Prof. Dr. Leutzbach, Karlsruhe	4
19/69	Methodische Grundlagen einer Stauungskostenrechnung für den Stadtverkehr	Prof. Dr. Mäcke, Aachen, Prof. Dr. Voigt, Bonn	9
3/70	Entwicklung von Standard-Verkehrsplänen einschließlich ihrer Elemente und Lösungsvorschläge für Verkehrsanalysen und -prognosen einzelner Stadt-Größenklassen	Ing.-Büro Dr. Riemer, Düsseldorf	4
4/70	Entwicklung und Programmierung eines Verfahrens zur Suche alternativer Routen im öffentlichen und individuellen Nahverkehr (Erweiterungsaufträge s. 2/71 und 20/75)	Dornier System GmbH, Friedrichshafen	5
5/70	Untersuchungen über die räumliche und zeitliche Verteilung des Wochenenderholungsverkehrs in den Randbereichen städtischer Regionen; Ermittlung relevanter Parameter	Prof. Baron, Dortmund	15
6/70	Untersuchung der sich aus der Beteiligung der DB an Verkehrs- und Tarifverbünden ergebenden finanziellen Auswirkungen auf die Haushalte der beteiligten Gebietskörperschaften und das Wirtschaftsergebnis der DB, dargestellt am Beispiel des Münchener Verkehrs- und Tarifverbundes	Deutsche Revisions- und Treuhand AG München	5
7/70	Untersuchung über die Ermittlung des Zeitgewinns im Verkehr und seine volkswirtschaftliche Bewertung	Prof. Dr. Oettle, München	6
8/70	Ermittlung optimaler Bewertungsmaßstäbe zur Abgrenzung von Regionen aus verkehrlicher Sicht	Prof. Dr. Retzko, Darmstadt	5
16/70	Verkehrliche, rechtliche und wirtschaftliche Voraussetzungen für die Bildung von Verkehrsverbünden	Direktor Dr. Gutknecht, Aachen	7
1/71	Zweckmäßige Erhebungsmethoden bei der Abstimmung von Parkraum und Straßenraum für den fließenden Verkehr	Prof. Dr. Leutzbach, Karlsruhe	9
2/71	Aufbau und Programmierung eines integrierten Verkehrsmodells für Stadtgebiete und Ballungsgebiete (Erweiterungsauftrag zu 4/70; siehe auch 20/75)	Dornier System GmbH, Friedrichshafen	7
3/71	Verbesserung der Verkehrsverhältnisse des öffentlichen Personennahverkehrs in Randgebieten von Ballungsräumen durch Einführung eines Verkehrsverbundes (dargestellt am Beispiel der Region des linken Niederrheins)	Intertraffic, Düsseldorf	6
4/71	Ermittlung von Zusammenhängen zwischen dem Verkehrsaufkommen im Güternahverkehr und relevanten Kenndaten der Flächennutzung in Teilbereichen ausgewählter Ballungsgebiete	Prof. Dr. Nebelung, Aachen	9

Projekt		Forschungsstelle	Kurzfassung veröffentlicht in Heft
5/71	Städtischer Lieferverkehr. Bestimmungsgründe, Umfang und Ablauf des Lieferverkehrs von Einzelhandels- und Dienstleistungsbetrieben	Prof. Habekost, Braunschweig	18
6/71	Untersuchung der Raum-Zeit-Beziehungen der werktäglichen Verkehrsstärken im städtischen und stadtnahen Bereich	Dr. Heusch, Aachen	11
3/72	Untersuchungen zur verkehrsabhängigen Signalsteuerung, Teil D: „Integriertes Betriebssystem für Netze"	Dr. Heusch, Dipl.-Ing. Boesefeldt,	11
22/72	Auswirkung verschiedener Hochrechnungsverfahren bei Verkehrserhebungen	Prof. Dr. Steierwald, Aachen	9
24/72	Ermittlung des Verkehrswertes unterschiedlicher Schnellbahntrassen, abgeleitet am Beispiel Offenbach	ite, Hamburg	7
26/72	Verkehrserzeugungsmodell zur Quantifizierung des Fußgängerverkehrsaufkommens	Prof. Dr. Mäcke, Aachen	18
4/73	Widerstandsfunktion für das Gravitationsmodell in Abhängigkeit prognostizierbarer struktureller Einflüsse	Arbeitsgemeinschaft Entwicklungs- und Verkehrsplanung (AGEVA), Aachen	19
5/73	Entwicklung von Mensch-Maschine-bezogenen Methodiken zur Verbesserung der Entwurfstechnik im Verkehrswesen	Prof. Habekost, Braunschweig	19
6/73	Wegewahl als kognitiver Prozeß	Dr. Heidemann, Karlsruhe	18
7/73	Entscheidungshilfen für städtische Verkehrsinvestitionen anhand komplexer Nachfragemodelle – Pilotstudie	Dorsch Consult Ingenieurgesellschaft mbH, Wiesbaden	18
8/73	Verkehrsbedienung von Mittel- und Großstädten durch erweiterte Omnibussysteme	Prof. Dr. Nebelung, Aachen	19
2/74	Die systemtheoretische Erfassung des Güterverkehrs zum Zwecke seiner expliziten Berücksichtigung in Verkehrsplanungsprozessen	Prof. Dr. Mäcke, Aachen	19
3/74	Beitrag zu den Opportunity-Modellen als Verkehrsverteilungsmodelle des individuellen Verkehrs	Arbeitsgemeinschaft Entwicklungs- und Verkehrsplanung (AGEVA), Aachen	24
6/74	Erschließungsqualität von Verkehrssystemen (Lagegunstindizes und ihre Anwendung) – Vorstudie (Folgeauftrag s. 2/75)	Battelle Institut e.V., Frankfurt/M.	14
7/74	Ermittlung des verlagerungsfähigen Anteils des Kfz-Verkehrs einer Stadt	Prof. Dr. Steierwald, Stuttgart	24
2/75	Erschließungsqualität und Erschließungswirkung von Verkehrssystemen (Folgeauftrag zu 6/74)	Battelle Institut e.V., Frankfurt/M.	22
3/75	Entwicklung eines Konzepts für ein künftiges Bus-Verkehrssystem	Studiengesellschaft Nahverkehr mbH (SNV), Hamburg	Erweiterte Kurzfassung Sonderheft 20
4/75	Langfristige Entwicklungstendenzen des Nahverkehrs in Ballungsräumen (Szenario 2000)	Battelle Institut e.V., Frankfurt/M.	24
5/75	Verkehrsanlagen aus der Sicht des Fußgängers	Forschungsgemeinschaft Bauen und Wohnen, Stuttgart	24
20/75	Ergänzung der EDV-Programme TRAPOSAR und TRAPORUM (Folgeauftrag zu 4/70 und 2/71)	Dornier System GmbH, Friedrichshafen	19
22/75	Entlastung einer Innenstadt vom Individualverkehr durch lenkende Maßnahmen und Bevorzugung des öffentlichen Verkehrs	Dr. Heusch, Dipl.-Ing. Boesefeldt, Aachen	16
3/76	Analyse und Prognose der räumlichen Verkehrsverteilung und Verkehrsmittelwahl aus Größen der Flächennutzung, dargestellt am Beispiel der Stadt Nürnberg	Trapp Systemtechnik GmbH, Wesel	22
4/76	Erschließungsqualität des öffentlichen Personennahverkehrs – Ein besonders fußwegsensitives Verfahren zur Berechnung von Erreichbarkeiten –	Battelle Institut e.V., Frankfurt/M.	26
5/76	Verkehrsbedingungen von benachteiligten Bevölkerungsgruppen als Leitgröße für eine zielorientierte Stadt- und Verkehrsplanung	Institut für Zukunftsforschung, Berlin	22
6/76	Raum-Zeit-Beziehungen der sonntäglichen Verkehrsstärken in städtischen und stadtnahen Bereichen	Dr. Heusch, Dipl.-Ing. Boesefeldt, Aachen	27
21/76	Einsatzmöglichkeiten der Programmpakete STREAK/UTPS für Aufgaben der integrierten Verkehrswegeplanung	DATUM, Bonn-Bad Godesberg	22
5/77	Untersuchung von Maßnahmen zur räumlich-zeitlichen Verkehrsaufteilung des straßengebundenen ÖPNV und IV	Dr. Heusch, Dipl.-Ing. Boesefeldt, Aachen	26

Projekt		Forschungsstelle	Kurzfassung veröffentlicht in Heft
6/77	Möglichkeiten für die Erschließung innerstädtischer Fußgängerzonen unter besonderer Berücksichtigung einer fahrgastfreundlichen Einbeziehung öffentlicher Verkehrsmittel	Prof. Dr. Fiedler, Wuppertal	26
19/77	Möglichkeiten für die Reisegepäckabfertigung und -beförderung bei Verlagerung von Schienenpersonenverkehr der DB auf Busse	Studiengesellschaft Nahverkehr mbH (SNV), Hamburg	24
22/77	Preiselastizität der Nachfrage im ÖPNV	Socialdata GmbH, München	26
70 025/79	Vorbereitung des Demonstrationsvorhabens Busverkehrssystem	Hamburg-Consult GmbH, Hamburg	Erweiterte Kurzfassung Sonderheft 34
70 058/81	Entwicklung des Fahrradverkehrs und voraussichtlicher Investitionsbedarf	Intraplan Consult GmbH, München	33
70060/80	Entwicklung eines Konzeptes für ein zünftiges Stadtbahn- und Verkehrssystem	Rhein-Consult GmbH, Düsseldorf	37
70 065/80	Einbeziehung von Umweltgesichtspunkten in die Generalverkehrsplanungsmethodik	Ingenieurgruppe IVV, Aachen Institut für Stadtbauwesen, TU Braunschweig	Sonderheft 31
70 085/81	Beeinflussung der Verkehrsmittelwahl zugunsten des ÖPNV, des Fahrradverkehrs und des Fußgängerverkehrs im Stadtverkehr großer zentraler Orte in weitläufig dünn besiedelten Gebieten	SNV Studiengesellschaft Nahverkehr mbH, Hamburg	35
77 015/80	Untersuchung über die Querschnittsgestaltung von Einbahnstraßen in bebauten Gebieten	Dr.-Ing. K.H. Trapp, Aachen	33
77 022/81	Entwurf und Gestaltung innerörtlicher Straßen	Institut Wohnen und Umwelt, Darmstadt	35

1.3 Einzelverkehrsplanung

Projekt		Forschungsstelle	Kurzfassung veröffentlicht in Heft
14/67	Der Stand und die Verbesserung der Verkehrsverhältnisse im Münchener Umland, dargestellt an der Verkehrsachse München – Wolfratshausen – Beuerberg	Ifo, München	2
22/68	Untersuchung über die Gestaltung oberirdischer Umsteigeanlagen und Übergangsstellen zum Individualverkehr (Folgeauftrag s. 39/70)	Prof. Dr. Kracke, Hannover	3
23/68	Untersuchung über die Verknüpfung unterirdischer mit oberirdischen Verkehrssystemen und mit dem Individualverkehr (Folgeauftrag s. 40/70)	STUVA e.V., Köln	3
39/70	Untersuchung von Stauerscheinungen an Personenverkehrsanlagen auf Bahnhöfen unter Berücksichtigung der Gestaltung von Umsteigeanlagen und Übergangsstellen zum Individualverkehr (Folgeauftrag zu 22/68)	Prof. Dr. Kracke, Hannover	3
40/70	Messungen und Analysen von Zeit-Weg-Zusammenhängen bei Benutzung individueller und öffentlicher Verkehrsmittel als Beitrag zur Ermittlung der optimalen Lage und Gestaltung von Verknüpfungspunkten (Folgeauftrag zu 23/68)	STUVA e.V., Köln	3
4/72	Voraussetzungen und Möglichkeiten für eine stärkere Integration der Taxis in den öffentlichen Personennahverkehr	Dr. Pampel, Hamburg Dr. Bidinger, Frankfurt/M.	11
5/72	Ermittlung des Verkehrsaufkommens von Ladenzentren innerhalb und außerhalb von Wohnsiedlungen	Prof. Dr. Retzko, Darmstadt	16
9/73	Untersuchungen der verkehrlichen Auswirkungen von Wohnhochhäusern	Hamburg-Consult GmbH, Hamburg	16
8/74	Evaluierung von Neukonzeptionen für den Nah- und Bezirksverkehr der Deutschen Bundesbahn (DB) in ballungsfernen Räumen, behandelt am Beispiel eines Raumes im Westerwald – Pilotstudie	Prof. Dr. Müller, Freiburg	15
6/75	Erschließung eines peripher gelegenen Universitätsgeländes durch den öffentlichen Personennahverkehr, untersucht am Beispiel der Universität Stuttgart	Prof. Dr. Heimerl, Stuttgart	18
8/77	Erarbeitung von Grundsätzen für eine verstärkte Einbeziehung von Gestaltungskriterien in der Planung von Stadtstraßen	Dipl.-Ing. Kossak, Berlin	26
9/77	Zweckmäßige Anordnung und Ausbildung von Einstellplätzen in hochverdichteten bestehenden und neuen Baugebieten	Prof. Dr. Teichgräber, Prof. Dr. Maidl, Bochum	

Projekt		Forschungsstelle	Kurzfassung veröffentlicht in Heft
70 063/80	Linienersatz- und Ergänzungsverkehr mit Minibussen; Erprobung von unkonventionellen ÖPNV-Betriebsformen	Studiengesellschaft Nahverkehr mbH (SNV), Hamburg	29

1.4 Rechtsfragen

10/69	Planungsrechtliche Voraussetzungen für den Bau unterirdischer Verkehrsanlagen, insbesondere zum Problem der Konzentrationswirkung und des Zusammentreffens von Planfeststellungen	STUVA e.V., Köln	6
25/72	Das Zusammentreffen von Planfeststellungen für Verkehrsbauvorhaben im gemeindlichen Bereich	Prof. Blümel, Bielefeld	6
7/75	Förderung verkehrsberuhigter Zonen durch verkehrsordnende Maßnahmen	Prof. Dr. Steiner, Bielefeld	6

1.5 Sonstiges

7/71	Dokumentation und Auswertung von Forschungsarbeiten auf dem Gebiet des Stadtverkehrs (Ergänzungsvorhaben s. 6/72)	Forschungsgesellschaft für das Straßen- und Verkehrswesen, Köln	8
6/72	Dokumentation und Auswertung von Forschungsarbeiten auf dem Gebiet des Stadtverkehrs (Ergänzungsvorhaben zu 7/71)	ite, Hamburg	8
70034/79	Entwicklung von Verfahren für Verkehrserhebungen aus der Sicht empirischer Sozialforschung und der Ingenieurwissenschaft	Prof. Schaechterle, München	37

2 Technische Untersuchungen

2.1 Bautechnik

6/67	Ermittlung der Grenzwerte für die zulässigen Schienenabnutzungen in Abhängigkeit von der Schienenform und der höchstzulässigen Achslast	Prof. Dr. Kurek, Osnabrück	1
7/67	Untersuchungen über die geometrisch zulässigen Abnutzungen und Lageveränderungen des Oberbaus im Hinblick auf die sichere Führung der Fahrzeuge im Gleis	Prof. Dr. Kurek, Osnabrück	1
16/68	Ermittlung der Beanspruchung von U-Bahn-Tunnelbauwerken infolge von Verkehrslasten sowie Ermittlung der Spannungszustände der Tunnelsohle infolge Betriebslast	Prof. Dr. Kordina, Braunschweig	19
17/68	Untersuchung der Führung im Gleis beim gemeinsamen Betrieb mit Radsätzen verschiedener Abmessungen und Umrisse bei gleicher Spurweite	Prof. Dr. Kurek, Osnabrück	2
8/69	Untersuchung über die Auswirkung von Spritzbeton als Tunnelauskleidung im Vergleich zur Schildbauweise bei geringen Überdeckungen im Lockergestein	Prof. Dr. Breth, Darmstadt	6
14/69	Eignung von unmittelbaren Schienenbefestigungen bei U-Bahnen bzw. Straßenbahnen	Prof. Dr. Eisenmann, München	4
15/69	Untersuchungen über das Führungsverhalten kleiner Räder, insbesondere querelastischer Räder, im Bereich einfacher und doppelter Herzstücke bei Straßen- und Stadtbahnen	Prof. Dr. Kurek, Osnabrück	14
9/70	Untersuchungen zur Frage des Gleitwiderstandes von bituminösen Abdichtungen 1. Untersuchung zur Frage des Langzeitverhaltens bituminöser Abdichtungen bei Beanspruchung in der Dichtungsebene 2. Untersuchung zum Verhalten von durch Telleranker gesicherten bituminösen Abdichtungen gegen Schubbeanspruchungen	STUVA e.V., Köln	10
10/70	Dichtung von Stahlbetontübbings bei einschaliger Bauweise	Materialprüfungsanstalt, Stuttgart	13
11/70	Untersuchung über die Ursachen periodischer seitlicher Ausfahrungen in Gleisen von Nahverkehrsbahnen mit Folgerungen für die Fahrzeugkonstruktion	Prof. Dr. Nöthen, Aachen	11
12/70	Untersuchungen über die Einflußfaktoren auf die Tunnelhöhe beim U-Bahn-Bau	STUVA e.V., Köln	13
8/71	Das Verformungsverhalten von Tunneln mit geringer Überdeckung in Stadtgebieten und die Entwicklung von Entfestigungszonen in deren Umgebung unter Berücksichtigung hoher Fundamentlasten	Prof. Dr. Müller, Karlsruhe	10

Projekt		Forschungsstelle	Kurzfassung veröffentlicht in Heft
9/71	Statische Untersuchung von Verkehrstunnelbauten	Prof. Dr. Duddeck, Braunschweig	8
10/71	Erddruckmessungen an rückverankerten Bohrträgerbohlwänden	Prof. Dr. Breth, Darmstadt	10
11/71	Untersuchung der Stromabhängigkeit von Erdwiderständen unter besonderer Berücksichtigung der Verhältnisse in Ballungsräumen	Forschungsgemeinschaft für Hochspannungs- und Hochstromtechnik e. V., Mannheim	15
12/71	Aufspüren und Beseitigen von Abdichtungsschäden an Bauwerken des unterirdischen Bahnbaus – Teile I und II (Erweiterungsauftrag s. 9/74)	STUVA e.V., Köln	18
13/71	Untersuchung über die zweckmäßige schalltechnische Ausbildung von Untergrundbahnhöfen	Müller-BBM GmbH, München	10
8/72	Körperschallvergleichsmessungen an verschiedenen neuartigen schotterlosen Oberbauarten	Müller-BBM GmbH, München	
10/72	Sicherung von Baugrubenumschließungen und Stützmauern im städtischen Bereich (Das Kriechverhalten von Verpreßankern)	Prof. Dr. Jelinek, München	26
11/72	Wirtschaftliche Bemessung hoher Stützwände im städtischen Verkehrsbau	Prof. Dr. Smoltczyk, Stuttgart	15
4/73	Siehe unter 1.2 Gesamtverkehrsplanung		
11/73	Untersuchung zur Frage der Umgrenzung des lichten Raumes und der Begrenzung der Fahrzeuge für Zweischienenbahnen des ÖPNV	Dipl.-Ing. Braitsch, Bergisch-Gladbach	37
12/73	Untersuchung von Verfahren zur Kontrolle von Bauwerksbeanspruchungen, insbesondere bei Tunnelbauwerken	STUVA e.V., Köln	18
13/73	Be- und Entlüftung von Nahverkehrstunneln	Deutsche Eisenbahn-Consulting, Frankfurt/M.	10
14/73	Untersuchung des Verhaltens von Abdichtungshäuten im Bereich von Bewegungsfugen bei Bauwerken des unterirdischen Bahnbaus	STUVA e.V., Köln	16
15/73	Schalltechnische Untersuchungen an Hochbahnen verschiedener Bauweise	Müller-BBM GmbH, München	13
9/74	Aufspüren und Beseitigen von Abdichtungsschäden an Bauwerken des unterirdischen Bahnbaus – Teile I und II (Erweiterungsauftrag zu 12/71)	STUVA e.V., Köln	18
10/74	Schwellverhalten von Injektionsankern in bindigen Böden	Materialprüfungsanstalt, Stuttgart	26
11/74	Derzeitiger Stand und zukünftige Schwerpunkte der Forschung im Verkehrstunnelbau	STUVA e.V., Köln	26
12/74	Untersuchungen zur Verbesserung der Laufeigenschaften, insbesondere einer günstigeren Bogenläufigkeit, bei schienengebundenen Nahverkehrsfahrzeugen	Prof. Dr. Nöthen, Aachen	21
9/75	Untersuchung zum Verhalten von PVC-Weich-Abdichtungen bei Beanspruchung in der Abdichtungsebene und im Bereich langsam sich öffnender Bauwerksrisse	STUVA e.V., Köln	26
8/76	Untersuchung zum Verhalten bituminöser Abdichtungen bei Einwirken hoher Flächenpressungen	STUVA e.V., Köln	24
9/76	Nichtlineare Berechnung von Baugruben bei zeitabhängigem Baugrubenverhalten	Prof. Dr. Duddeck, Braunschweig	27
10/77	Auswertung bisher durchgeführter Hausunterfahrungen	STUVA e.V., Köln	27
70 024/79	Mechanisches Verhalten bituminöser Bauwerksabdichtungen – Zusammenfassende Auswertung experimenteller und theoretischer Untersuchungen	STUVA e.V., Köln	33
77 003/78	Schwingungsmessungen in der Umgebung innerstädtischer Bahn- und Straßentunnel	STUVA e.V., Köln	33
77 012/80	Untersuchung über die Anordnung erhöhter Haltestellen für Busse	Hamburg-Consult GmbH, Hamburg	33

2.2 Fahrzeugtechnik

6/69	Untersuchung über den technischen Stand und die Entwicklungsmöglichkeit von neuartigen Antriebssystemen zur Minderung von Lärm- und Abgasbelästigung bei Straßenfahrzeugen (z. B. Akku, Obus, Flüssiggas)	Prof. Dr. Illies, Hannover	4

Projekt		Forschungsstelle	Kurzfassung veröffentlicht in Heft
17/69	Untersuchung über Lastannahmen bei Stadtbahnwagen unter besonderer Berücksichtigung der Sicherheit der Fahrgäste	Prof. Dr. Czerwenka, München	3
13/70	Entwicklung eines Leichtbau-Omnibusses	Bundesverband Deutscher Eisenbahnen (BDE), Köln	6
14/70	Optimale Schaltung elektrischer Nahverkehrsfahrzeuge	Prof. Dr. Praßler, Karlsruhe	6
15/70	Untersuchung über die Körperschallentstehung und Körperschallübertragung bei Schienenfahrzeugen	Müller-BBM GmbH, München	6
27/72	Untersuchungen zur Erstellung von Dimensionierungs- und Konstruktionsgrundregeln bei Stadtbahnwagen nach dynamischen Gesichtspunkten	Prof. Dr. Czerwenka, München	14
23/74	Stand der Technik bei Stadtbahnen hinsichtlich ihrer Luft- und Körperschallemissionen	Dipl.-Phys. Oelkers, Hagen	
11/77	Rechnerische Simulation zur Herleitung von Optimierungskriterien bei S-Bahnen	Prof. Dr. Krettek, Aachen	27
70 019/79	Untersuchungen über Radsatz- und Oberbauabmessungen im Hinblick auf die sichere Führung der Fahrzeuge von Stadtbahnen im Gleis	Prof. Dr. Kurek, Osnabrück	29
70 037/79	Technische und betriebliche Voruntersuchungen zur Erstellung neuer Dimensionierungs- und Konstruktionsrichtlinien für Stadtschnellbahn-Fahrzeuge hinsichtlich Wagenkasten-Formbeständigkeit beim Rangierstoß und Fahrgastschutz beim Auffahr-unfall im Sinne der Leichtbau-Bestrebungen	Prof. Dr.-Ing. Bugarcic, Berlin	35
70 043/79	Untersuchung zur Optimierung von Sandstreueinrichtungen bei Stadtbahnfahrzeugen	Essener Verkehrs AG, Essen	29
70 056/80	Auswirkungen der Absorbertechnik auf die Geräuschemission bei aufgeständerten, spurgeführten Nahverkehrssystemen am Beispiel der Wuppertaler Schwebebahn	Krupp Stahl AG, Bochum	35
70 080/81	Untersuchungen zur sicheren Spurführung der Fahrzeuge von Nahverkehrsbahnen	Prof. Dr.-Ing. Kurek, Osnabrück	35
70 100/81	Experimentelle und rechnerische Erfassung der bei Stadtschnellbahn-Fahrzeugen im Rangierbetrieb auftretenden Frontalzusammenstöße sowie Erstellung von Dimensionierungs- und Konstruktionsrichtlinien für deren Wagenkästen	Prof. Dr.-Ing. Bugarcic, Berlin	37

2.3 Verkehrstechnik

Projekt		Forschungsstelle	Kurzfassung veröffentlicht in Heft
3/67	Maßnahmen und Auswirkungen bei Verkehrsumleitungen im Zuge der Verlegung des Verkehrs in die Tiefenlage unter Berücksichtigung verschiedener Bauweisen	STUVA e.V., Köln	1
14/68	Bau- und verkehrstechnische Maßnahmen zur Dämpfung des Verkehrslärms in Durchgangsstraßen	BAST, Köln	3
21/68	Untersuchung über die Vorteile der Anwendung des Aachener Meßverfahrens im Vergleich zu den anderen bekannten Verfahren zur Ermittlung des Störeinflusses des Verkehrsablaufs und als Beitrag zur Aufstellung von Richtlinien zur Verbesserung der Verkehrsverhältnisse der Gemeinden	Studiengesellschaft „Leichtbau der Verkehrsfahrzeuge", Frankfurt/M.	4
17/70	Untersuchung zur Frage der praktischen Auswirkungen von Umkehrspuren auf die Sicherheit und Leistungsfähigkeit von Stadtstraßen	Prof. Dr. Wehner, Berlin	11
19/70	Optimale Fahrgeschwindigkeit auf Gemeinschaftsstrecken (Folgeauftrag s. 14/72)	Prof. Dr. Kracke, Hannover	13
14/71	Untersuchung zur verkehrsabhängigen Signalsteuerung; Teil C: Steuerungsmodelle für Teilnetze	Dr. Heusch, Dipl.-Ing. Boesefeldt, Aachen	8
16/71	Verkehrliche Auswirkungen von Bürohochhäusern in Innenstädten	Prof. Dr. Schlums, Stuttgart	8
9/72	Optimierung des Verkehrsablaufs von Straßenbahnen und Omnibussen durch zeit- und verkehrsabhängige Signalsteuerung	Dr. v. Stein, Düsseldorf	14
13/72	Vorstudie zur Ermittlung der Unfallwahrscheinlichkeit bei verschiedenen Bedingungen des Fußgängerquerverkehrs auf Innerortsstraßen	Forschungsgemeinschaft „Der Mensch im Verkehr", Köln	10

Projekt		Forschungsstelle	Kurzfassung veröffentlicht in Heft
14/72	Ermittlung der Sperrzeiten und Leistungsfähigkeit von Fahrstraßenknoten auf N-Bahnen mittels digitaler Rechenanlagen (Folgeauftrag zu 19/70)	Prof. Dr. Kracke, Hannover	13
23/72	Abbau von Verkehrsspitzen durch Koordination der Verkehrserzeugerzeiten	Prof. Habekost, Braunschweig	21
17/73	Untersuchung über die Möglichkeiten einer objektiven Bewertung der Verkehrsqualität im Individualverkehr auf Stadtstraßen unter besonderer Berücksichtigung der Reisegeschwindigkeit, der Standardabweichung der Beschleunigung sowie der Straßencharakteristik	Prof. Dr. Grabe, Hannover	21
13/74	Auswirkungen des nichttaktmäßigen Zulaufs der Züge bestimmter S-Bahn-Linien auf den möglichen Auslastungs- und Pünktlichkeitsgrad der S-Bahn-Stammstrecken	Prof. Dr. Pierick, Braunschweig	21
14/74	Praktische Leistungsfähigkeit geschwindigkeitsabhängiger Sicherungssysteme bei spurgeführten Bahnen	Prof. Dr. Pierick, Braunschweig	21
10/75	Die Ermittlung der qualitativen Leistungsfähigkeit von Knotenpunkten bei Nahschnellverkehrsbahnen und die Untersuchung ihres Einflusses auf die Gestaltung des Knotenpunktes einschl. seiner Zulaufstrecken	Prof. Dr. Kracke, Hannover	21
10/76	Verkehrsabhängige Signalsteuerung unter Einbeziehung des ÖPNV – Untersuchung der Wechselbeziehungen bei der Steuerung des Gesamtverkehrsablaufs	Dr. Heusch, Dipl.-Ing. Boesefeldt, Aachen	27
11/76	Ein allgemein gültiges Verfahren zur Berechnung der Aufnahmefähigkeit von Bahnsteiggleisen sowie der zweckmäßigsten Gestaltung der Bahnhofsköpfe bei Personenbahnhöfen	Prof. Dr. Kracke, Hannover	29
77 001/78	Bemessung von Stadtstraßen unter Berücksichtigung unterschiedlicher Verkehrsqualitäten bei Beachtung der Auswirkungen auf die Wohnumfeldqualität	Prof. Dr. Mäcke, Aachen	35
77 005/78	Ermittlung der Fahrzeiten des Kfz-Verkehrs auf Straßen im städtischen Bereich für wirtschaftliche Vergleichsrechnungen	Prof. Dr. Harder, Hemmingen	33
77 007/79	Untersuchung über die Beeinflussung des Verkehrsablaufs an städtischen Knotenpunkten mit Lichtzeichenanlagen durch Fußgänger und Radfahrer	Dr.-Ing. K.-H. Trapp, Aachen	33
77 020/79	Untersuchung von signaltechnischen Maßnahmen zur Verbesserung des Busverkehrs in Grüner Welle – Einsatzbeispiele	Dr. Heusch, Dipl.-Ing. Boesefeldt, Aachen	29
77021/81	Berücksichtigung aller Verkehrsteilnehmer bei der Beurteilung von lichtsignalgesteuerten Knoten	Prof. Wiedemann, Karlsruhe	35
77 024/81	Einfluß der Güte von Koordinierungen von Lichtsignalanlagen auf Energieverbrauch und Schadstoffemission	Prof. Dr. Leutzbach, Karlsruhe	35

2.4 Betriebstechnik

Projekt		Forschungsstelle	Kurzfassung veröffentlicht in Heft
9/69	Ermittlung der Signalteilung von S-Bahn-Strecken in Abhängigkeit von der gewünschten Streckenleistung durch Simulation im Elektronenrechner	Prof. Dr. Lagershausen, Braunschweig	3
18/70	Steigerung der Leistungsfähigkeit bei Nahverkehrsbahnen durch Signaltechnik mittels Funk, Erarbeitung technischer Grundlagen	GVV mbH, Hamburg	5
15/71	Prozentuale Verminderung der Kohlenmonoxyd- und der Kohlenwasserstoffemissionen bei neuen Fahrzeugen	TÜV, Essen	8
15/72	Fahrplangestaltung für taktbetriebene Nahverkehrsnetze (Folgeauftrag s. 18/73)	Prof. Dr. Pierick, Braunschweig	9
18/73	Verspätungsübertragung im Taktfahrplan (Folgeauftrag zu 15/72)	Prof. Dr. Pierick, Braunschweig	21
15/74	PBIL – Ein Programmsystem zur verkehrsabhängigen Signalsteuerung nach den Verfahren der Programmbildung	Dr. Heusch, Dipl.-Ing. Boesefeldt, Aachen	18
18/77	Untersuchungen von Schutzmaßnahmen gegen das Bestehenbleiben zu hoher Berührungsspannungen in elektrischen Betriebsanlagen beim Zusammentreffen unterschiedlicher Stromarten	Technische Akademie, Wuppertal	27
24/77	Anwendungsmöglichkeit des Buseinsatz-Optimierungs-Systems PTSP – 1. Erprobung	Rheinische Bahngesellschaft AG, Düsseldorf	24

Projekt		Forschungsstelle	Kurzfassung veröffentlicht in Heft
70 038/79	Anwendungsmöglichkeit des Buseinsatz-Optimierungs-Systems PTSP – 2. Erprobung	Rheinische Bahngesellschaft AG, Düsseldorf	27
70 062/79	Ablaufstudie für Betriebsuntersuchungen bei großen Personenbahnhöfen mit Hilfe des Simulationsmodells SIMU V	Prof. Dr.-Ing. R. Kracke, Hannover	33

2.5 Bau- und Betriebskosten

21/70	Untersuchung des Netzverkehrs von Nahverkehrsmitteln nach starrem Fahrplan in seiner Auswirkung auf die Kosten	Prof. Voss, Hannover	13

2.6 Städtebau

11/69	Nutzungsziffer – Straßenziffer – Parkziffer	Salzgitter-Industrie GmbH, Verkehrs- und Industrieplanung, Lenz Planen + Beraten	5
35/70	Optische Gestaltungsmöglichkeiten städtischer Haupt- und Schnellverkehrsstraßen unter dem Gesichtspunkt der Verkehrssicherheit und -entlastung	Prof. Spengelin, Dipl.-Ing. Dückert, Hannover	15

2.7 Sonstiges

2/67	Schwingungsdynamische Untersuchungen in der Umgebung von Tunnelstrecken der Schienenbahn in Verbindung mit Messungen an bestimmten Tunnelpunkten	Prof. Dr. Koch, Hannover	1
15/68	Statistische Messungen des Schallpegels von Schienenbahnen	Physikalisch-technische Bundesanstalt, Braunschweig	4
18/68	Messungen des Schienenableitungsbelages an verschiedenen Objekten zur Ermittlung der für Gleichstrombahnen bei Tunnelanlagen festzulegenden Werte	Technische Akademie, Wuppertal	3
19/68	Untersuchung über die Mitnahme von Gepäck im Nahverkehr (im Fahrzeug und an Übergangs- und Umsteigestellen)	Planungsgesellschaft Ruhr, Essen	2
24/68	Messungen des Körperschalls bei Vorbeifahrt von Straßenbahnfahrzeugen im Vergleich zu U-Bahn-Fahrzeugen	Prof. Dr. Koch, Hannover	4
17/71	Geräuschminderung an Nutz-Kraftfahrzeugen, dargestellt am Beispiel des VÖV-Standard-Linienbusses	Gesellschaft für Verkehrsberatung und Verfahrenstechniken mbH, Hamburg	7
18/71	Auswirkungen unterschiedlicher Fahrzeugarten auf die Körperschallemission bei U-Bahn- bzw. U-Straßenbahn-Tunneln mit Schotteroberbau in verschiedenen Städten	Prof. Dr. Koch, Hannover	11
16/72	Untersuchungen von äußeren und Sondereinflüssen auf Tunnelstrecken gleichstrombetriebener Bahnen hinsichtlich der Korrosionsgefahren	Technische Akademie, Wuppertal	13
77 009/79	Bewertung von Abgasimmissionen des Straßenverkehrs	Prof. Dr. Glück, München	29

3 Ökonomische Untersuchungen

3.1 Nachfrage

8/67	Der Einfluß der Elastizität der Nachfrage nach Transportleistungen in bezug auf den Beförderungspreis und auf das Beförderungsaufkommen der Verkehrsunternehmen im Personennahverkehr	Prof. Dr. Diederich, Hamburg	1
9/67	Möglichkeiten von Fahrtkostenvergleichen zwischen individuellem und öffentlichem Personennahverkehr aus der Sicht der Verkehrsteilnehmer und der öffentlichen Haushalte	Prof. Dr. Oettle, München	1
3/68	Probleme, Möglichkeiten und Erfordernisse innerstädtischer Verkehrsprognosen aus wirtschaftlicher Sicht	Prof. Dr. Funck, Karlsruhe	7
6/68	Untersuchungen zur Frage der theoretischen und praktischen Möglichkeiten einer Abgabenerhebung zur Lösung der innerstädtischen Verkehrsprobleme	Prof. Dr. Funck, Karlsruhe	5

Projekt		Forschungsstelle	Kurzfassung veröffentlicht in Heft
8/68	Entwicklung eines Verfahrens zur Erfassung und Analyse der Verkehrsleistungen mit privaten Personenkraftwagen in Ballungsräumen	INFAS, Bonn-Bad Godesberg	2
1/69	Die künftige Nachfrage nach Personenverkehrsleistungen in Abhängigkeit von der sozioökonomischen Struktur unterschiedlicher Gemeindegrößen und -typen (Erweiterungsaufträge s. 24/70 und 19/71)	Prognos AG, Basel	3
2/69	Die künftige Belastung des Gemeindestraßennetzes durch den Güternahverkehr in der Bundesrepublik Deutschland, insbesondere in Ballungsräumen	DIW, Berlin	7
3/69	Aufteilung des Personenverkehrsaufkommens auf verschiedene Verkehrsmittel (Modal-Split) in Abhängigkeit von Einkommen, sozialem Status, Lage im Gebiet der Gemeinde, Fahrzeit, Fahrkosten, Fahrzweck, Angebot an Verkehrsmitteln	INFAS, Bonn-Bad Godesberg	3
23/70	Abbau von Verkehrsspitzen in städtischen Verkehrssystemen mit Hilfe einer koordinierten Verschiebung der Arbeitszeiten	Prof. Dr. Lammers, Karlsruhe	8
24/70	Die künftige Nachfrage nach Personenverkehrsleistungen in Abhängigkeit von der sozioökonomischen Struktur unterschiedlicher Gemeindegrößen und -typen Ausdehnung der Untersuchung auf 1. zusätzliche Agglomeration unterschiedlicher Größe und Struktur 2. einen Zeitvergleich 1961 – 1968 3. zusätzliche Verkehrsarten (Erweiterungsauftrag zu 1/69)	Prognos AG, Basel	3
25/70	Die künftige Entwicklung der Fahrleistungen im Güter- und Personenverkehr mit Kraftfahrzeugen, des Kraftstoffverbrauchs und des Mineralölsteueraufkommens, insbesondere im Innerortsverkehr	DIW, Berlin	6
26/70	Wechselbeziehungen zwischen Individualverkehr, öffentlichem Verkehr und Parkproblemen in Großstädten mit unterschiedlicher Wirtschafts- und Sozialstruktur (Erweiterungsauftrag s. 16/74)	Dorsch-Consult Ingenieurgesellschaft mbH, Wiesbaden	8
19/71	Die künftige Nachfrage nach Personenverkehrsleistungen in Abhängigkeit von der sozioökonomischen Struktur unterschiedlicher Gemeindegrößen und -typen (Erweiterungsauftrag zu 1/69 und 24/70)	Prognos AG, Basel	7
20/71	Der Einfluß von Verkehrsinvestitionen im innerstädtischen Bereich auf die Nachfrage im öffentlichen Personennahverkehr	Prof. Dr. Diederich, Hamburg	8
27/71	Befragung: Wie denken Sie über den Nulltarif, d. h., wenn die öffentlichen Verkehrsmittel in den Städten und Gemeinden kostenlos wären, würden Sie dann Ihr Auto gar nicht mehr benutzen, weniger benutzen oder genausooft?	Wickert-Institute, Tübingen	4
17/72	Die zukünftige Nachfrage nach Personenverkehrsleistungen im Nahverkehr bis 1985	Prognos AG, Basel	9
19/73	Parkgebühren, Parkzeitkontrolle, Parkraumbestimmung und Stellflächenkapazitäten als Bestandteile einer parkpolitischen Gesamtkonzeption zur Verbesserung der Funktionsteilung im Stadtverkehr	Prof. Dr. Willeke, Köln	11
16/74	Wechselbeziehungen zwischen Individualverkehr, öffentlichem Verkehr und Parkproblemen in Großstädten mit unterschiedlicher Wirtschafts- und Sozialstruktur (Erweiterungsauftrag zu 26/70)	Dorsch-Consult Ingenieurgesellschaft mbH, Wiesbaden	16
13/76	Erstellung eines Instrumentariums zur Ermittlung der Auswirkungen ordnungspolitischer Maßnahmen auf den städtischen Personenverkehr – Pilotstudie	Messerschmitt-Bölkow-Blohm, München	24
14/76	Systemanpassungsplan Schule – Verkehr	Messerschmitt-Bölkow-Blohm, München	24
12/77	Mobilitätschancen unterschiedlicher Bevölkerungsgruppen im Personenverkehr	Prognos AG, Basel	26
70 002/79	Entwicklung eines Individual-Verhaltensmodells zur Erklärung und Prognose werktäglicher Aktivitätsmuster im städtischen Bereich Teil A – Mathematisch-statistischer Ansatz Teil B – Soziologischer Verhaltensansatz	Prognos AG, Basel Socialdata GmbH, München	29

Projekt		Forschungsstelle	Kurzfassung veröffentlicht in Heft
70 008/79	Untersuchungen für einen besonderen Familientarif im ländlichen Raum	Studiengesellschaft Nahverkehr mbH (SNV), Hamburg	27
70 010/79	Umfang und Ursachen von Verkehrsverlagerungen (Neuverkehr) bei der Neueinrichtung von städtischen Schnellbahnstrecken	Prof. Schaechterle, Dr. Stengel, München Dr. Heck, Hannover	Erweiterte Kurzfassung Sonderheft 34
70 015/79	Reaktion der ÖPNV-Benutzer auf unterschiedliche Angebotsstandards und Ableitung von Maßnahmen für eine bedarfsgerechte Angebotsgestaltung im ÖPNV	Hamburg-Consult GmbH, Hamburg	33
70 042/79	Die Nutzung des ÖPNV bei Mehrpersonenfahrten und die Marktchancen eines Familientarifs im Verkehrsverbund Stuttgart (VVS)	Socialdata GmbH, München	27
70 073/81	Praktische Marketing-Maßnahmen zur Nachfrage-Stimulierung im ÖPNV am Beispiel Hannover	IRES-Marketing GmbH, Düsseldorf	35

3.2 Angebot (Ökonomie und Technik)

4/68	Wie vertragen sich Steuerermäßigungen und Steuerbefreiungen des öffentlichen Nahverkehrs mit den Grundsätzen der Steuergleichheit und der Steuergerechtigkeit, und welchen Einfluß üben sie auf die Wettbewerbslage aus?	DIW, Berlin	2
5/68	Optimale Fahrpreise im öffentlichen Personennahverkehr	Prof. Dr. Bellinger, Berlin	4
7/68	Problematik und Lösungsmöglichkeiten der innerstädtischen Wegekostenrechnung (Anlastung, gleiche Startbedingungen)	Prof. Dr. Funck, Karlsruhe	7
9/68	Vorstudie zu einer Untersuchung über den Personen- und Güterverkehr in den Verdichtungsräumen im Hinblick auf eine technisch optimale Verkehrsbedienung unter Berücksichtigung des Einsatzes und der Eigenschaften der verschiedenen Verkehrsmittel a) ein- und ausstrahlender Verkehr b) Binnenverkehr c) Übergang vom Individualverkehr zum öffentlichen Personennahverkehr	Prof. Dr. Nebelung, Aachen	2
20/68	Anbindung der großen Verkehrsflughäfen in der Bundesrepublik Deutschland an die bestehenden Schnellverkehrsnetze aus der Sicht des öffentlichen Personennahverkehrs	Prof. Dr. Lambert, Stuttgart	2
4/69	Auswirkungen eines Verkehrsverbundes im öffentlichen Personennahverkehr auf die Verkehrsbedienung, die Verkehrsnachfrage und die wirtschaftliche Situation der beteiligten Betriebe, dargestellt am Beispiel des Verkehrsverbundes Hamburg	Prof. Dr. Diederich, Hamburg	5
5/69	Betriebs- und volkswirtschaftliche Konsequenzen eines unentgeltlichen Angebots der öffentlichen Nahverkehrsmittel in Ballungsräumen	Prof. Dr. Oettle, München	3
13/69	Ermittlung der Mindereinnahmen aus dem Tarif für Schüler, Studenten und Lehrlinge im Straßenbahn-, Obus- und Linienverkehr mit Kraftfahrzeugen in der BRD, gemessen am vergleichbaren Zeitkartentarif, und Grundsätze für die Berechnung von Abgeltungszahlungen	Wibera AG, Düsseldorf	3
27/70	Untersuchungen zur Festlegung von Dimensionierungsbelastungen — Teil I — Teil II	Prof. Dr. Retzko, Darmstadt	 11 12
28/70	Produktivität und Einsatzmöglichkeit verschiedener Nahverkehrssysteme in ökonomischer Sicht unter Berücksichtigung des übersehbaren technischen Fortschritts	Battelle Institut e.V., Frankfurt/M.	5
29/70	Die Anwendung der Kosten-Nutzen-Analyse als Entscheidungskriterium für die Erschließung zweiter Verkehrsebenen im schienengebundenen Verkehr von Ballungsgebieten	DIVO, Frankfurt/M.	4
30/70	Zukunftsorientierte Tarifgestaltung und moderne Fahrgastbedienung (Abfertigung) unter Berücksichtigung der wirtschaftlichen Lage der Verkehrsunternehmen, der Verkehrsnachfrage und der Praktikabilität	Dr. Neubert KG, Düsseldorf	6
31/70	Definierung eines Beförderungsstandards im öffentlichen Personennahverkehr	GVV mbH, Hamburg	7

Projekt		Forschungsstelle	Kurzfassung veröffentlicht in Heft
21/71	Kosten-Nutzen-Analyse eines zentralen Güterverteilungssystems für den Lkw-Verkehr, dargestellt am Beispiel eines Ballungsraumes	Dornier System GmbH, Friedrichshafen	7
30/72	Tarifliche Sonderangebote und ihr Einfluß auf die Nachfrage	Wibera AG, Düsseldorf	14
31/72	Einfluß der Verkehrsinfrastruktur auf das Verkehrsverhalten der Bevölkerung am Beispiel der Münchener S-Bahn	Stadtentwicklungsreferat, München	14
20/73	Kosten-Nutzen-Untersuchung alternativer Maßnahmen zur Verkehrsanbindung und -erschließung eines städtischen Entwicklungsraumes durch öffentliche Nahverkehrsmittel, dargestellt am Beispiel der Stadt Augsburg	Dornier System GmbH, Friedrichshafen	24
21/73	Die Berücksichtigung von Umweltbelastungen bei der Planung städtischer Verkehrsinvestitionen mit Hilfe von Kosten-Nutzen-Analysen und Kostenwirksamkeitsanalysen	Prof. Dr. Willeke, Köln	13
24/74	Anforderungen und Erwartungen an eine 1. Fahrgastklasse im öffentlichen Personennahverkehr, dargestellt am Beispiel der Deutschen Bundesbahn	Infraplan, Köln, Dr. Ellinghaus	13
11/75	Bestimmung der Fahrzeugkapazität im Linienverkehr aus betriebswirtschaftlicher Sicht	Wibera AG, Düsseldorf	16
12/75	Wirtschaftliche Voraussetzungen für eine Neuordnung des Taxen- und Mietwagenwesens als Ergänzung des Linienverkehrs	Wibera AG, Düsseldorf	18
13/75	Neuordnung der Busdienste der Deutschen Bundesbahn (DB) und der Deutschen Bundespost (DBP)	Mc. Kinsey, Düsseldorf	15
18/76	Welche Voraussetzungen muß ein Organträger von DB und DBP, der aus Anlaß der Neuordnung der Busdienste des Bundes gegründet werden könnte, erfüllen, um wirtschaftliche Vorteile für die Beteiligungen der beiden Sondervermögen (oder von bundesunmittelbaren Beteiligungen) zu gewährleisten	Treuarbeit AG, Frankfurt/M.	19
22/76	Verkehrswirtschaftliche Verbesserungen im ÖPNV und ihre Realisierungsmöglichkeiten durch die Änderung ordnungspolitischer Rahmenbedingungen, dargestellt an einem Nahverkehrsraum des Saarlandes	Dorsch Consult Ingenieurgesellschaft mbH, Büro München	26
23/76	Betriebs- und Kostenvergleich für die Verkehrsbedienung durch Straßenbahn oder Bus – Modelluntersuchung	Ing.-Büro Schlegel – Dr. Spiekermann, Wibera AG, Düsseldorf	22
25/76	Auswirkungen von Betriebseinschränkungen und Abbau unproduktiver Personalzeiten	Mc. Kinsey, Düsseldorf	22
13/77	Integration des Straßengüterverkehrs in das Verkehrssystem der Städte und Ballungsräume der BRD	Prof. Dr. Willeke, Köln	27
20/77	Bewertungsgrundlagen der wirtschaftlichen Effizienz des ÖPNV bei unterschiedlichen Siedlungsstrukturen	GEWOS mbH, PLANCO-Consulting GmbH, Hamburg	27
70 016/78	Verkehrsverhalten und verkehrsspezifische Ausstattungsniveaus in ländlichen Räumen	Prof. Dr. Heinze, Dipl.-Ing. Herbst, Dipl.-Ing. Schühle, Berlin	27
70 021/79	Möglichkeiten zur Sanierung des ÖPNV in verkehrsschwachen ländlichen Räumen. Nahverkehrsmodell Hohenlohekreis (NVH).	Kommunalentwicklung Baden-Württemberg GmbH, Stuttgart	Sonderheft 38
70 022/79	Weiterführung der ÖPNV-Modelluntersuchung zur verkehrswirtschaftlichen Verbesserung des ÖPNV durch die Änderung ordnungspolitischer Rahmenbedingungen in einem Nahverkehrsraum des Saarlandes	Kommunalentwicklung Baden-Württemberg GmbH, Stuttgart	33
70 031/79	Möglichkeiten angemessener Mindestangebote im ÖPNV unter besonderer Berücksichtigung des Verkehrsbedürfnisses in verkehrsschwachen Zeiten und Räumen	Wibera AG, Düsseldorf	29
77 006/79	Möglichkeiten der Einbeziehung von Unfallkosten im städtischen Bereich in die RAS-W unter besonderer Berücksichtigung des Mengengerüstes	Prof. Dr.-Ing. Harder, Hemmingen	33
70 030/80	Möglichkeiten und Grenzen eines Betriebsvergleichs der Unternehmen des öffentlichen Personennahverkehrs	Dipl.-Kaufmann Fuchs, Köln	33
70 069/80	Vergleichende Analyse zur räumlichen Übertragbarkeit regional differenzierter Untersuchungen von Verkehrsverhalten und nahverkehrsspezifischen Ausstattungsniveaus in dünnbesiedelten Gebieten	Prof. Dr. Heinze, Dipl.-Ing. Herbst, Dipl.-Ing. Schühle, Berlin	29

Projekt		Forschungsstelle	Kurzfassung veröffentlicht in Heft
70082/81	Modelluntersuchung zur verkehrswirtschaftlichen Verbesserung in einem Nahverkehrsraum unterschiedlicher Siedlungsdichte durch Änderung ordnungspolitischer, insbes. organisatorische und rechtliche Rahmenbedingungen u. Einbeziehung bedarfsgesteuerter Bussysteme	Arbeitsgemeinschaft Kommunalentwicklung Baden-Württemberg GmbH, SNV Studiengesellschaft Nahverkehr mbH, Stuttgart/Berlin	37
70087/82	Modelluntersuchung zur verkehrswirtschaftlichen Verbesserung des ÖPNV am Beispiel des Saarlandes	Kommunalentwicklung Baden-Württemberg GmbH, Stuttgart	37
70130/84	Untersuchung zu Einsatzchancen des niederländischen Nachbarschaftsbus-Systems (Buurtbus) in der Bundesrepublik Deutschland	SNV Studiengesellschaft Nahverkehr mbH, Hamburg	37

3.3 Investitionen und Finanzierung

Projekt		Forschungsstelle	Kurzfassung veröffentlicht in Heft
12/67	Struktur und Entwicklung der Verkehrsinvestitionen der öffentlichen Hand in den Ballungsräumen	Ifo, München	5
16/69	Volkswirtschaftlicher Vergleich alternativer städtischer Verkehrssysteme; dargestellt am Beispiel Hannover	Prof. Dr. Hesse, Göttingen	4
32/70	Die Finanzierung von öffentlichen Verkehrsinvestitionen in Ballungsgebieten	Prof. Dr. Willeke, Köln	6
23/71	Die Beurteilung neuer Lösungen im öffentlichen Personennahverkehr einer mittleren Großstadt anhand von Kosten-Nutzen-Analysen unter Berücksichtigung des überschaubaren technischen Fortschritts, dargestellt am Beispiel des Verdichtungsraumes Kiel	Deutsche Stadtentwicklungs- und Kreditgesellschaft mbH, Frankfurt/M.	19
22/73	Finanzierung des öffentlichen Personennahverkehrs (ÖPNV)	Wibera AG, Düsseldorf	9
29/74	Standardisierte Bewertungskriterien für Verkehrswegeinvestitionen des öffentlichen Personennahverkehrs und des kommunalen Straßenbaus (Erweiterungsauftrag s. 21/75)	Industrieanlagen-Betriebsgesellschaft mbH (IABG), Ottobrunn	15
14/75	Die methodische Erfassung und Quantifizierung der Trennwirkung von Verkehrsstraßen und der Erhaltung wertvoller Bausubstanz, Grünanlagen und Erholungsflächen im städtischen Bereich als Nutzenkomponenten bei Nutzen-Kosten-Untersuchungen	Dr. Harder, Hannover	21
15/75	Ex-post-Nutzen-Kosten-Analyse für die U-Bahnlinie 3 in München	Industrieanlagen-Betriebsgesellschaft mbH (IABG), Ottobrunn	19
16/75	Verfahrensgrundlagen für Nutzen-Kosten-Untersuchungen im Verkehr	Industrieanlagen-Betriebsgesellschaft mbH (IABG), Ottobrunn	26
17/75	Methoden zur Ermittlung der Folgekosten des öffentlichen Personennahverkehrs für Bund, Länder und Gemeinden (siehe auch Projekt 70 071/80)	Wibera AG, Düsseldorf	15
19/75	Möglichkeiten zur Sanierung des öffentlichen Personennahverkehrs in verkehrsschwachen ländlichen Räumen	Kommunalentwicklung Baden-Württemberg GmbH, Stuttgart	19
21/75	Standardisierte Bewertungskriterien für Verkehrswegeinvestitionen des ÖPNV und des kommunalen Straßenbaus – Testläufe – (Erweiterungsauftrag zu 29/74)	Industrieanlagen-Betriebsgesellschaft mbH (IABG), Ottobrunn	16
15/76	Kriterien und Verfahren zur Quantifizierung sozialer Nutzen aus dem öffentlichen Personennahverkehr zur Gewinnung von Maßstäben für staatliche Entscheidungen über tarif-, abgaben- und subventionspolitische Förderungsmaßnahmen	Prof. Dr. Willeke, Köln	24
14/77	Kosten-Nutzen-Analyse am Beispiel einer U-Bahn in Frankfurt/M.	Battelle Institut e.V., Frankfurt/M.	26
17/77 A	Modellstudie zur Ermittlung der Investitionsaufwendungen für Lärmschutzmaßnahmen an bestehenden Schienenwegen	Dorsch Consult Ingenieurgesellschaft mbH, München	27
17/77 B	Modellstudie zur Ermittlung der Investitionsaufwendungen für Lärmschutzmaßnahmen bei Neubau und wesentlicher Änderung von Schienenwegen	Dorsch Consult Ingenieurgesellschaft mbH, München	27
21/77	Möglichkeiten zur Sanierung des öffentlichen Personennahverkehrs in verkehrsschwachen ländlichen Räumen – Phase 2: Entwicklung des Erprobungsmodells für den Bereich des Hohenlohekreises in der Region Franken	Kommunalentwicklung Baden-Württemberg GmbH, Stuttgart	27
23/77	Entwicklung des ÖPNV in Kooperationen unter besonderer Berücksichtigung der Fahrplan- und Tarifgestaltung sowie der Einnahmen und Kosten	Friedrich-Ebert-Stiftung e.V., Bonn	29

Projekt		Forschungsstelle	Kurzfassung veröffentlicht in Heft
70 048/79	Modellstudie zur Ermittlung der Investitionsaufwendungen für Lärmschutzmaßnahmen an Rangier- und Knotenpunktbahnhöfen	Dorsch Consult Ingenieurgesellschaft mbH, München	29
70 059/80	Untersuchung über die Veränderung verkehrsspezifischer Kostensätze nach § 45a PBefG bzw. § 6a AEG im Zeitvergleich und Analyse der Einflußfaktoren auf der Grundlage der Unternehmensdaten des Jahres 1979	Wibera AG, Düsseldorf	29
70 071/80	Ermittlung von Folgekosten des ÖPNV für Bund, Länder und Gemeinden bis zum Jahre 1990 (siehe auch Projekt 17/75)	Wibera AG, Düsseldorf	33
70 070/81	Untersuchung von Möglichkeiten zur Verbesserung des ÖPNV einschließlich des SPNV der DB unter besonderer Berücksichtigung einer Stichbahn in einem mittleren Verdichtungs- und ländlichen Raum, dargestellt am Beispiel des Landkreises Tübingen (Kurztitel: ÖPNV-Modelluntersuchung Landkreis Tübingen)	Arbeitsgemeinschaft Kommunalentwicklung Baden-Württemberg GmbH, Stuttgart, SNV Studiengesellschaft Nahverkehr mbH, Hamburg/Berlin	35
70 109/82	Folgewirkungen von Investitionen im öffentlichen Personennahverkehr, insbesondere Sekundarinvestitionen und Struktureffekte, dargestellt am Beispiel der Stadtbahnstrecke A in Hannover	ÜSTRA Hannoversche Verkehrsbetriebe AG, Hannover, unter Mitarbeit SNV Studiengesellschaft Nahverkehr mbH, Hamburg	35

3.4 Sonstiges

1/68	Betriebsvergleiche im öffentlichen Personennahverkehr	Prof. Dr. Bellinger, Berlin	5
2/68	Ökonomische Rationalisierungsmöglichkeiten des öffentlichen Personennahverkehrs	Prof. Dr. Seidenfus, Münster	2
24/71	Grundsätze und Modalitäten für Abgeltungszahlungen im Bereich des öffentlichen Personennahverkehrs bei Auferlegung gemeinwirtschaftlicher Lasten	Wibera AG, Düsseldorf	5
25/71	Untersuchung der Umweltbelästigung und Umweltschädigung durch den Straßenverkehr in Stadtgebieten (Lärm und Abgase)	VDI, Düsseldorf	10
20/72	Verbesserung der Grundlagen und Methoden zur Ermittlung zuverlässiger Daten für die Verkehrsleistungs-Statistik im öffentlichen Personennahverkehr unter besonderer Berücksichtigung der Verhältnisse in Verkehrsverbünden	GVV mbH, Hamburg	15
18/74	Die Fahrgeldhinterziehung als rechtliches und wirtschaftliches Problem im öffentlichen Personennahverkehr, untersucht am Beispiel des Schienenpersonennahverkehrs der Deutschen Bundesbahn unter Berücksichtigung seiner Beteiligung an Verkehrs- und Tarifverbünden	Dr. Heinze, Hamburg	16
19/74	Nutzennachweis durch Nutzwertanalysen, dargestellt am Beispiel von Ortsumgehungsstraßen	Dorsch Consult Ingenieurgesellschaft mbH, Wiesbaden	22
24/76	Grundsätze und Grundlagen für die Auswahl repräsentativer Verkehrsunternehmen des ÖPNV und für die Ermittlung verkehrsspezifischer Kostensätze als Ausgangsbasis für Ausgleichsleistungen im Ausbildungsverkehr	Wibera AG, Düsseldorf	26
70 077/80	Repräsentativ-Erhebung zur Ermittlung des Mobilitätsverhaltens (Mobilitäts-) Behinderter und ihrer Haushaltsmitglieder	Socialdata GmbH, München	Sonderheft 36
—	Untersuchungen über behindertengerechte Gestaltung des öffentlichen Schienenverkehrs	Gruppe Hardtberg, Bonn-Bad Godesberg	Sonderheft 39

4 Soziologische, medizinische und andere Untersuchungen

4.1 Soziologie, Psychologie

13/67	Konkurrenzsituation zwischen privatem Verkehr und öffentlichem Verkehr aus der Sicht des Verkehrsteilnehmers	INFAS, Bonn-Bad Godesberg	1
34/70	Soziologische Verkehrstypologie (Probleme und Aspekte bei der Entwicklung einer empirisch gestützten soziologischen Verkehrstypologie als mittelfristiges Prognoseinstrument für den Individualverkehr)	Prof. Dr. Klages, Berlin	13
27/74	Gesellschaftliche Beurteilung von neuen Nahverkehrssystemen (NVS) – Vorstudie	SNV, Hamburg, Battelle, Frankfurt/M., Prognos, Basel	15

Projekt		Forschungsstelle	Kurzfassung veröffentlicht in Heft
18/75	Untersuchung zur Frage der verstärkten Berücksichtigung der Belange von Behinderten im öffentlichen Nahverkehr	STUVA e.V., Köln	Erweiterte Kurzfassung Sonderheft 23
23/75	Gesellschaftliche Beurteilung von Nahverkehrstechnologien (Phase II)	SNV, Hamburg, Battelle, Frankfurt/M., Prognos, Basel	21

4.2 Medizin und verwandte Gebiete

21/72	Lärmminderung bei Verkehrsanlagen: Einfluß der Pegelschwankungsbreite des Verkehrslärms auf die Störwirkung. Eignung des energieäquivalenten Dauerschallpegels zur Kennzeichnung des Verkehrslärms	Dr. Buchta, Düsseldorf, Prof. Dr. Schlipköter, Düsseldorf	14
16/76	Verkehrslärmprognose bei Stadtstraßen	Dr. Schreiber, BBM GmbH, München	24
70 081/80	Interdisziplinäre Feldstudie über die Besonderheiten des Schienenverkehrslärms gegenüber dem Straßenverkehrslärm	Planungsbüro Obermeyer, München, Gesamtprojektleitung Prof. Dr.-Ing. Heimerl, Stuttgart	35

4.3 Sonstiges

36/70	Lebensbedingungen von Pflanzen auf schwierigen Standorten der Stadt, insonderheit auf Tunneln, Leitungskanälen und Tiefgaragen	Prof. Dr. Schreiber, München	8
37/70	Ermittlung vorhandener und zumutbarer Gangweiten in Stadtkerngebieten	Prof. Dr. Retzko, Darmstadt	14
70 035/79	Beiträge der Sozialwissenschaften aus Großbritannien und Skandinavien zur Stadtverkehrsforschung	Battelle Institut e.V., Frankfurt/M.	33
70 047/79	Maßnahmen und Möglichkeiten zur Integration behinderter Menschen in den Verkehr	Studiengesellschaft Nahverkehr mbH (SNV), Berlin	Sonderheft 30
70 045/80 und 70 090/82	Erarbeitung von Grundlagen und Empfehlungen für die Einführung der Fahrgemeinschaften im Berufspendlerverkehr auf der Basis von Modellversuchen (70 045/80) und praktische Erprobung eines Pendler-Informationssystems (70 090/82)	SNV Studiengesellschaft Nahverkehr mbH, Hamburg	35

5 Spezialuntersuchungen

5.1 Elektronische Datenverarbeitung (EDV)

10/67	Operations Research als Entscheidungshilfe bei Investitionen der öffentlichen Hand im Regionalverkehr	Prof. Dr. Oettle, München	1
11/67	Die verkehrspolitische Kompetenzverteilung in Verdichtungsräumen als Problem der modernen Entscheidungs-(Organisations-)Theorie	Prof. Dr. Oettle, München	1
38/70	Der Einsatz des Computers in der städtischen Verkehrsplanung; ein Forschungsbericht über die Erfahrungen in den USA	DATUM, Bonn-Bad Godesberg	6
28/71	Weiterentwicklung eines Verfahrens zur Erstellung von Dienstplänen und Dienstreihenfolge für öffentliche Verkehrsbetriebe (Straßenbahn und Omnibus)	Dr. Neubert KG, Düsseldorf	9
21/74	Rechnerische Simulation des Betriebsablaufs von S-Bahnen auf EDV unter Berücksichtigung des fahrdynamischen Verhaltens der Fahrzeuge und einer wirtschaftlichen Fahrweise	Prof. Dr. Krettek, Aachen	22

5.2 Neue Verkehrssysteme

32/72	Vergleichende Untersuchungen über bestehende und künftige Nahverkehrstechniken	Studiengesellschaft Nahverkehr mbH (SNV), Hamburg	Erweiterte Kurzfassung Sonderheft 12
26/74	Untersuchung der Betriebsabläufe neuer Nahtransportsysteme und verbesserter Schnellbahnen durch Simulation einschließlich Erarbeitung von Planungs- und Entscheidungsgrundlagen	Studiengesellschaft Nahverkehr mbH (SNV), Hamburg	Erweiterte Kurzfassung Sonderheft 25

Projekt		Forschungsstelle	Kurzfassung veröffentlicht in Heft
5.3 Sonstiges			
7/69	Untersuchung der Schirmwirkung der Tunnelbewehrung in Tunnelbahnen für Gleich- und Wechselstrom mit dem Ziel, Berührungsspannungen und Streuströme infolge ohmscher und induktiver Kopplung zu vermindern und gegen Beeinflussung durch Oberschwingungen von Stromrichterfahrzeugen zu schützen	Prof. Dr. Frohne, Hannover	8
22/74	Forschungskonzeption Stadtverkehr – Vorstudie	Planungsgruppe Forschung Stadtverkehr	10
25/74	Forschungskonzeption Stadtverkehr – Hauptstudie	Planungsgruppe Forschung Stadtverkehr	Erweiterte Kurzfassung Sonderheft 17
70 047/79	Elektro-Straßenfahrzeuge – Materialien für den Bericht über die Förderung des Einsatzes von Elektrofahrzeugen	Studiengesellschaft Nahverkehr mbH (SNV), Hamburg	Erweiterte Kurzfassung Sonderheft 28
70 089/81	Elektro-Straßenfahrzeuge – Einsatzbereiche sowie Anwendungs- und Marktpotential von batteriebetriebenen Elektro-Pkw im Straßenverkehr (Materialien zur Fortschreibung des Berichtes)	Studiengesellschaft Nahverkehr mbH (SNV), Hamburg	Erweiterte Kurzfassung Sonderheft 32

Urban Transport Research

Issue 40
1987

Communication on research aimed at improving transport conditions in cities, towns and other built-up areas

Traffic Restraint Precincts
in small towns and rural communities

Commissioned by the Federal Minister of Transport by Dipl.-Ing. Winfried Schreckenberg

Published by the Federal Minister of Transport,
Transport Policy Department, Bonn-Bad Godesberg

Hoermann-Verlag, 8670 Hof/Saale

In addition to the URBAN TRANSPORT RESEARCH series the
following series reporting on research projects sponsored by the Federal Minister of
Transport are also published:

— Schriftenreihe
  Unfall- und Sicherheitsforschung im Straßenverkehr

— Schriftenreihe
  Forschung Straßenbau und Straßenverkehrstechnik

Following the appropriation of additional Federal funds for the development of transport in the communities, the Federal Ministry of Transport has commissioned research and study assignments since 1967 the results of which are intended to contribute to the improvement of their transport conditions. The annual research programme ist established with the participation of those Federal Ministries which have a special interest in this field of research, of the Länder and local authorities as well as of experts engaged in scientific and practical work.

The series entitled "Urban Transport Research – Communications on research aimed at improving transport conditions in cities, towns and other built-up-areas" ("Blue Series") is intended to present to the public a summary of the results of the Ministry's Urban Transport Research programmes.

Part I contains the abstracts which the research institutes have annexed to their final reports. The abstracts are intended to provide information on the field of research under study and on the most important results of the research work, and to stimulate and encourage practical applications. Conversely, the Federal Ministry of Transport is hoping for suggestions and impulses for research from those who are engaged in practical work.

Part II contains a survey of all research and study assignments on urban transport commissioned so far by the Federal Ministry of Transport the abstracts of which are published in this series. This survey is kept up to date.

The abstracts supplied by the research institutes are published unchanged and without comment. Extended abstracts or the full texts of the results of research projects which are deemed to be of special or current importance are published as special issues. See cover inside.

The issues of the series are distributed according to a mailing list of the Federal Ministry of Transport. Additional copies may be ordered from Hoermann-Verlag, POB 1560, D-8670 Hof/Saale and from Kirschbaum Verlag, Siegfriedstrasse 28, D-5300 Bonn 2; the issues up to 31 may be obtained from Kirschbaum Verlag only.

A limited number of the full reports has been handed over by the research institutes to the Federal Ministry of Transport. Research reports which are not published are kept available for those who are directly interested by Section A 24 of the Federal Ministry of Transport, POB 20 01 00, D-5300 Bonn 2. **The reply to inquiries is only possible if the full project no. (e. g. 28/73 or 70 016/78 – see "Part B Survey . . .") ist stated.**

In addition, the Federal Minister of Transport also published a special series entitled "Urban Transport Research – Selected projects from the Federal Republic of Germany" ("Green Series") containing abstracts of research projects conducted independently of the Urban Transport Research programme. The publications of the "Green Series" are likewise accompanied by an English translation. Issues to 10 of this series may also be obtained from Kirschbaum Verlag. Issue 10 was the last volume of the "Green Series" to be published. Additional research projects and studies which are regarded as important will in future be published in the "Blue Series".

CONTENTS

Part I: Traffic Restraint Precincts
in small towns and rural communities 145

Part II: Urban Transport Research Progamme 247
    A. Classification of research and study assignments 248
    B. Survey of research projects commissioned
       since 1967 249

Part I:

Traffic Restraint Precincts
in small towns and rural communities

1 Planning methods and planning
1.1 Town, country and regional planning

Commissioned by the Federal Minister of Transport

Research report FE No. 70 124/83

Traffic Restraint Precincts in small towns and rural communities

Documentation and discussion of practical experience concerning the use of signs 325/326
of the German Highway Code (StVO)

by

Dipl.-Ing. Winfried Schreckenberg

Technische Universität Berlin
Institut für Verkehrsplanung und Verkehrswegebau

Revised version
31 March 1985

Table of contents

	page
Part A Summary of study results and conclusions	149
A 1 Starting position	149
A 2 General study results and conclusions	149
A 3 Suggestions for discussion	150
A 4 Outlook	151
Part B The foundation of planning	153
B 1 The foundation of "325" precincts pursuant to the law of the road	153
1.1 Summary of conclusions	153
1.2 Road Traffic Law (StVG) as amended on 6 April 1980	153
1.3 The Highway Code (StVO) as amended on 21 July 1980	154
1.4 General Administrative Regulation Concerning the StVO (VwV-StVO)	156
B 2 Planning instructions of the federal Länder	157
B 3 Guidelines in Austria and in Switzerland	158
B 4 Authorities involved in the setting up and indication of Traffic Restraint Precincts ("325" precincts)	158
Part C Planning Principles	160
C 1 Summary of conclusions	160
C 2 "Mixed use" as a basic principle of "325" precincts	160
2.1 "Mixed use" as used in the StVO and VwV-StVO	160
2.2 "Mixed use" in planning instructions of the federal Länder	161
2.3 "Mixed use" in the guidelines of Switzerland	162
C 3 Area-wide traffic restraint	162
3.1 Model project "Area-wide traffic restraint"	162
3.2 Area-wide considerations when planning "325" precincts	162
C 4 Beginning of a use-orientated planning process	163
C 5 The chances of application of a use-orientated planning set-up	168
5.1 Explanation of the assessment criteria	168
5.2 Consequences concerning future action	168
Part D The planning practice of local authorities under the constraint of official planning instructions	169
D 1 Introduction	169
D 2 The transition from "325" precincts to other road types	169
2.1 Supplements to the StVO and the VwV-StVO contained in the planning instructions of the federal Länder	169
2.2 Instructions contained in guidelines of Austria and Switzerland	170
2.3 Documentation and discussion of the indication of "325" precincts in practice	171
2.4 Summary of discussion and conclusions	190
D 3 Culs-de-sac and loops	191
D 4 One-way arrangements	192
4.1 Instructions contained in guidelines of Switzerland	192
4.2 Documentation and discussion	192
D 5 Rules on right of way	193
5.1 Supplements to the StVO and VwV-StVO contained in the planning instructions of the federal Länder	193
5.2 Documentation and discussion	193
D 6 Parking in "325" precincts	195
6.1 Problems involving parking spaces	195
6.2 Special parking permits	196
6.3 Provisions on short-term spaces	198
6.4 Indication of parking spaces	199
6.5 No stopping signs	202
6.6 Suggestions for planning parking spaces	202

D 7 Permissible maximum speed and permissible traffic volume ... 202
    7.1 Supplements to the StVO and VwV-StVO contained in the planning instructions of the federal Länder
Permissible maximum speed ... 202
    7.2 Instructions concerning permissible maximum speed contained in the guidelines of Austria and Switzerland ... 203
    7.3 Documentation and discussion concerning permissible maximum speed ... 203
    7.4 Supplements to the StVO and the VwV-StVO contained in the planning instructions of the federal Länder
Permissible traffic volume ... 205
    7.5 Instructions concerning permissible traffic volume contained in guidelines of Switzerland ... 205
    7.6 Documentation and discussion concerning traffic volume ... 205
    7.7 Summary considerations concerning standards for speeds and traffic volumes in "325" precincts ... 206

D 8 Road length in "325" precincts ... 206
    8.1 Supplements to the StVO and the VwV-StVO contained in the planning instructions of the federal Länder ... 206
    8.2 Instructions contained in the guidelines of Switzerland ... 206

D 9 Carriageway width in "325" precincts ... 207

D 10 Construction/design measures in "325" precincts ... 207
    10.1 Supplements to the StVO and VwV-StVO and VwV-StVO contained in the planning instructions of the federal Länder
General explanations of construction/design measures ... 207
    10.2 Instructions contained in guidelines of Switzerland ... 209
    10.3 Documentation ... 209
    10.4 Summary ... 213

D 11 Protective strips for pedestrians ... 213
    11.1 Supplements to the StVO and VwV-StVO contained in the planning instructions of the federal Länder ... 213
    11.2 Instructions contained in guidelines of Switzerland ... 213
    11.3 Documentation ... 213

D 12 Measures affecting vehicle dynamics ... 217
    12.1 Supplements to the StVO and VwV-StVO contained in the planning instructions of the federal Länder ... 218
    12.2 Instructions contained in guidelines of Austria and Switzerland ... 218
    12.3 Documentation ... 218

D 13 Carriageway staggering ... 222
    13.1 Supplements to the StVO and VwV-StVO contained in the planning instructions of the federal Länder ... 222
    13.2 Instructions contained in guidelines of Switzerland ... 222
    13.3 Documentation ... 222

D 14 Cost-saving measures ... 225
    14.1 Supplements to the StVO and VwV-StVO contained in the planning instructions of the federal Länder ... 225
    14.2 Documentation ... 225

D 15 Local and regional public transport ... 227
    15.1 Supplements to the StVO and VwV-StVO contained in the planning instructions of the federal Länder ... 227
    15.2 Instructions contained in guidelines of Switzerland ... 227

D 16 Classified roads ... 227
    16.1 Supplements to the StVO and VwV-StVO contained in the planning instructions of the federal Länder ... 227

D 17 References to planning law in the planning instructions of the federal Länder ... 227

Part E Documentation of implemented and planned Traffic Restraint Precincts in small towns and rural communities ... 229

E 1 Introduction ... 229

E 2 Table ... 230

Comments and literature ... 224

Part A: Summary of study results and conclusions

A 1 Starting position

Public sensitivity to deterioration of the housing and leisure time environment has grown substantially during the past decade and has become an essential criterion when deciding on planning and investing in the transport sector. Initial considerations of how to improve the housing environment in high-density urban problem areas grew into new traffic planning instruments, during the seventies, which became very popular with citizens, planners und politicians under a broad concept of "traffic restraint". Traffic restraining measures were used for the first time in an expedient manner in the Federal Republic of Germany when the Land of Nordrhein-Westfalen (North-Rhine Westphalia) carried out a large-scale trial (during the years 1976 till 1979) (1). Only one year later, the generally positive experience gathered resulted in the inclusion of the new road type "Traffic Restraint Precinct" and of traffic signs 325 and 326 in the law of the road.

The provisions of the StVO (German Highway Code) and the VwV-StVO (General Administrative Regulation) concerning signs 325 and 326 of the StVO, which entered into force on 1 August 1980, have been a major subject of discussion amongst transport planners and transport politicians from the very outset. For example, as early as 1982, proposals to amend these provisions were put forward by the Deutscher Verkehrsgerichtstag and by the Forschungsgesellschaft für Straßen- und Verkehrswesen. The recommendations concerning the local and constructional prerequisites for Traffic Restraint Precincts developed by practical workers from the local authorities, the world of academia and the research community, as well as interested associations, cover the entire spectrum from reducing the minimum standards prevailing at the present time to their drastic increase. Their common feature — independent of specific internal objectives — is the orientation to conditions prevailing in bigger and medium-sized towns. This also applies to the supplementary planning instructions of the Land authorities (cf. the survey in Chapter B 2 and the excerpts in Chapter D of this report).

The present documentation is based on the experience compiled during a previous research assignment of the Federal Minister of Transport and of the Academy for Regional Policy and Planning (ARL), which dealt with the entire spectrum of traffic restraining measures used in small locations (HEINZE/SCHRECKENBERG: Verkehrsplanung für eine erholungsfreundliche Umwelt. Ein Handbuch verkehrsberuhigender Maßnahmen für Kleinstädte und Landgemeinden. (Transport planning for a recreation-friendly environment. A handbook of traffic restraining measures for small towns and rural communities) (2).

For the purposes of this report, Traffic Restraint Precincts are exclusively streets and street networks indicated by means of signs 325/326 (as defined by Sec. 42 (4a) of the StVO).

For the purposes of this report, small locations are small towns and rural communities with up to 20,000 inhabitants or localities forming part of bigger communities and having a comparable number of inhabitants.

The acquisition of information by means of oral und written surveys among local authorities was carried out in October 1983 and February 1984. In the "Documentation of implemented and planned Traffic Restraint Precincts" all supplements received by the end of March 1985 were taken into account. (Cf. the tabular survey in Part E of this report).

This comprehensive stock-taking was made possible by the very high participation of local authorities in the written surveys, which was supported by several Bezirksregierungen (intermediate administrative authorities). The additional information supplied and the experience reports, as well as return rates of between 60% and more than 80%, may be taken as an indication of the major interest which local planners have in the subject of this study. The special gratitude of the author is extended to those representatives of local authorities who communicated their experience through informative personal talks.

A 2 General study results and conclusions

Preliminary remark: This documentation and this discussion of experience involving signs 325 and 326 of the StVO are the result of a research assignment which was carried out during a period of eight months. The study results shown below are conclusions from the information supplied by the local authorities on the study in writing or personally. Scientifically sound planning recommendations would require additional studies.

The urgency of introducing new legal instruments for restraining traffic, which had been anticipated by the regulatory bodies in 1980, is confirmed by the rapidly increasing number of cases of practical application. The action taken by small towns and rural communities suggests that the objective of traffic-restraint planning in this group of local authorities is almost always the assignment of the attribute "Traffic Restraint Precinct" with signs 325/326 of the StVO. In contrast to this, forms of traffic restraint without signs 325/326 of the StVO are of minor importance. Likewise, the number of pedestrian precincts (sign 241 of the StVO) newly created or extended during the past few years is likely to be very small. No cases of newly introduced area-wide restrictions on vehicular traffic for protecting the population from noise and exhaust gases, as well as for supporting orderly urban development (Sec. 45 (1), (1a) and (1b) of the StVO), have become known — with the exception of traditional application in spas and health resorts.

The haste prevailing when Traffic Restraint Precincts were included in the StVO and when they were put into practice did not prove to be a success. The quantity of Traffic Restraint Precincts implemented or in the planning stage, which reflects the major need for traffic restraining measures in the communities, merits a positive rating. On the other hand the quality of the planning results — as measured by comparison with the target concepts of the regulatory bodies as well as the local planners themselves — tends to be clearly unsatisfactory. This opinion refers both to traffic-related aspects (acceptance of walking speed, parking rules, shared surfaces in general) as well as to aspects of town planning (improvement of the function of providing for outdoor recreation, play and social contacts, and of the housing environment). The critical view of the overall circumstances should be set against the positive assessment of detailed creative solutions where difficult local conditions prevailed.

The causes and reasons of this unsatisfactory development will be summed up below in terms of the following theses:

- **Planning principles according to the law of the road are only partially known**

Essential considerations behind the amendment of the StVO have not been included as planning criteria in Sec. 42 (4a) of the StVO or in the VwV-StVO on signs 325/326 of the StVO. They can only be deduced from the relevant reasons published in the Verkehrsblatt (Transport Gazette). These reasons, however, are largely unknown (as is also true of Sec. 10 of the StVO in which the rule governing right of way when leaving a Traffic Restraint Precinct was included).

- **Specific conditions in small towns and communities have not been sufficiently allowed for in the planning provisions**

The basic provisions concerning behaviour (in the StVO) as well as concerning planning and signposting (in the VwV-StVO) were supplemented — at the insistence of the local authorities (but not in Niedersachsen (Lower Saxony) and in the Saarland). They primarily contain planning targets and standards which are based on the experience gathered in residential neighbourhoods of bigger cities. Thus the local planner in smaller communities finds himself in a dilemma, because on the one hand he has to orientate the reasons given in justification of his plans to the official provisions which are only valid to a limited extent, and on the other hand he has to develop independent original solutions for his draft plan.

● **Self-contained planning concepts for Traffic Restraint Precincts are lacking**

In the planning instructions concerning traffic restraint, Traffic Restraint Precincts are described as a special case in the design of residential streets and access ways. Special, self-contained concepts for Traffic Restraint Precincts do not exist. This makes it difficult, in the planning process, to merge specific principles concerning the planning of mixed-use areas (criterion: outdoor recreation function) with general traffic-engineering instruments (criterion: development function) in an overall concept, which is equally plausible for and generally accepted by all road users, i.e. the motorised and non-motorised travelling public as well as other road users.

● **Mini precincts outweigh area-wide solutions**

The 1980 amendments to the Road Traffic Law and to the Highway Code for the first time emphasised town planning considerations, and thus initiated a reorientation in the law of the road which has not yet been matched by practical measures at the local level.

Traffic restraint in general and Traffic Restraint Precincts in particular still tend to be instruments for implementing traffic planning rather than local development planning. The necessary integration of specialised planning and the development of area-wide concepts for road use and use of adjoining land is only rarely carried out.

Of a total of 481 Traffic Restraint Precincts documented in Part E of this report, 317 (= 2/3) consist of only one street or part of a street. These include numerous culs-de-sac in newly built residential neighbourhoods. These mini precincts affect neither traffic in general (such as undesirable non-access traffic), nor the improvement of the function of these streets as a space for outdoor recreation, social contacts and play.

● **The use of construction and design elements is still in the trial phase**

The implementation of a traffic restraint concept requires construction and design measures, the practical use of which is still novel for many local planners in small communities. Experience relating to elements of outdoor furniture in pedestrian precincts is only partially available. The appropriate use of new materials (such as change in surface texture where there is no change in level) and of new traffic-engineering instruments (such as carriageway narrowing, carriageway staggering, speed humps, partial level change treatment), for the time being, is therefore tried out by means of so-called pilot projects (this being one reason for the numerous mini precincts consisting of only one street). Although traffic restraint and town planning provide the background motivation, these routes which are intended for testing engineering and construction measures are indicated by means of signs 325/326 of the StVO.

● **The traditional pattern of behaviour and thinking on the lines of the segregation principle prevents the road from being used, on an equal rights basis, by motorised and non-motorised travellers as well as by other road users**

The rules of behaviour applying to Traffic Restraint Precincts contained in Secs. 10 and 42 (4a) of the StVO are setting new and unusual standards not only for road users, but also for planners. The traditional pattern of behaviour and thinking on the lines of the segregation principle, however, has persisted to date on the part of all those participating in the introductory phase. This is clearly brought out by the constructional and design measures taken and the indication by means of signs 325/326 of the StVO. They are mainly geared to the motor vehicle driver and do not make sufficient allowance for pedestrian traffic conditions.

The reason behind the insufficient fulfilment of the local and constructional conditions as required by the VwV-StVO is ultimately the conventional view of the planning goal "road safety", which stresses protection of the so-called weak road users from the danger caused by motor vehicles. Planning concepts geared to the goals of "shared road surfaces" and "mutual acceptance of traffic needs, and the need for outdoor recreation and social contacts" on the part of all road users are an exception.

The quality of Traffic Restraint Precincts providing space for play, outdoor recreation and social contacts, as a derivative function, is primarily considered from purely traffic-related criteria such as volume and speed of motorised traffic. The intentional increase in the attractiveness of road space for non-motorised traffic and for other uses not related to traffic is secondary. This initiates a planning process, the results of which make the implementation of the StVO provisions on behaviour by motorists and pedestrians difficult or even rule it out (cf. Diagram A; for the development of a use-oriented planning Scheme cf. Diagram 4/3 in Part C of this report).

Diagram A:
Present planning process for Traffic Restraint Precincts

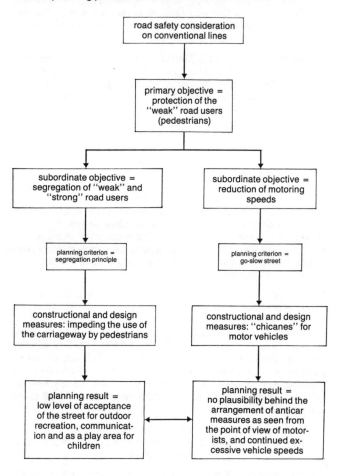

A 3 Suggestions for discussion

Comprehensive documentation and discussion of the planning results as well as the development of proposals for practical measures, broken down according to subjects, will follow in Parts C and D of this report. Some selected conclusions and suggestions for discussion will be summed up below, broken down according to institutions.

● **Federal government**

Re Highway Code:

The provisions of the StVO for protecting the population from noise and exhaust gases, as well as for supporting orderly urban development are often insufficiently known to planners and road users.

It is suggested that

- in case of future amendments of the StVO, all relevant provisions be combined in a single section.

Re the General Administrative Regulation concerning signs 325/326 of the StVO:

In recent years, the competent Land authorities have promulgated supplements and guidelines intended to assist in interpreting the VwV-StVO, the planning instructions of which differ, in some cases, from the basic considerations applying to signs 325/326 of the StVO.

It is suggested that

- a commission of federal and Länder authorities be set up for the purposes of evaluating the experience gathered to date and working out a revision or the VwV-StVO, which would replace the present decrees of the Länder;
- the present constructional and local minimum requirements for the indication of restrained streets by signs 325/326 of the StVO be strengthened rather than relaxed;
- the presentation of numerical standards such as vehicle speed, traffic volume, distances and the like, be dispensed with as in the past;
- increased allowance be made for the needs of smaller towns and communities in future amendments.

● Länder

Comparisons between practical measures taken at the local level and the planning provisions of the Land authorities have shown that the practical importance of these decrees has remained minor.

It is suggested that

- standard nation-wide planning guidelines be developed and be recommended to the local authorities for application (cf. above: federal government) and
- the Länder, in their decrees and instructions, refrain from giving additional indications concerning the planning/implementation of construction design measures intended to restrain traffic.

● Road traffic authorities

The order to indicate streets by means of signs 325/326 pursuant to the StVO is very generously handled by the road traffic authorities. In addition to the insufficient fulfilment of local and constructional requirements according to VwV-StVO regarding signs 325/326 of the StVO, signposting is often unsatisfactory.

It is suggested that

- the order to affix signs 325/326 of the StVO be made dependent on the presentation of a schematic test protocol (check list), at least during the introductory phase which is still under way;
- the reasons invoked to justify the approval of deviations from standard requirements owing to cogent local conditions be given separately in individual cases and, if need be, coordinated with the supervisory road traffic authority.

● Planning and construction bodies

The low level of acceptance of the rules governing behaviour in Traffic Restraint Precincts by road users is due both to the insufficient fulfilment of local and constructional requirements, and to the lacking integration of traffic restraint into area-wide planning concepts.

It is suggested that

- streets in which mixed use is undesirable not be indicated by means of signs 325/326 of the StVO;
- traffic restraining measures only be implemented as part of area-wide concepts (which does not necessarily involve area-wide reconstruction measures);
- the experience gathered by other local authorities be better used (cf. the Documentation of implemented and planned Traffic Restraint Precincts in Part E of this report).

● Political action at the local level

Quite apart from local development and traffic planning, traffic restraint is an important instrument of political action at the local level. In this context, the main emphasis is on the concession of signs 325/326 of the StVO.

It is suggested that

- Traffic Restraint Precincts not be developed as isolated prestige objects, and instead that area-wide concepts, even without signs 325/326 of the StVO, be preferred.

● Local residents

Quite apart from the restrictions imposed on motor vehicle traffic, the establishment of Traffic Restraint Precincts frequently comes up against resistance by local residents. The reasons mentioned often include: Disadvantages to local businesses, fees to be paid by local home-owners for subsequent rebuilding, noise from children owing to newly provided playing facilities, shade created by trees and the need to remove leaves from front gardens.

It is suggested that

- home-owners, local residents and other citizens concerned be included in the planning process at an early stage, and that their active participation be guaranteed and encouraged;
- home-owners and local residents be encouraged to participate in the maintenance of the traffic restraint areas, for instance in road cleaning and gardening;
- the design of public and private road areas be mutually coordinated and particularly in newly built residential neighbourhoods fluid transitions between these road areas be sought.

Science and research

Planning instructions concerning traffic restraint largely allow for conditions of residential neighbourhoods in bigger towns, because relevant research results concerning smaller locations are lacking.

It is suggested that

- the back-log of demand for decision-making bases concerning traffic restraint and traffic planning in smaller locations be increasingly taken into consideration when commissioning research assignments.

A 4 Outlook

This critical consideration of Traffic Restraint Precincts as a legal instrument is confined to its practical use to date in small towns and rural communities. It does not involve a final evaluation of the principle of shared surfaces. However, its opportunities for practical application are presumably greater than has so far been surmised. Some examples have shown that consistent and logical planning results are accepted by road users. It is now increasingly imperative to include the available knowledge concerning traffic-engineering instruments in decisions on local and town planning.

When doing so, the following conditions should be taken into account:

- The sharing of surfaces must be possible for all types of traffic and for the desired pedestrian and recreational road uses, i.e. no use or use group may dominate on a permanent basis.
- Separating elements: while vehicles may be prevented from using parts of the road, pedestrians must not be hindered when stepping onto the area on which vehicles may operate ("carriageway").
- Traffic Restraint Precincts should be integrated into area-wide concepts and, whenever necessary, combined with other traffic-restraining instruments, such as curtailment of traffic streets, go-slow streets where the segregation principle is maintained (i.a. zonal speed limits), pedestrian precincts and restrictions on vehicular traffic according to Sec. 45 of the StVO.

- Acceptance of the principle of shared surfaces should primarily be sought by measures intended to encourage non-motorised road users (pedestrian and bicycle traffic, communication, children playing and the like); i.e. less importance than is customary today should be attributed to constructional "chicanes" which are unilaterally directed against motor vehicles.
- Standard solutions established at a regional level or within a community make the integration of Traffic Restraint Precincts into town planning difficult, i.e. different area types such as newly built neighbourhoods with detached houses, residential, high-density areas, historic old parts, etc., call for independent construction/design concepts of their own.
- The construction/design elements used must be plausible for all road users (for motorists as well as for pedestrians or playing children) and impart to them a feeling of safety with regard to the status of the street, i.e. the elements must be attuned to prevailing road uses, for example in the case of pure residential streets emphasis on outdoor recreation, communication and play, in the case of resort areas the strolling function, in the case of shopping areas a function which is similar to that of pedestrian precincts.

Thus planning a Traffic Restraint Precinct calls for detailed knowledge of local conditions and a particularly sensitive approach. Consequently the autonomous creative development of suitable transport and town development concepts becomes a challenge to the local planner, which also presupposes cooperation between the authorities concerned and the citizien. Ever more sophisticated traffic-engineering guidelines are unsuitable for this purpose, since they are bound to generalise.

Part B: The foundations of planning

B 1 The foundations of "325" precincts pursuant of the law of the road
(Traffic Restraint Precincts)

B 1.1 Summary of conclusions

For the planner in small towns and rural communities, restraining traffic is normally just one among many fields of activity. He is not always able to evaluate all the publications on this subject which were issued during the past few years owing to their great number. The competent authorities at the federal and Länder level have also contributed to this deluge of information by means of research reports and official preset planning targets — ranging from the provisions contained in the Highway Code to non-binding planning recommendations.

The examples from towns and other communities documented in Part D of this report show the wide discrepancy between these planning targets and practical implementation. This study result is not only attributable to the lack of knowledge or the independent interpretation of those in charge of planning, but also to the present planning targets themselves which make only inadequate allowance for the specific problems of small communities.

The local planner is now caught in a dilemma because on the one hand he must justify his planning on the basis of official provisions, and on the other he has to develop autonomous, original solutions for practical planning purposes. This often results in unsatisfactory compromise solutions.

In this report, the documentation of traffic restraining measures is restricted to one special form of traffic restraint, i.e. "Traffic Restraint Precincts" (signs 325/326, Sec. 42 (4a) of the Highway Code — StVO). This binding definition provided by the law of the road has not yet been generally adopted by the local authorities:

— The term "Traffic Restraint Precincts" is also applied to precincts which are not indicated by signs 325 and 326 of the StVO and which are also not meant to be so indicated.
— Often other terms are applied to precincts which are indicated by means of signs 325 and 326 of the StVO, such as play street (mainly used by non-experts), residential street (3), residential precinct, pedestrian precinct.

The term "325" precinct which is preferred in this report was chosen for the following reasons:

— Only those experiences have been evaluated which are based on implemented or planned Traffic Restraint Precincts.
— The addition of the sign number "325" is to help in avoiding mixing up of terms.
— The term "325" precincts covers all precincts indicated by this sign, even if they do not correspond to the prerequisites contained in the Administrative Regulation concerning signs 325 and 326.

● The following suggestions concerning the future development of the relevant provisions have emerged:
— Those legal instruments which form part of the law of the road and which are particularly aimed at
  — the protection of the residential population from noise und exhaust gases and
  — support of an orderly urban development
  should formally be combined in a separate part of the Highway Code. Thus their handling could be simplified and awareness of all provisions improved.
— The numerous other planning provisions of the federal and Länder governments concerning traffic restraint should be codified and should be valid nationwide in a uniform manner.

— Future provisions should make more allowance for the specific problems of small locations.
— The existing provisions should not be amended before additional research work into the specific problems of small locations is available.

Indications concerning the structure of this report:

The close link between preset planning targets and planning decisions was used as a decisive criterion for structuring this report, both in terms of form and of content. The relevant standard federal provisions of the Road Traffic Law, of the Highway Code and of the General Administrative Regulations regarding the StVO are reproduced in Chapters B 1.2 to B 1.4, together with the pertinent reasons. In Chapters B 2 and B 3 the planning provisions of the federal Länder, Austria and Switzerland are documented by way of an index of source material. The relevant text is reproduced verbatim in part D, according to main subjects.

The successful creation of Traffic Restraint Precincts is highly dependent on cooperation and coordination between the authorities in charge of planning construction and design and the authorities in charge of signposting according to the law of the road. The survey compiled in Chapter B 4 shows the allocation of competence which is handled in a highly disparate manner from one Land to another. This might be of some relevance, too, for drawing up those administrative regulations which are directed at the road traffic authorities.

In Chapters B 1.2 to B 3, index numbers have been entered in the right-hand column. They refer to some particular text a specific source material which begins in the pertinent line. Within the text of Parts C and D of this report, notes are used to refer to these index numbers.

B 1.2 Road Traffic Law (StVG)
(as amended on 6 April 1980) (4)

No. 15 has been introduced into Sec. 6 (1) of the StVG "regulatory instructions" (5):

The Federal Minister of Transport shall, with the consent of the Bundesrat (Federal Council representing the Länder), issue legal regulations and general administrative regulations concerning   101

...

15. The indication of pedestrian precincts and Traffic Restraint Precincts and the restriction or prohibition of vehicular traffic for the purpose of maintaining order and safety in these precincts, protecting the population from noise and exhaust gases, and supporting orderly urban development;   102

  103

The explanation of the wording of the law reads as follows: 104
(6) This provision is intended to remove any legal doubts as to the existence of sufficient power of the road traffic authority for taking measures within pedestrian precincts and traffic-restraint residential precincts.

The term "indication" makes it clear that the road traffic authorities are not to be authorised to decide whether a pedestrian precinct or a traffic-restraint residential precinct is to be created. In practice, this is invariably an important local town planning decision of the local authority for which the law of the road may also serve as a legal foundation. It is not intended to change this arrangement in any way. However, the question how the traffic remaining in such precincts is to be controlled when carrying out this basic town planning decision must be decided by the competent road traffic authority. It shall stipulate, for instance, at which times which kind of delivery traffic shall be permitted in pedestrian precincts or which maximum speed shall be permissible in a traffic-restraint residential precinct. When taking this decision, not only aspects of safety and order according to Sec. 45 of the StVO (Sec. 6 (1) (3) of the StVG) shall be relevant but those very town planning considerations which   105

  106

  107

  108

153

form the basis of the local authority's decision. In addition, the protection of the population from noise and exhaust gases may also be relevant for the decision of the road traffic authority. This notion of environment protection is not covered by Sec. 6 (1) (1), lit. d, (as amended by Sec. 1, No. 4, lits. a, bb, aaa) as far as pedestrian precincts are concerned. That is the reason why this supplement is necessary. 109

The traffic-restraint residential precincts created so far are at present still largely in the trial stage. However, the legal prerequisites must be created in due course to allow for a traffic law and road planning development in future in line with the Dutch model, which makes greater allowance for the justified concerns of people. 110 111

As evidenced by the remaining wording of Sec. 6, the apparently cumulative enumeration does not contradict an alternative interpretation and application of this power. For this reason, only one of the objectives enumerated needs to be present.

At the suggestion of the Bundesrat, the German Bundestag amended the originally envisaged term "Traffic-Restraint Residential Precinct" to "Traffic Restraint Precinct". The reasons given read as follows: (7)

Not only areas which are exclusively or predominantly used for housing purposes, but also areas with mixed land use and central shopping districts are eligible for the creation of Traffic Restraint Precincts. The latter possibility is important with a view to the potential disadvantageous effects of pure pedestrian precincts particularly for the central areas of small and medium-sized towns. For this reason, the possibility of setting up Traffic Restraint Precincts must not be restricted to residential precincts. 115 113 114

At the proposal of the Bundesrat, the German Bundestag replaced the originally envisaged words "in the context of sound urban development" by the words "supporting orderly urban development". The reasons read as follows: (8)

The Federal Building Law (BBauG) repeatedly uses the term "orderly urban development" (Sec. 1 (6), Sec. 20 (1) (1) BBauG). Local authorities, administrative state authorities and courts of law are familiar with the conceptual content of this term. The Road Traffic Law which insofar only meets a concern of town planning should, without imperative reasons, not use some different wording which would only give rise to doubts concerning their content and their difference to the term used in the Federal Building Law.

The common opinion of the majorities in the Bundestag and in the Bundesrat should be noted as particularly significant:
1. It is explicitly intended to make the creation of "325" precincts possible also in areas containing mixed land use and in central shopping areas.
2. The "325" precincts are explicitly designated as a measure which can also be used for supporting orderly urban development.

Admittedly, however, the view that mixed use can be a solution which is in line with the locally prevailing situation even outside residential streets, provided the respective town planning aspects are taken into account, is not unanimously supported in Germany and abroad. In the Swiss "Instructions concerning residential streets", for example, item 2.1 regarding the location of the street and land use stipulates:

The street is located in a residential area.

The pertinent explanations state:

The term "residential area" is used to designate settlement areas in which housing is the sole or the predominant land use (more residents than jobs). The catchment area of a residential street should at least have a surface of about 1 hectare, a residential density of 10 inhabitants per hectare and a residential population of 50 inhabitants.

B 1.3 The Highway Code (StVO)
(as amended on 21 July 1980) (9)

Subsection 4a entitled "Traffic Restraint Precincts" was inserted into Sec. 42 of the StVO on "disciplinary signs": (10)

sign 325

beginning of a "325" precinct

sign 326

end of a "325" precinct

The following rules apply within this precinct: 201
1. Pedestrians may use the entire width of the street; children are allowed to play everywhere. 202
2. Vehicular traffic must proceed at walking speed. 203
3. Motorists may neither endanger nor impair pedestrians; they must wait if necessary. 204
4. Pedestrians may not unnecessarily impair vehicular traffic. 205
5. Parking outside the specially marked areas is not permitted except for picking up or setting down passengers, loading or unloading. 206

When the new Subsection 4a was introduced the following explanation was given in the general part: (11)

The so-called "Traffic Restraint Precincts" have attracted a great deal of attention in the discussion concerning traffic law and town planning held during the past few years. 207

Drawing on Dutch experience, a large-scale trial extending over several years was carried out in Nordrhein-Westfalen (North-Rhine Westphalia). In general, the experience gathered was so positive that it is necessary to introduce a relevant traffic sign into the StVO. Following comprehensive psychological and traffic engineering studies (visibility during daytime and night-time), this traffic sign was developed at the initiative of the European Conference of Ministers of Transport (ECMT). The provisions concerning road conduct which are related to this sign also correspond to a recommendation of the Council of Ministers of the ECMT. Thus, sign and provisions will presently be uniformly valid throughout Western Europe. The United Nations Economic Commission for Europe (ECE) also has this sign and the provision concerning conduct under discussion at the present time.

It is reasonable to assume that the European states of the Eastern Bloc will also adopt these rules.

In the StVO, too, the originally proposed term "Traffic-Restraint Residential Precincts" was amended by the Bundesrat to read "Traffic Restraint Precincts". The reason given is as follows: (12)

The provisions relating to signs 325 and 326 do not only apply to parking conduct. The streets indicated in this way constitute a special "type of street". This is to be clarified by the amendment. 208

The following explanations have been given concerning the various provisions governing conduct, contained in Subsection 4a: (13)

Ad 1 209
This provision eliminates the differentiation between the various parts of the road according to types of use (walkway, cycle path, carriageway). It is obvious that such an arrangement is impossible without some considerable redesigning of the road. Doing without such a redisign could not be justified in the interest of road safety. 210

Ad 2 211
The term "vehicular traffic" makes it clear that it does not only refer to motor vehicles. Cyclists and motor-assisted cycle and moped riders must also proceed at walking speed. The term "walking speed" is identical with the same term used in Sec. 24 (2) (see index. No. 219, insertion by author). This is a very low speed corresponding to that of a normally walking pedestrian; it must at any rate be considerably below 20 kph. 212 213 214

Ad 3 215
The upshot of this is to stipulate the priority of pedestrians over vehicular traffic. This ist expressed by the wording "if necessary they (i. e. the vehicles) must wait". This wording is found in Secs. 9 (3), 20 (1), (1 a) and (2) as well as in Sec. 26 (1) (see index numbers 220 to 224, insertion by author).

Ad 4 216
This provision is intended to prevent pedestrians from making inappropriate use of their priority.

Ad 5 217
The areas intended for parking within the Traffic Restraint Precinct need not be indicated by car park signs.

Marking on the road surface is sufficient (Sec 41 (3), (7) (see index numbers 225 and 226, insertion by author), or with some special kind of surface texture if this is possible with sufficient clarity.

Supplements to the above explanations of the provisions governing conduct as contained in Sec 42 (4a) of the StVO:

Sec. 24 (2) of the StVO: 219
Wheelchair users proceeding at walking speed may use walkways and hard shoulders.

Sec. 9 (3) of the StVO: 220
Any road user wishing to turn off must let oncoming vehicles pass first, including rail vehicles, motor-assisted cycles and pedal cycles even when they are travelling in the same direction on or beside the carriageway. The latter also applies to scheduled buses. He must show special consideration to pedestrians; he must wait if necessary.

Sec. 20 of the StVO — "Public transport and school buses": 221
Subsection 1:
Public transport vehicles waiting at stops (signs 224 or 226) may only be passed with caution. Whenever passengers board or alight on the carriageway the public transport vehicle may be passed on the right-hand side at moderate speed only and only at such a distance that any threat to passengers is excluded. They may also not be impaired. The motorist must wait if necessary

Subsec. 1a: 222
Stationary schoolbuses marked as such and with their flashing warning lights turned on (Sec. 16 (2)) may only be passed at moderate speed and at such a distance as to exlude any threat to the school children. They may also not be impaired. The motorist must wait if necessary.

Subsec. 2: 223
Scheduled buses must be given an opportunity to leave marked bus stops. Other vehicles must wait if necessary.

Sec. 26 (1) of the StVO — "Pedestrian crossings": 224
At pedestrian crossings vehicles, with the exception of rail vehicles, must make it possible for pedestrians to cross who perceptibly intend to cross the carriageway on the pedestrian crossing. Therefore they may approach at moderate speed only; they must wait if necessary.

Sec. 4 of the StVO — "Regulatory signs": 225
Subsec. 1:
Signs or white markings on the road surface also constitute rules and prohibitions.

Subsec. 3 — "Markings, No. 7": 226
Markings of parking spaces permit parking (Sec. 12 (2)) on walkways but only for vehicles with a maximum gross weight of up to 2.8 tons. Wherever parking spaces on roads are delimitated by broken lines or by rows of studs this indicates how the vehicles are to be parked. To that effect, simple marking is sufficient at indicated parking spaces (signs 314 and 315) and at parking meters. The continuous lines may be crossed.

In addition, Sec. 10 and 45 of the StVO were adapted accordingly: The first sentence of Sec. 10 of the StVO "Entering the carriageway and moving off" was supplemented by the Bundesrat as follows(14):

Anybody emerging from property bordering on a road or from a Traffic Restraint Precinct (signs 325/326), or entering the carriageway from other sections of the road or moving off from the roadside must behave in such a way that other road users are not endangered; if necessary another person giving directions must be employed. The motorist must show his intention in due time and clearly; in doing so he must use direction indicator signals. 227

The reason given reads as follows(15):
The StVO contains no rule governing the conduct of the motorist leaving an indicated Traffic Restraint Precinct. The proposed provision would ensure that nobody leaving the Traffic Restraint Precinct can claim priority, which would not be desirable in the interest of general road safety. Otherwise this provision would have to be substituted by appropriate signposting. 228 229

Moreover, the wording used in Sec. 6 (1) (15) of the Road Traffic Law which intentionally uses the wider concept of "Traffic Restraint Precinct" should be adopted for inclusion in the StVO and in the Administrative Regulation concerning the StVO. The term "traffic restraint residential precinct" restricts the possiblity of application. In addition, such precincts may not only be created in areas used ecxlusively or mainly for housing, but also in mixed-use areas and in central shopping precincts. The latter is important for central areas of small and medium-sized towns. 230 231 232

Sec. 45 of the StVO entitled "Traffic signs and highway equipment" contains the following on the participation of the road traffic authorities:

Subsec. 1b:
The road traffic authorities shall issue the necessary instructions

...
3. to indicate pedestrian precincts and Traffic Restraint Precincts,
...
5. for protecting the population from noise and exhaust gases, as well as for supporting orderly urban development.

In agreement with the local authority, the road traffic authorities shall regulate the parking facilities for residents, the indication of pedestrian precincts and Traffic Restraint Precincts, as well as measures for protecting the population from noise and exhaust gases, or for supporting orderly urban development. 234

The substantively competent authority shall be appointed according to the law of the Land; see list in Chapter B 4. 235

This wording of Sec. 45 (1 b) of the StVO was partially stipulated by the Bundesrat. They also inserted the new No. 5. The reason given reads as follows(16):

Town planning tasks, and thus also the improvement of the housing environment by restraining traffic, are among the functions which a local authority performs in its own right. Therefore the local authorities must be granted some direction leeway in taking decisions on their own responsibility when issuing directions under the law of the road which are motivated by town planning consideration (BVerwGE 6, 342, 345). For this reason, the instructions referred to in the new sentence 2 of this provision must be issued by consent of the local authority. 236
237

B 1.4 General Administrative Regulation concerning the StVO (VwV-StVO)
(as amended on 21 July 1980)(17)

Text of VwV-StVO concerning signs 325 and 326 "Traffic Restraint Precincts"(18)

I. General comments
1. The signs are 650 mm high and 1000 mm wide 301
2. At the beginning of such precincts, sign 325 is to be erected in such a way as to be perceived from a sufficient distance before turning into the precinct. At the end, sign 326 shall be posted not more than 30 m before the nearest junction or intersection. 302
303

II. Local requirements 304
The indication of Traffic Restraint Precincts presupposes that the streets under consideration predominantly serve outdoor recreation, social contacts and access functions, particularly owing to speed reducing measures taken by the body obliged to construct and maintain the street or by the road building authority. 305

III. Constructional requirements
1. In addition to the desired increase in road safety, the signposting of Traffic Restraint Precincts substantially depends on town-planning considerations, particularly with regard to improving the residential environment by redesigning road space.
2. The streets covered by sign 325 must, by virtue of their design, give the impression that the recreation and social function predominates and vehicular traffic is of secondary importance there. This may be achieved, inter alia, by a street design which is clearly different from neighbouring streets that are not signposted by means of sign 325. As a rule, level surfacing over the entire width of the street will be necessary.
3. While streets signposted by means of sign 325 may be used by pedestrians over their entire width, this 312 does not mean that motorists must also have the possibility of using the street everywhere. Therefore it may be appropriate in some cases to reserve surfaces for pedestrians and to delimit them in a suitable way (e.g. by bollards, plants) from the space intended also for vehicular traffic. 313
4. The street must make it possible to be used by all kinds of vehicles normally to be found there. 314
5. Parking space requirements should be appropriately allowed for. The surfaces intended for parking within the Traffic Restraint Precinct need not be identified by parking signs. Some other indication is sufficient, e.g. road marking (Sec. 41 (3) (7)) or change in texture. 315
316

IV. All streets of a delimited area, as well as individual streets and street sections, are eligible for indication as Traffic Restraint Precincts. Signs 325 and 326 may not be stipulated unless the conditions listed under II and III have been met. Each individual street or street section must meet this requirement unless local conditions, also with a view to the traffic situation, permit individual deviations. 317
318
319

V. Within the precincts indicated by signs 325 and 326, additional signs, such as warning signs and highway equipment, are normally unnecessary. 320

VI. Miscellaneous 321
In addition to the creation of Traffic Restraint Precincts (sign 325) the following measures may, inter alia, be taken for improving road safety and for town planning considerations:
1. Change in the street network or in traffic routes to exclude through traffic, such as the creation of culs-de-sac, the closure of "back-street routes", diagonal closures of intersections, 322
2. the closure to certain types of traffic, possibly at night-time only, 323
3. providing non-waiting signs and speed limits at particularly dangerous sites (e.g. signs 274 together with 136), 324
4. the creation of one-way streets, 325
5. level changes. 326

Experience has shown that only a combination of several of these measures holds a chance of success. 327

Explanations of and reasons for VwV-StVO concerning signs 325 and 326(19):

Following substantial changes in the originally intended text, item II was reworded. Above all, the previously more stringent restrictions concerning local requirements were deleted:
— that the type of building concerned should be self-contained neighbourhoods; 328
— that ouside vehicular traffic should be kept out and that scheduled buses should also not operate; 329
— that there should be suitable diversion routes. 330

The deletion of the latter requirement was justified as follows:
This rule is superfluous. The problem of how to divert traffic must be solved during the preceding planning stage. 331

Special mention of competent authorities in item II was justified as follows:
The creation of traffic restraint residential precincts is first and foremost a matter for the body obliged to construct and maintain roads. This is to be emphasised here. 332

The originally envisaged wording of item III, subsection 1 was "Town planning aspects, **particularly** concerning **road design and hous-**

ing quality are essential". This was amended to read: "Town planning aspects, particularly concerning **improving the residential environment by redesigning the road space.** (emphasis by author)"

The reason given is as follows:

The town planning aspect is covered more explicitly by the proposed wording. 333

In item III, Subsection 2, in the first sentence, reading "The streets covered by sign 325 must, by virtue of their **constructional design** give the impression..." (emphasis by author) the word "constructional" was deleted on the following grounds:

It is not only by constructional measures that the desired purpose can be achieved. Design measures which are not connected with the ground and other components and markings, such as lane markings, may be sufficient in suitable cases. 334

In substance, the last sentence of item III, Subsection 5, was more comprehensively worded. In addition to indicating parking spaces by parking signs (sign 314 of the StVO), surface markings and changes in surface texture are mentioned merely as examples. This is explicitly intended to authorise additional suitable indications which may ensue from town planning and design considerations.

The present wording of item IV is justified as follows:

Not only delimited areas but also individual streets and street sections are eligible for accommodating Traffic Restraint Precincts. ...Different assessments of Traffic Restraint Precincts are possible in terms of size, special characteristics, number of local residents, and with a view to traffic conditions. For this reason, deviations from the requirements mentioned in items II and III must be possible with a view to individual streets or street sections. 335 336

VwV concerning Secs. 39 to 43 of the StVO "General comments concerning traffic signs and highway equipment"(20) (excerpt):

I. The measures taken on the part of the authorities for the purpose of regulating and guiding traffic by means of traffic signs and highway equipment constitute an appropriate and necessary supplement to general traffic provisions. The possibilities which are thus available should be fully utilised wherever this appears appropriate in the interest of safety, or in the interest of facilitating traffic, and of the optimum use of the road space... 401 402

III. General comments concerning traffic signs

  1. Only those traffic signs may be used which are prescribed by the StVO, or are authorised by the Federal Minister of Transport by proclamation in the Verkehrsblatt (Transport Bulletin) with the agreement of the competent supreme Land authorities. 403 404

  2. The shapes of the traffic signs must conform with the specimens shown in the StVO. 405

  3. Only the outer dimensions of the individual signs are indicated... Reduced versions of traffic signs may not be erected unless this has been expressly authorised by this administrative regulation. The ratio of the prescribed dimensions should be adhered to, even when over-sized and under-sized traffic signs are provided... 406 407 408

  8. Unless this regulation provides otherwise, traffic signs must be mounted on the right-hand side of the road, approximately at a right angle to the direction of traffic so that they are easily visible. 409 410

   a) Placing them only on the left-hand side or only above the road is not permitted unless misunderstandings cannot arise as to the fact that they apply to all traffic moving in one direction, and unless they are particularly conspicuous and always within the driver's field of vision; for instance, exclusively on the left-hand side where no left turns are permitted form dual carriageway roads, or on one-way streets. 411

   b) Wherever necessary, and mainly at particularly dangerous sites, the signs must be placed on both sides of the road; in case of dual carriageways, on both sides of the carriageway. This may be the case mainly on streets carrying heavy or rather fast traffic, or on streets where traffic streams move alongside each other. 412

...

  11 a) Unless special provisions apply to individual traffic signs, the lower edge of the signs should, as a rule, be 2 m above the road surface, 2.20 m above cycle paths, on gantries 4.50 m, on refuges and traffic islands 0.60 m. 413 414 415

   b) Traffic signs must not be placed on the carriageway. Normally their lateral distance from the carriageway should be 0.50 m within built-up areas and in no case less than 0.30 m; outside built-up areas it should be 1.50 m. 416 417

B 2 Planning instructions of the federal Länder

The federal provisions of which excerpts have been reproduced in Chapters B 1.2 to B 1.4 (StVG, StVO, VwV-StVO), the research reports published, among others, by the Federal Minister of Transport and the Federal Minister for Regional Planning, Building and Urban Development, and also any other publications on traffic restraint in general, and on "325" precincts in particular, have been supplemented by the competent ministers of the Länder by means of additional guidelines and background material.

Baden-Württemberg:

Administrative Regulation of the Minister of the Interior concerning the Highway Code (VwV IM-StVO-) of 11 July 1981, reference number III 6-4101-4/1, Gemeinsames Amtsblatt (common bulletin) Baden-Württemberg (GAB1), number 25 of 21 August 1981, page 793 et seq., with annex: Traffic restraint in residential neighbourhoods/creation of Traffic Restraint Precincts by sign 325 of the StVO. BW 1

The principles contained in the annex were drawn up in November 1980 on the occasion of an exchange of experience between legal experts on road traffic and town planning, and road building and traffic engineers, organised by the HUK-Verband (association of insurance companies). Their application is recommended to the local authorities, in accordance with item 3.2 of the VwV IM -StVO-.

Bayern (Bavaria):

— Execution of the Highway Code. Proclamation of the Bavarian Ministry of the Interior of 19 September 1981, number I C/II D-2504-611/7, Ministerialamtsblatt (bulletin) of the administration of the Bavarian Ministry of the Interior (MAB1) of 23 November 1981, vol. 33, number 24/1981, pages 655—704. BY 1

— Traffic restraint. Instructions and examples concerning the traffic restraining design of access roads, in: Arbeitsblätter für die Bauleitplanung (worksheets on local authority planning for real estate utilisation and building). Number 5, edited by: Bavarian Ministry of the Interior — Supreme Building Authority, München: published by Kommunalschriften-Verlag Jehle, München GmbH, 1983. BY 2

Hessen:

— Traffic restraint in Hessen. Examples, possibilities and limitations. Brochure of the Hessen Ministry for Economics and Technology (Ed.), Wiesbaden 1984. HE 1

- Traffic restraint in residential neighbourhoods. Circular letter of the Hessen Minister for Economics and Technology of 26 March 1980, reference number III b 1 — 66 k 04.75.02.   HE 2
- Traffic restraint in residential neighbourhoods. In particular: use of signs 325 and 326 of the StVO, circular letter of the Hessen Minister for Economics and Technology of 16 September 1980, reference number III b 1 — 66 k 12.11.   HE 3
- Guidelines of the Land of Hessen for promoting constructional measures on roads for restraining traffic in residential neighbourhoods (Ri zu § 38 FAG-Verkehr), Official Gazette for the Land of Hessen, No. 3/1982, p. 106-108.   HE 4
- Prerequisites, possibilities and effects of measures designed for creating Traffic Restraint Precincts, circular order of the President of the Regional Administration in Darmstadt on 16 January 1981, Darmstadt.   HE 5

Niedersachsen (Lower Saxony):
- Minister of Social Affairs of Niedersachsen (Ed.): Experience, findings and recommendations concerning traffic restraint neighbourhoods, in: Berichte zum Städtebau und Wohnungswesen (Reports on urban planning and housing), issue 1, Hannover, 1980.   ND 1

Nordrhein-Westfalen (North-Rhine Westphalia):
- Planning and implementation of measures for restraining traffic on public roads. Joint circular order of the Minister for Economics and Transport — IV/A 3-79-11-6/83 — and of the Minister for Land and Town Development — III C 2-87.15 — of 18 Feburary 1983, MB1.NW., No. 23 of 31 March 1983, p. 376-378.   NW 1
- Improvement of the residential environment as part of promoting town construction. Orientation guide for promoting measures designed to improve residential environment in the context of promoting town construction, in: Kurzinformation des Ministers für Landes- und Stadtentwicklung des Landes Nordrhein-Westfalen, brief information of the Minister for Land and Town Development of the Land of Nordrhein-Westfalen (Ed.), No. 9/1982.   NW 2
- Instructions concerning the allowance to be made for public transport when implementing traffic restraint measures. Circular order of the Minister for Urban Development, Housing and Transport — IC 3-89.00-1447/86 of 11 June 1986, brief information of the Minister for Urban Development, Housing and Transport of the Land of Nordrhein-Westfalen (Ed.), No. 2/1986.   NW 3

Rheinland-Pfalz (Rhineland Palatinate):   RP 1
- StVO circular letter of the Minister for Economics and Transport of the Land of Rheinland-Pfalz StVO 1/1981 of 30 July 1981, including annex: Traffic restraint in residential neighbourhoods/creation of Traffic Restraint Precincts by means of sign 325 StVO.
While this annex ist identical to the one appended to VwV IM-StVO of the Ministry of the Interior of Baden-Württemberg, it has been supplemented by item 3 on financing.
- Town planning prerequisites for creating Traffic Restraint Precincts pursuant to Sec. 42 (4a) of the Highway Code, summary of a discussion held in the Ministry of Finance of the Land of Rheinland-Pfalz on 13 January 1984.

Saarland
No additional planning aids (as per December 1984).

Schleswig-Holstein:
Instructions concerning measures for restraining traffic. Joint circular order of the Minister of the Interior and of the Minister for Economics and Transport of 29 December 1980 — IV 810-511.624.0/VII 500 — T 3102/2-16-, Official Gazette for Schleswig-Holstein, No. 5/1981, p. 91-93.   SH 1
Under item 6 reference is made to the following indications concerning planning and implementation: Traffic restraint in residential neighbourhoods. Recommendations by the advisory centre for damage prevention of the HUK-Verband, No. 1, Köln 1981. Reference is also made to: Traffic restraint in residential neighbourhoods. Final report of the group of advisors on the large-scale trial of the Land of Nordrhein-Westfalen, edited by the Minister for Economics and Transport of the Land of Nordrhein-Westfalen, Düsseldorf 1979.

B 3 Guidelines in Austria and in Switzerland

Austria:
Highway Code of 1960, as amended on 3 March 1983 (10th amendment to the Highway Code), Federal Law Gazette for the Federal Republic of Austria, Vol. 983, No. 174, Wien, (Vienna), p. 893-908.   A
This law entered into force on 1 July 1983.

Switzerland:
- Road signposting ordinance (SSV) as amended on 5 September 1979.   CH 1
Art. 43 concerning residential streets entered into force on 1 January 1980.
- Directions concerning residential streets. Order of the Helvetic Department of Justice and Police of 1 May 1984, V. 9.604.9, Bern.   CH 2

B 4 Authorities involved in the setting up and indication of Traffic Restraint Precincts ("325" precincts)

The term "Traffic Restraint Precincts" is a clearly defined concept of the law of the road. It comprises (several, individual or sections of) public roads which meet two basic requirements:

1. Local and constructional prerequisites making the special road type clear and making mixed use of the entire road surface possible, and
2. the legally relevant indication by means of signs 325 and 326 of the StVO.

● Competence for creating local and constructional prerequisites

The body obliged to construct and maintain roads or the relevant road building authority is competent for creating local and constructional prerequisites (see index No. 304). With a view to the law of the road, the streets within the "325" precinct normally are local streets. Federal highways, Land or state highways and district highways may have to be downgraded to local roads/streets before their redesign begins. Consequently the local authority is the body obliged to construct and maintain these roads.

The involvement of institutions above the local level depends on the kind and scope of the overall task. For example, the offices for the protection of ancient monuments are involved when planning in historical town centres is concerned, and the road building authorities when traffic repercussions on classified roads are concerned.

The above relates exclusively to the **executing technical institutions**. In contrast to this, the initiative for carrying out traffic restraining measures has not been institutionalised. The survey results on hand indicate that it often emanates from committed individuals. They include persons from various sectors of public administration as well as local politicians and, pariticularly in newly built residential neighbourhoods, citizens living in the respective streets.

- Competence for indicating "325" precincts under road traffic law:

Pursuant to Sec. 44 (1), sentence 1, of the StVO, the authority competent for indicating "325" precincts is the lower level transport authority:

Unless otherwise stipulated, the road traffic authorities are competent for the practical execution of these regulations; they are the lower level administrative authorities competent under the Land legislation or those authorities to which Land legislation has assigned the tasks of the road traffic authority.

For some time an exception existed in Nordrhein-Westfalen: the consent of the President of the Regional Administration had to be sought before mounting or removing signs 325 and 326. This duty to seek consent was repealed in February of 1983 (see Chapter B 2, source: NW 1).

Within the meaning of Sec. 44 (1), sentence 1, of the StVO, the competent road traffic authorities are the following:

— in Baden-Württemberg (21)
  a) for communities integrated into a district
    — the Landratsamt (district administrator's office) or
    — the Große Kreisstadt (county town) or
    — the Verwaltungsgemeinschaft (administrative community) (the prerequisites in the latter case are: more than 20,000 inhabitants, at least one community with more than 8,000 inhabitants, and an application filed with the Land government),
  b) for communities not integrated into a district
    — the local authority.

— in Bayern (Bavaria)(22)
  Independent of its size and number of inhabitants, every local authority is the local road traffic authority for local roads within its area.

— in Hessen (23)
  a) for communities integrated into a district
    — the Landrat (district administrator) as the district police authority or
    — the mayor as the local police authority in communities having more than 7,500 inhabitants,
  b) for towns not integrated into districts
    — the mayor as the district police authority.

— In Niedersachsen (Lower Saxony) (24)
  a) for communites integrated into a district
    — the district authority

  b) for independent communities (the prerequisites being more than 30,000 inhabitants, determination by the land government)
    — the local authority.

— In Nordrhein-Westfalen (North-Rhine Westphalia) (25)
  a) for communities having up to 25,000 inhabitants integrated into a district
    — the district regulatory authorities,
  b) for communities having more than 25,000 inhabitants
    — the local authority.

— In Rheinland-Pfalz (Rhineland Palatinate) (26)
  a) for communities integrated into a union of local authorities
    — the administration of the union of local authorities
  b) for communities not integrated into a union of local authorities
    — the administration of the local authority
  (in both cases for non-classified roads).

— In Schleswig-Holstein (27)
  a) for communities having up to 20,000 inhabitants integrated into a district
    — the Landrat (district administrator)
  b) for towns having more than 20,000 inhabitants
    — the mayor.

Summary

The following may be competent for ordering signs 325 and 326 of the StVO to be placed:

a) all local authorities without restrictions (in Bavaria),
b) the administration of the union of local authorities for smaller communities or the local authorities themselves provided they are not integrated into an union (in Rhineland-Palatinate),
c) the district for small communities or the local authority itself provided the community has the following number of inhabitants
  — more than 7,500 (in Hessen)
  — more than 20,000 (in Schleswig-Holstein),
  — more than 25,000 (in North-Rhine Westphalia),
  — more than 30,000 (in Lower Saxony).
d) the district or the county town or the administrative community (in Baden-Württemberg).

These lower level administrative authorities have no direct influence on construction/design measures. They may only verify whether the prerequisites for indicating an area as a "Traffic Restraint Precinct" listed in the VwV-StVO have been met. Since little or no practical experience involving the type of use of "shared surfaces" is available at the local level this verification assumes major importance.

Part C: Planning Principles

C 1 Summary of conclusions

Advice to the reader:
In this report, two frequently occurring notions are represented in a simplified manner:
1. "Sign 325" and "sign 326" denote signs 325/326 of the StVO (Highway Code) and
2. "VwV-StVO" denotes the General Administrative Regulation concerning signs 325 and 326 of the StVO

unless other additional indications are given.

Ever since the StVG and the StVO were amended in 1980, scholars of various disciplines have been devoting their attention to the phenomenon of "Traffic Restraint Precincts". Depending on the starting position of the author concerned, different developments of the existing legal foundations are presented. This literature is not covered by this report.

Pursuant to Sec. 42 (4a) of the StVO pedestrians are permitted to stroll even in parts of the road which are used by vehicular traffic. Concepts such as mixed traffic, mixed use, shared surfaces, or other terms indicating a mixture of vehicles and other road users, are not mentioned in the StVG, in the StVO or in the General Administrative Regulation concerning signs 325 and 326 of the StVO. Instead, the explanations (see index number 215 in Chapter B 1.3) refer to the pedestrian's priority.

Another interpretation, at least of a verbal nature, is given in the planning instructions of the federal Länder. For example, the Bavarian instructions concerning the traffic-restraining design of access roads (see index number BY 2 in Chapter B 2) underline the principle of mixing various kinds of traffic. They state inter alia:

The traffic surfaces ("mixed-use areas") are to be **shared** *by pedestrians and vehicles.*

Within the meaning of the Highway Code, "mixed-use areas" are the so-called ***"Traffic Restraint Precincts".***

This view should be endorsed because
1. The pedestrian's priority would merely be a reversal of the traffic rules in force so far. Mixed use, however, would be a provision which would be novel for the StVO and would justify the emphasis on "special type of street" (see index number 208 in Chapter B 1.3) in the reasons given for the amendment of the StVO.
2. The practical importance of the concept of mixed use hinges on the ensuing use of the road space by all road users on an equal rights basis. As shown by the examples documented in part B of this report, it becomes difficult or impossible to reach the objectives envisaged by the creation of "325" precincts if the construction/design measures are geared to deterring vehicles as a user group, rather than to granting equal rights to all road users.

The above-mentioned Bavarian instructions (index number BY 2) state furthermore:

Mixed-used areas indicated by means of signs 325/326 of the StVO are an extreme form of development which should not be employed unless non-traffic uses such as outdoor recreation, social contacts and play indeed outweigh other uses, and the street is actually so used.

This sentence is of special importance. For the first time in official planning indications, it states that mixed use must not only be planned but actually take place if a street is to be indicated by means of signs 325/326. In fact, however, this target is only rarely met in the "325" precincts under study.

● The following **suggestion** concerning the future development of the relevant provisions emerges:

The concept of "mixed use" or "shared surfaces" should be embodied in the StVG and the StVO, for instance, even by amending the current term "Traffic Restraint Precinct" to read "mixed-use area". The mixed use of road space should explicitly be made a prerequisite for ordering signs 325/326 to be mounted. (The new zonal speed limits would be excellently suited for go-slow streets.)

Reasons:
The observance of special rules concerning driving conduct, contained in Sec. 42 (4a) of the StVO, will only be plausible to the **motorist** if he is able to recognise this as a necessary adjustment to the mixed use of the street.

The acceptance of mixed use by **pedestrians** (and by playing children) presupposes that the manner of road space design relieves them of their inhibitions with respect to leaving their traditional path alongside the houses. However, current construction/design measures for directing vehicular traffic as used today are points and lines marking the separation of zones where pedestrians and vehicles, respectively, enjoy priority.

C 2 "Mixed use" as a basic principle of "325" precincts

C 2.1 "Mixed use" as used in the StVO and VwV-StVO

Sec. 42 (4a) (1) of the StVO stipulates for "325" precincts: "Pedestrians may use the entire width of the street; children are allowed to play everywhere" (see index number 202 in Chapter B 1.3). This provision is interpreted here as the intention of the regulatory body to reintroduce the principle of "mixed use" for public road space on certain conditions (see VwV-StVO, index numbers 304 and 306). The user-dependent differentiation of the various parts of the road, i.e. walkway/cycle path/carriageway has been invalidated in "325" precincts (see also index number 209).

Restrictions of potential uses may be left to the discretion of the competent road traffic authority, provided they do not basically invalidate the principle of mixed use. Cf. the wording of a sign explaining sign 325 (mounted in June 1982, see also Figure D 2.3/3):

Beginning of traffic-restraint zone. Pedestrians may use the entire width of the street. Children are allowed to play everywhere.
Exception: noisy games, football, ice hockey, etc. from 12 a.m. to 3 p.m. and after 8 p.m.

An even more extensive restriction of use is evidenced by the following excerpt from an official proclamation of a local authority:

In order to avoid obstructions and property damage, I, (the mayor, addition by author) request you, in view of the limited road width, to refrain from pointless riding around on bicycles. Playing football is prohibited.

(As for the problem of children playing in "325" precincts see also Chapter D 2.3, part "Symbol of signs 325 and 326" StVO.)

In the communities under study which are planning or have created "325" precincts in their centres, the prerequisite of a predominant function of "providing for outdoor recreation, social contacts and play" (see index number 309) was unanimously criticised. Central shopping areas attract substantial customer and supplier traffic which cannot be attributed to this function.

● The following **suggestions** concerning future amendments of the relevant provisions emerge:

— It is the most important local requirement that traffic structure and construction/design measures make surface sharing possible. Should an extended enumeration of road uses be desirable, the shopping function should be added.

— An even clearer indication of the special status of "325" precincts would be possible if the concept of "outdoor recreation, play and social contacts" were replaced by "mixed use".

The term "mixed use" of the road as used here denotes the co-existence of **traffic uses** (by motorised and non-motorised vehicles, as well as pedestrians) and of **other road uses** on an equal rights basis (children playing (see index number 202), activities serving human communication in the leisure-time and recreation sector, and the like). These other road uses correspond to the function (outdoor recreation, social contacts and play) listed in the VwV-StVO (see index numbers 305 and 309). Both types of road use in "325" precincts are determined by adjacent land use (housing for local residents and /or tourists, administration, services, leisure-time and recreation facilities, industrial facilities, etc. Land use outside the relevant "325" precinct which generates trip origins or destinations within the "325" precinct should be integrated into the planning process. Thus, area-wide consideration of planning for traffic restraint is necessary.

Land uses outside the relevant "325" precinct which generate through traffic may be accounted for in different ways, depending on the pressure caused by them. Types of traffic which create little nuisance or none at all (pedestrians, pedal cyclists) are integrated, types of traffic creating considerable nuisance (heavy commercial vehicles) are either likewise integrated within the "325" precinct depending on the desirable use (e.g. supply traffic in shopping streets), or diverted to other routes (for traffic diversion see also index number 331 in Chapter 1.4).

Mixed use within the meaning of this report should not be confused with the situation in streets — mainly in rural communities and in historic town centres — where

— constructional segregation of walkway and carriageway (the so-called segregation principle) is not possible owing to insufficient width,

— contruction did not follow the segregation principle owing to lack of funds, or

— no space is left for separate walkways owing to the preset planning target "safeguarding the smooth flow of vehicular traffic" and the consistent application of standard cross-sections for the carriageway

and thus **de facto mixed traffic** exists. In such cases, vehicular traffic continues to enjoy priority over the entire surface; because "whenever they (the pedestrians, addition by author) use the carriageway they must walk at the right or left carriageway edge within built-up areas... ...they must walk single file whenever traffic conditions so require."(28)

Planning, design and use call for a special pattern of thinking and conduct on the part of all concerned. This presupposes a rethinking process, because some of the traditional basic tenets of traffic education are ultimately reversed. This brings out the psychological aspects which are involved when dealing with "325" precincts.

In this case provisions which used to be exceptions become rules of principle. Some examples follow:

— adjustment of motoring speed to the pedestrian (see index number 203);

— the motorist must give way (see index numbers 204 and 215);

— no parking as a matter of principle (see index number 206);

— priority of the outdoor recreation, social contacts and play function over the (vehicular) traffic function (see index numbers 305 and 309);

— priority of town planning aspects over the traditional needs of motorised traffic (see index numbers 307 and 333).

The necessary gradual permeation effect of the rethinking process on politicians, planners and users can only be anticipated on a long-range basis. While suitable construction/design measures within the "325" precincts and in their close vicinity can accelerate the rethinking process, they cannot replace it. The conduct actually observed in the "325" precincts of the locations visited has shown that even particularly expensive design of the road surface (e.g. by mosaic-like pavement), as well as outdoor furniture and green spaces within the road area, do not produce the desired conduct, i.e. traffic restraint, to the extent which had been expected. Therefore one tends to agree with those predictions which caution against exaggerated hopes for success in the short term (such as slow driving, acceptance of the road space as a communication area, orderly parking, elimination or substantial reduction of motorised through traffic).

Scientific studies make reference to bad experience resulting from "325" arrangements within these precincts (mainly excessive driving speed, and hence a special risk of accidents to pedestrians), as well as to negative consequences to neighbouring areas. Owing to these results, it is then suggested drastically to curb the potential use of "325" precincts.

The experience available to date pertaining to the group of rural communities and small towns does not support this view. A final assessment of the effects of "325" precincts is likely to be premature at the present time because

— the **periods for gathering experience and getting accustomed** are too short, and

— owing to the lack of integration into area-wide transportation and local development plans, the **basic requirement** of **"mixed use"** is not guaranteed; construction/design measures, as a rule, do not promote it and in some instances even prevent it.

The regulatory bodies were obviously aware of these basic difficulties. For this reason, they stipulated that the requirements mentioned in the VwV-StVO must be met before traffic signs 325 and 326 are mounted: "The indication of Traffic Restraint Precincts presupposes that..." (see index number 304). Thus the intended and the actual effect of signs 325 and 326 of the StVO is limited to a mere clarification of the status of the roads so indicated under the law of the road.

C 2.2 "Mixed use" in planning instructions of the federal Länder
(The index number refers to the list in Chapter B 2)

Bayern (Bavaria) (index number BY)
Page 8 (emphasis by author)

Basically, the following are the most important means that can be used for restraining traffic:

— *reducing driving speed*

— *reducing traffic volume*

— *increasing the percentage of areas for pedestrians*

— **shared use of road surfaces by all road users**

— *deliberate design of the road space as a natural component of road design.*

Page 24

*The traffic areas ("shared surfaces") are **jointly** used by pedestrians and vehicles.*
*For the purposes of the Highway Code, shared surfaces are the so-called **Traffic Restraint Precincts.***

Page 24

*Shared surfaces indicated according to 325/326 of the StVO are an extreme form of development which should only be used if the non-traffic uses of the street, i.e. outdoor recreation, social contacts and play, **indeed** predominate and if the street is used for them. This is mainly so in access-only streets within densely built-up older parts of towns, in which adequate private open spaces are often missing and the street area must therefore also serve these additional functions. In such cases the fact that the street is crowded with pedestrians, cyclists and children holds a better guarantee for road conduct by drivers and riders which is adjusted to surface sharing. On the other hand, for example in sparsely built-up areas with detached houses, one ought to consider whether the road space indeed serves the function of outdoor recreation, social contacts and play. Shared surfaces which are not used as such encourage people to travel at higher than walking speed and may be a problem with regard to road safety.*

Page 38 (emphasis by author)

*Traffic Restraint Precincts are indicated by means of signs 325 and 326 of the StVO (Sec. 42 (4a) of the StVO). Whereas motor vehicles are, as a rule, excluded from pedestrian precincts, pedestrians, cyclists and motorists coexist in the Traffic Restraint Precinct, who **behave according to the principle of mutual consideration**.*

Comment: In the proclamation of 1981, (index number BY 1) the last sentence ended as follows: "...**whose conduct is regulated along the lines of mutual consideration**". Thus the new version is geared to **actual conduct** and no longer to the **regulation of conduct**.

Hessen: (index number HE 1)
Page 6

(The objectives of traffic restraint) can make a contribution to making time spent in the road space once again safer and more attractive for local residents. In addition, the housing environment can be designed more naturally and more beautifully by more green spaces and more trees within the road space.

...

For children and adolescents this means that they are once again offered an opportunity to play in the street close to their homes or to maintain social contacts in the street space.

However, playing in the street does not mean playing on the carriageway. The entire width of the street may be used by playing children only where there are shared surfaces indicated as Traffic Restraint Precincts. In other cases, children are only able to play on walkways which, however, must be kept clear of parked motor vehicles.

Several local authorities report about complaints of residents who fell bothered by the noise of playing children. The catalogue of arguments concerning "traffic restraint in Hessen" states the following:

Hessen (index number HE 1)
Page 68
Objection
Residential streets cause an excessive amount of children's noise, they become the amusement park of the entire neighbourhood. This will result in more damage to parked cars.
Counterarguments
— *Car noise and exhaust gases have been demonstrated to be injurious to health (sleep disturbance, circulatory trouble, auditory impairment, etc.) — nobody has yet become ill owing to playing children.*
— *Schoolchildren play on their free afternoons and in the evening until 8 p.m. at the latest. — Cars, however, are driven throughout the period from 5 a.m. to 1 a.m.*
— *As long as there are only isolated traffic-restraint residential streets, it is quite possible that children from other streets, too, are romping in these residential streets and make a noise while playing. For this reason, traffic should not only be restrained in individual streets but in entire residential neighbourhoods so that children do not mass in a single residential street.*

C 2.3   "Mixed use" in the guidelines of Switzerland
(The index number refers to the list in Chapter B 3)

Switzerland (index number CH 2)
Item 1.1

Concept and purpose of residential streets
Residential streets are shared traffic surfaces which are specially prepared and indicated by means of the sign "residential street" (3.11) (equivalent to sign 325 of the StVO; addition by author). They are primarily intended for pedestrians, and special traffic rules apply to them, such as priority for pedestrians, maximum speed for vehicles 20 kph (Art. 43 (1) of the Swiss Highway Code). The main purpose of the residential street is to make the traffic surfaces available to pedestrians — for play and sports or for social contacts.

Item 1.2
Basic consequences
When selecting and designing residential streets, allowance should be made for the special traffic rules applying to them. Transforming a street into a residential street is a measure for the protection of residential areas, which imposes most stringent restrictions on moving traffic; therefore it only makes sense if the above-mentioned main purpose is the main objective and is recognised by residents and owners...

Item 3.2
The traffic surface — a mixed-use area shared by pedestrians and vehicles — must be specially prepared (in a pedestrian-friendly manner).

Annex: item 1.1
When a request for the creation of a residential street is received, it must first be established whether the applicants are indeed primarily interested in the main purpose defined in the instructions (item 1.1).

Annex: item 1.2
The authority shall see to it that the residents inform their children about the character of the residential street as a "playstreet" and about the dangers of other streets.

C 3   Area-wide traffic restraint

C 3.1   Model project "Area-wide traffic restraint"

The concept of "Area-wide traffic restraint" is closely associated with the experimental research project of the same name, which was conducted by the three federal institutes BUNDESANSTALT FÜR STRASSENWESEN (BASt, Federal Insititute for Road Research), UMWELTBUNDESAMT (Federal Environment Agency) and BUNDESFORSCHUNGSANSTALT FÜR LANDESKUNDE UND RAUMORDNUNG (BflR, Federal Research Centre for Area Studies and Regional Policy). The project will extend over several years and during this time the effects of area-wide traffic restraint on traffic, road safety, urban planning and the environment will be studied in six model communities (Berlin, Mainz, Buxtehude, Esslingen, Ingolstadt and Borgentreich). Traffic restraining measures of various kinds are to be combined. "Area-wide" means "the positive effects of traffic restraint are intended to cover major neighbourhoods, but it does not mean that redesign is necessary at every point of the street space."(29)

Of the model communities included in the "Area-wide traffic restraint" project, only the town of Borgentreich falls into the group of "small towns and rural communities". After an intensive pre-planning stage, the first construction measures are expected to be taken in the summer of 1984.

Area-wide traffic restraint in the wider sense of the word has been attempted, sometimes even for decades, by means of the use of "conventional" instruments of the StVO in smaller towns, particularly in spas and health resorts.(30)

The present report is concerned with only one of the possible measures of traffic restraint, i.e. "325" precincts. For this reason, the considerations concerning area-wide traffic restraint in the following Chapter C 3.2 are, in the first place, based on the principle of "mixed use".

C 3.2   Area-wide considerations when planning "325" precincts

The notion "area-wide" is considered here under two aspects: the area-wide individual measure of a construction/design manner, and the area-wide basic concept of planning.

- Area-wide individual measures

A practical example of an area-wide individual measure is raising the level of a street or a street section. It is considered a constructional standard prerequisite, both for streets in newly built areas as well as in old urban areas, because "as a rule level surfacing over the entire width of the street will be necessary" (see index number 311).

In the surveys among local authorities, this provision was often mentioned as a reason for setting up and expanding "325" precincts by stages in old urban areas. It is considered a condition requiring costly construction measures

— to remove pavement kerbs and
— to replace the customary asphalt surface by paving stones or slabs.

Both measures may result in serious misguided investment if their practical implementation does not do justice to the requirements of a mixed-use area. Two examples will illustrate this provision:

— Instead of the kerb, after rebuilding (or initial building), rows of bollards, trees, lamps, flower beds, parking meters and the like indicate the line segregating carriageway from footway. The increased **vertical structuring** of the street may even increase the segregation effect as against the conventional method, i.e. the kerb (see Chapter D 11 "Protective strip for pedestrians").

— Strips of pavement, graded colours and/or forms for the material used may equally provide visual segregation of footway, cycle path, carriageway and parking spaces. In addition, this type of **horizontal structuring** may assume an undesirable function as a directing element if it follows the contours of the carriageway as a strip of constant width. In such cases, an additional speed-increasing effect is to be expected since the motorist feels a sense of security (see inter alia Chapter D 10 "Construction/ design measures in "325" precincts").

Such measures make it difficult or impossible to do away with the segregation principle: thus they neither meet the requirements of mixed use or space sharing, nor the construction/design requirements of a "325" precinct. The objective of the provision "level construction" is often misunderstood or even undermined by using "priority for the protection of pedestrians" as a justification. The carriageway as a hazardous area can hardly be made less dangerous by this kind of construction because pedestrians and motorists maintain their traditional road conduct.

In certain cases, however, the spatially limited application of separating elements can be meaningful, for instance in the case of square-like street widenings or squares

— to prevent undesirable parking or
— to keep vehicular traffic out of popular communication areas

(see also index number 313 in Chapter B 1.4).

As far as "mixed use" goes, area-wide consideration of the street is decisive during planning and designing of a "325" precinct. The cause-and-effect relationships are described below.

In practice, the space bounded by adjoining buildings and the ends of the street becomes the area for placing traffic engineering measures and for street furniture. They are used on both sides of the "carriageway" which exhibits a greater or lesser degree of changes in horizontal alignment. The conventional planning concept that the carriageway axis (= the street axis) should be in the centre has obviously spread to the planning of mixed-use areas, too. Instead of the required area-wide consideration (recreation, social contacts and play function!) the line-related consideration (inspired by the transport function) continues.

Crossing traffic (related to the street axis) is still considered an interference factor as it is in conventionally designed and used streets, which is to be reduced as far as possible by elements alongside the carriageway. The reason invoked in such cases is the required "protection of pedestrians".

This axial orientation of street design influences user conduct in a decisive way, i.e. slow road users walk on the margin, fast ones drive in the middle. This corresponds to the classic segregation principle. The "channellising" of crossing pedestrians traffic may be compared to a close sequence of pedestrians crossings.

Square-like street widenings and intersections are sometimes furnished with fountains, elevated flower beds, groups of trees, and the like. The "carriageway" which is thus clearly defined is also accepted as such by non-motorists. Thus the use of "325" precincts or parts thereof for communication and play is rendered difficult or impossible.

The axial design principle coincides with the needs of road users on **traffic roads.** An application to **mixed-use areas** is not possible. The spatial restriction or channellising of movement processes defined by planning/construction/design measures is therefore at variance with the prerequisites for indicating a precinct by means of signs 325/326 of the StVO.

- Other area-wide considerations

The area-wide consideration of the street space described in the previous chapter is primarily aimed at the conduct of road users who are already inside "325" precincts.

The use of "325" precincts as an instrument for influencing route choice could be successful in the context of an area-wide concept (seen as a coherent network of several streets). This mode of application would foster new, non-traffic activities in the street space mainly in central shopping districts and in resort areas, and would thus boost attractiveness for a wide group of users beyond that of the residents only.(31)

At other levels of the area-wide planning concept, there is the consideration of the other restrained areas of a town or community as parts of an overall system and ultimately the entire town. If the traffic restraint areas (including "325" precincts, pedestrian precincts, parks, recreation areas inside and outside the built-up area, and the like) of a town were mutually connected by traffic restraint streets — which, for the time being, is only theoretically conceivable — effects on the traffic pattern of the entire town (modal choice) would also be conceivable.

Such far-reaching concepts are just beginning to be planned in a few towns. For this reason, we have to do without a comprehensive discussion at this juncture.

C 4 Beginnings of a use-orientated planning process

In Chapter C 2 mixed use and equal treatment for all road uses were explained as basic principles of "325" precincts. They also establish the assessment formula:

To what extent do

a) the planning targets and
b) the design means and methods

promote/impair this mixed use?

Which partial aspects belonging to a) or b) have only minor or no influence on mixed use? These questions are also covered in part D, where selected main topics are discussed.

Mixed use is not a homogeneous concept. It is made up of partial uses of the most varied kind. Neighbouring land uses — which in turn co-determine road uses within the "325" precinct — do not have to be determined solely by the residential function. Consequently the VwV-StVO emphasis the recration, social contacts and play function (see index numbers 305 and 309). Persons staying there may — depending on the predominant use or use combination — be residents, health resort guests, day guests, customers or employees of adjoining service and business operations, and the like.

Such a differentiated mode of consideration depending on kinds of use calls for the definition of different local and constructional prerequisites. The reason given for VwV-StVO item IV makes reference to this (see index number 336 in Chapter B 1.4).

The dependence of road conduct on actual uses and activities within the "325" precinct also calls for a differentiated procedure in the assessment process because there is no Traffic Restraint Precinct per se! A first rough breakdown of "325" precincts could be as follows:

I. "325" precincts in large and medium-sized towns
II. "325" precincts in small towns and rural communities
   1. in central shopping areas,
   2. in mixed and residential neighbourhoods,
   3. in newly built residential neighbourhoods on the outskirts on a "green field site".

Cf. the examples in Figures C 4/1a to 1c. Even within one and the same community there need be no "standard traffic restraint"; cf. the examples in Figures C 4/1b and C 4/2a and 2b.

Specific concepts for planning and for the measures to be taken must be developed for each of the above-mentioned area types.

Figure C 4/1:
"325" precincts with different uses

C 4/1a:
Shopping street in historic town centre

C 4/1 b:
Residential street with hotels and guesthouses in an urban health resort area

C 4/1 c:
Residential street in a newly built residential neighbourhood

Figure C 4/2:
Variants of construction/design measures in the same community (see also Figure C 4/1b)

C 4/2a:
Residential street on the outskirts of town (in the background junction with bypass)

C 4/2b:
Street providing entry to central residential and business district in the old part of town

Diagram C 4/3:
Schematic decision-making structure of a use-orientated planning process

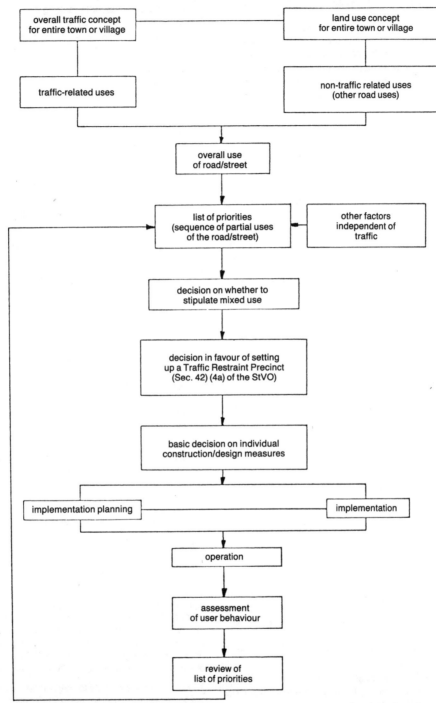

Citizens' involvement:
Public acceptance of mixed use is decisive for succes (or failure) of the "325" precinct. A crucial prerequisite is the early and intensive involvement of all road users. A distinction is made between participation in the decision-making process and decision-making by the citizens themselves.

During phase 1: citizens' participation in the development of the overall concept for the town or village. Autonomous decision by the local authority.

During phase 4: participation of the citizens concerned in establishing the list of priorities for partial uses. Autonomous decision by the local authority.

During phase 8b: decision of the citizens concerned regarding detail work.

During phase 10: decision by all road users on their own conduct (acceptance of the principle of mixed use).

Traffic-related uses:
An essential criterion of the planning process as presented here is the relatively minor influence of directly traffic-related factors during the selection of individual measures (phase 7). It is assumed here that special allowance for town planning considerations and above all expedient promotion of other road uses are decisive for the subsequent acceptance of the principle of mixed use also by motorists.

167

C 5 The chances of application of a use-orientated planning set-up

Proposition 1: Theoretically no basic problems are to be expected when implementing a use-orientated planning set-up, i.e. relatively independent of traffic; this is due to the fact that the present planning practice is already largely determined by factors independent of traffic.

Proposition 2: There is only a small chance of actually translating this set-up into local practice on a short-term basis because the factors independent of traffic affecting the decision; which are sometimes irrational often obstruct a consistent, long-term planning process.

C 5.1 Explanation of the assessment criteria

The written and oral interviews which were part of this short project aimed at two groups of results:

— Ascertainment of the more technical data concerning implemented and planned "325" precincts in small towns and rural communities. These data include the planning documents (transportation plans, local development plans, town and country planning and others), the measures themselves (location within the community, year of construction, scope of the measure, including the number of streets covered, street lengths, street widths) and facilities which, in addition to housing, may influence road use.

— Ascertainment of factors independent of traffic influencing the planning of "325" precincts.

All the answers can only be interpreted and standardised before they are scientifically evaluated if the prevailing local conditions and the respective "planning philosophy" of the respondent are known. In view of this complex state of affairs, the limited term of the project permitted a tentative interpretation only.

The information available was derived from
— written surveys,
— supplementary oral interviews,
— incidental statements by passers-by, taxi drivers, business people,
— reports in the local press and
— local inspections.

The data collected suggest that the planning process concerning "325" precincts is often influenced by factors which can neither be ascertained in the short term, nor assessed as to their importance.

According to credible statements collected, these factors include for instance:

— the place of residence of influential persons in local politics and industry,(32)
— hopes and fears concerning future turnover in adjacent enterprises,
— the budgetary situation of the local authority concerned (which can be recognised, for ecample, by looking at the materials used during the various construction stages),
— fears of nuisance caused by the light of street lamps or the shade of trees,
— apprehension of the soiling of front garden by leaves falling from trees in the street,
— fears of nuisance caused by playing children,
— approaching dates of local elections,
— apportionment of road building funds to all localities incorporated into the local authority,
— dimensions of refuse lorries and conditions for operating existing road cleaning vehicles.

Whenever conditions of this kind have a decisive influence on planning, the provisions of the StVO can hardly be fulfilled. The weakest point in the planning process is the absence of hierarchically superior guiding concepts making equal allowance for traffic needs and other needs. Overall local development plans either do not exist, are already outmoded, or do not make allowance for the chance of mixed use in "325" precincts.

The absence of a concept of a higher order results in generally unsatisfactory solutions.

First group of cases: newly built residential neighbourhoods.

The simultaneous creation of "325" precincts with the construction of new streets in newly built residential neighbourhoods was demanded by the residents concerned themselves or was accepted without any major problems. The low volume of vehicular traffic is hardly impaired by street furniture. Because of the availability of sufficient private parking spaces, parking problems do not arise.

Results:
Drivers who are familiar with the locality do not adhere to the prescribed walking speed.

The elements of furniture used only serve to lessen the monotony of traditional access roads. Promotion of the outdoor recreation, social contacts and play function cannot be observed, nor is it necessary owing to the generous private open spaces.

Second group of cases: streets carrying heavy volumes of traffic in town and village centres.

In old neighbourhoods, "325" precincts tend to be created in order to forestall through-traffic. The lack of integration into an overall transport programme and the insufficient budgetary funds result in mini-precincts including only one or two streets. The measures of redesign are only a minor nuisance to vehicular traffic; the partial increase in the number of parking spaces (diagonal parking!) makes the approach for private cars more attractive and thus generates additional traffic in search of parking.

Results:
Traffic volume (motor vehicles) and driving/riding speed are only insignificantly reduced. Sharing the entire width of the street surface is impossible.

C 5.2 Consequences concerning future action

Traffic restraining measurs are increasingly demanded and accepted by the citizens even in small towns and rural communities. Political decision-makers and administrative authorities support these demands or even take the initiative on their own. However, dealing with the special street type (see index number 208) "325" precinct, and the space sharing involved, is relatively new for all concerned. The creation of "325" precincts practised so far in small towns and rural communities is still unsatisfactory. The excessive motoring speeds which are generally deplored are a result of planning shortcomings which are bound to arise when the basic principle of mixed use or space sharing is not taken into account.

The experience available to date therefore makes it appear appropriate to support local planners and decision-makers in preparing the planning concept during the present trial period of the "325" precinct rule which is still going on. It is not advisable to intervene directly in the local town planning and traffic engineering decisions of the local authority. However, it is recommendable to make the approval of mounting signs 325 and 326 dependent on the submission of an explanatory report describing

— the integration of the "325" precinct into overall local development,
— the chance of achieving mixed use, and
— citizens' involvement in the plannig process, which is important for acceptance.

Part D: The planning practice of local authorities under the constraint of official planning instructions

D 1 Introduction

In Part D, some selected main subjects are documented in detail and explained by means of examples taken from the day-to-day practice of local authorities in the Federal Republic of Germany. Deliberately, no presentation of model trials is given.

The discussion of planning results and the deduction of suggestions for future action are governed by the question: How can the possibility of sharing street surfaces be impeded, prevented, or promoted?

Practical experience gathered at the local level is preceded by theoretical target concepts based on the relevant official planning instructions of the German federal Länder, as well as of Austria and Switzerland.

Remark:
References to quotes from the StVG, the StVO and the VwV-StVO, as well as to sources of the planning instructions quoted are indentified by means of index numers.

Re references to SVG, StVO and VwV-StVO, note the first number:

1 = StVG = Chapter B 1.2, p. 153 et seq.
2 = StVO = Chapter B 1.3, p. 154 et seq.
3 = VwV concerning signs 326/326 of the StVO = Chapter B 1.4, p. 156 et seq.
4 = VwV concerning Sec. 39 to 45 of the StVO = Chapter B 1.4, p. 156 et seq.

Re references to literature sources:
The following abbreviations apply to the planning instructions of the federal Länder contained in Chapter B 2, p. 157 et seq.:

BW = Baden-Württemberg
BY = Bayern (Bavaria)
HE = Hessen
ND = Niedersachsen
NW = Nordrhein-Westfalen (North-Rhine-Westphalia)
RP = Rheinland-Pfalz (Rhineland-Palatinate)
SH = Schleswig-Holstein

The following abbreviations apply to the guidelines of Austria and Switzerland contained in Chapter B 3, p. 158:

A = Österreich (Austria)
CH = Schweiz (Switzerland)

D 2 The transition from "325" precincts to other road types

The provisions concerning the transition area between "325" precincts and other road types regulate

1. the conduct of motorists when leaving the "325" precinct in Sec. 10 of the StVO (see index number 227 in Chapter B 1.3);
2. signposting in Sec. 42 (4a) of the StVO (see Chapter B 1.3) and in item 1.2 of the VwV-StVO concerning signs 325 and 326 (see index numbers 302 et seq. in Chapter B 1.4),
3. the construction/design measures in items III.1 and III.2 of the VwV-StVO concerning signs 325 and 326 (see index number 306 et seq. in Chapter B 1.4).

D 2.1 Supplements to the StVO and the VwV-StVO contained in the planning instructions of the federal Länder
(The index number refers to the list in Chapter B 2)

Baden-Württemberg (index number BW 1)
Part 1, second paragraph,
Traffic Restraint Precincts must be indicated exclusively by means of signs 325/326 of the StVO. A combination with sign 250 (with or without additional sign) must absolutely not be permitted.

Baden-Württemberg (index number BW 1) and
Rheinland-Pfalz (index number RP 1)
Annex, item 2
Traffic Restraint Precints should not border on traffic streets on which priority is regulated by means of traffic signs.

Bayern (index number BY 1)
Item 41.2.1 (concerning signs 205 and 206 number VII.1 VwV-StVO, specifically residential ways)
The provision contained in No. VII.1, last sentence, of the VwV-StVO is mainly concerned with junctions of residential ways which are public under the law of the road, are not signposted as walkways, and join the road via a lowered walkway. In the junction area, such walkways should be unilaterally indicated by means of sign 205 (without sign 306). By way of an exception to No. 1 concerning sign 205 of the VwV-StVO, it is permitted in these cases that the sides of sign 205 may have a length of 600 mm each.

Bayern (index number BY 2)
Page 25
Transitions to adjoining streets without sign 325 of the StVO must be emphasised by constructional measures (e.g. by a change in level, lowering of the kerb, change in material, narrowing).

Hessen (index number HE 5)
Page 9
Mixed-use areas must not border on traffic streets, i.e. on the directly adjoining streets other "traffic-restraining measures", such as a speed limit or narrowing of the carriageway should be provided. In neighbourhoods with old buildings, short street sections (up to 50 m in length — see decree of 16 September 1980 (see index number HE 3, comment by author)) which are bounded by junctions at both ends, or which constitute the end of a cul-de-sac, are eligible for transformation into mixed-use areas.

Nordrhein-Westfalen (index number NW 1)
Item 3.8
The transitions from the Traffic Restraint Precinct to other streets should be clearly recognisable. This should be effected by constructional design which makes it clear to the motorist that he is entering a special street section which calls for special road conduct (gate effect). The transition areas may for instance be provided with a clear change in level between traffic surfaces; at intersections and junctions it may be built like a driveway leading to a plot.

It is recommendable not to have the Traffic Restraint Precinct run directly into a heavily trafficked street on which priority is subject to sign 301 or 306 of the StVO. Direct contact should be avoided by means of a "transition zone", which should not be shorter than 20 m. This helps to avoid that children's games which are allowed in the Traffic Restraint Precinct spill over to heavily trafficked streets.

Item 2.4 (on traffic restraint in general)
Whenever the local and constructional requirements necessary for creating a Traffic Restraint Precinct cannot be provided, an examination should be made whether the traffic restraining measures described under number 2.1 to 2.3 without indication by signs 325/326 of the StVO (cf. VwV VI concerning signs 325/326 of the StVO) can be prescribed. Frequently these measures can also be prescribed on the streets leading to mixed-use areas and can thus improve the prerequisites for the creation of mixed-use areas.

Rheinland-Pfalz (index number RP 1)
(see under Baden-Württemberg)

Often when combining a "325" precinct and one-way streets, the fact is not taken into account that the beginning and the end of the "325" precinct must be indicated for pedestrians at all transition points. This will be elaborated upon in Chapter D 4. By way of a complement to the preceding planning instructions concerning traffic restraint, a reference to the transition between pedestrian precincts and other road types will be given here:

Bayern (index number BY 1)

Item 1.1.3

...Wherever the end of a pedestrian precinct is not recognisable, sign 241 with the additional sign 748 ("end") must be mounted...

(For an implemented variant see Figure D 2.3/45)

D 2.2 Instructions contained in guidelines of Austria and Switzerland
(The index number refers to the list in Chapter B 3).

Austria (index number A)

Sec. 76b (3), sentence 2
When leaving a residential street, right of way must be given to the traffic flowing outside the residential street.

Switzerland (index number CH 1)

Art. 43 (2)
The sign "end of residential street" (3.12) (sign 3.12 of the SSV (Swiss Highway Code), corresponding to sign 326 of the StVO, comment by author) indicates that the general traffic rules are valid once again.

Switzerland (index number CH 2)

Item 3.1
The entrances to and exits from the residential street must be visually clearly recognisable.

Annex: item 3.1
It is not sufficient to indicate the "gate" merely by the "residential street" sign. Rather it must be made clearly visible and perceptible for road users by means of constructional measures such as narrowing, level changes (changes in horizontal and vertical alignment), and the like.

Where heavily trafficked streets join residential streets the "gate" should be set back a certain distance inside the residential street concerned so that traffic moving on the main road is not impeded by a back-up.

Item 3.4
Signing
The "residential street" sign (3.11) shall be mounted at all entrances to residential streets, the "end of residential street" sign (3.12) at all exits from residential streets. By way of exception to Art. 16 (2) of the SSV, the "residential street" sign does not have to be repeated after every junction or intersection to be valid further on.

Annex: item 3.4.1
Location of signs
The "residential street" and "end of residential street" signs shall be mounted directly next to the "gate" to the residential street — standard size as a rule; in the case of insignificant side entrances and exits a reduced format may be used for the signs. The "end of residential street" sign may be placed on the back of the "residential street" sign. Signs are not mounted at paths which join residential streets and which are exclusively intended for pedestrians.

Item 3.4
Where residential streets directly join crossing streets, right of way should be clearly indicated by means of sign 3.01 "stop" or sign 3.02 "give way". (These signs correspond to signs 206 of the StVO "stop! give way!" and 205 of the StVO "give way!")

Item 3.4
Combination of the "residential street" and "end of residential street" signs with other signs.

Wherever necessitated by local conditions, the signs "residential street" and "end of residential street" may be combined with other signs.

Annex: item 3.4.2
Such a combination should not be provided unless it is absolutely necessary. Restrictions on dimensions or weight (signs 2.16, 2.18) (these signs correspond to regulatory signs 262 to 266 of the StVO, addition by author) or the informatory signs "one-way street" or "cul-de-sac" (4.08, 4.09) (= signs 228, 357 of the StVO) may, inter alia, be combined with the "residential street" sign. The right of way signs "stop" or "give way" (3.01, 3.02) shall be combined with sign "end of residential street" wherever the residential street directly runs into a crossing street (...). When providing for such combinations the placement regulations contained in Art. 101 (6) of the SSV shall be observed.

The "residential street" sign should not be combined with the general "no vehicles in either direction" sign (2.01) (= sign 250 of the StVO "no vehicles of any kind") and the additional sign "except for access". Such a combination would run contrary to the very purpose and meaning of a residential street.

Item 4.3
The "residential street" and "end of residential street" signs must not be mounted before the regulations have entered into force (Art. 107 of the SSV), and the residential street project has been completely implemented according to the documents submitted.

The public authority appointed under cantonal law is competent to decree that a residential street indicated by signs 3.11/3.12 of the SSV be arranged. During the introductory phase from 1 January, 1980, until 30 April, 1984, approval of the Federal Police Office in Berne was required; since the entry into force of the new guidelines this has no longer been necessary. The following documents must be submitted so that an examination can be made whether signs 3.11/3.12 of the SSV should be mounted:

Switzerland (index number CH 2)

Annex: item 4

4.1 For examining the requirements on the street and on traffic
— *data concerning cause (reasons for establishing residential street) and opinion-forming process (orientation and hearing of residents and owners);*
— *description of the project;*
— *general plan of the town, village or locality showing the location, length and type of street, as well as the catchment area including number and density of inhabitants (e.g. zonal plan, street network plan, transportation plan, etc.);*
— *data concerning traffic volume (trips during peak hour/daily average).*

4.2 For examining the requirements on design and signposting a project plan or design plan containing indications
— *on design (plants, furniture, arrangement of parking spaces, etc.);*
— *on the cross-section of the traffic surface (predominantly one level, ramps, etc.);*
— *on the longitudinal profile (positive or negative gradient, partial change in level);*
— *on signposting: location of signs 3.11/3.12, as well as of any other signs mounted at the entrances to and exits from residential streets.*

4.3 Additional documents for assessment

In addition, the "Planning recommendation on traffic restraint" of the IVT, report number 83/1 (...) may be consulted for the purpose of a comprehensive assessment of the applications (33).

D 2.3 Documentation and discussion of the indication of "325" precincts in practice

Breakdown according to main subjects:

Main subject	page
— symbol of signs 325 and 326 of the StVO	171
— sign 325 — additions to symbol	172
— sign 326 — additions to symbol	175
— signs 325 and 326 — variation of sign dimensions and location of placement in cramped conditions	178
— coordination of the location of signs 325 and 326 with construction/design conditions	183
— advance indication of a "325" precinct	185
— indication of the "325" precinct for non-motorists	189

● General comments

The VwV-StVO, points II and III (see index numbers 304 et seq. and 306 et seq. in Chapter B 1.4) stipulates that the indication by means of these signs is not permissible before the construction/design measures have been completed. Nevertheless, in practice, an effort is often made to achieve observance of the rules of conduct listed in Sec. 42 (4a) of the StVO merely by erecting the traffic signs (cf. Figure D 2.3/1). In such cases an impact on motorists and pedestrians is only perceptible in exceptional cases, as the regulatory bodies had already anticipated.

Figure D 2.3/1:
Indication of a "325" precinct by means of multiple signposting, guide posts and road markings

Figure D 2.3/2:
Symbol of sign 325 of the StVO

● Symbol of signs 325 and 326 of the StVO

The traffic sign which has been incorporated into the Highway Code under number 325 was developed by the European Conference of Ministers of Transport (ECMT) after comprehensive psychological and traffic engineering studies (see index number 207 in Chapter B 1.3 and Figure D 2.3/2).

Abroad, the streets indicated by this traffic sign are called Woonerf (in the Netherlands) or Wohnstrassen (in Austria (34) and in Switzerland (35)). In the Federal Republic of Germany the regulatory bodies have explicitly extended the scope of application of this sign to streets where the adjacent land uses are not limited to housing (see index numbers 112 et seq. in Chapter B 1.2 and 208 in Chapter B 1.3).

The term "play street" which is often used by laymen and experts to designate "325" precincts shows that the symbol used for sign 325 has emphasised "children's games" as a street use. In this context the experience reports received from local authorities have, among others, identified the following problem groups.

Worked example 1:
When applied to shopping streets in central urban districts which have the character of a pedestrian precinct, the combination of symbols is unsatisfactoy or confusing because it does not reflect the actual street use.

Worked example 2:
Where the uses of the land adjacent to streets are residential or health resort/recreation, children's games may be perceived as a nuisance. Some isolated cases have become known where for this reason the residents demanded that the conventional street type be reestablished (see also the "Noise Abatement Decree" in Figure D 2.3/3.).

Figure D 2.3/3:
Additional sign carrying explanations concerning Sec. 42 (4a) of the StVO and "Noise Abatement Decree" (supplementary to this see Figure D 2.3/9)
Legend: Traffic Restraint Precinct begins here. Pedestrians may use the entire width of the street. Children are allowed to play everywhere. Exception: Noisy games, football, ice hockey, etc. from 12 a.m. to 3 p.m. and after 8 p.m. Markt Garmisch-Partenkirchen

Figure D 2.3/4:
Additional sign "proceed at walking speed"

Two experience reports from local authorities refer to demands by citizens who wanted a ban on ball games in the "325" precinct. The reason given was broken shop windows. The requests were rejected by the competent public affairs authorities who explicitly referred to the child with a ball shown by the symbol. The sensitivity to noise generated by children's games is not dealt with in depth here.

● Sign 325 — additions to symbol

The equipment of streets with so-called "street furniture" or "speed-reducing construction/design elements" and also the erection of traffic sign 325, has often no clear practical effects on actual conduct in the street. This is particularly true for driving speeds, parking, pedestrians' conduct according to the segregation principle, and for through-traffic. Therefore, in several places additional signs giving explanations have been added to sign 325 (see Figures D 2.3/4 to D 2.3/8). One case was reported where the traffic supervisory authority rejected such an additional sign on the ground that it was incompatible with the provisions of the StVO.

The long texts shown on additional signs to sign 325 which can be seen in Figures D 2.3/7 and 2.3/8 can hardly be fully taken in by the motorist proceeding at high speed. They may, however, contribute to the information of pedestrians which is likewise important. At any rate, the influence of the explanatory signs on street users is likely to be minor. When observing the "325" precincts documented here, not a single case of traffic conduct as prescribed by the StVO (i.e. mixed use of the street space) was found.

Figure D 2.3/5:
Additional sign "please proceed at walking speed"

Figure D 2.3/6:
Additional sign "no through-traffic"

Figure D 2.3/7:
Additional sign
"TRAFFIC RESTRAINT PRECINCT
Priority for pedestrians
Vehicles proceed at walking speed only
Parking on marked surfaces only"

Figure D 2.3/8:
Additional signs
1. "Traffic Restraint Precinct
Priority for pedestrians
Vehicles proceed at walking speed only
No parking"

2. Sign 350 of the StVO "pedestrian crossing"

Another way of representation of additional explanations is shown by Figures D 2.3/9 to D 2.3/11 where the effect of symbols is emphasised.

Figure D 2.3/9:
Additional signs
above = emphasis on "play street"
(Legend: "residential area
proceed at walking speed for the children's sake")
below = see Figure D 2.3/3

Figure D 2.3/10 and D 2.3/11:
Signs erected subsequently
(examples show two locations in the same community)

For the sake of protecting the visual amenity of a location, traffic signs should only be erected where this is absolutely necessary.

Where conditions are cramped, reduced dimensions of signs 325 and 326 might be an appropriate solution.

Despite the restrictions mentioned above, a supplementary reference to the characteristic kind of use of "325" precincts might be appropriate in certain cases, for instance where the area is not a residential neighbourhood in the strict sense of the word. Figures D 2.3/12 and D 2.3/13 show a possible combination of signs 325 with explanatory wording on a traffic sign panel, which retains the basic dimensions of 1000 x 650 mm described by the VwV-StVO (as for dimensions, see index number 301 in Chapter B 1.4). Before erecting such a sign the consent of the competent traffic supervisory authority should be sought. As for the variation of sign dimensions in other cases, see the details contained in the following sections.

Figure B 2.3/12:
Traffic sign 325 of the StVO plus additional wording
oblong format 1000 x 650 mm
(legend "health resort area")

Figure D 2.3/13:
Traffic sign 325 of the StVO plus additional wording
upright format 650 x 1000 mm
(legend "watch out for children")

By way of comparison, Figure D 2.3/14 shows the traffic sign panel indicating a ban on motor vehicles; however, normal size traffic signs were used in this case.

Figure D 2.3/14:
Traffic sign panel indicating a ban on motor vehicles
(by way of comparison)
(legend "health resort area")

● Sign 326 — additions to symbol

Sec. 42 (4a) of the StVO only regulates conduct within a "325" precinct (see index number 201 in Chapter B 1.3). The provision concerning motorists' conduct upon leaving a "325" precinct, on the other hand, has been included in Sec. 10 of the StVO (see index number 227 in Chapter B 1.3). Hence the competent road traffic authorities presume that this provision is even less known than the rules governing conduct within "325" precincts. Therefore, for road safety reasons, in many cases additional traffic signs are erected next to sign 326: sign 205 of the StVO "give way!" (see Figure D 2.3/15) or sign 206 of the StVO "stop! give way!" (see Figure D 2.3/16). Figure D 2.3/17 shows a combination of sign 205 and sign 326 with an additional sign carrying an advance notice of the end of the "325" precinct.

Figure D 2.3/15:
Combination of traffic signs.
Signs 326 and 205 of the StVO

Figure D 2.3/16:
Combination of traffic signs.
Signs 326 and 206 of the StVO

Figure D 2.3/17:
Combination of traffic signs.
Sign 326 with additional sign 741 and sign 205 of the StVO

● With a view to future amendments of the relevant provisions and the work of the planning authorities the following suggestions emerge:

— The right of way valid at the exit from the "325" precinct as a provision governing conduct should also be included in Sec. 42 (4a). This would make the job of information easier and would make the special legal status of the "325" precinct even clearer (equal to a driveway providing exit from a plot).

— In road safety information and education more attention should be paid to the rules governing conduct inside and on the fringe of "325" precincts. Care should be taken that when "325" precincts are newly created, local information campaigns (newspaper articles, leaflets, and the like) should always cover Sec. 10 of the StVO in addition to Sec. 42 (4a).

— The recognisability of the symbols shown on sign 326 is less important for motorists leaving than for those entering the precinct. For this reason, a considerable reduction in size should be permitted as a variant when certain conditions apply. This is also justifiable on account of the approach at walking speed or at a very low speed, which permits a longer reaction time.

Analogous to traffic sign panels showing sign 325 (see Figures D 2.3/12 and D 2.3/13), traffic sign panels showing sign 326 should also be authorised, at least during the familiarisation period (see Figures D 2.3/18 to D 2.3/21).

Figure D 2.3/19:
Traffic sign panel.
Signs 326 and 206 of the StVO
oblong format 1000 x 650 mm

Figure D 2.3/18:
Sign 326 of the StVO

Figure D 2.3/20:
Traffic sign panel
Signs 326 and 206 of the StVO
upright format 650 x 1000 mm

Figure D 2.3/21:
Traffic sign panel
Signs 326 and 205 of the StVO
upright format 650 x 1000 mm

- For reasons of certainty of the law, every end of a "325" precinct must be indicated by means of sign 326. The "simple" signposting by means of sign 205 of the StVO alone, which has been practised in several communities, should explicitly be defined as inadmissible.
- Where "325" precincts join heavily trafficked streets the solution shown in Figure B 2.3/17 including an advance notice shoul be authorised or even recommended. The necessary exemption permit should contain the condition that the danger emanating from rapidly moving vehicular traffic on the priority road should be eliminated or at least reduced by suitable construction/design or traffic control measures.
- Increasing the already considerable number of traffic signs by erecting signs 325 and 326 on both sides of the street and by combining these signs with informatory or warning signs is no remedy to compensate for insufficient construction/design measures. The prescribed conduct (analogous to that observed when leaving a plot) should be achievable if the design of the exit from a "325" precinct corresponds to that of exits from plots. If this is undesirable, for instance owing to the resulting lower capacity, other concepts of traffic-restraining measures without sharing of the road space should be used (see also point VI of the VwV-StVO, index numbers 321 et seq., in Chapter B 1.4).
- Combinations of signs 325/326 with sign 301 "priority", sign 306 "priority road" (see Figure D 2.3/22) or sign 350 "pedestrian crossing" (see Figure D 2.3/8), as well as the provision of traffic lights or of two and more lanes per direction (see also Figure D 2.3/22) run contrary to the prerequisites for mixed use and should therefore never be permissible.

Note:
As a supplement to this see Sections D 10 "Construction/design measures in '325' precincts" and D 5 "Right of way".

● Signs 325 and 326 — variation of sign dimensions and location of placement in cramped conditions

Road building definitions established by the Forschungsgesellschaft für Straßen- und Verkehrswesen(36):

Traffic space = space with rectangular borders above the surfaces intended for traffic; its height is defined by established standard measurements plus leeway.

Clearance = space to be kept clear of fixed objects; made up of the traffic space plus some additional width and height.

The appropriate erection of signs 325 and 326 often gives rise to difficulties in narrow streets, because their format of 650 x 1000 mm is large (see index number 301 in Chapter B 1.4). In historic areas, the panels also spoil the townscape.

According to the VwV-StVO the signalling effect "Here begins or ends, respectively, the special street type involving mixed use" must clearly emanate from the kind of road design (see index number 308 in Chapter B 1.4). Hence, since little influence on the conduct of road users is expected of sign 325 itself, the variation of panel dimensions and location should be permitted in well-founded cases. The alternative solutions developed and implemented in practice are sometimes unsatisfactory (see Figures D 2.3/23 and D 2.3/24), sometimes they may be taken as a suggestion for a more flexible way of providing the necessary indication under the law of the road (see Figures D 2.3/26 to D 2.3/29).

Figure D 2.3/22:
Example of the end of the "325" precinct with two lanes and indication as a priority road (sign 306 of the StVO, see on the right-hand side)

Figure D 2.3/23:
End of "325" precinct under cramped conditions: sign 326 suspended over the street for reasons of space

Figure D 2.3/24:
End of "325" precinct: erection of sign 326 (with sign 325 on the back) on private property for reasons of space. Additional indication of "325" precinct by red/white road marking

Figure D 2.3/25:
Beginning of "325" precinct under cramped conditions: planted stone tubs guide vehicles around the traffic sign 325 protruding into the traffic space.

Figure D 2.3/26:
Beginning of "325" precinct under cramped conditions: signposting on both sides parallel to the direction of traffic (signs 325 and 220 "one-way street")

Figures D 2.3/27 to D 2.3/29:
Sign 325: the sign is installed at a low height and thus fits in well with the small-scale structure of the street space

Figure D 2.3/29:
To overcome the still relatively high lowered kerb, private individuals installed a ramp (arrow) for pedal cycles

According to the VwV concerning sections 39 to 43 of the StVO the lower edge of the traffic sign panel should as a rule be 2 m above the ground (see index number 414 in Chapter B 1.4). This type of placement is appropriate if the sign can already be perceived from a distance ahead of the beginning of the "325" precinct. In many cases, however, a lower erection height may be adequate without any loss in information or may even improve recognisability.

Worked example 1:
The "325" precinct begins directly at the junction running into a conventionally designed street. It is only after entry that the construction/design measures indicating a special type of street can be recognised. Here the surprise effect could detract from recognising the traffic sign placed at a height of more than 2 m. In such local conditions a traffic sign affixed at eye level or lower — even when it has smaller dimensions — might be a solution appropriate to the situation.

Worked example 2:
Mainly in newly built residential neighbourhoods wide streets and additional front gardens are also found in "325" precincts. Motoring speeds are rather high on the generously dimensioned distributors. When turning into "325" precincts smaller devices (so called speed-reducing brakes) are therefore often overlooked. After some initial experience involving trees run over, flattened flower beds, and the like, additional guiding devices are provided (see Figure D 2.3/31). If the traffic sign panels showing signs 325 and 326 were placed at a lower height in such local conditions

— they could obviate additional guiding devices and
— they would reduce the scope of the field of vision necessary for perceiving sign and lower design and furniture elements.

As a matter of principle an effort should be made to avoid such signpost bottlenecks by means of considering such conditions during the planning stage and by construction/design measures. This could also be achieved by an improved and early coordination between the authority competent for construction/design measures and the road traffic authority competent for indication and marking.

Figure D 2.3/30:
Bottleneck in historic old town

Figure D 2.3/31:
Inclined kerb at the beginning of a "325" precinct, which is often run over

- Coordination of the location of signs 325 and 326 with the construction/design data

As far as the indication of a "325" precinct is concerned, the VwV-StVO provides separate indications concerning the location.

According to item 1.2, 1st sentence, it must be certain that sign 325 can already be perceived before turning into the precinct. Thus, as a rule, it will have to be placed as close as possible to the site of transition to the adjoining type of street. On the other hand, according to item 1.2, 2nd sentence, moving sign 325 up to 30 m from the nearest junction is permissible. However, if the traffic signs were staggered in this way in the direction of the street axis, a grey area of up to 30 m length which would be ill-defined under the law of the road would be created.

In the instructions concerning "Planning and implementation of measures for restraining traffic on public roads" of the Land of Nordrhein-Westfalen (see index number NW 1 in Chapter B 2), the establishment of a transition zone between "325" precincts and heavily trafficked streets on which priority is governed by signs 301 or 306 of the StVO is recommended, such transition zones not being shorter than 20 m. In this way a spill-over of children's games to heavily trafficked streets is to be prevented.

The aspect "spill-over of children's games" can only be briefly touched upon in this report. In the above-mentioned case of the heavily trafficked street it should be relatively simple to explain to children why they must not play there. However, this insight is probably much more difficult to achieve in case of "325" precincts merging with other types of streets carrying a low volume of vehicular traffic without any clear changes in design (see Figures D 2.3/32 to D 2.3/34).

- With a view to future amendments of the relevant provisions and the work of the planning authorities the following suggestions emerge:

— The beginning and end of a "325" precinct must stand out clearly from all adjoining street types by means of construction/design conditions. With due consideration for the prevailing local conditions, signs 325 and 326 should be erected as closely as possible to this visually recognisable interface. It is appropriate to have signs 325 and 326 on the front and on the reverse side respectively, of the same panel. (In practice, it is inofficially sometimes called sign 327.)

— Variants from the above-described way of placement may be authorised in special cases.

Worked example 1:
Owing to cramped spatial conditions a clear indication by construction/design measures ("gate situation") is not possible.

Worked example 2:
With a view to the uniform appearance of a townscape the required drastic differences in design between road types are undesirable.

When such exceptional situations arise in the context of area-wide traffic restraint, compromises concerning the construction/design arrangement together with signs carrying advance notices should be permitted.

Comment:
As far as the advance notice of the end of a "325" precinct is concerned, see section "sign 326 — additions to the symbol" and Figure D 2.3/17. For the advance notice of the beginning of a "325" precinct see the following section.

Figure D 2.3/32:
Spill-over of children's games to a "non-325" precinct

Figure D 2.3/33:
Spill-over of children's games to a "non-325" precinct.
The transition to the "325" precinct is seen on the right-hand side, see Figure D 2.3/34

Figure D 2.3/34:
View of the transition area with a tree functioning as a traffic island.

- Advance notice of a "325" precinct

The beginning of a "325" precinct should be recognisable early enough to make it possible for the motorist to opt for the route choice alternative of by-passing the "325" precinct. On the one hand, this is important for diverting undesirable through traffic. On the other hand, this is likely to improve the acceptance of the mixed-traffic principle by those who "voluntarily" drive through the precinct.

In the case of an unexpected beginning of a "325" precinct negative surprise effects ("cul-de-sac effect") are mainly found when a conventional street directly joins a "325" precinct without the possibility of making a detour, and less so when turning from a conventional street into a "325" precinct. Solutions at the planning level should as a rule be sought in such cases. For this reason, substitute measures such as additional signs providing advance warning, should be the exception.

Worked example 1:
Figure D 2.3/35 shows a coventional street running into a "325" precinct after a curve. A traffic sign panel carrying sign 325 and the additional sign 741 of the StVO "at 125 m" (see arrow) assume the function of the "warning sign" here. The solution at the planning level, for instance, would have been the extension of the "325" precinct up to the location of the advance warning sign, thus up to the street junction recognisable in the picture.

Figure D 2.3/35:
Advance notice of a "325" precinct:
sign 325 with additional sign "at 125 m"

Worked example 2:
Figures D 2.3/36 and D 2.3/37 show advance notice drawing attention to a "325" precinct the beginning of which cannot be recognised at an early stage because it comes after an intersection with heavy traffic. No indication pointing to the possibility of by-passing this central business street is given.

Figure D 2.3/36:
Advance notice of a "325" precinct
(combined with Figure D 2.3/37)

Figure D 2.3/37:
Advance notice of a "325" precinct on a panel carrying directional signs (combined with Figure D 2.3/36)

Worked example 3:
Mainly in historical built-up areas the placement of signs 325 at the beginning of the precinct is not often possible in a satisfactory manner owing to cramped spatial conditions (see also section "signs 325 and 326 — variations of sign dimensions and location in cramped conditions" and Figures D 2.3/24, D 2.3/26 as well D 2.3/23, the latter with sign 326). In such cases advance sign panels carrying sign 325, possibly of a reduced size with 500 mm width, and the additional sign 842 of the StVO may be eligible, for instance in the course of the through road (see Figure D 2.3/38).

Worked example 4:
A narrow alley leads into a "325" precinct. The alley width does not permit the erection of a sign protruding 1000 mm into the traffic space for motor vehicles. The following figures document three different "solutions" which have been implemented in practice.

In Figure D 2.3/39 the erection site of sign 325 with the additional advance notice "30 m" on the panel is moved forward. Now the sign protrudes into private property.

In Figure D 2.3/40 the beginning of the "325" precinct is moved up by one block to the next crossing street without any special construction/design measures.

In Figure D 2.3/41 an alternative solution is shown where sign 325 can only be perceived after turning into the crossing through-road of the "325" precinct. The incompatibility of double signposting of a street with sign 325 and priority signs 301 or 306 of the StVO will be examined in Chapter D5 entitled "Right of way".

These three alternative solutions are either unsatisfactory or incompatible with the the VwV-StVO. The potential solution in all worked examples shown is to incorporate the joining alley into the "325" precinct after having first redesigned it.

Figure D 2.3/38:
Advance sign indicating a "325" precinct ahead of a blind junction, sign 325 with additional sign 842 R of the StVO

Figure D 2.3/39:
Advance notice of a "325" precinct where a by-pass is not possible: sign 325 with additional sign "at 30 m". Note also the protrusion into private property

Figure D 2.3/40:
Advanced beginning of a "325" precinct without construction/design measures

Figure D 2.3/41:
Street where segregation principle applies leads into a "325" precinct, traffic inside the "325" precinct enjoying right or way (sign 301 of the StVO, see Figure D 13.3/1) (note sign 205 of the StVO "give way")

Worked example 5:
The creation of the "325" precinct as an alternative to a pedestrian precinct (Sign 241 of the StVO) is mainly preferred today in the shopping areas of smaller towns (see examples in part E "Documentation of implemented and planned Traffic Restraint Precincts..."). The attractiveness of such streets for shopping, strolling and communication uses is particularly great in historic old neighbourhoods. On the one hand references to such attractive areas are particularly appropriate with a view to tourism, while on the other hand additional vehicular traffic moving in these areas is not desirable. Therefore an advance sign which is analogous to the one pointing to a pedestrian precinct in Figure D 2.3/42 might be a sensible compromise.

Figure D 2.3/42:
Indication of a pedestrian precinct with recommended route for motorists

- Indication of "325" precincts for non-motorists

Traffic surface sharing also requires a new kind of conduct on the part of pedestrians and other road users who are not there for traffic purposes (such as children playing and people strolling). The rethinking required to perceive the so-called weak road user as a road user who has equal rights definitely presupposes that there should be no uncertainties concerning the status of the street. All the same, pedestrians are often not at all or at least not adequately taken into account when signposting.

Worked example 1:
In a narrow street, sign 325 is affixed to the wall of a house directly at the junction. Whereas the motorist turning in is quite able to perceive the sign, the pedestrian turning in from the footway of the through road may "dodge" it (see the comparable situation in Figure D 2.3/25).

Worked example 2:
The entrance to a "325" precinct is closed because of a one-way street (sign 267 of the StVO). The indication by means of sign 325 for the benefit of the entering pedestrian is omitted. The pedestrian can not clearly assign this street to a specific type of street unless he refers to the sign 326 which is directed in the opposite direction for the benefit of motorists leaving the precinct (see Figure D 2.3/43 for the entrance situation and Figure D 2.3/44 for the exit situation).

Worked example 3:
The entrance to a "325" precinct via a one-way street is indicated by means of sign 325. However, the simultaneous indication of the end of the "325" precinct in the opposite direction of travel by means of sign 326 is omitted. Thus pedestrians are not informed about the fact that they are once again entering a conventional street.

Worked example 4:
A pedestrian precinct (sign 241 of the StVO) merges into a "325" precinct. The design (such as level surfaces, surface texture, street furniture) is largely the same for both types of street. Thus the change from the pedestrians-only precinct (in which, it is true, considerable vehicular traffic may operate under exemption permits) to the mixed-use precinct is not brought out by the construction/design situation. In such cases the transition from the pedestrian precinct to the "325" precinct is not often indicated by means of sign 325, while the transition from the "325" precinct to the pedestrian precinct is indicated by means of sign 241 because of the resulting prohibition of entry for vehicular traffic (see Figure D 2.3/44).

Figure D 2.3/45 shows the clear signing of a transition area. In the case shown, the design elements in the "325" precinct and in the pedestrian precinct are identical to preserve a uniform townscape.

Figure D 2.3/43:
Motorist-orientated signposting of the beginning of a "325" precinct at a one-way street: sign 267 of the StVO" no entry for vehicular traffic" without sign 325 (sign 326 was erected for the benefit of leaving vehicles)

Figure D 2.3/44:
Motorist-orientated signposting of the transition between a "325" precinct and a pedestrian precinct without any change in design elements. The possibility of entrance to the pedestrian precinct (on the left-hand side of the picture) closed to vehicular traffic by means of sign 241 of the StVO "special path for pedestrians". Possibility of walking into the "325" precinct without any indication by means of sign 325.

Figure D 2.3/45:
Transition between "325" precinct and pedestrian precinct without any change in design. Indication by means of the "end of pedestrian precinct" sign, i.e. sign 325 or 326, respectively/sign 241 of the StVO

D 2.4 Summary of discussion and conclusions

The cases documented above involving problems of how to indicate "325" precincts with traffic signs pursuant to the law of the road are no isolated phenomena. They arise primarily when urban areas which have developed over the years must subsequently be redesigned. At the same time, the minimum construction/design requirements for mounting signs 325 and 326 have often not been met.

- With a view to the review of planning work by the road traffic authorities the following suggestions emerge:
  — Any transition from a "325" precinct to public streets and ways of another street type and, whenever applicable, also to private property with additional possibility of access for pedestrians/ vehicles, must be indicated by means of signs 325 and 326.
  — Signs 325 and 326 must be erected in such a way that they are clearly recognisable for motorists and pedestrians; if necessary, they must be repeated.
  — At dangerous transitions to conventional streets additional rules concerning right of way (with signs 205 and 206 of the StVO) are possible pending the completion of the redesign, provided they have been agreed upon with the competent traffic supervisory authority.
  — In the case of planning concepts where conventional streets lead into "325" precincts the indication by means of sign 325 is ordered for a limited period of time only because of the "cul-de-sac effect". In such cases, advance signs should be so erected that they can be recognised on the through road at a sufficient distance from the turning-in location.
  — Explanatory signs are no compensation for missing information in the planning and operating phase, or for conceptional and construction/design deficiencies.
  — Explanatory signs are not permitted in streets where even in the longer term mixed use is neither desirable nor to be made possible. In such cases, signs 325 and 326 must be removed, particularly with a view to certainty ot the law and the obligation to provide for road safety. If necessary the traffic in such partially designed streets may be regulated more appropriately by applying other instruments provided by the law of the road (such as warning signs, mandatory signs, disciplinary signs), (see also item VI of the VwV-StVO, index number 321 in Chapter B 1.4).
  — The subsequent site of erection of traffic signs 325 and 326 should be included in the early coordination between the building and planning authority and the road traffic authority competent for ordering these traffic signs to be mounted. Thus the signs can be integrated into the design elements, and disputes can be reduced.

- With a view to future amendments of the relevant provisions the following suggestions emerge:
  — The present symbol shown on sign 325 should remain unchanged despite the objections put forward by practical workers. This ist considered necessary to maintain the uniformity of signposting residential streets in the ECMT states.
  — In well founded cases it should be possible to reduce the dimensions of traffic signs 325 and 326, provided this has been agreed with the road traffic authority. The dimensions should be established according to prevailing local conditions. Their width should not be less than 500 mm, which is the preferred dimension of additional signs.
  — Information which ist additional to sign 325, making the reason for creating this "325" precinct clear, and can thus improve the voluntary acceptance of the mixed-use principle should, in well-founded cases, be permitted on additional signs or on a common traffic sign panel. This additional information may refer both to uses within the street area itself (such as children's games), and to land uses in the adjoining areas (such as school, health resort facilities). The most important individual pieces of information should be standardised; their selection should be geared to the prevailing local situation.
  — To divert undesirable motorised through traffic, the construction/design measures of the "325" precinct should begin and end right at the main traffic streets. Signs 325 and 326 should always be placed directly at the junctions with "325" precincts. The 30 m-rule contained in item 1.2 of the VwV-StVO concerning sign 326 should be abandoned.
  — To make educational work easier, the rules on right of way contained in Sec. 10 of the StVO applying to the exit from a "325" precinct should be included in Sec. 42 (4a) of the StVO.
  — According to a broad interpretation of the VwV concerning Secs. 39 to 43 of the StVO, subsection 3, (11a) ("on refuges and at divisional islands", see index number 405 in Chapter B 1.4), and under certain local conditions, mounting the panel showing traffic signs 325 or 326 at a reduced height (for instance, 0.60 m between street surface und lower edge of the panel) should be permitted and/or recommended.

Additional recommendations concerning signposting are:
— Educating the public concerning the meaning of signs 325 and 326 should be stepped up.
— To facilitate educational campaigns, in connection with the creation of "325" precincts, carried out by the local press and by means of leaflets distributed by the authorities, guidelines should be prepared. This could make the work of local authorities easier and ensure comprehensive information, particularly with a view to mentioning the right of way (Sec. 10 of the StVO), which is often forgotten.

D 3 Culs-de-sac and loops

Road building definitions established by the Forschungsgesellschaft für Straßen- und Verkehrswesen:

Cul-de-sac = short alley or street which is intended for access traffic and is accessible from one end only; with or without the possibility of turning around in the public street.

Loop = usually U-shaped street which is intended for access traffic and which joins the same street (usually a collector) at both ends.

When planning new street networks, through traffic can be kept out from the very outset if crossing the respective areas does not hold any advantages. This is the case, for example, if entrance and exit are the same or lead into the same street, as in the case of culs-de-sac and loops.

When creating "325" precincts in built-up areas which have developed over the years, it is not always sensible to redesign the street network so that it incorporates culs-de-sac and loops. The, admittedly non-representative, evaluation results of the survey carried out among local authorities from October 1983 to February 1984 have shown that these combinations of measures were reported mainly in relation to newly built residential neighbourhoods (see Tables D 3/1 and D 3/2).

Table D 3/1 Culs-de-sac in "325" precincts

	Number of culs-de-sac	
	absolute	percent
Use in "325" precincts, sum total	28	20
according to location: centre	4	14
fringe of centre	6	22
outskirts	18	64
according to kind of construction: new construction:	17	61
subsequent redesign	11	39

Comment:
Culs-de-sac have been incorporated in 28 (= 20%) of the 142 "325" precincts which were evaluated. Their main area of application is found in newly built residential neighbourhoods located on the fringe of a town and including residential culs-de-sac. Culs-de-sac in central areas have often subsequently been created, in order to keep out "back-street" traffic.

Table D 3/2 Loops in "325" precincts

	Number of loop arrangements	
	absolute	percent
Use in "325" precincts, sum total	12	8
according to location: centre	2	—
fringe of centre	1	—
outskirts	9	—
according to kind of construction: new construction	9	—
subsequent redesign	3	—

Comment:
Loop arrangements have been included in 12 (= 8%) of the 142 "325" precincts evaluated: like culs-de-sac, they are mainly used in newly built residential neighbourhoods located on the fringe of a town. They are rarely found in "325" precincts of neighbourhoods which have developed over the years. Consequently the use of diagonal road closures has only been reported for four "325" precincts, which may be constructional prerequisites for putting in loop arrangements. Diagonal closures are fixed installations within the area of an intersection, which make it impossible for traffic to go straight ahead and permit only left turns or right turns, respectively.

Altough motorised through traffic in mixed-use areas constitutes a nuisance, it is not mandatory to forestall it altogether. The only prerequisite pursuant to VwV-StVO is the fact that the functions of outdoor recreation, social contacts, play and development should predominate (see index number 305 in Chapter B 1.4).

The opinion is often advocated by local planners that mixed-use precincts can, in principle, only be created in residential culs-de-sac; this view is not supported by the VwV-StVO, nor is it sensible because it would prevent the creation of area-wide Traffic Restraint Precincts from the very outset.

D 4 One-way arrangement

D 4.1 Instructions contained in guidelines of Switzerland
(The index number refers to the list in Chapter B 3)

Switzerland (index number CH 2)
Annex: item 3.2
Streets which are broken down into small units and are designed in a differentiated manner, are instinctively translated into reduced speeds by the motorists. Traffic generally moves faster on one-way streets than on streets carrying traffic in both directions. This aspect should be especially allowed for during the design phase.

D 4.2 Documentation and discussion

The establishment or maintenance of one-way arrangments in "325" districts to divert motorised (and non-motorised) vehicular traffic is assessed in different ways. Potentially or actually increased speeds are mentioned as a negative consequence, the actual discouragement of "back-street" traffic is reported as a positive consequence.

The, admittedly non-representative, evaluation results of the survey among local authorities carried out from October 1983 to February 1984 have shown that one-way arrangements were incorporated in 22 (= 15%) of 142 "325" precincts. They are mainly used in central areas where alleys and streets are narrow; consequently they were exclusively reported in the areas under study in connection with subsequent design projects (see Table D 4/1).

Table D 4/1 One-way arrangements and "325" precincts

	Number of one-way arrangements	
	absolute	percent
Use in "325" precincts, sum total	22	15
according to location: centre	18	82
fringe of centre	3	14
outskirts	1	—
according to kind of construction: new construction	0	0
subsequent redesign	22	100

Figure D 4/2 shows a "325" precinct with a one-way arrangement in a main business street (= former thoroughfare through town which was part of a federal trunk road) with a queue of vehicles equal to a traffic jam. The road users' conduct rather corresponds to the situation in a go-slow street where the segregation principle applies. The great attractiveness of the street to motorised through-traffic is probably also due to the one-way arrangement. In connection with the indication of right of way for that street at the end of the precinct it promotes continuous passage, albeit a relatively slow one.

A frequent reason for establishing one-way arrangements is the creation of additional parking space where the carriageway for traffic travelling in the opposite direction used to be. However, if the improved accommodation of stationary vehicular traffic is achieved at the expense of the quality of outdoor recreation, social contacts and play, the requirements for "325" precincts mentioned in the VwV-StVO are no longe satisfied. In such cases the new zonal speed limit might be a suitable instrument under the law of the road.

● With a view to the planning of "325" precincts the following suggestions emerge:

— One way arrangements may foster increased speed of motorised traffic. An area-wide assessment of traffic may show that owing to the required detours, including motorists looking for a parking space, the total traffic volume may increase considerably. For this reason, one-way arrangements as a rule are not an instrument that is suitable for restraining traffic. They should not be combined with sign 325 and they should be limited to particularly narrow streets and alleys.

— Creating additional parking space by one-way arrangements in combination with consecutive staggering of the carriageway (parking diagonally or at a right angle) reduces the space available for non-traffic street uses. This impedes or prevents the mixed use of the street and should therefore be avoided in "325" precincts. Such measures should be confined to well-founded individual solutions within the context of area-wide traffic restraint.

— One-way arrangements introduced to forestall "back-street" traffic effect relief in one direction only and merely shift vehicular traffic to other streets. The creation of a short "325" precinct, for instance, confined to the street section between two consecutive intersections, without integration into an area-wide concept, is likely to be regarded by motorists as mere chicanery. It does not influence driving conduct or traffic volume within the "325" precinct. Mixed use of the road space thus being impossible legal measures other than the indication by means of signs 325 and 326 should be resorted to.

Figure D 4/2:
"325" precinct with one-way arrangement on a "former" thoroughfare:
continuous queue during the rush hour
(as for design and signposting see Figure D 2.3/22)

D 5 Rules on right of way

The regulatory authorities have not provided for any rules governing right of way within "325" precincts.

D 5.1 Supplements to the StVO and VwV-StVO contained in the planning instructions of the federal Länder
(The index number refers to the list in Chapter B 2)

Bayern (index number BY 2)

Page 39
The provisions governing conduct pursuant to signs 325 and 326 of the StVO take precedence over general traffic rules. This means that general rules which are incompatible with the special functions of Traffic Restraint Precincts are not applicable within such precincts. If traffic areas within Traffic Restraint Precincts are designed in such a way that they correspond to an intersection or a T-junction the rules concerning right of way apply there; however, as a rule, traffic signs regulating right of way are out of the question. The basic rule of Sec. 1(2) of the StVO is particularly applicable to the conduct of motorists vis-à-vis each other. Legal provisions governing the conduct of road users in Traffic Restraint Precincts are not permissible unless they have been incorporated into the Highway Code.

Hessen (index number HE 1)

Page 9 et seq. (on traffic restraint in general)
Traffic on priority roads signposted by means of sign 301 of the StVO (right of way) or sign 306 of the StVO (priority road) generally moves faster than on non-priority roads. For this reason the rule "give way to traffic from the right" is often demanded for residential neighbourhoods. However, the administrative regulation concerning Sec. 8 of the StVO requires that, as a matter of principle, streets joining from the right be deprived of their priority. Experience has shown that signs regulating priority are not necessary only if both streets predominantly serve access traffic and carry only a low volume of traffic. At intersections, the principle "give way to traffic from the right" should only apply if

— *the crossing streets have an approximately equal cross-section and approximately equal low importance for traffic,*

— *neither of the streets creates the impression, i.e. by tram tracks, rows of trees, continual street lighting, to users not familiar with the location that they are moving on the more important street,*

— *the range of vision to the right is about equal from all access roads to the intersection, and*

— *traffic streams do not move alongside each other in different lanes in any of the streets.*

Removing the signposting granting right of way at an intersection and introducing a rule on right of way "give way to traffic from the right" therefore requires reconstructing the intersection, installing humps, or providing for a partial change in level of the entire intersection.

Hessen (index number HE 5)

Page 9
Owing to the required mutual consideration generally rules on right of way do not apply inside the mixed-use area and attention is not drawn to particularly critical areas by warning signs.

D 5.2 Documentation and discussion

In accordance with the principle of equal rights for all road users within a "325" precinct, the simultaneous signposting of a street with sign 325 and with traffic signs regulating right of way is, as a matter of principle, mutually precluded. Nevertheless, this combination of signs is being used (see Figure D 5.2/1). The highways involved are main roads on which traffic-restraining elements are intended to lower vehicle speed. The joining streets which have a lower importance for motorised traffic are, in such cases, not incorporated into the "325" precinct, at least not during the first stage of redesigning.

Worked example:
One example of stipulating the hierarchy of streets within a "325" precinct has become known: Narrow alleys are joining a through-road within the "325" precinct directly behind the city gate. It is impossible to see into the crossing street (see Figure D 5.2/2).

Where such local conditions prevail, a rule on right of way using sign 301 of the StVO and sign 205 or 206, respectively, of the StVO is advisable if no other solutions, such as a cul-de-sac or one-way street provision, are possible.

193

Figure D 5.2/1:
Example of a traffic street indicated by means of signs 325 and 326.
The arrows (from left to right) point to the following signs: 306 of the StVO "priority road", 205 of the StVO "give way!" = exit from a pedestrian precinct, 326 of the StVO "end of Traffic Restraint Precinct", 350 of the StVO "pedestrian crossing" (partially concealed)

Figure D 5.2/2:
Rules on right of way within "325" precinct at a blind intersection

- With a view to future amendments of the relevant provisions, the following suggestions emerge:
  - Rules on right of way within "325" precincts should expressly be stipulated as being incompatible with such precincts.
  - At the same time, solutions fitting local conditions such as those shown in Figure D 5.2/2 should be made possible after having been agreed upon with the road traffic supervisory authority. Using sign 306 of the StVO "priority road" in combination with sign 325 should be forbidden without exception.
  - There should also be a discussion whether the mandatory regulation to drive on the right-hand side (Sec 2(1) of the StVO) and to park on the right-hand side (Sec. 12(4) of the StVO) could be lifted on streets within "325" precincts carrying two-way traffic. The advantages of this new provision would be that the additional mixture of vehicles throughout the entire width of the driving surface might have additional speed-reducing effects, parking would be simplified, and above all the special street type of the "Traffic Restraint Precinct" would be even more clearly emphasised. (The mandatory provision to park on the right-hand side is, in practice, already no longer strictly adhered to or monitored, particularly in pure residential streets, and less so in central areas.)

Remark:
As far as the rule on right of way at the exit from a "325" precinct is concerned, see Section "Sign 326 — additions to the symbol" in Chapter D 2.3.

D 6 Parking in "325" precincts

Road building definitions established by the Forschungsgesellschaft für Straßen- und Verkehrswesen:

Stationary traffic = total of all operations serving parking, picking up and setting down passengers, and loading and unloading.

Parking = standstill of a vehicle, neither caused by the conditions of traffic or operation nor exclusively serving the picking up and setting down of passengers, loading and unloading.

Parking lane = lane located alongside a carriageway for the purpose of parking (longitudinal, at an oblique angle, at a right angle).

Longitudinal parking = parking of vehicles single file in the direction of travel.

Parking at an oblique angle = parking of vehicles at a sharp angle to the direction of travel.

Parking at a right angle = parking of vehicles at a right angle to the direction of travel.

6.1 Problems involving parking spaces
Supplements to the StVO and the VwV-StVO contained in the planninig instructions of the federal Länder
(The index number refers to the list in Chapter B 2)

Bayern (index number BY 2)
Page 31 (on traffic restraint in general)
Excessive regulation of parking should be avoided unless cramped conditions within the street space require more drastic intervention. Unregulated "free" parking may contribute to traffic restraint in an inocuous way.

Page 31
A ban on parking outside the areas indicated as public spaces requires careful ascertainment of parking space requirements.

Nordrhein-Westfalen (index number NW 1)
Item 2.2 (on traffic restraint in general)
Satisfactory accommodation of stationary traffic, and above all providing for the parking of local residents at a reasonable distance, is of special importance for improving the residential environment and traffic safety. For this reason, the organisation of parking space must be in line with the objective of traffic restraint. It is therefore advisable that an area-related stock-taking of parking spaces should be carried out before proceeding with traffic restraining measures.

Schleswig-Holstein (index number SH 1)
Item 3.4 (on traffic restraint in general)
Satisfactory accommodation of stationary traffic is of decisive importance for improving the residential environment and traffic safety. Generally this problem is soluble when rearranging stationary traffic by the alternating provision of parking spaces in order to stagger the carriageway. Otherwise solutions must be developed to make the necessary parking space available even outside the street space.

Instructions contained in guidelines of Austria and Switzerland
(The index number refers to the list in Chapter B 3)

Austria (index number A)
Sec. 23 (2 a)
In residential streets motor vehicles may only be parked at specially indicated locations.

Switzerland (index number CH 1)
Sec. 32 (1)
...Vehicles may only be parked at locations which are specially indicated by signs or markings.

Switzerland (index number CH 2)
Item 3.3
The supply of parking space should be geared to local residents and visitors and, whenever possible, provided in the residential street itself.

Annex: item 3.3
When a residential street is created, the vehicles of local residents and visitors must not place an additional burden on the surrounding area.

- Documentation and discussion

The experience of the regulatory authorities has shown that the general ban on parking in the "325" precinct is often still unknown to motorists or is deliberately disregarded. Therefore, in the experience reports of the local authorities illicit parking is described as a major problem. This is particularly true for shopping streets in central areas where there is a shortage of parking space (see Figure D 6.1/1) and less so in generously equipped streets within newly built residential neighbourhoods, where a sufficient number of privat parking spaces is available.

The question concerning the parking space situation, which was included in the survey among local authorities of October 1983 to February 1984, was evaluated as a "Before/After" comparison concerning areas which had subsequently been redesigned.

Figure D 6.1/1:
Illicit parking in "325" precinct. Nine private cars are seen in the picture which are parked there in violation of the ban on parking. Subsequently a scheme permitting parking when using a parking disc was introduced (see inset in the lower left-hand corner)

Table D 6.1/2: changes in the number of parking spaces introduced when creating "325" precincts

	Location of the "325" precinct				
	centre	fringe of centre	out-skirts	total	
a) increased					
— public	21	6	2	29	38%
— semi-public*	9	—	—	9	12%
b) decreased					
— public	15	7	2	24	32%
— semi-public	3	2	—	5	6%
c) unchanged					
— public	13	6	4	23	30%
— semi-public	37	17	8	62	82%
"325" precincts including public parking spaces				76	100%
"325" precincts including semi-public parking spaces				76	100%

* For example on the property of hotels, banks, and the like

Comment:
The evaluation of changes in parking spaces, which have occurred in connection with the creation of 76 "325" precincts, has shown that only minor increases and decreases in the number of parking spaces have been effected. This non-representative result should probably be seen against the following background:
— In comparison with high-density neighbourhoods in big cities, the need for parking spaces is less serious in small locations; a sufficient number of private parking spaces are available in newly built residential neighbourhoods;
— owing to the narrow streets in historical core areas of small towns and rural communities, it is not often possible to increase the number of parking spaces by parking at an oblique or right angle;
— in absolute terms the changes in mini "325" precincts comprising one or two streets per precinct (see Table E 1) are not particularly drastic. The measures implemented in the communities visited including those covering central shopping streets have resulted in an increase of existing parking spaces or the creation of new ones outside the precinct and thus
  — meant that the number of parking spaces in the vicinity of the "325" precinct was increased or
  — decreases in the number of parking spaces within the "325" precinct were compensated for.

D 6.2 Special parking permits
Supplements to the StVO and VwV-StVO contained in the planning instructions of the federal Länder
(The index number refers to the list in Chapter B 2)

Baden-Württemberg (index number BW 1)

Item 3.4 (not specifically concerned with traffic-restraint streets)
The possibility of creating special parking permits for local residents which has been newly included in the StVO gives rise to numerous legal questions and problems. Little experience concerning this new instrument is available in the Federal Republic of Germany to date.

The Forschungsgesellschaft für das Straßenwesen formed a working party under the name of "Traffic control and road safety" which developed guidelines concerning parking rules in favour of local residents. These guidelines sum up impressions and experience gathered so far and are intended to provide initial practical indications for planning and implementing authorities. The guidelines are to be revised again once additional experience is available.

...

As a precaution concerning the content of the brochure, the Ministry of the Interior has pointed out that the possibilities described there have in certain respects not yet been finally checked and legally certified. This applies in particular to the possibility referred to on page 8 that local residents might be exempt from the obligation to operate the parking meter or to purchase a parking ticket, as well as to the legal questions concerning fees which have been mentioned there. In addition, the kinds of signposting shown on pages 10 and 11 appear problematic in some respects because they are difficult to understand and are still legally uncertain (e.g. on page 10: sign 314 with additional signs 850 and 857; on page 11: sign 314 with additional signs 867 and 870 or 852 and 867, respectively).

Bayern (index number BY 1)

Item 12.5
Concerning the signposting of special parking spaces
— *for the severely handicapped with an extraordinary ambulatory handicap and for the blind, cf. Annex 7;*
— *for local residents, cf. Annex 8.*

Annex 8
1. General comments
The law of the road provides for the possibility of indicating special parking spaces for local residents, in order to improve the parking space situation for the residents of urban residential streets in parts of towns where no private parking spaces are available owing to the older kind of buildings prevailing there, and thus to increase the housing value for the residents. This calls for special consideration of the interests of traffic in general and the interests of residents in parking spaces specially indicated for them. Decreeing such a measure must be preceded by careful examination of the local traffic situation in which the authority obliged to construct and maintain the highway (traffic engineer), the police and any local traffic association must be involved. The question of supervision will also have to be included in these considerations.

2. Signposting (excerpt)
...
It is not permissible to indicate individual parking spaces for specific local residents. To facilitate supervision it is recommended that a separate group of numbers be determined for every area which can be specially delimited.
3. Parking permit
4. Special features
(3. and 4. have been omitted here)

● Documentation and discussion

Additional parking rules going beyond the basic restrictions of Sec. 42 (4a) (5) (see index number 206) as a rule have been imposed in the centrally located "325" precincts of the locations under study. These special local rules apply within the entire "325" precinct or to specially indicated parking spaces only.

They include the provision on short-term parking (see Chapter D 6.3) and special parking permits for local residents. As far as the latter are concerned, the VwV on Sec. 45 (1) of the StVO states under No. IX.4:

Special parking permits for local residents should only be prescribed where sufficient space for all those seeking parking cannot be created otherwise. However, the entire parking space should not be reserved for local residents.

Worked example:
In a town under study, all parking spaces within the "325" precinct were originally reserved for residents holding special parking permits (see Figure D 6.2/1). Following spatial extension of the precinct, however, this narrow interpretation met with resistance, particularly on the part of the owners of businesses in the precinct. The necessary prolongation of the permits, which is liable to a fee, is increasingly ignored by the residents. Despite the availability of an underground garage on the fringe of the precinct, unlawful parking inside the "325" precinct by non-residents is also on the increase. As a first reaction, provisions on short-term parking with a parking disc covering the new section of the precinct have been introduced in the meantime (see Figure D 6.1/1).

Figure D 6.2/1:
Indication of special parking permit for residents in a "325" precinct.

D 6.3 Provisions on short-term parking
Instructions contained in Swiss directives
(the index number refers to the list in Chapter B 3)

Switzerland (index number CH 2)

Annex: item 3.3

Limitations of parking time should be imposed as an exception only. The number of parking spaces subject to a temporal limitation should account for not more than one quarter of the entire provision of parking space. Parking spaces on which parking is limited in time should be arranged on the fringe of the residential street (exit or entrance, respectively).

● Documentation and discussion

Within "325" precincts, parking spaces subject to short-term parking controls as a rule are set up at the insistence of the owners of local business. They may be indicated on a zonal basis covering the entire "325" precinct or may concern individual groups of parking spaces only (see Figures D 6.3/1 to D 6.3/3).

Replying to a question of a local authority concerning the compatibility of "325" precincts and short-term parking controls, the Hesse minister for Economics and Technology stated inter alia:

In my view there are no basic objections to parking privileges of local residents in Traffic Restraint Precincts, at least as far as some of the parking spaces indicated are concerned. On the contrary, such a measure tends to attract even fewer motorists to the Traffic Restraint District. However, there are objections to the temporal restriction of parking in the spaces indicated within the Traffic Restraint Precinct (e.g. by making the use of parking discs mandatory or by erecting parking meters). As a rule this has the effect that a great many more motorists make use of these parking spaces than would do so without such limitation. However, this increase in traffic volume is contrary to the intentions behind a Traffic Restraint Precinct.

While this view should be endorsed, a flexible compromising attitude will be required in practice. The representatives of the local authorities who were questioned concerning short-term parking controls unanimously held that without such controls agreement to the creation of a "325" precinct could not have been obtained from the owners of business within the precinct.

Figure D 6.3/2:
Indication of short-term parking control prevailing throughout the "325" precinct supplemented by sign 286 of the StVO "limited parking"

Figure D 6.3/1:
Indication of short-term parking control prevailing throughout the "325" precinct

Figure D 6.3/3:
Indication of short-term parking control for a group of parking spaces within the "325" precinct

D 6.4 Indication of parking spaces

Supplements to the StVO and VwV-StVO contained in the planning instructions of the federal Länder
(The index number refers to the list in Chapter B 2)

Bayern (index number BY 2)

Page 31

Parking in the "Traffic Restraint Precinct"
A special legal rule applies in the "Traffic Restraint Precinct" indicated by means of signs 325/326 of the StVO. Parking there is not permitted outside the specially indicated areas with the exception of picking up or setting down passengers, loading or unloading. Signposting is not necessary: rather an indication by means of, for instance, road marking or change in surface texture is sufficient.

When the road surface is soiled or covered by snow, road markings are hardly recognisable or not recognisable at all. Therefore, parking spaces should be clearly evident merely from their location within the road space.
...

Nordrhein-Westfalen (index number NW 1)

Item 3.11

Pursuant to Sec. 42 (4a) (5) of the StVO, parking within Traffic Restraint Precincts is only permitted in specially indicated areas. According to the VwV III No. 3 concerning signs 325/326 of StVO, a mere change in "surface texture" is sufficient; however, where signposting is omitted, pursuant to Sec. 42 (4a) of the StVO, special road marking (Sec. 42 (3) (7), sentence 3 of the StVO) possibly by means of a white "P", is recommended in the interests of improved recognisability.

Instructions contained in Swiss guidelines
(The index number refers to the list in Chapter B 3)

Switzerland (index number CH 2)

Item 3.4

Parking spaces within the residential street should be appropriately signposted and/or marked (Art. 43 (1a), Art. 48 and Art. 79 of the SSV).

● Documentation and discussion

There are numerous variants of how to indicate car parks and individual parking spaces (see following Figures D 6.4/1 to D 6.4/5 and Figure D 6.3/3).

Figure D 6.4/1:
Indication of parking space
Change in surface material for delimitating other parts of the road and between individual parking spaces. Additional marking by enamelled metal plate imbedded in concrete: white "P" against blue background

Figure D 6.4/2:
Indication of parking space
Continuous row of paving stones in asphalt surface. Additional coloured marking by white "P" against blue background

Figure D 6.4/3:
Indication o parking space
Change in surface material and traffic sign at low height (sign 314 of the StVO)

Figure D 6.4/4:
Indication of parking space
Separation of parking bay by row of concrete posts

Figure D 6.4/5:
Transition of parking space marking to ornamental pavement without change in colour or material

Figure D 6.4/6:
Strip of pavement intended as a walkway and here misinterpreted as a parking lane (see vehicle in background)

Area-wide road markings (by means of changes in colour and/or material) or contour markings (by means of continous lines or dotted lines) may be used to indicate parking spaces. The recognisability and thus the acceptance of parking spaces varies widely. The following problems may be encountered:

— The markings may be hidden under snow and leaves.
— The change in material or colour between parking space and carriageway is insufficient and motorists can hardly recognise the parking spaces, or not recognise them at all:
   — from the very outset and at all times,
   — during rainy weather only
   — under the influence of weather the colours are gradually fading and becoming indistinguishable,
   — under the influence of weather the top layers containing the dye are scaling off synthetic paving stones of poor quality.
— Material and/or colour are used throughout for marking parking spaces and for so-called ornaments, which may make it puzzling for the car driver clearly to assign the appropriate functions to the different parts of the road.

Staggered parking spaces are popular construction/design elements for indicating carriageway staggerings. When such parking spaces are not occupied (mainly during the daytime in residential streets), road surface markings are easily run over and the intended speed-reducing effect does not come about (see Figure D 13.3/3).

Supplementary comment:
In the experience report of one local authority, reference is made to the intentionally induced disorderly parking in a street not indicated by means of signs 325/326. The disorderly arranged vehicles are described as effective speed-reducing objects.

D 6.5 No stopping signs

Motorists tend to pay little heed to the parking provisions of the StVO concerning "325" precincts (see index number 206 in Chapter B 1.3). For this reason many local authorities have subsequently erected no stopping signs. At the same time the areas intended for parking have been indicated by means of sign 314 of the StVO "parking space".

The evaluation of the survey among local authorities conducted from October 1983 to February 1984 has shown that in 17 (= 12%) of the 142 "325" precincts evaluated with regard to this question additional no stopping signs have been erected. They are mainly used in streets which have been subsequently redesigned and which are centrally located (see Table D 6.5); in some cases it has become known that the no stopping signs displayed even before the redesign have been maintained.

Table D 6.5: additional no stopping signs in "325" precincts

		Additional no stopping signs	
		absolute	%
Totel use in "325" precincts		17	12
According to location:	town centre	10	59
	fringe of centre	5	—
	outskirts	2	—
According to type of construction:	initial construction	3	—
	subsequent redesign	14	82

D 6.6 Suggestions for planning parking spaces

— Concentrations of parking spaces on restricted areas at the points of transition to conventional streets are appropriate to emphasise the transition situation. This does not apply to "325" mini-districts which are limited to short street sections.

— In the case of residential culs-de-sac, the provision of public parking spaces at the junction site is more suitable than at the turning site.

— Within one and the same "325" precinct — but also in all "325" precincts of a location — uniform parking space markings should be used to make it easier to recognise them quickly and clearly. However, variants may make sense when applied to precincts with different main use, e.g. shopping streets in historical town centres/residential streets in newly built neighbourhoods.

— Particularly when a scarcity of parking spaces is to be anticipated, they must be marked so as to be readily recognisable. Unequivocal marking is an essential prerequisite for the acceptance of parking controls.

— Continuous parking lanes make it difficult to cross the street und hardly convey the impression "that the recreation, social contacts and play function predominates and vehicular traffic is of secondary importance here" (see index number 309 in Chapter B 1.4).

— Additional parking space may be created by reducing the "carriageway" width subsequent to setting up a "325" precinct. However, where areas mainly used for parking are concerned, other solutions under the law of the road than shared surfaces are more appropriate.

— The qualitiy tests concerning durability, colour stability and contrast effect of marking elements (mainly of paving stones) should be improved.

— Parking space markings on the road surface are not suitable as markings of carriageway staggerings or narrowings; they should rather be supplemented by fixed road furniture.

— Additional no stopping signs betray inadequate design. They should be made superfluous by adapting the construction/design measures to the motorists' conduct observed.

D 7 Permissible maximum speed and permissible traffic volume

Road building definitions established by the Forschungsgesellschaft für Straßen- und Verkehrswesen:

Permissible maximum speed = *speed limit imposed by traffic provisions or traffic signs and applicable to all vehicles or to special vehicle categories.*

Travelling speed = *quotient of the distance covered and the time required including any traffic-dependent delays and stops.*

Stopping sight distance = *distance required by a driver of a vehicle to bring his vehicle to a stop upon perceiving an object of a certain height.*

Stopping distance = *distance travelled during reaction time and braking time.*

Traffic stream = *traffic elements moving on a traffic route in the same direction.*

Traffic volume (density of traffic stream) = *number of traffic elements of a traffic stream per unit of time in a cross-section.*

Row of vehicles = *two or more vehicles following each other on a traffic lane.*

Platoon = *units of a row of vehicles the speed behaviour of each of which except for the first one is influenced by at least one vehicle travelling ahead.*

D 7.1 Supplements to the StVO and VwV-StVO contained in the planning instructions of the federal Länder Permissible maximum speed

(The index number refers to the list in Chapter B 2)

Baden-Württemberg (index number BW 1)
Item 3.3.7 (on traffic restraint in general)
As far as the often demanded area-wide speed limit of 30 kph in residential neighbourhoods is concerned, it is to be noted that according to experience gathered to date the motorist as a rule is not ready to abide by such speed limits, particularly if the need for such a limit is not evident to him. In addition a 30 kph speed limit gives the pedestrian the illusion of a safety situation that does not exist in reality. Finally motorists must shift into lower gear at a low speed, which normally creates more noise owing to higher rpms. Thus a 30 kph speed limit which is solely imposed by means of traffic signs is not suitable for effectively improving road safety and abating traffic noise. However, it is to be hoped that road safety will be improved by the new Sec. 3 (2a) of the StVO which prescribes a special obligation to show consideration to children, persons in need of help and older people, and which assumes special importance in residential neighbourhoods.

Bayern (index number BY 1)
Item 42.4.3
The walking speed to be observed by vehicular traffic corresponds to that of a normally walking pedestrian. It must be substantially below 20 kph.

Bayern (index number BY 2)
Page 20
The walking speed to be observed by vehicular traffic corresponds to that of a normally walking pedestrian.
(Note: The addition "below 20 kph" listed under index number BY 1 has been deleted).

Page 24
Shared surfaces which are not actually put to mixed use induce motorists to travel at higher than walking speed and may create a problem with regard to road safety.

Hessen (index number HE 1)
Page 13
Walking speed generally denotes a speed of about 4 to 5 kph. However, since such a low speed cannot be adhered to by all road users (...), it is considered sufficient if 85% of motorised road users do not exceed 20 kph and if the speed of 30 kph is not exceeded by any vehicle.

Hessen (index number HE 5)
Page 8
Vehicular traffic must proceed at walking speed and at any rate clearly below 20 kph; this applies to all vehicles. Motorists may neither endanger nor impair pedestrians; they must wait if necessary.

Nordrhein-Westfalen (index number NW 1)
Item 3.6
Speed-reducing elements such as carriageway staggering, narrowings, or humps should be used to cause vehicle drivers to distinctly restrain their motoring conduct. The carriageway sections located between these elements should not be longer than about 40 m. Thus the distance between the middle of one element and the next may amount to approximately 50 to 60 m.

In conjunction with elements bringing out the recreation and social contacts function (...) slow motoring must be secured on a long-term basis; even in the absence of signs 325/326 of the StVO, constructional measures should have the effect that about 85% of motor vehicles proceed at less than 20 kph and that speeds of more than 30 kph generally do not occur. If necessary the road should be altered by additional elements to emphasise the recreation and social contacts function and contribute to slower motoring, and/or care should be taken that the distance to be covered by the road user within a Traffic Restraint Precinct should not exceed about 250 m.

Rheinland-Pfalz (index number RP 1)
Annex, item 2
Signposting by means of signs 325/326 of the StVO is possible if, as a consequence of constructional measures intended to restrain traffic in residential neighbourhoods, precincts result in which all motorists proceed very slowly and adhere to approximately walking speed owing to these precincts'
— *limited size and*
— *low volume of traffic when local residents are discounted and*
— *special constructional road design.*
The signs then serve to make the legal position clear.
...
After creating a Traffic Restraint Precinct by means of sign 325 of the StVO, it should be regularly checked whether motorists continue to proceed at walking speed. It it becomes apparent that the initially observed walking speed is no longer adhered to, it should be considered how traffic could be slowed down.

Schleswig-Holstein (index number SH 1)
Item 3.24 (on traffic restraint in general)
The erection of traffic signs limiting permissible maximum speed (sign 274 of the StVO) generally does not produce a sufficient speed reduction. This particularly applies to the area-wide improvement of traffic conditions. A speed reduction by traffic signs can be expected at individual locations where the reason for such reduction is also obvious to the motorist (e.g. in the vicinity of schools, illustrated by sign 136 of the StVO — children —).

D 7.2 Instructions concerning permissible maximum speed contained in the guidelines of Austria and Switzerland
(The index number refers to the list in Chapter B 3)

Austria (index number A)
Sec. 76b (3)
Motoristis in residential streets ... may only proceed at walking speed.

Switzerland (index number CH 1)
Sec. 34 (1a)
The maximum speed of vehicles is 20 kph; ...

D 7.3 Documentation and discussion concerning permissible maximum speed

The author of this research assignment did not carry out any speed measurements of their own. The local authorities' representatives who were interviewed stated that vehicles (including pedal cycle, motor-assisted bicycle, moped, see index numer 213 in Chapter D 1.3) observed walking speed in isolated cases only. Higher speeds are generally the rule.

This also applies to pure access traffic in residential culs-de-sac. In one of the communities visited the residents of several residential culs-de-sac therefore demanded that a speed limit of not more than 30 kph be imposed — and that, despite the level surface across the entire width of the road, green areas along the road and the erection of signs 326 (see Fig. D 11.3/3).

Observations in various "325" precincts have shown that walking speed can actually be ovserved whenever there is indeed mixed traffic. In all known cases, however, this was restricted to those periods during which the pedestrian traffic in shopping or health resort zones used the entire width of streets. In these cases, so-called speed-reducing elements did not influence slow motoring. They were found in isolated places and at large intervals only. Therefore, even here, walking speed is exceeded at times when pedestrian traffic volumes are low. Presumably the non-existence of so-called protected areas for pedestrians has significantly contributed to the acceptance of the entire street width by pedestrians (see also Chapter D 11 "Protective strips for pedestrians").

The competent local authorities had rejected the creation of pedestrian precincts instead of "325" precincts, on the grounds that this would have entailed undesirable modifications to the structure of the locality because

— new detours for the respective percentage of through-traffic and/or

— new roads for providing rear access to local businesses, hotels and restaurants

would have to be provided.

Joint use of the entire road surface is considered to be the ideal solution precisely for areas with mixed land use and in the central shopping districts of small towns and rural communities (see also index numbers 113 and 114 in Chapter B 1.2). The combination of pedestrian precincts and of special permits for specific user groups or individuals, which is often applied in health resorts and places of recreation, is rejected as being unsuitable mainly owing to the problems involved in granting and controlling special permits.

Access and residential streets, mainly in newly built residential neighbourhoods where detached houses predominate, are hardly frequented at all at certain times, even during the day. Thus, when the volume of vehicular and pedestrian traffic is low almost the entire usable road surface is available to the individual vehicle. Driving along the "ideal line" makes higher speeds possible, i.e. it is precisely when the volume of traffic is low that the risk to the individual "weak" road user caused by rapidly moving vehicles can be especially great. The tendency to "shooting through" at high speed is sometimes even reinforced by the road surface design, for instance when paved gutters in the road centre assume the function of a guiding line (see Fig. D 7.3/1).

Fig. D 7.3/1:
Speed-increasing guiding line provided by central gutter
(see also combination of sign 326 and sign 205 of the StVO)

Comment:
Regarding other construction/design measures which tempt motorists to increase rather than to decrease their speed, see details in Chapter D 10 "Construction/design measures in "325" precincts".

Fig. D 7.3/2 shows two speed-increasing measures of a planning nature. The situation is as follows: The "325" precinct begins at a signalled intersection with heavy traffic.

Measure 1:
A separate turning lane (shown by the figure) without traffic signals is available to vehicles turning right. It is possible to enter the "325" precinct at an elevated speed despite the dropped kerb which has the effect of a hump.

Measure 2:
Vehicles going straight ahead and turning left are granted right-of-way over vehicles turning right (see sign 205 of the StVO); thus they are able to "shoot" directly into the "325" precinct.

In addition, entrance is generally facilitated and thus the volume of traffic increased. The major share of through-traffic in overall traffic in this "325" precinct is to be reduced by additional signposting elsewhere (see also Figs. D 2.3/6, D 2.3/36 and D 2.3/37).

Fig. D 7.3/2: Entrance to a "325" precinct with speed-increasing elements: right turning lane and rule concerning right-of-way

The "advantage" of a fixed maximum speed (in terms of kph) would be that it is objectively verifiable by standard measuring methods. The weightier disadvantage is that the impression might be created that a "325" precinct was primarily a go-slow zone. It should be recalled that the regulatory bodies expressly referred to a "special type of street" (see index numer 208) presupposing a large measure of restructuring of road design and user behaviour.

The proposal to replace the provision "walking speed" by "maximum speed 20 kph" and thus to adjust it to reality was discussed as early as 1982 at the twentieth Deutscher Verkehrsgerichtstag, but was not adopted as a recommendation. "The problem of finding a formula which makes realistic reasonable allowance for the compatibility of speeds of different road users, however, has not been taken care of." (38)

The futile efforts drastically to reduce motoring speeds are evidenced by additional orders imposing a permissible maximum speed. The evaluation of the survey conducted among local authorities from October 1983 to February 1984 showed that in 13 (= 9%) of the 142 "325" districts evaluated with a view to this question, additional traffic signs were erected indicating a permissible maximum speed.

Comment:
Suggestions concerning the subjects under discussion "maximum speed in "325" districts" and "traffic volume in "325" districts" are summarised in Chapter D 7.7.

D 7.4 Supplements to the StVO and the VwV-StVO contained in the planning instructions of the federal Länder
Permissible traffic volume
(The index number refers to the list in Chapter B 2)

Bayern (index number BY 2)
Page 24
The upper limits of compatible traffic volumes and road lengths largely depend on local conditions (network formation, land use for building purposes, building density). Therefore rigid limits cannot be set. It may, however, be assumed that genuine mixed use of traffic surfaces becomes questionable when average traffic volumes exceed approximately 100 motor vehicles per hour, and that walking speed is no longer adhered to when road sections of several hundred meters are involved.

Hessen (index number HE 3)
Page 4
In addition, the traffic volume in a Traffic Restraint Precinct may only be very low so that the use of the entire width of the street by pedestrians and by playing children is justifiable with a view to road safety.

Nordrhein-Westfalen (index number NW 1)
Item 3.4
Pursuant to Sec. 42 (4a) of the StVO pedestrians may use the entire width of the street in a Traffic Restraint Precinct; children are allowed to play everywhere. At the same time it must be possible for the remaining motor vehicle traffic to operate. This mixed function is not compatible with major traffic volumes. Traffic volumes of 150 motor vehicles per peak hour (both directions of travel taken together) should not be exceeded.

D 7.5 Instructions concerning permissible traffic volume contained in guidelines of Switzerland
(The index number refers to the list in Chapter B 3)

Switzerland (index number CH 2)
Item 2.3
... The traffic volume is low. The peak hour traffic to be expected amounts to a maximum of 100 motor vehicles per "gate" (per entry or exit, respectively), the average daily traffic amounts to a maximum of 500 motor vehicles per "gate".

Annex: item 2.3
The traffic volume may be expressed as peak hour traffic or as average daily traffic. Depending on local conditions and day of the week, the peak hour traffic is reached at different times of the day.

Traffic on access roads is composed of the necessary generated and attracted trips and any through-traffic (using "back-street" routes). These roads may be converted to residential streets if the traffic volume to be expected (attracted and generated trips and any remaining through-traffic) does not exceed 100 motor vehicles per peak hour and 500 motor vehicles per "gate" on a daily average.

The number of attracted and generated trips during the peak hour can be ascertained via the car ownership ratio of local residents or the supply of parking spaces (private and public parking spaces including garages) accessible via the residential street using the following rule of thumb: number of motor vehicles or of parking spaces available, respectively, divided by two.

D 7.6 Documentation and discussion concerning traffic volume

The possibility of mixed use is influenced, inter alia, by the volume of traffic remaining after the creation of the "325" precinct. The assistance offered to planners and intended to help them in their decision-making process includes for instance "limit loads of 50 to 100 motor vehicles during peak hour (1 to 2 vehicles per minute)" (Chapter 4.4.1 of the Recommendations for the Creation of Access Roads — EAE, as per June 1984) or maximum "traffic loads of 150 motor vehicles per peak hour (both directions of travel taken together)" (Circular order for the Land of Nordrhein-Westfalen, see index number NW 1 in Chapter B 2).

Work on this research assignment did not include any traffic volume measurements by the author. Experience gathered to date suggests that the practical importance of one-sided motor vehicle orientated standards is minor if the underlying conditions have not been clearly defined.

Mixed use will thus not be a generally satisfactory solution in those cases where one kind of use predominates (39). However, short-term "overloading" should be permissible, for example that caused by rush-hour traffic when schools or businesses in the adjoining buildings close, if otherwise the prerequisites for area-wide traffic restraint were not met.

In many cases, the possibilities of reducing the volume of motor vehicles traffic by suitable planning have not yet been exhausted. For instance, a mini "325" district which is situated on a "back-street" route could be expanded so as to constitute an area-wide "325" precinct, thus not only increasing resistance to through-traffic but also making the purpose of the ban on through-traffic more easily understood. Another means is the removal of measures inducing through-traffic, for instance signposting pointing the way to a parking lot through a "325" precinct (see Figure D 7.6/1).

Figure D 7.6/1:
Increase in traffic volume caused by signposting directing traffic to an underground garage through a "325" precinct

D 7.7 Summary considerations concerning standards for speeds and traffic volumes in "325" precincts

The edge could be taken off the discussion on the correct interpretation of the term "walking speed" in Sec. 42 (4a) of the StVO or on acceptable maximum speeds for vehicles (in kph) if more emphasis were placed on the intent of the regulatory bodies to introduce the principle of mixed traffic or shared surfaces. The "right" vehicle speed would then be that speed which is adjusted to the overall conduct of motorists and pedestrians and not solely to the manner of walking of the latter. This has already been set forth elsewhere in the StVO:

Sec. 1 of the StVO:
Participation in road traffic requires constant caution and mutual consideration.
Every road user must behave in such a way that nobody else is damaged or endangered, or is impeded or inconvenienced more than is unavoidable under the prevailing circumstances.

Sec. 3 (2a) of the StVO:
Vis-à-vis children, persons in need of help and older people, motorists must behave in a manner which excludes any risk to these road users, particularly by reducing their motoring speed and by being ready to brake.

Application-orientated planning standards regarding permissible traffic volumes should be adjusted to the various prevailing local conditions. For example, in addition to defining the number of motor vehicles during the peak hour, as is customary today, the following structural elements of road use should also be allowed for:

— The frequency with which these peak values occur in the course of the day,
— the time when these peak values occur in the course of the day,
— the number of motor vehicles during off-peak hours,
— the structure of road use broken down according to types of motor vehicles, bicycle traffic, pedestrian traffic and other road uses,
— the percentage of through-traffic in overall motor vehicle traffic,
— the use structure of adjoining areas (housing/shopping/recreation/strolling, etc.).

● With a view to the future discussion of "325" precincts it is suggested that, as a matter of principle, no numerical standards be established and instead the local planners' responsibility for creating the prerequisites for making mixed use possible be emphasised more than in the past.

D 8 Road length in "325" precincts

D 8.1 Supplements to the StVO and the VwV-StVO contained in the planning instructions of the federal Länder
(The index number refers to the list in Chapter B 2)

Bayern (index number BY 2)
Page 24
The upper limits of compatible traffic volumes and road lengths largely depend on local conditions (network formation, land use for building purposes, building density). Therefore rigid limits cannot be set. It may, however, be assumed... that walking speed is no longer adhered to when road sections of several hundred meters are involved.

Hessen (index number HE 1)
Page 13
However, since such a low speed (4 to 5 kph, insertion by author) cannot be adhered to by all road users (it is not possible to ride that slowly on motorised bicycles over a long route section), it is considered sufficient if 85% of motorised road users do not exceed 20 kph and if a speed of 30 kph is not ecxeeded by any vehicle. For this reason, traffic rastraint areas should be short (up to 50 m long) or, in the case of longer road sections, should be so designed by appropriate street furniture that motorists can only proceed very slowly.

Hessen (index number HE 3)
Page 4
Therefore Traffic Restraint Precincts signposted by means of sign 325 of the StVO should

1. *be short (up to 50 m long) or*
2. *in the case of longer road sections, suitable street furniture should only permit a low motoring speed.*

In addition, the traffic volume in a Traffic Restraint Precinct may only be very low so that the use of the entire width of the street by pedestrians and by playing children are justifiable with a view to road safety.

DF 8.2 Instructions contained in guidelines of Switzerland
(The index number refers to the list in Chapter B 3)

Switzerland (index number CH 2)
Item 2.2
The distance to be covered by vehicles on the shortest route to the nearest "gate"(...) shall not exceed 300 m on through-roads and 500 m on culs-de-sac and one-way roads. The road should be at least 50 m long.

Annex: item 2.2
As far as the maximum permissible distance to be covered by vehicles is concerned, a distinction is made between roads which are through-roads and on which traffic may travel in both directions and, on the other hand, one-way streets and culs-de-sac.

The decisive factor in the assessment is the distance to be covered to the nearest "gate" and not the effective length of the road. Whereas in the case of one-way streets and culs-de-sac motoring distance and effective length are practically identical, the actual length of a through-road may be 600 m or more without the maximum motoring distance of 300 m being exceeded.

The maximum motoring distances of 300 m and 500 m, respectively, should be applied analogously to interconnected residential streets (networks of residential streets).

Comment:
The results of the written survey have shown that road lengths in "325" precincts made up of one street only vary between 40 and 820 m.

The scope of this report does not permit a comprehensive discussion of the criterion "road lenght".

D 9 Carriageway width in "325" precincts

Road building definitions established by the Forschungsgesellschaft für Straßen- und Verkehrswesen:

Carriageway width = distance of carriageway edges measured at a right angle to the carriageway axis.

Traffic lane (unmarked) = that part of the carriageway, the width of which is sufficient to accomodate a single line of moving vehicles.

Traffic lane = lane indicated by road markings or constructional elements.

Supplements to the StVO and VwV-StVO contained in the planning instructions of the federal Länder
(The index number refers to the list in Chapter B 2)

Bayern (index number BY 2)
Page 25 et seq.
Speed reducing elements (such as carriageway staggering, narrowing) are to be arranged in a way as to merely direct vehicular traffic but not to constitute obstacles (as defined by Sec. 32 of the StVO). Carriageways situated between speed-reducing elements should have a minimum width of 3.50 m.

Page 28 (on traffic restraint in general)
Apart from routening, the dimensioning of carriageway widths is the most important instrument when planning access roads and ways.

— *Basically, dimensioning should be based on the aspects of road functions, road design and economics.*
— *The carriageway width should guarantee sufficient usability of the street with a view to the given or anticipated traffic volumes and for the use of adjoining property.*
— *In the case of access roads of minor importance it is not necessary to provide that the biggest vehicles permissible under the Motor Vehicles Licensing Regulations (StVZO) are able to pass each other everywhere without restrictions. (Instead provision of passing places at suitable intervals to permit the passing of car/lorry or lorry/lorry).*

Nordrhein-Westfalen (index number NW 1)
Item 3.10
All kinds of vehicles which are to be expected in a Traffic Restraint Precinct must be able to operate there. A carriageway width of 3.5 m is sufficient even for streets where traffic moves in both directions. This carriageway width provides enough space so that a private car and a cyclist can pass each other easily, and there is enough room for fire engines, commercial vehicles and refuse lorries.

It is, however, necessary that passing places for car/lorry or lorry/lorry should be provided at suitable intervals. Vehicles may pass each other for instance at carriageway staggerings and at locations where a strip about 1 m wide and optically standing out clearly from the carriageway has been inserted in front of a row of parking spaces. In addition, one-way streets may also be decreed. However, they should be considered an exception in districts indicated by means of signs 325/326 of the StVO.

Comment:
As far as documentation and discussion of the planning criterion "carriageway width" is concerned, reference is made to the other chapters of this report.

D 10 Construction/design measures in "325" precincts

In this study report it is not possible to go comprehensively into the technical details of the construction and design elements which are used predominantly for speed reduction. Some measures are documented and discussed with a view to the hindrance or prevention of the principle of mixed traffic in "325" precincts in Chapters D 11 "Protective strips for pedestrians", D 12 "Measures affecting vehicle dynamics" and D 13 "Carriageway staggering".

D 10.1 Supplements to the StVO and VwV-StVO contained in the planning instructions of the federal Länder
General explanations of constructing/design measures
(The index number refers to the list in Chapter B 2)

Baden-Württemberg (index number BW 1)

Section 1, 1st paragraph
*The implementation of constructional measures (cf. VwV-StVO concerning signs 325 and 326) is an **indispensable** prerequisite before the erection of sign 325 of the StVO may be ordered. Wherever the prescribed constructional and local conditions for the ordering of signs 325/326 of the StVO have not been met, such signposting or any other indication of traffic restraint in residential areas is out of the question.*

Bayern (index number BY 1)
Item 42.4.3
The provisions concerning conduct in Traffic Restraint Precincts, which are contained in the explanations concerning signs 325 and 326, presuppose the design of such precincts as mixed-use areas. Segregation of the various kinds of traffic has been abolished. In the interests of road safety, appropriate redesign is an indispensable prerequisite for ordering signs 325 and 326 to be erected.

Bayern (index number BY 2)
Page 25 et seq.
The mixture of vehicular and pedestrian traffic must be clearly recognisable by road users. Quite apart from the order to proceed at walking speed according to sign 325 of the StVO, constructional measures are necessary to reduce motoring speed (speed-reducing elements) and to emphasise the recreation, social contacts and play function.

These purposes are served by:

— *level design of the entire road surface*
— *changing carriageway width by narrowing and widening*
— *carriageway staggering*
— *elements such as trees, green spaces, lamps, bollards and the like*
— *structuring of the road surface by the choice and alternation of materials and paving technique.*

The choice of measures to be applied and combined depends on local conditions of urban design. The mere erection of signs 325/326 of the StVO "Traffic Restraint Precinct" is never sufficient. Although segregation of the various kinds of traffic has been invalidated, shared surfaces should not be designed entirely freely:

— *Transition to adjoining streets not signposted by sign 325 of the StVO must be emphasised by constructional measures (e.g. by a*

raised carriageway level, dropped kerbs, a change in material, narrowing).
- Although the traffic surfaces are basically intended to be shared they should not permit the operation of vehicles throughout their entire width. It is enough to keep a sufficiently wide carriageway clear. If necessary, e.g. in front of entrances to houses, protected and reserved areas for pedestrians may be delimitated by bollards or deflecting poles, among other things, from the areas where vehicles may operate. However, they should not create the impression of a walkway.
- Clear visibility of the road area even at a short distance must be maintained. Visibility of the road space must not be obstructed by equipment or furniture elements.
- Speed-reducing elements (such as carriageway staggering, narrowing) are to be arranged in a way as to merely direct vehicular traffic but not to constitute obstacles (as defined by Sec. 32 of the StVO). Carriageways situated between speed-reducing elements should have a minimum width of 3.50 m.

The conversion of streets with special paths (walkways) to shared surfaces sometimes causes problems since, according to the General Administrative Regulation concerning signs 325/326 of the StVO, level surface design is normally required. For economic reasons, however, it is often not feasible completely to remove the kerb and to provide a level surface across the entire length of the street. The overriding principle in this context is that the design of the road should create the impression of its predominant recreation, social contacts and play function, and the subordinate importance of motor vehicle traffic.

It is along these lines that a partial maintenance of kerbs, e.g. between regularly arranged large-scale level changes raising the roadway level to that of the walkway is conceivable provided that the road design overall clearly indicates the character of a shared surface. In case of such partial development, however, care should be taken so that the remaining walkways do not create the impression of a persistent segregation of the various kinds of traffic.

Bayern (index number BY 2)
Page 39
The provisions concerning road conduct presuppose the design of Traffic Restraint Areas as **mixed-use areas**. Segregation of the various kinds of traffic has been abolished. For reasons of road safety, an appropriate constructional redesign is necessary. The design of the Traffic Restraint Precinct must make it entirely clear to the motorist that he no longer has any privileges.

Hessen (index number HE 1)
Page 7
If the subdivision of a street into carriageway and walkway is maintained, children are unable to understand that they may play on the carriageway of one street, simply because the sign is there, wheras they may not do so in the neighbouring street. In addition, this would run contrary to the teaching approach used in road safety education for young people. Children who do not yet understand the importance of traffic signs must be able to understand immediately that they are permitted to play in one street but not in the other.

Page 12 (on traffic restraint in general)
In streets carrying very low volumes of traffic it is not necessary to make it possible everywhere for vehicles to pass each other. Streets may be built with a single lane and passing places or with narrowings accommodating two lanes without substantially impeding traffic development for motor vehicles or the flow of traffic as a whole. These traffic-restraining measures are intended to make these streets less attractive to motorised through-traffic and to reduce the overall motoring speed. Above all it is possible to recover the surfaces not needed by vehicular traffic and to make them available, for instance, to pedestrian traffic. Narrowings and one-lane road sections must be clearly visible. Their effectiveness may be increased by raising the level in conjunction with vertical road elements and pieces of street furniture. Narrow carriageway sections are particularly suitable for crossing pedestrians.

The design of areas regained from vehicular traffic, moreover, makes a direct contribution to improving the housing environment.

Page 13
Setting up Traffic Restraint Precincts according to the StVO calls for considerable building investment, since the complete removal of the segregation of walkway and carriageway in the street is required (removal of kerbs). Owing to the financial expenditure involved, the required thorough redesign of a street will remain the exception.

Experience has shown that in the absence of the design provided for by the VwV-StVO, the rules of road conduct associated with the "Traffic Restraint Precinct" traffic sign cannot be enforced. In particular, motorists will proceed at a much higher speed than the required "walking speed".

Hessen (index number HE 2)
Page 2 (on traffic restraint in general)
However, it cannot be expected that a distinct improvement in traffic conditions will result solely from the erection of signs without supporting measures, because experience has shown that many road users do not observe such signs.

Hessen (index number HE 3)
Page 2 et seq.
Signs 325/326 of the StVO which have been newly introduced by the amendment of the Highway Code (StVO) entail certain standards of conduct both for motorists and for pedestrians.

(This is followed by the provisions of Sec. 42 (4a) of the StVO; comment by author).

On traditional roads motorists, as a rule, do not abide by these provisions concerning road conduct. Therefore, as a matter of principle, changes in the road space are necessary to bring about a substantial reduction of motoring speeds down to walking speed. It must be assumed that, similar to the erection of other traffic signs, the erection of sign 325 of the StVO alone will not have a sustained effect on the driving conduct of motorists, or on the walking habits of pedestrians and the playing behaviour of children. For this reason certain local and constructional prerequisites are necessary for the creation of Traffic Restraint Precincts.

(This is followed by provisions No. II and III of the VwV-StVO concerning signs 325 and 326 of the StVO; comment by author.)

Thus it is inadmissible solely to erect signs 325/326 without any supporting measures. Ordering the erection of signs 325/326 of the StVO without redesigning the road space may entail third party liability claims if the conditions for erecting these signs set forth by the StVO and the VwV-StVO have not been met.

Consequently the creation of Traffic Restraint Precincts indicated by means of signs 325 of the StVO presupposes that the road be altered in such a way by constructional measures that the segregation principle (the breakdown of the street into carriageway and walkways) is abolished and so-called shared surfaces are provided. Only in this way is it possible to make the recreation, social contacts and play function predominate and to make children understand that they are allowed to play in the street here in contrast to other streets. Simply raising the level of the road space without any related measures as a rule will not suffice to reduce motoring speed down to walking speed.

Hessen (index number HE 5)
Item 7. Shared surfaces
Only shared surfaces may be indicated by means of the new traffic signs 325 and 326, provided certain conditions are satisfied. These traffic signs were developed following detailed studies which the ECMT had carried out. They call for entirely new conduct on the part of all road users.

Shared surfaces are created by raising the level of long road sections in such a way that there are no longer any differences between walkway, cycle path and carriageway. The segregation priniciple otherwise applicable to road building, i.e. segregation between carriageway, walkway and cycle path is abolished.

As far as details are concerned, I refer to the amended version of Sec. 42 (4a) of the StVO. In the interest of road safety it cannot be justified to invalidate the traditional differentiation between the various parts of the highway according to kind of use (walkway, cycle path, carriageway) simply by erecting the above-mentioned new traffic signs without substantial constructional changes in and redesign of the street. Otherwise the responsible officials in charge would no doubt violate their official duties.

Nordrhein-Westfalen (index number NW 1)
Item 2.1 (on traffic restraint in general)
...
It has become apparent that, as a rule, signs alone are unable to bring about a sufficient change in driving conduct. Construction measures, measures serving to direct traffic, and design measures changing the carriageway, and thus motivating motorists to slow down accordingly while, at the same time, improving road design and the areas left to the use of non-motorised road users are more effective, at least when they are appropriately combined.

The measures necessary for these purposes, such as narrow carriageways, carriageway staggering, alternating parking, raised road surfaces, removal of kerbs, humps, carriageway narrowing, plants and street furniture, must ensure the safe handling of remaining traffic and must make the deployment of emergency vehicles possible. In additon, the visibility between pedestrians and motorists, which is necessary for road safety reasons, must not be obstructed.

Item 2.4
Shared surfaces according to Sec. 42 (4a) of the StVO as a possibility of restraining traffic are equally available to pedestrians and vehicles.

The necessary indication by means of signs 325/326 of the StVO is permissible if the local and constructional requirements are satisfied as set forth in the General Administrative Regulation (VwV) concerning signs 325/326 of the StVO.

Item 3.9 (on "325" precinct)
The elements serving properly to direct motor vehicle traffic are no impediments as defined by Sec. 32 of the StVO. However, they may not endanger motorists observing the speeds set forth in item 3.6; they must be clearly visible even at night (street lighting).

Plant tubs and vertical design elements placed in connection with speed- reducing measures may not obstruct short-distance visibility or the field of vision of motorists, particularly with a view to pedestrians.

Rheinland-Pfalz (index number RP 1)
Item 5
Ordering signs 325/326 of the StVO to be mounted without providing for constructional measures is a violation of the VwV-StVO defining minimum requirements for the creation of Traffic Restraint Precincts.

Schleswig-Holstein (index number SH 1)
Item 3.2
The conduct of the remaining motorists can generally not be influenced by traffic signs alone. Measures affecting the road space, particularly by means of constructional design, will be necessary. Experience has shown that it is precisely the constructional design of the road space which causes motorists to exhibit slower and more considerate driving conduct. Motoring safety, however, must not be impaired by constructional measures.

Item 4.1.1
The erection of signs 325/326 implies, inter alia, that pedestrians may use the entire width of the street, children are allowed to play everywhere, and vehicular traffic must proceed at walking speed. For road safety reasons, ordering these signs to be mounted is justifiable only if compliance with these provisions can be expected to result from the design of the road space. The General Administrative Regulation concerning these signs lists the main requirements. The choice of the erection sites for these signs and the design of the road space must ensure that compliance with traffic provisions and thus road safety can be expected in every area of the precinct.

D 10.2 Instructions contained in guidelines of Switzerland
(The index number refers to the list in Chapter B 3)

Switzerland (index number CH 2)
Item 3.2
The traffic area comprises surfaces which are shared by pedestrians and vehicles and must be specially prepared (in a pedestrian-friendly manner). It is mostly level (no raised walkways). Areas intended for play and sport or as meeting points for local residents (resembling a village square) should be clearly emphasised by visual means. The space for vehicular traffic should be designed in a differentiated way and broken down into small units so that the motorist is forced not to exceed 20 kph, e.g. by lateral staggering, partially raised carriageway levels, and integration of parking areas into the general design. However, the passage of fire engines, refuse lorries, snow ploughs, etc. must be guaranteed.

When selecting and mountig design elements, care should be taken to avoid any risk to road users. Street lighting should be arranged so that these elements (narrowings, partially raised road surfaces, plant tubs etc.) are clearly visible even at night.

Annex: item 3.2
The impression should be avoided that the residential street consists of a space for pedestrians and a space for vehicles. Therefore the traffic area must be predominantly level. Any existing raised walkways should be equalised by
— *gentle ramps;*
— *lowering of walkways;*
— *raising of the carriageway to walkway level.*

Raised walkways may only be retained at car parks, flower beds, and the like, where pedestrians traffic does not move transversely.

Areas intended for games and sport or as meeting places (with street furniture) should not be arranged directly next to "gates" or at car parks. When designing the space for vehicular traffic care should be taken that vehicles should not be directed too closely to these areas or to entrances to houses and front gardens. Often constructional measures such as guard stones, plant tubs, etc., are necessary for protecting pedestrians. However, the impression must not be created that pedestrians may not use the remaining street space.

The motorist does not recognise straight, level streets as residential streets. Construction and design measures such as narrowing, horizontal and vertical staggering, have the effect that the area for vehicular traffic appears to be broken down into small units and that therefore the permissible maximum speed of 20 kph is complied with. Parkings spaces provided on the traffic surface (for instance laterally staggered) must be delimited by design elements at both ends so that the visual impression of a breakdown into small spatial units persists even when parking spaces are not occupied. Partially raised road sections should be at least 5 m long (without counting the ramps at both ends). The distances between all these constructional measures should be not more than 40 m. Design should be such that motorists can clearly see the various areas of the residential street; particularly at obstacles and at entrances to and exits from parking garages special care should be taken that visibility is ensured.

Street areas which are designed in a differentiated way and broken down into small units are unconsciously translated into a lower speed by the motorist...

D 10.3 Documentation
(See also Chapters D 11 to D 13)

The plan of construction/design measures for a "325" precinct must be closely geared to prevailing local conditions. Owing to the great many possible combinations, only selected examples can be shown by the following figures.

☐ Gate situation

Fig. D 10.3/1 shows a clear gate situation where only one line of traffic can pass at a time (bicycles excepted). Since the entrance at the other end/beginning of the "325" precinct is much wider a "funnel situation" had resulted. Owing to the unequal gate capacities backups of leaving vehicles often occur during peak hours at the gate shown here.

Fig. D 10.3/1:
Gate design at beginning/end of a "325" precinct

☐ Divisional island

Planted central islands in road sections of "325" precincts carrying vehicular traffic are provided at intersections (see Fig. D 10.3/2), at T-junctions (see Fig. D 2.3/34) and on the carriageway (see Fig. 10.3/3) to prevent vehicles from "shooting through". On the merits of the individual case, it should be considered whether or not they assume the conventional function of a channellising divisional island which can be expected to have a speed-increasing effect. Additional direction facilities, such as regulatory signs prescribing how to pass (see sign 222 of the StVO in Fig. D 10.3/3) emphasise the importance of a road for vehicular traffic and thus prevent the impression from arising that the outdoor recreation, social contacts and play function is intended to predominate.

Fig. D 10.3/2:
Planted central island at an intersection

Fig. 10.3/3:
Divisional island combined with lateral narrowing

☐ Other direction equipment

Item III.2 of the VwV-StVO (see index number 311 in Chapter B 1.4) refers to level surfacing across the entire width of the road as the normal way of emphasising the difference between "325" precincts and other types of road. Level surfacing, however, is not only intended to make crossing of the street easier (removing the step at the kerb) and to signal the abolition of the formerly separate traffic surfaces for pedestrians, vehicles and parking (see details in Chapter D 11 "Protective strips for pedestrians"), but also to remove the speed-increasing directional effect of the pavement kerbs.

This intention of the regulatory bodies is in practice circumvented by numerous variants of construction/design measures. For example, the pavement kerbs are often replaced by paved gutters delimiting the carriageway as clearly from the "walkway" as kerbs would (see Fig. D 10.3/4).

Other direction equipments which emphasise the traffic function rather than the outdoor recreation, social contacts and play function are:

— marker posts,
— marker beacons,
— reflecting "cats eyes",
— carriageway marking by means of change in colour and/or texture (the marking of parking spaces is a different matter, see Chapter D 6 "Parking in '325' precincts").

Whenever such equipment is necessary for traffic reasons it should only be permitted for a transition period until retrofitting by construction/design measures has been completed. Another possibility would be doing without indication by means of sign 325 and instead setting up a zonal speed limit.

In the planning process, attention should also be paid to the fact that speed-increasing direction effects may be caused by exactly aligned facades and fences marking the road boundary even when carriageway markings and other direction equipment in the road space are intentionally omitted. Fluid transitions between public and private road space, however, obviate speed-increasing direction features and, in addition, improve the acceptance of the road as a space for outdoor recreation, social contacts and play. Close cooperation

Fig. 10.3/4:
Level surfacing: paved gutters assume the directional function of kerbs

between the competent authorities and citizens is required for achieving this purpose. If necessary, relevant design by-laws or the like should be included into the overall concept.

☐ Pavement

In the context of constructional measures intended to restrain traffic, the concept of "raising the road level" is frequently used. As a rule, this refers to partial raising of the road surface (see also Chapter D 12 "Measures affecting vehicle dynamics").

In practice, raising the road level or using paving stones in general is considered to be "the" characteristic of a "325" precinct. However, the mere substitution of asphalt or concrete by paved areas is not a sufficient instrument for improving the recreation, social contacts and play function of a street (see the "dead" paved area in Figs. D 10.3/5 and D 10.3/6). The visual impression of a paved car park is additionally enhanced by the marker posts intended to protect the trees.

Figs. D 10.3/5 and D 10.3/6:
"Dead" paved areas: paving stones as a substitute for asphalt and concrete

D 10.4 Summary

The figures in Chapter D 10.3 show in an exemplary manner that the mere substitution of design elements and textures as such is not sufficient for successfully planning streets where the recreation, social contacts and play function predominates. Rather it is the adjustment of individual instruments to prevailing local conditions as part of a planning concept aimed at the objective of "mixed use of the road space" which is decisive.

The wording of item II of the VwV-StVO concerning the connection between speed-reducing measures and recreation, social contacts and play/development functions is misleading. The term "speed-reducing measures" mainly denotes carriageway narrowing and staggering. The constructional implementation at the local level shows that the elements used often have a separating effect. The widths of the new "walkways" and "carriageways" clearly indicate the priority of vehicular traffic. Even when they are expensively equipped with road furniture, the remaining areas permit only a limited improvement of the recreation, social contacts, play and communication functions.

The "325" precincts already implemented or planned in the small towns and rural communities under study are very small (see Table E 1 and the "Documentation of implemented and planned Traffic Restraint Precincts..."). The additional recreation, social contacts, play and communication uses intended by the regulatory bodies simply cannot develop in these mini precincts. The aspects which are essential for the relevant signposting according to item III.1 of the VwV-StVO — in addition to the desired improvement of road safety — are not taken into account or are replaced by traffic-related criteria, such as speed, volume of motor vehicles, accident statistics. This planning philosophy hampers or prevents non-traffic uses within "325" precincts. In these conditions the motorist is bound to perceive the imposed walking speed as devoid of any function.

Continuing excessive motoring speeds, as a rule, are taken as a reason for compensating for the lack of integration of traffic restraint into an area-wide concept in the planning stage by massive constructional speed brakes. Thus the Traffic Restraint Precinct becomes a go-slow road.

● Hence the suggestion to road traffic authorities that they should generally examine "325" precincts within their sphere of competence as to their suitability for the new zonal speed limits. In this way, it should in many cases be possible to achieve sufficient agreement of actual road conduct and indication according to the law of the road. Numerous mini precincts comprising one street might possibly then have to be indicated by means of the conventional sign 247 of the StVO "permissible maximum speed".

D 11 Protective strips for pedestrians

The consequences of the repeatedly mentioned one-sided orientation of "325" precinct planning to traffic conditions and insufficient support of the outdoor recreation, social contacts and play function will be documented in detail, in this Chapter, by using "protective strips for pedestrians" as an example.

Road building definition established by the Forschungsgesellschaft für Straßen- und Verkehrswesen:

Segregation principle = subdivision of the traffic surface into constructionally segregated areas for different kinds of traffic.

D 11.1 Supplements to the StVO and VwV-StVO contained in the planning instructions of the federal Länder
(The index number refers to the list in Chapter B 2)

Hessen (index number HE 1)

Page 12

The creation of mixed-use surfaces by no means requires the erection of signs 325/326 of the StVO (Traffic Restraint Precinct). In such roads, however, as a matter of principle, it is required that — road width permitting — areas for play and for pedestrian movement be provided, which cannot be used by motor vehicle traffic. In general, this can only be achieved by segregating such areas by constructional measures and thus protecting them from being used by motor vehicles.

Nordrhein-Westfalen (index number NW 1)

Item 3.7

Bollards, plants, special gutter design and the like should be arranged so that motor vehicles cannot operate directly alongside houses and at locations where visibility is poor. They should be so designed that a protective strip for pedestrians, which is at least 1 m wide, is available at the edge of carriageway. However, this protected strip must not create the impression of a continuous walkway. By providing plant tubs, benches and the like this impression can be avoided and the use of this protective strip by vehicles, particularly by motorised bicycles, can be prevented.

D 11.2 Instructions contained in guidelines of Switzerland
(The index number refers to the list in Chapter B 3)

Switzerland (index number CH 2)

Annex: Item 3.2

When designing the space for vehicular traffic care should be taken that vehicles should not be directed too closely to these areas or to entrances to houses and front gardens. Often constructional measures such as guard stones, plant tubs, etc., are necessary for protecting pedestrians. However, the impression must not be created that pedestrians may not use the remaining street space.

D 11.3 Documentation

With reference to the indication in the VwV-StVO, according to which it is not necessary to make it possible for motorists to use all parts of a street (see index number 312 in Chapter B 1.4), so-called protective strips for pedestrians are separated from the "carriageway". Figs. D 11.3/1 to D 11.3/6 show some practical cases. Other examples are shown elsewhere in this report in the following figures: D 2.3/6, D 2.3/10, D 2.3/17, D 2.3/22, D 2.3/25, D 4/2, D 5.2/1 and D 6.4/6.

The clear segregation of walkway, parking lane and carriageway by means of a change in texture and/or colour (see Fig. D 11.3/1) can be further enhanced by the use of vertical elements, such as bollards, lattices, chains, lamps, trees, and flower beds. The road user's eye which is practised in "the art of survival" obviously registers the segregation principle in such cases. This visual separating effect is also brought out by road users' conduct, pedestrians and motorists alike (see Fig. D 11.3/2).

Figs. D 11.3/1 and D 11.3/2:
Maintaining the segregation principle by a design which clearly delimitates carriageway, parking lane and bilateral walkways

Fig. D 11.3/3:
Clear subdivision of the traffic surface even without a change in texture

The movable metal bollards in the worked example shown by Fig. D 11.3/4 were relocated in such a manner that the remaining space has already became too narrow for pedestrians carrying bulky objects.

Fig. D 11.3/4:
Subsequent relocation of movable metal bollards in favour of vehicle traffic.

Figs. D 11.3/5 and D 11.3/6 document two sensible examples of vehicle-free zones: a square-like widening with outdoor recreation, social contacts, play and communication functions, and a "genuine" protective strip at a junction of narrow streets with poor visibility

Fig. D 11.3/5:
Delimitation of a square-like outdor recreation, social contacts and play area, by means of bollards

Fig. D 11.3/6:
Delimitation of a protective strip for pedestrians at a junction with poor visibility

Fig. D 11.3/7:
Bollards with a two-fold function: to keep away vehicles and to serve as seats

The method of fulfilling the prerequisite for the authorisation of sign 325 by providing level surfacing, and at the same time maintaining the segregation principle in the actual traffic pattern can be considered the standard case of traffic restraint in the communities under study. To avoid the impression of a continuous walkway, "compromise" solutions such as the one shown by Fig. 11.3/9, were developed. Such a pedestrian trap is no exception.

The reason given for retaining in fact the segregation principle is safety for the weak road user. However, where road conditions become tight it is quite customary to narrow the protective strip for pedestrians in favour of carriageway width at a road narrowing or even to interrupt it. In some cases, "325" precincts designed according to the segregation principle and areas where the 50 kph speed limit applies join each other directly without any walkways — at least during the transition period between individual construction phases. Such planning results tend rather to add to confusion than to contribute to increasing road safety and improving the housing environment.

D 12 Measures affecting vehicle dynamics

Road building definitions established by the Forschungsgesellschaft für Straßen- und Verkehrswesen:

Hump (speed hump) = obstacle which can be passed; affects vehicle dynamics and serves the purpose of reducing speed.

Delft hill = trapezoid hump.

Segment of circle hump = hump, the surface of which resembles the segment of a circle.

Change in level = raised carriageway level within, and on the margin of, Traffic Restraint Precincts bordered by gentle ramps and with a surfacing which stands out against carriageways and walkways.

Kerb = constructional border at the edge of traffic surfaces.
Pavement kerb = kerb clearly protruding above the traffic surface.

Low kerb = kerb hardly or not at all protruding above the traffic surface.

Fig. D 11.3/8:
Metal guard poles

Fig. D 11.3/9:
Installation to avoid the impression of a continuous walkway

D 12.1 Supplements to the StVO and VwV-StVO contained in the planning instructions of the federal Länder
(The index number refers to the list in Chapter B 2)

Baden-Württemberg (index number BW 1)

Item 2.1.3 (on traffic restraint in general)
Installation of humps affecting vehicle dynamics. Even when the conditions mentioned in the recommendations have been met, it is doubtful from the legal point of view whether the humps so installed should be considered as obstacles to traffic as defined in Sec. 32 of the StVO. No doubt the installation of such humps within the road space makes traffic movement more difficult. As a precautionary measure, the Ministry of the Interior has reserved its consent to the installation of such humps. Such consent can generally be expected if the conditions contained in the recommendations have been met on all counts. In the absence of any reliable case law on this problem, the installation of humps constitutes a certain risk with a view to civil as well as criminal law.

Item 2.1.4.8
Where mixed-use areas are created (...) humps intended to influence traffic should not be provided because owing to the change in level they cannot be appropriately integrated into mixed-use areas by constructional measures.

Item 3.3.6 (on traffic restraint in general)
Humps affecting vehicle dynamics: Attention is drawn to the fact that the Ministry of the Interior has reserved its consent to the installation of humps.

Bayern (index number BY 2)

Page 40 (on traffic restraint in general)
*It is **not permitted** to install obstacles, including so-called speed humps, in the carriageway (cf. Sec. 315b of the StGB and Sec. 32 of the StVO).*

Page 29 (on traffic restraint in general)
*Changes in road level should not be mixed up with **humps**. Humps differ from changes in level in terms of their steeper longitudinal gradient and shorter breadth, which force the motorist to pass them slowly because of the jolt which is otherwise felt.*

Owing to the risk to the motorist who passes them at speeds which are only slightly higher, humps may not be used.

Humps are perceived as chicanes by the motorist and do not contribute to responsible road conduct.

Hessen (index number HE 1)

Page 12 (on traffic restraint in general)
Now and then humps are installed in the carriageway in order to reduce the speed of motor vehicle. However, their effect is locally very limited and, as a traffic engineering measure, they do not contribute to improving the residential environment. Humps must be easily recognisable and should not be too far apart (not more than 30 to 50 m) if they are to bring about a sensible speed reduction. Prerequisites for the installation of humps are a low traffic volume (not more than 100 motor vehicles per hour), few commercial vehicles and no public transport.

Hessen (index number HE 2)

Page 3 (on traffic restraint in general)
Humps bring about only an isolated speed reduction and may cause problems when passed by commercial vehicles (e.g. loss of load); therefore it is not appropriate to install humps in order to achieve area-wide traffic restraint.

Schleswig-Holstein (index number SH1)

Item 3.2.2 (on traffic restraint in general)
Humps as obstacles affecting vehicle dynamics should only be considered as exceptions. They may possibly be taken into consideration when traffic volumes are low and other measures are not possible. Humps are critical, e.g. for ambulances and the patients transported by them. In addition, they suffer from the disadvantage that according to general experience the speed is reduced at the individual hump but that afterwards traffic again increases speed.

D 12.2 Instructions contained in guidelines of Austria and Switzerland
(The index number refers to the list in Chapter B 3)

Austria (index number A)

Sec. 76b (4)
The provision of humps, grooves, kerbs, and the like, as well as of horizontal constructional installations is permissible provided they are compatible with traffic and ensure that walking speed pursuant to subsection 3 is observed.

Switzerland (index number CH 2)

Circular concerning the introduction of "Instructions concerning residential streets" of 1 May 1984.
Elevations and depressions of the carriageway which assume the shape of cylinder segments (humps, gutters and grooves) should be dispensed with for reasons of road safety (risk to bicycle riders, poor drainage and thus formation of ice, etc.)

Switzerland (index number CH 2)

Annex: item 3.2
Sections where the road level is raised should be at least 5 m long, not counting the ramps at both ends. The distances between (...) these constructional installations should not exceed 40 m.

D 12.3 Documentation

The use of humps affecting vehicle dynamics for the purpose of reducing vehicle speed is highly controversial among the local authorities' representatives who were questioned. The experience available is based on non-representative individual cases because construction, location within the "325" precinct, types of road use and the other construction/design measures were different from one instance to another. Therefore the results of further studies must be awaited before a final assessment is possible.

When installing humps, level passages for pedestrians (prams) and pedal cyclists should be provided. As the example shown in Fig. D 12.3/1 to D 12.3/3 illustrates, the reaction of motorists to evade the humps must be allowed for.

The situation is as follows: the hump is made of paving stones recessed in concrete, the carriageway is narrowed by a planted protrusion (seen on the left-hand side of the figure), while on the right-hand side the level paved "walkway" can be recognised. Vehicles entering (see Fig. D 12.3/1) and leaving (see Fig. 12.3/2) tend to use the level "walkway" which has a lesser impact on vehicles dynamics. The black stripes on the walkway surface which were caused by tyre abrasion show that this way is often used. The cyclist also changes over to the side of the walkway (see Fig. D 12.3/3).

Fig. D 12.3/1 to D 12.3/3:
Bypassing a hump by co-using a level "walkway"

Fig. D 12.3/4 shows a low kerb at the transition to a "325" precinct, which is intended to contribute to lowering vehicle speed.

Fig. D 12.3/4:
Low kerb with hump function

Fig. D 12.3/5 also shows a construction using a low kerb which, however, is supplemented by an additional "partial deepening" (= milled out asphalt surface).

Fig. D 12.3/6 shows a successful combination of different constructional elements. Completing each other we see
1. a horizontal staggering,
2. a vertical staggering with gentle ramps,
3. a transverse gutter and
4. a change in crossfall.

Fig. D 12.3/5:
Combination of elevation (= low kerb in background) and deepening (= milled out asphalt surface) to enhance hump function

Fig. D 12.3/6:
Combination of various elements affecting vehicle dynamics and incorporating a horizontal staggering

Fig. D 12.3/7 shows another practical example incorporating prefabricated slightly rounded gutter elements. The alleged special advantage of these elements is the fact that cyclists can pass them without any danger while fast moving vehicles receive a distinct jolt.

Fig. D 12.3/8 shows a special case of design and use of a hump; the street is not indicated as a "325" precinct.

The situation is as follows: a residential street with no walkway running parallel to a heavily trafficked through road was used as a "back-street" route. It was intended to prevent this through traffic while at the same time keeping a passage open for fire engines and ambulances.

The following solution was chosen: constructional narrowing, two subsequent rounded hump-like elevations on each side of the carriageway margin, a central level passage for pedestrians and pedal cyclists. The access roads are indicated by means of sign 357 "cul-de-sac".

The effect has been the follwing: the rounded humps can only be crossed by vehicles with major clearance, standard cars touch the ground with their base plate.

Fig. D 12.3/7:
Hump-like effects caused by transverse gutters

Fig. D 12.3/8:
Special case: Hump with level passage for pedestrians and pedal cyclists. Only motor vehicles with major ground clearance are able to pass

D 13 Carriageway staggering

Road building definition established by the Forschungsgesellschaft für Straßen- und Verkehrswesen:

Carriageway staggering = change in horizontal alignment of a narrowed carriageway which is adjusted to vehicle geometry and is intended to serve traffic restraint.

D 13.1 Supplements to the StVO and VwV-StVO contained in the planning instructions of the federal Länder
(The index number refers to the list in Chapter B 2)

Bayern (index number BY 2)
Page 27 (on traffic restraint in general)
*The alignment of access roads is an important means of influencing driving speed. Long uninterrupted and straight road sections tempt motorists into proceeding at higher speed. Curved or broken alignment with only short straight sections break down the road space into clearly visible optically self-contained partial areas without "depth" and counter excessively fast driving. The **staggering** of the carriageway is a special instrument to reduce driving speed on straight road sections. For that purpose the carriageway is staggered at certain distances by at least one carriageway width.*

- *Carriageway staggering should, whenever possible, follow the frontage. Therefore when **new** roads are **built** such staggering should already be allowed for in the draft town planning stage by an appropriate location of buildings.*
- *When roads are **rebuilt**, carriageway staggering should be combined with other elements, e.g. parking spaces (alternating parking) and trees. They should be arranged in such a way that they direct vehicular traffic without constituting obstacles which might endanger traffic.*

Hessen (index number HE 1)
Page 11 (on traffic restraint in general)
As a rule, carriageway staggering is formed by providing alternating parking spaces on one side of the carriageway. This breaks the "optical shooting through" for motorised trafffic, reduces driving speed and improves visibility conditions in the road space. Carriageway staggering must sufficiently deep and must be repeated at intervals which are not too long in order to result in distinctly lower driving speeds. The effect of stagggering can be enhanced by vertical road installations and by changes in level. Carriageway staggering which is used consistently in a neighbourhood, together with changes in level, may have substantial traffic-restraining effects. It may be provided in streets with kerbs (built according to the segregation principle) and in mixed-use areas. It is particularly important to provide carriageway staggering mainly where it is also justified on town planning grounds. This applies, for instance, particularly to sites where pedestrian traffic is concentrated.

Provisional carriageway staggering can also be poduced by road markings. However, owing to better visibility (at night and when wet) they should subsequently definitely be indicated in addition by vertical installations.

Schleswig-Holstein (index number SH 1)
Item 3.2.1 (on traffic restraint in general)
The provision of carriageway staggering has been a particularly successful measure. Staggering is generally created by the alternating provision of parking space or by the alternating widening of the road spaces reserved for pedestrians. Staggering should be clearly emphasised by street furniture or plants. For road safety reasons, the visual contact between motorists and pedestrians must not be impaired at locations where major flows of pedestrians cross the carriageway.

D 13.2 Instructions contained in guidelines of Switzerland
(The index number refers to the list in Chapter B 3)

Switzerland (index number CH 2)
Annex: item 3.2
Straight, level streets are not recognised as residential streets by motorists. Construction and design measures, such as narrowing, horizontal and vertical staggering, have the effect that the carriageway appears to be broken down into small subunits and that consequently the permissible maximum speed of 20 kph is adhered to. Parking spaces arranged in the carriageway (e.g. laterally staggered) shall be delimited by design elements at the beginning and at the end, so that the visual impression of a breakdown into small units is maintained even when the parking spaces are not occupied. (...) The distances between these construction measures should not exceed 40 m.

D 13.3 Documentation

In additon to green spaces and the use of paving stones, road staggering has been mentioned as an essential prerequisite for "325" precincts. In certain cases the following opinions have been put forward:

- narrow streets (even without walkways) which cannot accommodate horizontal staggering of the carriageway owing to their insufficient width cannot be integrated into "325" precincts, and
- streets in newly-built residential neighbourhoods would have to be wider than conventionally designed streets so that the carriageway can later be staggered.

As a rule, however, the road traffic authorities recognise less costly measures as sufficient for indication by means of signs 325/326, such as individual planted flower tubs close to the walls of houses.

A combination of carriageway staggering and narrowing is often prescribed; the case of two cars passing each other is used to calculate minimum carriageway width. However, when carriageway widths are so generously dimensioned, vehicles need not or hardly follow horizontal changes in alignment if there is no oncoming traffic; there is only a minor speed-reducing effect. This is the normal case in residential neighbourhoods newly built with detached houses where "325" precincts are preferentially put in and where traffic volumes are very low.

Final conclusions cannot be drawn before the results of additional studies are available.

Fig. D 13.3/1 shows installations in a one-way street which have a major staggering effect and do not permit driving straight ahead. Nevertheless, it was necessary subsequently to place additional plant tubs. High vehicle speeds are presumably encouraged by the fact

- that pedestrians do not co-use the carriageway but rather remain on lateral "walkways"and
- that no oncoming vehicular traffic has to be anticipated in a one-way street.

Comment:
Sign 301 of the StVO indicating "right of way" was erected within the "325" precinct; see also the signposting of a junction in Fig. D 2.3/41.

Fig. D 13.3/2 shows an attempt at staggering: the elements used are a tree combined with marking by pavement of a different colour (pink in grey). Because of the low contrast in colour the marking of the staggering is difficult to recognise. Tyre marks (see arrow) show that the "walkway" is misinterpreted as a parking lane and is driven over even at this narrowing.

Fig. D 13.3/1:
High vehicle speeds despite major effect of carriageway staggering in a one-way street required the subsequent placing of additional plant tubs

Fig. D 13.3/2:
Combined staggering elements: tree and road marking. The arrow points to tyre marks of motor vehicles.

The example shown in Fig. D 13.3/3 shows a road section without sign 325. The road markings indicate alternating parking spaces. At times when the parking spaces are not occupied, the effect of such a staggered arrangement is presumably low because the road markings are driven over.

Fig. D 13.3/4 shows a successful combination of various construction elements. At the site of transition between a "325" precinct and a main road
1) a carriageway staggering,
2) carriageway narrowings and
3) paved and slightly raised ribbons at the narrowings complement each other.

The warning effect of such narrowings where only one lane is available for motor vehicles presumably is very strong for motorists entering as well as leaving the "325" precinct.

Fig. D 13.3/3:
Marking of carriageway staggering with alternating parking spaces

Fig. D 13.3/4:
Staggered carriageway with a strong warning effect at a point of transition

D 14 Cost-saving measures

D 14.1 Supplements to the StVO and VwV-StVO contained in the planning instructions of the federal Länder
(The index number refers to the list in Chapter B 2)

Bayern (index number BY 2)
Page 26
The **conversion** of streets equipped with walkways to mixed-use areas sometimes causes problems because, *as a rule,* level construction is required by the General Administrative Regulation concerning signs 325/326 of the StVO. However, complete removal of kerbs together with completely level construction over the entire street length often fails for financial reasons. What is essential in this context is the principle that the design of the street should create the impression of its predominant outdoor recreation, social contacts and play function, and secondary importance of motor vehicle traffic.

It is along these lines that retaining the kerb in some cases, e.g. between regularly arranged, large-scale areas where the carriageway has been raised to walkway level is conceivable, provided the overall design of the road space makes the character of a mixed-use area clear beyond doubt. However, in case of such partial redevelopment, care must be taken to ensure that the remaining walkways do not create the impression of a persisting segregation of different types of traffic.

Nordrhein-Westfalen (index number NW 1)
Item 3.5
According to the General Administrative Regulation III No. 2 concerning signs 325/326 of the StVO, the Traffic Restraint Precinct must create the impression that the outdoor recreation, social contacts and play function predominates, and vehicular traffic is of secondary importance. As a rule, this calls for level construction across the entire width of the street.

If a street is not constructed at one level throughout, other elements should be used to make the outdoor recreation, social contacts and play function evident. However, an intermittent redesign of the road space in isolated spots only is not sufficient for this purpose. In addition, the impression must be avoided that the road is subdivided throughout into carriageway and walkway(s) (removal of the segregation principle). The following elements are mainly used to make the recreation and social contacts function clear:

— *raising intersection and junction areas to walkway level and, if necessary, in between*
— *raising carriageway sections of sufficient length at regular intervals to walkway level (sections in between where the segregation principle applies not to exceed approximately 40 m) and design elements for protecting and delimitating areas which are exclusively intended for outdoor recreation, social contacts and play against areas which are also available for moving and stationary traffic, e.g. benches, bollards, plants, and changes in texture.*

In culs-de-sac which are to be indicated by means of signs 325/326 of the StVO and are not longer than about 60 m, raising the level at intersections and junctions is sufficient. If they are longer, the prerequisites described in these instructions should be created.

Schleswig-Holstein (index number SH 1)
Item 3.2.3
Partial changes in level should be provided at the end of the traffic restraint area and at intersections and junctions, and also, if necessary, where the carriageway is staggered along the route. Such discontinuous changes in level interrupt the continuous ribbon of the carriageway and thus illustrate the difference between the traditional carriageway and a carriageway in the Traffic Restraint Precinct.

Item 3.5
To obtain an optimal solution with the result achieved acting as a feedback, it may be recommendable to implement the anticipated concept by stages. In this way, costly measures may initially be realised by means of simple provisional means (e.g. coloured road markings).

D 14.2 Documentation

The information concerning the cost of creating "325" precincts, which was given by the local authorities' representatives, varies between "cheaper" and "substantially more expensive" than conventionally designed roads.

Construction cost may be decreased mainly by reducing hard-surface road areas to the actually required width. Cost increases are likely to be due mainly to wage costs of labour-intensive work on details such as

— rounded curves which are no longer necessary in view of the relatively wide carriageways and low vehicle speeds,
— angular kerb alignment along the roadside which, in addition, may make road maintenance and cleaning more expensive,
— so-called "residual areas" which are separately edged by pavement kerbs

(see Figs. D 14.2/1 and D 14.2/2).

As far as these figures are concerned, attention should be drawn to the fact that the delimitation of the carriageway from the planted areas by means of the pavement kerbs clearly has a guiding effect on motorists.

Figs. D 14.2/1 and D 14.2/2:
Expensive design owing to labour-intensive execution of details

D 15 Local and regional public transport

D 15.1 Supplements to the StVO and VwV-StVO contained in the planning instructions of the federal Länder
(The index number refers to the list in Chapter B 2)

Baden-Württemberg (index number BW 1)
Item 2.1.4.4
Whenever public transport is affected (part 3, No. 1.1), care should be taken when changing the road network that a favourable bus stop catchment area is maintained and the required walks to the stops do not have to be routed via dangerous locations in the road network, also in cases where scheduled buses are relocated from residential neighbourhoods.

Whenever school bus stops are involved, an investigation should be made for road safety reasons into whether a relocation to a site outside the residential neighbourhood is absolutely necessary.

Hessen (index number HE 5)
Page 9
Mixed-use areas are out of the question if a bus line operates on the street or if a street has to accommodate commercial vehicles serving businesses on adjoining properties.

Nordrhein-Westfalen (index number NW 3)
Item 8
They (Traffic Restraint Precincts, addition by author) are mainly eligible where the outdoor recreation, social contacts and play function must predominate for town planning reasons. According to Sec. 42 (4a) of the StVO they should be indicated by means of signs 325/326 of the StVO and, if possible, be arranged in such a way that public transport does not have to pass through them. Nevertheless, if it is beneficial for routeing and passengers, public transport may use this street. However, the special traffic rules applying here with a view to "walking speed" and mixed use must be taken into account (cf. Instructions concerning the planning and implementation of traffic restraining measures, MBL. NW. 1983, p. 376).

D 15.2 Instructions contained in guidelines of Switzerland
(The index number refers to the list in Chapter B 3)

Switzerland (index number CH 2)
Item 2.3
(The street) is not used by scheduled public transport vehicles.

D 16 Classified roads

Road building definition established by the Forschungsgesellschaft für Straßen- und Verkehrswesen:

Classified roads (roads serving intercity and other regional traffic) = collective term for federal trunk roads, Länder roads/national roads/ principal roads/"A" roads and district roads/"B" roads including sections running through towns.

D 16.1 Supplements to the StVO and VwV-StVO contained in the planning instructions of the federal Länder
(The index number refers to the list in Chapter B 2)

Bayern (index number BY 2)
Page 24
*Traffic Restraint Precincts cannot be established to the ectent that they coincide with district, Länder and federal **roads passing through built-up areas**.*

Nordrhein-Westfalen (index number NW 1)
Item 1.5
Where Traffic Restraint Precincts are established which coincide with federal, Länder and district roads passing through built-up areas, such roads must be downgraded to local roads (change of their importance for traffic).

D 17 References to planning law in the planning instructions of the federal Länder
(The index number refers to the list in Chapter B 2)

Baden-Württemberg (index number BW 1)
Item 3.3.4
When a road which had previously been dedicated to public traffic without any restrictions is transformed into a Traffic Restraint Precinct, as a matter of principle, the uses permitted previously continue to exist. It is therefore questionable whether the creation of Traffic Restraint Precincts always presupposes measures under the law of the road or under the law of building and construction planning. Appropriate measures under the law of the road or under the law of construction and building planning are at least required whenever parts of the road space are permanently to be withdrawn from public use and to be devoted to some other purpose.

With a view to the constructional redesign measures which are necessary anyhow when Traffic Restraint Precincts are created, and with a view to the special function of these precincts, apart from the above considerations, the Ministry of the Interior recommends always to prepare the creation of Traffic Restraint Precincts by measures according to the law of the road (pursuant to the Road Act or by establishing a development plan in conjunction with Secs. 5 and 7 of the Road Act).

As far as road traffic law is concerned, the authority to indicate Traffic Restraint Precincts and to issue instructions concerning the maintenance of safety and order in these precincts has now been redefined in Sec. 45 (1b) (3 and 4) of the StVO.

Bayern (index number BY 1)
Item 42.4.2
The local authority's decision concerning the creation of a Tràffic Restraint Precinct precedes instructions given under traffic law. For this purpose, a development plan defining special-purpose traffic surfaces as defined by Sec. 9 (1) (11) of the Federal Building and Construction Act (BBauG) is often established. Already at this stage, the road traffic authority participates in this process to represent public interests.

When taking its decision, the local authority must take the potential shift of through traffic into account. As a matter of principle, the development plan must therefore be based on an overall concept. Formal action pursuant to the law of the road is required if either the previous dedication of the road (Art. 6 of the Bavarian Act on Roads and Ways (BayStrWG) must be restricted or the road must be reclassified (Art. 7 BayStrWG)). The limiting of actual use, pursuant to the law of the road, following the erection of signs 325/326 in itself does not call for a restriction of a road's dedication. Before ordering signs 325 and 326 to be mounted, the road traffic authority shall also hear the competent road building authority and the police. Early and comprehensive information of the citizens affected and their appropriate participation are advisable.

Bayern (index number BY 2)
Page 41
The Traffic Restraint Precinct pursuant to the StVO has not yet become a concept which has been consolidated according to the law of the road: There is no specific road category which would correspond to it. The road law regulations effected by means of signs 325/326 of the StVO, as a rule, do not bring about use restrictions and therefore do not constitute significant restrictions of public use as defined by the law of the road. Therefore normally no supporting road law measures are required for indicating Traffic Restraint Precincts.

Hessen (index number HE 5)
Page 12
No formal road law procedure is necessary if it is only intended to identify a mixed-use area because, in general, any motor vehicle traffic is permitted to operate on such shared surfaces.

Nordrhein-Westfalen (index number NW 1)
Item 1.5
In addition to road traffic law, road law and the law of building and construction planning may form the legal basis for traffic restraining measures.

Ordering Traffic Restraint Precincts to be indicated by means of signs 325/326 of the StVO as a rule does not presuppose any restriction of the dedication of a road under the law of the road, because it does not restrict public use of a public road but rather defines rules for the exercise of such use, e.g. walking speed for vehicles, use of the road by pedestrians and vehicles on an equal rights basis.

...

The necessary local planning decisions can also be taken by means of a development plan pursuant to Sec. 9 (1) (11) of the BBauG. In this process the use and design of the road space may be defined in detail. The road traffic authorities participate as representatives of public interests. While the identification of Traffic Restraint Precincts or pedestrian precincts in development plans (Sec. 9 (1) (11) of the BBauG) is no substitute for the dedication ordinance under road law, it imposes an obligation on the road building authority decreeing the dedication.

Rheinland-Pfalz (index number RP 2)
Page 2 et seq.
...
In addition to the desired raising of road safety, town planning aspects and particularly the improvement of the residential environment by redesigning the road space are essential in the decision on creating Traffic Restraint Precincts.

When examining the question of the necessary town planning conditions, mainly three groups of cases should be distinguished:

a) *The precinct concerned is located within the built-up locality of a community for which no, or no qualified, development plan exists (so-called unplanned inner district, Sec. 34 BBauG); these cases are presumably the most frequent in practice.*

b) *The precinct concerned is an area for which a legally binding devolopment plan as defined by Sec. 30 of the BBauG has been established.*

c) *The precinct concerned is an area for which it is intended to establish a development plan as defined by Sec. 30 of the BBauG.*

In case (a) a development plan is not normally required for creating a traffic restraint zone. Establishing a development plan which adjusts the Traffic Restraint Precinct to its environment is necessary if, owing to its scope, the measure envisaged causes tensions involving property law and affects a variety of different interests (this might be the case, for instance, if commercial businesses were located in the area concerned, which generate heavy supply and delivery traffic or if traffic restraint on a road should lead to a substantial shift of traffic flow).

In case (b) the development plan must be amended if it contains differentiated provisions concerning public traffic space (e.g. breakdown of public traffic space into walkways for pedestrians, cycle paths and carriageways) which are affected by the creation of the traffic restraint zone.

In case (c) (planning of a new building area) the Traffic Restraint Precinct as such must be shown in the development plan because otherwise it is not entirely clear how public traffic space is to be designed. It is sufficient to decree "Traffic Restraint Precinct according to signs 325 pertaining to Sec. 42 (4a) of the StVO" without stipulating any details. This ensures the necessary flexibility in designing the details of the Traffic Restraint Precinct.

Schleswig-Holstein (index number SH 1)
Item 4.3
In areas for which a development plan according to Sec. 30 BBauG exists, traffic restraining measures generally presuppose planning law stipulations pursuant to Sec. 9 (1) (11) and in certain cases also Sec. 9 (1) (9) BBauG. In central areas for which no plan exists (Sec. 34 BBauGl), from a planning law aspect such measures may also be based on Sec. 125 (2) of the BBauG.

Part E: Documentation of implemented and planned Traffic Restraint Precincts in small towns and rural communities

E 1 Introduction

The documentation of implemented and planned Traffic Restraint Precincts reflects the information received up to 31 October 1985. In some instances reference has been made to older data which had been recorded as part of a survey among local authorities in summer and autumn 1982 (see footnote 3). These data are indicated by "*" behind the name of the local authority. Other data are based on information supplied by interested authorities in 1984. They are indicated by "**" behind the name of the local authority.

- The additional information "location of '325' precincts in centre of town/community" (= "Z" in column 6 of the documentation) is an indication of the use in shopping streets. The frequency of this use confirms the decision of the regulatory bodies in favour of the more comprehensive term "Traffic Restraint Precinct" instead of "Traffic Restraint Residential Zone" (see also index number 112 et seq. in Chapter B 1.2).

- The great number of "325" precincts covered shows the importance which is attributed to signs 325/326 of the StVO in small towns and rural communities. In the event of future amendments of the relevant provisions, increased attention should be paid to the special conditions and needs of this group of communities.
- The area-wide survey makes it easier to take this group of communities better into account when carrying out empirical surveys concerning traffic restraint.
- Thus, for the first time, the local planners have a comprehensive summary of communities available as a reference, which should facilitate and promote the exchange of experience between local authorities.
- The great number of mini precincts including only one or two roads/road sections per district is an indication of isolated traffic restraint (for details see Table E 1), often found on a "backstreet" route or in the form of culs-de-sac in new areas.

Table E 1:
Evaluation of the documentation according to the number of roads/road sections per precinct which have been included in "325" precincts

Comment:
The survey results of October 1983/February 1984 were also evaluated with a view to the location of "325" precincts. The data in column "1985" include all earlier results. For the sake of comparison, in column "1982" the results of surveys carried out as part of the preceding project are listed.

Number of roads included	1983/84 Location of "325" precinct centre	fringe	outskirts	total		1985		1982	
1	41	32	26	99	56%	362	67%	38	57%
2	16	6	9	31	17%	80	15%	14	21%
3	6	2	7	15	8%	34	6%	5	8%
4	6	1	5	12	7%	30	5%	—	—
4 and more	16	6	10	32	19%	65	12%	9	14%
5	5	3	2	10	6%	20	4%		
6 and more	5	2	3	10	6%	15	3%		
Total	79	46	52	177	100%	541	100%	66	100%

Table E 2:

Explanations concerning the following table:

1st column	Postcode = postcode of the community or locality where the local authority has its seat.
2nd column	Name of community or locality where the relevant "325" precinct ist found. Where the name of the community and the name of the locality are identical the term "central locality" is indicated.
3rd column	Inh. = number of inhabitants of the community and — where available — of the locality. In some instances only approximate data concerning the localities are available. In such cases the size category of the locality is indicated in thousands. Thus "5—10" corresponds to a locality size of 5000 to less than 10000 inhabitants.
4th column	Status = indication of the planning stage "P" or completion. Indication "E" denotes a newly created precinct, while indication "N" denotes a subsequent redesign to a "325" precinct.
5th column	Complete = year of completion. When the overall measures extended over several years the last year given has been entered.
6th column	Location = location of the "325" precinct in the locality concerned. The following abbreviations have been used: "A" = outskirts (fringe of community or newly built area on a "green-field site"), "R" = fringe (fringe of centre), "Z" = town or community centre.
7th column	No. = number of squares, roads or road sections included in the "325" precinct.
8th column	Lenght (m) = total length of roads included in terms of meters.
9th column	Comments.

post-code	community and locality	inh.	status		complete	location	no.	length (m)	comments
8901	Adelsried	1.729							
	central locality	1.729		E	1983	A	1	600	newly built residential neighbourhood
3220	Alfeld (Leine)	23.115							
	central locality	14.000		E	1982	A	3	285	
	central locality	14.000	P	E	1985	A	1	290	
	central locality	14.000	P	E	1986	A	1	300	
	Förste	1.180	P	E	1985	A	1	140	
	Gerzen	1.180	P	E	1985	A	1	170	
	Limmer	1.340		E	1984	A	2	570	
5411	Alsbach	613							
	central locality	613		E	1982	R	1	500	
8966	Altusried**	7.022							
8755	Alzenau in Unterfranken	15.140							
	central locality	6.829		N	1981	Z	1	150	
	central locality	6.829		N	1981	R	1	240	
	central locality	6.829		E	1984	Z	1	60	
6508	Alzey	15.791							
	central locality	13.008		N		A	1	800	residential street, access to recreation area
	central locality	13.008		N		R	1	370	
8450	Amberg	46.415							
	central locality			E	1981	A	2	407	incl. residential culs-de-sac
	central locality			E	1984	A	2	435	incl. residential culs-de-sac
5470	Andernach	28.000							
	central locality	22.000		E	1982	R	2	900	newly built residential neighbourhood, "back-street" route
	central locality	22.000		N	1983	A	1	600	
8800	Ansbach	38.220							
	central locality	30.000		N		Z		250	several streets in the historic old part of town
	central locality	30.000		N		Z		220	several streets in the historic old part of town, renewal area, supplement to pedestrian precinct
	central locality	30.000		N	1983	A	1	300	residential neighbourhood
8750	Aschaffenburg	59.000							
	central locality/town centre	16.000		N	1982	Z	1	87	cul-de-sac, square in front of church
	central locality/town centre	16.000		N	1983	Z	1	210	historic old part of town
	central locality/town centre	16.000	F/P	N	1984/87	Z	4	535	shopping district
	central locality/Oststadt	5.800		E	1981	A	1	280	newly built residential neighbourhood
	central locality/Damm	13.600		N	1984	R	2	160	residential neighbourhood
	Schweinheim	7.300		N	1981	Z	1	117	shopping district
	Schweinheim	7.300		N	1983	R	4	285	residential neighbourhood

post-code	community and locality	inh.	status		complete	location	no.	lenght (m)	comments
4715	Ascheberg	12.707							
	central locality	6.190		N	1982	Z	1	600	residential neighbourhood
	central locality	6.190	P	E	1984/85	R	5	1.070	newly built residential neighbourhood
	central locality	6.190	P	E	1985/86	Z	1	370	newly built residential neighbourhood
	Davensberg	1.784		E	1982	R	2	265	residential streets
	Davensberg	1.784	P	E	1985/90	R	3	955	newly built residential neighbourhood
	Herbern	4.733		E	1982	R	1	430	residential street
	Herbern	4.733		E	1984	Z	1	820	residential street
	Herbern	4.733	P	E	1985/90	R	—	1.600	newly built residential neighbourhood
4936	Augustdorf**	7.199							
5582	Bad Bertrich	1.170							
	central locality	1.170		N	1984	Z	1	1.500	former through road, busses permitted
5484	Bad Breisig	7.526							
	Niederbreisig	3.800		N	1983	Z	1	120	
8788	Bad Brückenau	6.586							
	central locality	4.773		N	1984	A	1	90	one-way street, "back-street" route
3490	Bad Driburg	18.565							
	central locality	11.453		N	1980	R	1	320	road linking town centre and health resort area
	central locality	11.453		N	1983	Z	2	600	main business street, former through road, operation of bus service
6702	Bad Dürkheim	15.656							
	central locality	10—15		N	1982	Z	2	390	health resort area
5427	Bad Ems	10.358							
	central locality	5—10		N			1		
7570	Baden-Baden	48.837							
	Oberbeuern	3.000		E	1981	A	1	160	residential cul-de-sac
	Varnhalt	1—2,5	P	E	1985	A	4	700	newly built residential neighbourhood
4515	Bad Essen*	11.781							
	central locality		P						
	Eielstädt		P						
	Wehrendorf		P						
	Wittlage		P						
8397	Bad Füssing	6.433							
	central locality	1.530		N	1983	Z	1	240	residential and resort area
3388	Bad Harzburg	24.924							
	Bündheim			N	1983	A			residential neighbourhood
	Schlewecke		P	E		A			newly built residential neighbourhood
5928	Bad Laasphe	15.927							
	central locality	5.949	P	N		Z	3		historic town centre, health resort and former through road
4518	Bad Laer*	11.272							
	central locality								
5439	Bad Marienberg (Westerw.)**	4.904							
	central locality			N			3		
6990	Bad Mergentheim	19.140							
	central locality	11.288		N	1982	Z	1	100	historic town centre
5358	Bad Münstereifel	14.566							
	central locality	5—10		N	1981	Z	5		historic town centre, former through road
3052	Bad Nenndorf	8.600							
	central locality	6.000		N	1984	Z	1	180	shopping street in resort area
	central locality	6.000	P	N	1985	Z	1		extension, access to health resort park
5483	Bad Neuenahr-Ahrweiler	25.497							
	Ahrweiler	7.800		N	1983	Z	2	340	supplement to pedestrian precinct
	Ahrweiler	7.800							another 15 Traffic Restraint Precincts some of them area-wide, in the old town centres and in the newly built residential neighbourhoods are in planning stage
	Bad Neuenahr	11.950							
	Bachem	1.150							
	Gimmigen	700							
	Heimersheim	2.560							
8740	Bad Neustadt a..d. Saale	14.198							
	central locality	5—10		N	1980	Z	1		market place in historic old part of town, shopping district, supplement to pedestrian precinct
	Brendlorenzen	2.700		E	1980	A	3	660	newly built residential neighbourhood

post-code	community and locality	inh.	status		complete	location	no.	length (m)	comments
4970	Bad Oeynhausen	44.339							
	central locality	20 u.m.		N	1980	Z	1	50	crosses pedestrian precinct
	central locality	20 u.m.		N	1983	Z	1	500	shopping street, "back-street" route
	central locality	20 u.m.		N	1980	R	1	300	road linking health resort park and health resort hospitals
	central locality	20 u.m.	P	N		R	2	600	road linking health resort park and health resort hospitals
	Dehme			E	1980	R	1	80	newly built residential neighbourhood
	Dehme			E	1982	R	1	250	newly built residential neighbourhood
	Rehme			E	1982	R	1	300	newly built residential neighbourhood
	Werste			E	1981	R	2	1.050	newly built residential neighbourhood
6927	Bad Rappenau	14.181							
	central locality	6.338		E	1982	Z	1	95	residential cul-de-sac
	central locality	6.338		E	1983	Z	1	80	residential cul-de-sac
	central locality	6.338		N	1983	A	1	400	health resort area
8230	Bad Reichenhall	18.000							
	central locality	10—15		N	1983	Z	4	420	historic old part of town
	central locality	10—15		N	1983	Z	1	170	health resort area
	central locality	10—15		N	1983	Z	1	160	health resort area
	central locality	10—15		N	1983	R	1	470	residential street
	central locality	10—15		N	1983	Z	2	320	residential and resort area
	central locality	10—15		N	1983	R	2	590	health resort area
	central locality	10—15							additional Traffic Restraint Precincts completed or in planning stage
	Marzoll	2.000		N	1982	A	1	550	residential street, loop
	Marzoll	2.000		N	1982	A	1	300	renewal area
4502	Bad Rothenfelde	6.480							
	Aschendorf	1.000		E	1981	A	1	230	residential street
7880	Bad Säckingen	15.341							
	central locality	11.719		N	1982	Z	1	150	residential street in old part of town
3202	Bad Salzdetfurth	14.685							
	Bodenburg	1.891	P	E/N		A	3	480	residential neighbourhood
	Groß Düngen	1.196		E	1983	A	1	92	newly built residential neighbourhood
4902	Bad Salzuflen	53.900							
	Grastrup-Hölsen	896		N	1982	Z	1	300	residential street
	Holzhausen	3.076		N	1981	R	1	180	residential street
	Werl-Aspe	6.143		E	1979	R	1	180	newly built residential neighbourhood
	Wüsten	3.819		N	1983	A	2	530	residential street
4772	Bad Sassendorf	9.763							
	Neuengeseke	2,5—5		E	1981	A	1	340	residential cul-de-sac
7525	Bad Schönborn	8.782							
	Mingolsheim	4.824		N	1960	Z	5	2.000	road linking town centre and health resort area
2407	Bad Schwartau	19.547							
	Rensefeld	6.427		E	1982	R	1	750	"back street" route
6232	Bad Soden am Taunus**	18.331							
3437	Bad Sooden-Allendorf**	9.825							
	Bad Sooden								
7432	Bad Urach	11.000							
	central locality	8.500		N	1982	R	1	235	residential street
	central locality	8.500	P	N	1984	Z	1	140	historic town centre, urban renewal
8939	Bad Wörishofen	13.533							
	central locality	7.746		N	1985	A	3	1.050	residential and resort area
	central locality	7.746		N	1983	Z	2	100	supplement to pedestrian neighbourhood
2903	Bad Zwischenahn	23.583							
	central locality	15—20		E					newly built residential neighbourhood
7982	Baienfurt	6.473							
	central locality	5—10		E	1983	A	1	300	newly built residential neighbourhood
3013	Barsinghausen	35.166							
	central locality	14.747		E	1983	A	3	390	newly built residential neighbourhood
5401	Bassenheim	2.280							
	central locality	1—2,5		E	1983	A	2	660	newly built residential neighbourhood
3501	Baunatal	23.238							
	central locality	9.014	P	E	1984	A			newly built residential neighbourhood
	central locality	9.014	P	E	1984	A			newly built residential neighbourhood
	central locality	9.014		E	1982	A	1	100	newly built residential neighbourhood
5413	Bendorf	16.000							
	Sayn	4.000		N	1979	R	1	250	historic town centre

post-code	community and locality	inh.	status		complete	location	no.	lenght (m)	comments
5780	Bestwig	12.461							
	Ostwig	1.170		N	1981	Z	1	50	
3560	Biedenkopf	14.560							
	central locality	7.273		N	1982	Z	1	180	historic old part of town, urban renewal
	central locality	7.273		N	1982	Z	1	250	historic old part of town, urban renewal
8903	Bobingen	13.271							
	central locality	5—10		E	1983	R	5	3.207	newly built residential neighbourhood
4703	Bönen	18.883							
	central locality	10—15	P	N	1984	R	1	600	"back street" route, making way to school safer
	central locality	10—15		N	1982	R	1	700	"back street" route, making way to school safer
	central locality	10—15		N	1979	Z	1	250	urban renewal
5421	Bollendorf	1.518							
	central locality	1.518		N	1983/85	Z	6	650	
	central locality	1.518	P	N	1985	Z	1	210	
	central locality	1.518	P	N	1985	Z	1	180	
4791	Borchen	10.540							
	Kirchborchen	3.820		E	1981	Z	2	300	
5805	Breckerfeld	7.473							
	central locality	4.000		N	1982	R	1	260	
	central locality	4.000		N	1983	Z	1	130	shopping street in town centre
5790	Brilon	24.533							
	central locality	12.000		E		R	1	120	
2814	Bruchhausen-Vilsen**	4.667							
3062	Bückeburg	21.000							
	central locality	15—20		E	1983	R	1	150	residential cul-de-sac
	central locality	15—20		N	1984	Z	1	200	old part of town
4793	Büren	19.048							
	central locality	6.900		E	1983	A	2	1.200	newly built residential neighbourhood
5590	Cochem	6.310							
	central locality	2.655		N	1982	Z	4	245	historic town centre, shopping street
5568	Daun	7.163							
	Waldkönigen	504		E	1982		1	280	newly built residential neighbourhood
5434	Dernbach	3.165							
	central locality	3.165		E	1983	A	1	170	residential cul-de-sac
	central locality	3.165		N	1985	R	4	715	residential neighbourhood
	central locality	3.165		N	1985	R	1	455	residential neighbourhood
7433	Dettingen an der Erms	7.963							
	central locality	5—10		N	1983	Z	4	1.200	historic town centre
5419	Dierdorf	4.017							
	central locality	2.000		N		R	1	100	
	central locality	2.000		N		R	1	100	
6638	Dillingen/Saar	22.112							
	central locality/town center	12.700		N	1981	R	1	150	
	central locality/town center	12.700		N	1984	R	1	140	
	central locality/town center	12.700	P	N		Z	1	140	conversion to cul-de-sac
	central locality/town center	12.700	P	N		Z	1	190	link with pedestrian precinct
	Diefflen	4.500	P	E		A	5		newly built residential neighbourhood
8804	Dinkelsbühl	10.525							
	central locality	5—10		N	1981	Z	1	127	historic town centre
	Neustädtlein	unter 1		N		A	1	180	
8901	Dinkelscherben	6.310							
	central locality	3.046		E	1981	A	1	300	
4220	Dinslaken	62.998							
	Hiesfeld	17.500		N	1983	Z	5	1.040	town centre, shopping district
6072	Dreieich	41.345							
	Dreieichenhain	8.275		N	1984	Z	1	50	
	Sprendlingen	21.683		N/E	1984	R	2	180	
3428	Duderstadt**	22.846							3 "325" precincts
8057	Eching	9.400							
	central locality	5—10		E	1980	A	1	350	newly built residential neighbourhood
8031	Eichenau b. München	9.520							
	central locality	9.520		E	1982	R	1	220	residential street
5411	Eitelborn	2.390							
	central locality	1—2,5		N	1983	Z	1	600	
6228	Eltville am Rhein**	15.650							

post-code	community and locality	inh.	status	complete	location	no.	length (m)	comments
7707	Engen/Hegau	9.326						
	central locality	5—10	N		Z			historic old part of town, shopping district
4904	Enger	17.059						
	central locality	7.000	N	1982	Z	2	300	
	Pödinghausen	1.300	E	1983	A	4	820	newly built residential neighbourhood
5828	Ennepetal	35.425						
	Milspe	10—15	N	1981	R	1	150	residential street
	Voerde	10—15	N	1982	Z	1	150	historic old part of town, shopping district
6686	Eppelborn	19.300						
	central locality	5.100	i..Bau		Z	2	300	
7991	Eriskirch	3.500						
	central locality	1.028	N	1982	Z	1	250	restoration after work on sewerage
4782	Erwitte	13.680						
	central locality	5.480	E	1982	A	1	180	newly built residential neighbourhood
	Bad Westernkotten	2.994	E	1983	A	1	270	newly built residential neighbourhood
	Völlinghausen	666	E	1981	A	2	335	newly built residential neighbourhood
2943	Esens	6.062						
	central locality	2,5—5	E	1980	A	2	902	newly built residential neighbourhood
5421	Ferschweiler	942						
	central locality	942	N	1984	Z	1	140	
	central locality	942	P N	1985	Z	1	100	
8805	Feuchtwangen	10.500						
	central locality	6.000	N		Z	2	300	historic old part of town
5531	Feusdorf	542						
	central locality	542	E	1981	A	3	820	newly built residential neighbourhood
3558	Frankenberg/Eder	16.211						
	central locality	11.300						historic old part of town:
			N	1980	Z	1	120	a) supplement to pedestrian precinct
			P N		Z	3	329	b) extension
7290	Freudenstadt*	19.328						
	central locality							
6382	Friedrichsdorf	23.581						
	Burgholzhausen	3.683	N	1981	Z	2	540	historic old part of town, urban renewal
3580	Fritzlar	15.161						
	central locality	8.990	N	1981	Z	2	240	historic old part of town, shopping district
	central locality	8.990	P N		Z	2		historic old part of town, shopping district
8100	Garmisch-Partenkirchen	27.288						
	Partenkirchen	12.000	N	1981	R	1	250	residential street
3007	Gehrden	11.974						
	central locality	9.000	N	1984	Z	1	200	
6222	Geisenheim**	12.063						
8192	Geretsried	20.000						
	central locality		F/P E	1981/85	A	4	1.100	mixed business and residential neighbourhood
	central locality		E	1981	A	1	85	mixed business and residential neighbourhood
	central locality		E	1981	A	1	217	residential neighbourhood
	central locality		E	1982	A	1	270	residential neighbourhood
	central locality		E	1983/84	A	4	990	residential neighbourhood
	central locality		E	1983/84	A	2	1.109	mixed business and residential neighbourhood
	central locality		E	1985	A	1	1.170	newly built residential neighbourhood
	central locality		P N		A	1	395	residential neighbourhood
	Stein		E	1982/83	A	3	802	newly built residential neighbourhood
8723	Gerolzhofen	6.302						
	central locality	6.100	E	1979	A	1	180	newly built residential neighbourhood
	central locality	6.100	N	1983	Z	1	350	
	central locality	6.100	P E	1985	R	2	300	newly built residential neighbourhood
	central locality	6.100	P E	1986	A	2	540	newly built residential neighbourhood
5231	Giesenhausen	326						
	central locality	326	E	1982	R	1	150	residential cul-de-sac
3380	Goslar	52.104						
	central locality	20 and more	N	1984	Z	2	200	residential streets in old part of town
	Ohlhof	1.654	E	1982	A	41	4.000	newly built residential neighbourhood

post-code	community and locality	inh.	status		complete	location	no.	lenght (m)	comments
8722	Grafenrheinfeld	3.042							
	central locality	3.042		E	1983	A	1	200	newly built residential neighbourhood
	central locality	3.042		E	1983	R	1	300	newly built residential neighbourhood, access to recreation facilities
8018	Grafing b. München	10.600							
	central locality	10.600		N	1984	R	3	200	
	central locality	10.600		N	1984	R	1		
8722	Grettstadt	3.550							
	central locality	1.700	P	E	1985	A	1	150	
6103	Griesheim**	20.129							
8038	Gröbenzell	17.617							
	central locality	10—15		N	1983	R	1	130	
	central locality	10—15		N	1983	R	2	350	
	central locality	10—15		E	1983	A	1	170	
	central locality	10—15		N/E	1983	A	3	540	
	central locality	10—15	P	E		A	1	100	
	central locality	10—15	P	N		A	2	480	
	central locality	10—15	P	E		R	1	50	
	central locality	10—15	P	E		A		400	acc. to development plan
2962	Großefehn	11.000							
	Ostgroßefehn	2.500		N	1979/83	Z	1	900	conversion and downgrading of former district road
	Ostgroßefehn	2.500		E	1983	Z	2	1.160	newly built residential neighbourhood
5431	Großholbach	715							
	central locality	less than 1		E	1982	R	2	700	
8754	Großostheim**	13.242							
5238	Hachenburg	5.223							
	central locality	5.223		N	1983	R	1	600	residential street, "back-street" route
8751	Haibach	7.540							
	Grünmorsbach	1.750		N	1983	R	1	120	
7452	Haigerloch	9.375							
	central locality	1.700		N	1983	Z	3	600	town centre
4834	Harsewinkel	18.403							
	central locality	12.106		E	1983	Z	2	210	
	Marienfeld	4.297		N	1983	R	1	110	
	Greffen	2.587	P	N		R	1	300	
8728	Haßfurt	11.665							
	central locality	7.500		E	1984	A	1	300	
5440	Hausen (Wied)	2.035							
	central locality	2.035		E	1983		1	130	residential cul-de-sac
4401	Havixbeck	10.142							
	central locality	5—10		E	1983	R	2	1.490	newly built residential neighbourhood
	central locality	5—10		E	1984	A	1	560	newly built residential cul-de-sac
	central locality	5—10	i.B.	E	1985	A	4	1.730	newly built residential neighbourhood
	Hohenholte		P	N	1986	Z	1	320	
4438	Heek	7.133							
	central locality	4.755	P	N	1985	Z	1	140	cul-de-sac
	Nienborg	2.378		E	1981	R	1	250	newly built residential neighbourhood
	Nienborg	2.378		E	1984/85	R	5	980	residential neighbourhood
8751	Heigenbrücken	2.300							
	central locality	2.000		N	1982	E	1	250	
5431	Heiligenroth	1.295							
	central locality	1—2,5		E	1984	A	3	1.050	
3330	Helmstedt**	26.718								1 "325"-precinct
5202	Hennef (Sieg)	30.000							
	central locality	12.000		N	1983	Z	1	300	town centre, health resort area
	central locality	12.000		N	1980	A	1	200	newly built residential neighbourhood, cul-de-sac
6148	Heppenheim (Bergstraße)	24.600							
	central locality	15—20		E	1983	A	2	750	newly built residential neighbourhood
6348	Herborn	21.710							
	central locality	21.710		N	1984/85	Z	5	480	historic town centre with main business street, street runs parallel to pedestrian street
6601	Heusweiler	19.922							
	central locality	7.445		E	1981	Z	1	400	
	central locality	7.445		E	1983	Z	1	600	
	central locality	7.445		E	1983	R	1	200	residential cul-de-sac
	central locality	7.445		E	1984	Z	1	300	

post-code	community and locality	inh.	status	complete	location	no.	lenght (m)	comments
	central locality	7.445		E	A	1	200	
	central locality	7.445	P	E	A	2	200	
	central locality	7.445	P	E		R	1	300	
	Holz	4.349		E	1983	A	1	400	newly built residential neighbourhood
	Niedersalbach	1.163	P	E		A	1	600	
6203	Hochheim am Main	14.729						
	central locality			N	1981/84	Z	9	953	historic town centre
5239	Höchstenbach	734						
	central locality	734		E	1982	R	1	90	
	central locality	734	P.			R	1	100	
8552	Höchstadt a..d. Aisch**	9.986						
5410	Höhr-Grenzhausen	9.300						
	central locality	5—10		N	1982	Z	1	60	
	central locality	5—10	P	E		A	1	750	
	central locality	5—10	P	E		A	1	1.700	
4791	Hövelhof	12.300						
	central locality	5—10		E	1980	A	1	300	newly built residential street
	central locality	5—10		E	1981	R	1	200	newly built residential street
	central locality	5—10		E	1983	A	1	800	newly built residential street
3520	Hofgeismar	13.617						
	central locality	10—15		N	1981	Z	1	100	
	central locality Schöneberg	10—15						
6238	Hofheim am Taunus	36.162						
	central locality	18.250		N	1980	Z	1	80	main business street
5421	Holsthum	518						
	central locality	518	P	E	1985	A	1	230	newly built residential neighbourhood
3450	Holzminden	22.218						
	central locality	19.300		N	1984	R	1	70	residential street, renewal of old part of town
6650	Homburg	41.811						
	central locality	13.814		N	1981/84	Z	5	665	supplement to pedestrian precinct
	central locality	13.814		N	1984	Z	1	30	access to car park
4224	Hünxe	13.000						
	central locality	10—15		N	1979	R	1	220	
5431	Hundsangen	1.734						
	central locality	1—2,5		E	1983	A	1	380	newly built residential neighbourhood
5521	Irrel	1.228						
	central locality	1.228		N	1983	Z	1	100	renewal of town centre
	central locality	1.228	P	E	1985	A	3	1.700	newly built residential neighbourhood
3004	Isernhagen	20.051						
	Altwarmbüchen	8.000		E	1983/84	R	10	2.500	newly built residential neighbourhood
	Neuwarmbüchen	2.000		N	1982/83	A	1	350	
2942	Jever	12.841						
	central locality	9.896		E	1981	Z	1	250	
	central locality	9.896		E	1981	R	1	185	
	central locality	9.896		E	1982	R	1	245	
	central locality	9.896		E	1983	R	1	540	
	central locality	9.896		E	1983	R	1	510	
	central locality	9.896		E	1984	R	1	240	
	Rahrdum	900		E	1982	A	1	135	
	Moorwanfen	919		E	1984	A	1	340	
4150	Kempen** St. Hubert	30.169						
4178	Kevelaer	21.801						
	central locality	13.580		N	1982	Z	1	150	supplement to pedestrian precinct
	central locality	13.580		E	1983	A	3	734	newly built residential neighbourhood
7402	Kirchentellinsfurt	4.900						
	central locality	2,5—5		N	1982	Z	3	300	town centre, shopping district
8710	Kitzingen	20.490						
	central locality	9.200		N	1983/84	Z	3	270	historic old part of town, supplement to pedestrian precinct
	central locality	9.200		E	1981	A	1	700	newly built residential neighbourhood
	central locality	9.200	P	N	1985	R	1	90	historic part of town, residential street with kindergarten
8752	Kleinostheim	7.650						
	central locality			N	1973	A	1	50	
	central locality			E	1981	A	1	100	newly built residential neighbourhood

post-code	community and locality	inh.	status	complete	location	no.	length (m)	comments
8901	Königsbrunn	19.500						
	central locality			N	1983	R	1		part of cycle path network
	central locality			N	1984	R	1		residential neighbourhood
	central locality			N	1984	Z	1		
	central locality			E	1984	A	1		newly built residential neighbourhood
	central locality		P	E		A	1		newly built residential neighbourhood
	central locality		P	E		A	1		newly built residential neighbourhood
	central locality		P	E		A	1		newly built residential neighbourhood
5330	Königswinter	37.429						
	Niederdollendorf	2.976		N	1982	Z	1		historic old part of town
	Oberpleis	3.550	P	N	1985	Z	1	350	way to school
	Oelinghoven	894		N	1983	Z	1	100	"back-street" traffic in residential street
5503	Konz	15.800						
	central locality	8.700	P	N	1985	Z	1	500	urban renewal
3540	Korbach	22.346						
	central locality	17.161		N	1981	Z	1	65	historic old part of town, supplement to pedestrian precinct
5910	Kreuztal	31.289						
	central locality	2.782	P	N		R	4	600	
	Eichen	3.983	P.	E					
	Littfeld	8.393	P	N		Z	4	550	
6239	Kriftel**	10.007						
	central locality			N	1981	R	1	150	residential street
5473	Kruft	4.077						
	central locality	4.077		E	1983	A	4	678	newly built residential neighbourhood
5239	Kundert	290						
	central locality	290		E	1983		1	200	
	central locality	290		E	1983		1	100	
5420	Lahnstein	19.083						
	Niederlahnstein	10—15		N	1982	A	1	150	residential street
8910	Landsberg am Lech	19.500						
	central locality			E	1984	A	1	200	extension in planning stage
8560	Lauf an der Pegnitz	23.000						
	central locality	14.000		N	1983/85	Z	4	410	historic old part of town, marketplace and adjoining streets
	central locality	14.000			1982	A	1	190	residential cul-de-sac
2950	Leer (Ostfriesland)	30.444						
	central locality	18.000		N	1978	Z	1	200	
	central locality	18.000		N	1979	Z	1	140	
	central locality	18.000		N	1981	Z	1	140	
	central locality	18.000		N	1982	Z	1	100	
	Loga	6.000		E	1984	R	1	750	newly built residential neighbourhood
	Loga	6.000		E	1984	R	1	240	
4421	Legden	5.500						
	central locality	4.000		E	1974	Z	1	550	
	central locality	4.000		N	1982	R	1	300	
	central locality	4.000		N	1982	R	1	150	
	central locality	4.000		N	1982	R	1	300	
	central locality	4.000		E	1983	R	2	480	
	central locality	4.000		E	1984	Z	1	120	residential cul-de-sac town centre
	central locality	4.000		E	1984	R	1	120	hotel
	Asbeck	1.500		E	1983	R	1	200	cul-de-sac in newly built residential neighbourhood
4543	Lienen	7.800						
	central locality	3.000		N	1980	R	5	750	"back-street" route, residential street
	Kattenrenne	1.100		E	1984	R	1	500	"back-street" route
4775	Lippetal**	10.395						
	central locality						1	200	
3503	Lohfelden	12.228						
	new centre	634	P	E	1984	A	6	2.270	newly built residential neighbourhood
4531	Lotte	10.812						
	Alt-Lotte	3.750		E	1982	A	1	180	residential cul-de-sac
	Halen	1.150		E	1984	A	4	1.045	newly built residential neighbourhood
5239	Luckenbach	548						
	central locality	548		E	1982	R	1	130	
	central locality	548		E	1984	R	1	90	
4927	Lügde	11.021						
	central locality				1984		1		

post-code	community and locality	inh.	status	complete	location	no.	lenght (m)	comments
6735	Maikammer	3.600						
	central locality	2,5—5	N	1982	Z	2	300	marketplace in historic town centre, shopping district
8717	Mainbernheim	2.300						
	central locality	2.300	N	1984	A	1	350	
3477	Marienmünster	5.000						
	Voerden	1.100	E	1982	A	1	200	
7778	Markdorf	10.495						
	central locality		N		Z			historic old part of town, shopping district
5440	Mayen	19.717						
	central locality	10—15	N	1983	Z	1	40	historic old part of town, shopping district
5789	Medebach	7.464						
	central locality	3.985	N	1982	Z	7	790	town centre, restoration after work on sewerage
6554	Meisenheim	3.307						
	central locality	3.307	N	1982	Z	1	300	
8901	Meitingen b. Augsburg	9.089						
	central locality	4.570		1983	R	1	183	
	central locality	4.570		1984	R	2	486	
	Herbertshofen	1.975	E		R	4	714	newly built residential neighbourhood
3508	Melsungen	13.458						
	central locality	10—15	N	1980/83	Z	10		historic town centre, shopping and residential streets
5442	Mendig	7.924						
	central locality	5—10	E	1983	R	1	225	residential neighbourhood
5441	Mertloch	971						
	central locality	971	E	1980	R	1		
4532	Mettingen	10.270						
	central locality	5—10	E	1983	A	3	700	newly built residential neighbourhood
	central locality	5—10	E	1983	R	2	570	newly built residential neighbourhood
	central locality	5—10	N	1985	Z		1.000	renewal area
5431	Mogendorf	1.219						
	central locality	1.219	i.Bau N	1985	Z	1	125	residential street
5552	Morbach	9.341						
	central locality		N	1982		1	350	
	central locality		E	1984	A		400	newly built residential neighbourhood
5403	Mühlheim-Kärlich	9.671						
	central locality	5—10	N	1982	Z	6	1.077	"back-street" traffic
3510	Münden	27.298						
	central locality	18.374	N	1982	R	1	150	
	central locality	18.374	N	1984	R	1	100	
8732	Münnerstadt**	8.045						
7916	Nersingen	8.004						
	Leibl	1.528	E	1984	A	1	140	newly built residential neighbourhood
4054	Nettetal	37.302						
	Lobberich							
	Lobberich							
8858	Neuburg a.d. Donau**	24.097						
2831	Neuenkirchen	772						
	central locality	772	E	1982	R	4	695	newly built residential neighbourhood
5528	Neuerburg	1.590						
	central locality			1983	Z	2		old town centre renewal area
8056	Neufahrn	14.395						
	central locality	13.000	E	1982	A	3	1.153	newly built residential neighbourhood
5411	Neuhäusel	1.507						
	central locality		E		A	1		newly built residential neighbourhood
6078	Neu-Isenburg	38.500						
	central locality	30.500	N	1979/83	R	3	350	
	central locality	30.500	N	1982	Z	4	600	historic old part of town
4133	Neukirchen-Vluyn	25.519						
	Neukirchen	5.000	N	1982/84	Z	2	720	
	Vluyn	3.500	N	1984	Z	3	510	
5241	Neunkhausen**	747	E			1		
7910	Neu-Ulm	47.415						
	central locality/town centre	17.000	N	1980	R	1	100	
	Finningen	1.000	E	1984	A	1	450	including residential culs-de-sac
	Finningen	1.000	P E		A	1	280	

post-code	community and locality	inh.	status	complete	location	no.	lenght (m)	comments
	Hausen	300	P		A	1	200	
	Pfuhl	8.000		N	1980	Z	1	60
	Pfuhl	8.000		E	1984	A	1	170
	Reuttl	1.200	P	E		A	1	520	including residential culs-de-sac
2260	Niebüll	6.755						
	central locality	5—10		E	1982	A	5	1.200	newly built residential neighbourhood
	central locality	5—10		E	1982	A	2	460	newly built residential neighbourhood
	central locality	5—10	P	E		A			newly built residential neighbourhood
8860	Nördlingen	19.721						
	central locality	14.341		N	1983	Z	3	405	historic old part of town
2279	Norddorf	871						
	central locality	871	F/P	N	1982/—	Z	1	541	
2982	Norderney	8.125						
	central locality	5—10		E	1980	A	1	160	newly built residential neighbourhood
	central locality	5—10		N	1982	Z	1	600	town centre, health resort area, supplement to pedestrian precinct, operation of bus service
8741	Nordheim v. d. Rhön	1.224						
	central locality	1.033		N	1983	Z	1	150	marketplace
4717	Nordkirchen	8.547						
	central locality	4.455		E	1983	R		970	newly built residential neighbourhood
	Südkirchen	2.533		E	1984	R		1.200	newly built residential neighbourhood
5223	Nümbrecht	12.537						
	central locality	3.261		E	1982	A	4	890	newly built residential neighbourhood
	central locality	3.261		N	1980	Z	3	390	town centre
8501	Oberasbach	15.300						
	Unterasbach	5—10		E	1983	A	1	180	residential cul-de-sac
3063	Obernkirchen	11.000						
	central locality	7.200		N	1981	R	1	100	
8980	Oberstdorf	12.000						
	central locality	9.000		N	1983	Z	2	850	shopping district, road linking town centre and collector car park
	central locality	9.000		N	1983	Z	5	420	shopping district, supplement to pedestrian precinct
5405	Ochtendung	4.000						
	central locality	3.900		E	1983	A	1	500	newly built residential neighbourhood
	central locality	3.900		N	1983	Z	1	200	town centre
8037	Olching	18.981						
	central locality	10—15		E		A	5		residential cul-de-sac, in addition residential ways
5787	Olsberg	15.362						
	central locality	7.959		N	1981	Z	1	800	health resort area
	Bruchhausen	1.242		E	1983	A	2	725	newly built residential neighbourhood
7293	Pfalzgrafenweiler	5.270						
	central locality	3.093	P	N		Z			historic old part of town, shopping district, urban renewal
7417	Pfullingen	15.900						
	central locality	10—15		N	1982	Z	1		supplement to pedestrian precinct
	central locality	10—15		N	1982	Z	2		supplement to pedestrian precinct
4994	Preußisch Oldendorf	10.800						
	central locality	2.490		N	1983/84	R	4	960	
	Holzhausen	2.850		N	1984	R	2	580	health resort promenade
	Börninghausen	2.050		N	1984	R	1	200	
5421	Prümzurley	475						
	central locality	475		E	1984	A	1	210	newly built residential neighbourhood
8039	Puchheim	18.857						
	Puchheim-Bhf.	16.665		E	1982	R	2	500	
4242	Rees	18.293						
	central locality	8.500		E	1984	R	5	950	newly built residential neighbourhood
	Millingen	1.800		E	1982	A	5		newly built residential neighbourhood
5480	Remagen	14.150						
	central locality			N	1983	R	1	700	"back-street" route
	central locality			E		R	2		residential cul-de-sac
	central locality			E		R	1		
	central locality			E		A	1		
	Kripp			E		A	2		residential culs-de-sac
	Kripp			E		A	1		
	Kripp			N		R	2		

post-code	community and locality	inh.	status		complete	location	no.	lenght (m)	comments
	Oberwinter			N		Z	1		residential and business street, former through road
	Unkelbach			E		A	1		
4137	Rheurdt	5.790							
	central locality	3.000		E	1982	R	2	420	
	central locality	3.000		E	1985	R	6	580	some residential culs-de-sac
4986	Rödinghausen	8.471							
	central locality	780		N	1982	Z	1	285	road linking town centre and health resort part
	Ostkilver/Bruchmühlen	528		N	1982	R	7	1.495	
7463	Rosenfeld	5.200							
	central locality	1.900		N	1983	R	1	120	urban renewal
6442	Rotenburg a.d. Fulda	14.489							
	central locality	10—15		N	1983	Z	5	650	historic old part of town, shopping district
	central locality	10—15		N	1983	Z	3		historic old part of town
4401	Saerbeck	4.729							
	central locality	4.729		E	1982	R	4	1.100	newly built residential neighbourhood
4796	Salzkotten	19.235							
	central locality	7.115		E	1981	R	3	420	newly built residential neighbourhood
	central locality	7.115		E	1982	A	4	775	newly built residential neighbourhood
	Niederntudorf	1.962		E	1982	R	5	1.090	newly built residential neighbourhood
	Niederntudorf	1.962		E	1982	A	2	320	newly built residential neighbourhood, "back-street" route
	Oberntudorf	1.021		E	1983	R	2	510	newly built residential neighbourhood
	Thüle	1.517		E	1983	R	1	460	newly built residential street
	Upsprunge	1.284		N	1983	R	1	150	
6670	St. Ingbert	44.018							
	central locality	27.802		N	1982	R	2	828	residential culs-de-sac
	central locality	27.802		N	1983	R	1	597	residential street
	central locality	27.802		N	1984	R	1	65	residential street
	central locality	27.802	P	N	1986	R	1	453	residential street
3203	Sarstedt								
	central locality	13.401		N	1981	A	1	305	residential cul-de-sac
	central locality	13.401		E	1982	A	1	225	residential neighbourhood, one-way street
	central locality	13.401		N	1982	A	2	250	residential neighbourhood
	central locality	13.401		N	1982	A	1	130	cul-de-sac
	central locality	13.401		N/E	1983	A	2	190	residential neighbourhood
	central locality	13.401		E	1983	A	1	200	two culs-de-sac by means of road closure to motor vehicles halfway along the road
	central locality	13.401		N	1983	A	1	235	residential neighbourhood
	central locality	13.401		N	1983	A	1	160	cul-de-sac
	central locality	13.401		N	1983	A	1	105	access to Bürgerpark
	central locality	13.401		N	1983	A	1	270	residential neighbourhood
	central locality	13.401		N	1984	Z	1	120	cul-de-sac
	central locality	13.401		N	1984	A	1	185	residential cul-de-sac
	central locality	13.401		N	1985	A	2	230	residential neighbourhood
	central locality	13.401	P	N	1985	A	5	700	residential street with culs-de-sac
	central locality	13.401	P	N		R	1	70	cul-de-sac
	central locality	13.401	P	N		A	1	70	cul-de-sac
	Gödringen	496		N	1982	R	1	190	
	Gödringen	496		N	1982	A	1	150	residential neighbourhood
	Heisede	1.038		N	1982	A	1	140	residential cul-de-sac
	Heisede	1.038		N	1982	A	2	220	2 residential culs-de-sac
	Schliekum	534		E	1982	A	1	190	residential neighbourhood, loop
	Schliekum	534		N	1983	A	1	130	residential cul-de-sac
	Schliekum	534		N	1983	A	1	100	residential cul-de-sac
	Schliekum	534	P	N		A	1	300	
8201	Schechen	3.410							
	central locality	650		E	1983	R	1	325	
4235	Schermbeck	12.000							
	Schieneberg			N	1984	R	6	2.800	newly built residential neighbourhood
	Gahlen			E	1981	A	1	220	residential cul-de-sac
4797	Schlangen	7.428							
	Oesterholz	1—2,5		E	1981	A	1	371	newly built residential neighbourhood

post-code	community and locality	inh.	status		complete	location	no.	lenght (m)	comments
7464	Schömberg	14.505							
	central locality	2.355		E	1984	R	1	200	newly built residential neighbourhood
	central locality	2.355	P.	E		R	5	1.050	newly built residential neighbourhood
	central locality	2.355	P	N		Z	1	150	marketplace, renewal of old part of town
	Schörzingen	1.193	P.	E		R	1	200	newly built residential neighbourhood
8720	Schweinfurt	55.000							
	central locality			E	1985	A	1	500	newly built residential neighbourhood
5439	Seck	1.157							
	central locality			N		Z	2	450	
3370	Seesen	22.400							
	central locality	12.273		E	1982	A	4	1.660	newly built residential neighbourhood, including residential culs-de-sac
	central locality	12.273	P.	E	1985	A	1	480	3 residential culs-de-sac
	central locality	12.273	P	N		Z	2	500	shopping district
7913	Senden	19.103							
	central locality	9.200		E	1982	R	1		newly built residential neighbourhood
	Ay	4.500		E	1982	A	1		newly built residential neighbourhood
4415	Sendenhorst	10.357							
	central locality	7.300		N	1981	Z	1	185	originally planned as pedestrian precinct
5433	Siershahn	2.853							
	central locality	2.853		N	1980	R	1	160	residential street
	central locality	2.835		E	1984	R	1	145	residential street
	central locality	2.835		N	1985	R	1	220	residential street
7275	Simmersfeld	1.668							
	Aichhalden	207	P	N	1987	R	1	120	
5485	Sinzig	14.842							
	central locality	8.004		N	1982/84	Z	4		residential streets
	central locality	8.004	P	E		A	3		newly built residential neighbourhood
	central locality	8.004	P	E		A	1		newly built residential neighbourhood
	Bad Bodendorf	2.830		E	1984	A	5		health resort area
	Löhndorf		P	E		A	4		newly built residential neighbourhood
	Löhndorf		P	E		A	3		newly built residential neighbourhood
	Westum	1.215		E	1983	A	2		newly built residential neighbourhood
	Westum	1.215	P		1983	A	3		newly built residential neighbourhood
6553	Sobernheim	7.500							
	central locality	7.500		N	1983	Z	1	300	main business street
3509	Spangenberg	6.800							
	central locality	3.000		N	1983	Z	1	75	historic old part of town
5522	Speicher**	2.725		N	1984		3		urban renewal
3060	Stadthagen	22.704							
	central locality	17.000		N	1981	R	1	160	residential neighbourhood
	central locality	17.000		E	1982	A	1	400	newly built residential neighbourhood
	central locality	17.000		N	1982	R	1	140	residential neighbourhood
	central locality	17.000		E	1983	A	1	145	residential cul-de-sac
	central locality	17.000		N	1984	R	1	330	residential neighbourhood
	central locality	17.000		E	1984	R	1	300	residential neighbourhood
	central locality	17.000		E	1984	R	2	600	newly built residential neighbourhood
	central locality	17.000		E	1984	A	1	100	residential cul-de-sac
	central locality	17.000	P	E	1985	A	1	60	newly built residential neighbourhood
	central locality	17.000	P	E		A	2	440	newly built residential neighbourhood
	Obernwöhren	560		E	1984	R	1	100	newly built residential neighbourhood
	Obernwöhren	560	P	E	1985	R	1	175	residential cul-de-sac
	Wendthagen	1.300		E	1983	A	1	300	residential cul-de-sac
5531	Stadtkyll	1.301							
	central locality	1.301		E	1981	A	1	290	residential cul-de-sac
3457	Stadtoldendorf	6.143							
	central locality			E	1984	A	1	210	residential cul-de-sac
5432	Staudt	995							
	central locality	995		N	1984	R	1	190	residential street
	central locality	995		N	1984	R	1	370	residential street
4803	Steinhagen	16.300							
	Obersteinhagen	10—15		N	1983	A	3	400	
4939	Steinheim	7.420							
	central locality			E	1982	A	2	350	newly built residential neighbourhood
8209	Stephanskirchen	9.100							
	Schloßberg	2.500		N	1984	Z	1	330	

post-code	community and locality	inh.	status	complete	location	no.	lenght (m)	comments
5239	Streithausen	564						
	central locality	564	N	1980	R	1	130	
	central locality	564	E	1980	R	1	500	
	central locality	564	E	1981	R	1	200	
6534	Stromberg	2.256						
	central locality	2.256	N	1983	Z	1	450	
2805	Stuhr	26.418						
	Brinkum		N		Z	1	300	
	Brinkum		N		R	1	500	"back-street" route
	Moordeich		N/E		Z	2	250	
	Moordeich		P E		Z	1	400	
	Varrel		E		Z	1	190	
8458	Sulzbach-Rosenberg	17.700						
	central locality		P E	1985/86	A	4		newly built residential neighbourhood
2808	Syke	18.292						
	central locality	8.300	E	1982	A	1	350	
	central locality	8.300	N	1984	Z	1	190	shopping street
	central locality	8.300	P/F E	1984/85	R	1	165	
	Barrien	3.800	E	1980	A	1	280	
	Gessel		E	1981	A	1	490	
4542	Tecklenburg	8.779						
	central locality		E	1984	A	1	72	
	Brochterbeck		E	1982	R	1	220	
	Brochterbeck		E	1985	R	1	165	
	Leeden		E	1982	Z	1	130	
8180	Tegernsee	5.016						
	central locality	5.016	E	1984	Z	1	150	residential neighbourhood
8593	Tirschenreuth	9.500						
	central locality	9.500	E	1982	A	2	250	newly built residential neighbourhood
	central locality	9.500	E	1983	A	1	200	newly built residential neighbourhood
	central locality	9.500	E	1984	A	1	400	newly built residential neighbourhood
	central locality	9.500	E	1984	A	1	150	newly built residential neighbourhood
7867	Todtmoos	2.021						
	Vorder-Todtmoos		N	1984	Z	1	120	central shopping street, one-year trial period
5580	Traben-Trarbach	6.600						
	Trarbach	1.950	N	1981	Z	1	200	
8220	Traunstein	17.198						
	central locality	10—15	N	1983	R	1	150	
	central locality	10—15	N	1985	R	1	125	
	central locality	10—15	P N	1987	A	6	1.500	
	central locality	10—15	P N	1985	A	1	80	
	central locality	10—15	P N	1985	A	1	75	
	central locality	10—15	P N	1985	A	1	150	
	central locality	10—15	P N	1986	A	1	300	
	Haslach		E	1984	A	2		
	Neu-Traunstein		N	1983	A	1	90	
8931	Untermeitingen	5.480						
	Lagerlechfeld	180	N	1983	A	1	40	newly built residential neighbourhood
6390	Usingen	11.768						
	central locality	5.787	N	1981	Z	2	310	historic town centre, farms
5414	Vallendar	9.664						
	central locality		N	1980	Z	1	600	historic old part of town
8011	Vaterstetten	18.810						
	Baldham	8.900	E	1983	Z	1	200	
	Baldham	8.900	E	1984	Z	1	420	
	Baldham	8.900	P E		A	1	210	
4282	Velen**	9.434						
4837	Verl	18.744						
	central locality	6.000	E	1982	R	3	530	
3387	Vienenburg	11.546						
	Lochtum	682	E	1983	A	1	435	newly built residential neighbourhood
4973	Vlotho	19.959						
	central locality	10—15	N	1982	Z	1	200	historic old part of town, shopping district
7917	Vöhringen**	12.304						

post-code	community and locality	inh.	status		complete	location	no.	lenght (m)	comments
5451	Waldbreitbach	1.981							
	central locality	1.413		N	1982	R	1	150	
	central locality	1.413		E	1984	A	1	250	newly built residential neighbourhood
	central locality	1.413	P	E					
3544	Waldeck	7.026							
	central locality								
	Höringhausen				1981				
	Sachsenhausen				1981				
3530	Warburg (Westf.)	21.812							
	central locality	15—20		N	1981/86	Z	6	2.540	historic old part of town, shopping district, operation of bus service
4788	Warstein	29.168							
	central locality	9.900		E	1981	R	2	250	residential neighbourhood
	Allagen/Niederberg-heim	3.750		E	1981	A	1	140	newly built residential neighbourhood
	Belecke	6.750		E	1984	A	1	285	residential neighbourhood
	Suttrop	3.650		E	1982	A	1	250	newly built residential neighbourhood
2952	Weener	14.105							
	central locality	6.210		E	1981	R	1	432	newly built residential neighbourhood
	Weenermoor	2.100		E	1983	R	1	590	newly built residential neighbourhood
8901	Wehringen	1.960							
	central locality	1.960		E	1981	A	2	755	
8995	Weißensberg	2.000							
	central locality	800		E	1984	Z	1	150	
	Grübels	1.000		E	1981	R	1	220	
4806	Werther (Westf.)	10.193							
	central locality	10.193		E	1982	R	1	690	newly built residential neighbourhood
5438	Westerburg	5.665							
	Gershasen	404		E	1983	R	1	440	newly built residential street
4535	Westerkappeln**	8.805							
2280	Westerland/Sylt	7.000							
	central locality	7.000		N	1985	R	1	120	residential street, one-way street
2910	Westerstede	17.748							
	central locality	5—10		E	1982	A	9	1.255	newly built residential neighbourhood
	central locality	5—10		E	1984	A	2	1.870	newly built residential neighbourhood
	central locality	5—10		N	1984	Z	4	480	town centre, shopping district
	central locality	5—10		N	1982	R	1	210	residential street, "back-street" route
	Ocholt	1.889		E	1983	A	1	130	newly built residential neighbourhood
4441	Wettringen	6.795							
	central locality			E	1982/84	A	2	330	newly built residential neighbourhood
	central locality			E	1982/84	A	1	235	newly built residential neighbourhood
	central locality		P/F	N	1982/—	Z	4	565	residential/business streets
5276	Wiehl	22.580							
	central locality	10—15		E	1982	A	1	97	newly built residential neighbourhood
6444	Wildeck	5.900							
	Obersuhl	3.000		N	1981	Z	1	50	marketplace
5432	Wirges	5.221							
	central locality	5.221		N	1982	R	2	285	residential streets
	central locality	5.221		N	1982	R	1	160	residential street
	central locality	5.221		N	1983	R	2	400	residential streets
2278	Wittdün	839							
	central locality	839		N	1983	Z	3		trial, no road reconstruction
5560	Wittlich**	15.778							
	Wengerohr						1	145	
3180	Wolfsburg	125.935							
	central locality	80.000							several "325"-precincts
	Fallersleben	12.000	P/F	N/E	1983/86	Z	2	530	shopping district
	Fallersleben	12.000		E	1984	A	1	180	
	Fallersleben	12.000	P	N	1985	R	1	200	residential street
	Mörse	2.000	P	E	1985	A	1	180	
	Vorsfelde		P/F	E	1984/85	A	2	470	
5603	Wülfrath	20.699							
	central locality	10—15		E	1984	R	6	3.800	newly built residential neighbourhood
4798	Wünnenberg	9.598							
	Bleiwäsche	870		N	1982	A	1	400	
8592	Wunsiedel	10.984							
	central locality	8.174		N		Z	1	100	school area

243

Comments and literature

1) PFUNDT, K.; MEEWES, V.; MAIER, R.; HEUSCH, H.; LUTTER, W.; MÄCKE, P.-A.; SCHNEIDER, W.; TEICHGRÄBER, W.; ZLONICKY, P.: Verkehrsberuhigung in Wohngebieten (Traffic restraint in residential neighbourhoods). Final Report on the large-scale trial carried out by the Land of North-Rhine Westphalia. Edited by the Minister for Economics and Transport of the Land of North-Rhine Westphalia, Bonn 1979.
2) Cf. G.W. HEINZE; W. SCHRECKENBERG: Verkehrsplanung für eine erholungsfreundliche Umwelt (Transport planning for a recreation-friendly environment). A handbook of traffic restraining measures for small towns and rural communities. Joint final report concerning research assignments of the Federal Minister of Transport, the Bundesanstalt für Straßenwesen (Federal Road Institute), and the Akademie für Raumforschung und Landesplanung (ARL, Academy for Regional Policy and Planning), in: Publications of ARL, Abhandlungen, vol. 85, Hannover: Vincentz 1984.
3) The term "residential street" is used in Switzerland and in Austria as a synonym for "Traffic Restraint Precinct" as used in Germany.
4) Cf. Verkehrsblatt, issue 7/1970, p. 241—250.
5) Ibid., p. 242.
6) Ibid., p. 247.
7) Ibid.
8) Ibid.
9) Cf. Verkehrsblatt, issue 14/1980, p. 511—523.
10) Ibid., p. 513.
11) Ibid., p. 519.
12) Ibid.
13) Ibid.
14) Ibid., p. 512.
15) Ibid., p. 515 et seq.
16) Ibid., p. 520.
17) Cf. Verkehrsblatt, issue 14/1980, p. 520—523.
18) Ibid., p. 521.
19) Ibid., p. 522 et seq.
20) Cf. Verkehrsblatt, issue 23/1976, P. 723 et seq.
21) Cf. Landesverwaltungsgesetz (LVG, Land Administration Act) as amended on 1 April 1976, Legal Gazette (Ges.Bl. No. 8/76 of 15 April 1976, p. 325—331; and Verordnung des Innenministeriums über Zuständigkeiten nach der Straßenverkehrs-Ordnung und der Ferienreiseverordnung (Decree of the Minister of the Interior on Competences pursuant to the StVO and the Regulation on Holiday Travel — StVOZuVO) of 2 Juli 1981, Legal Gazette No. 15/81, p. 443.
22) Cf. Gesetz zum Vollzug der Straßenverkehrs-Ordnung (Law on the Execution of the StVO) of 28 April 1978, Bavarian Legal Gazette (GVBl), p.172, as amended on 9 March 1982, GVBl p. 154; and Verordnung zur Übertragung von Befugnissen nach der Straßenverkehrs-Ordnung (BefugVO-StVO, Decree on Conferring Powers pursuant to the StVO) of 18 September 1978, GVBl p. 698, as amended on 13 February 1980, GVBl p. 140.
23) Cf. Gesetz über die Verkündung von Rechtsverordnungen, Organisationsverordnungen und Anstaltsverordnungen (Law on Promulgating Decrees, Ordinances and Council Regulations) of 2 November 1971, Legal Gazette for the Land of Hessen (GVBl), Part I, p. 258, as amended on 11 Juni 1982, GVBl. p. 140, 143; and Decree on Competences pursuant to the StVO and the StVZO of 8 December 1981, GVBl.I, No. 25/1981 of 21 December 1981, p. 431, 432 as amended on 27 July 1982, GVBl.I, No. 12/1982 of 30 July 1982, p.179.
24) Cf. Niedersächsische Landeskreisordnung (NLO, County Constitution of Lower Saxony) Nds. GVBl., p. 256; and Niedersächsiche Gemeindeordnung (NGO, Local Government Code of Lower Saxony) of 22 June 1982, Nds. GVBl., p. 229.
25) Cf. Verordnung über die Bestimmung der zuständigen Behörden nach der Straßenverkehrs-Ordnung (Decree on Determining the Competent Authorities pursuant to the StVO) of 9 January 1983, Legal Gazette of the Land of North-Rhine Westphalia (GV.NW.), No. 4 of 30 January 1983, p. 24 et seq.; and Verordnung zur Änderung der Verordnung über die Bestimmung der zuständigen Behörden nach der Straßenverkehrs-Ordnung (Decree Amending the Decree on Determining the Competent Authorities pursuant to the StVO) of 16 November 1979, GV. NW. No. 66 of 7 December 1979, p. 875; and Gemeindeordnung für das Land Nordrhein-Westfalen (Local Government Code of the Land of North-Rhine Westphalia) as promulgated on 1 October 1979, GV.NW. No. 50 of 3 October 1979, p. 594.
26) Cf. Landesverordnung über die Zuständigkeit der allgemeinen Polizeibehörden des Ministeriums für Wirtschaft und Verkehr (Decree of the Ministry for Economics and Transport on the Competences of General Police Authorities) as promulgated on 31 October 1978, GVBl. Rhineland-Palatinate, p. 695, as amended on 26. July 1982, GVBl. p. 280; and 11. Landesgesetz über die Verwaltungsvereinfachung im Lande Rheinland-Pfalz (11th Law of the Land of Rhineland-Palatinate on the Simplification of the Administration) of 24 February 1971, GVBl. p. 67.
27) Cf. Landesverordnung zur Bestimmung der zuständigen Behörden auf dem Gebiet des Straßenverkehrsrechts (Decree on Determining the Authorities Competent in the Field of Road Traffic Law) of vom 26 August 1971, Legal Gazette for the Land of Schleswig-Holstein (GVOBl.) 1971, p. 421.
28) Cf. Sec. 25 (1), sentences 3 and 4, of the StVO. See also the Decision of the German Federal Supreme Court in Criminal Cases, published in: Verkehrsrechtssammlung (BhGSt VRS), vol. 32, p. 206: "because vehicular traffic enjoys priority on the carriageway".
29) Cf. H. KELLER: Flächenhafte Verkehrsberuhigung (Area-wide Traffic Restraint), published in: Nahverkehrsforschung '82, Ed.: Federal Minister for Research and Technology, Bonn 1982, p. 579.
30) A comprehensive discussion on the cumulative effect of traffic-restraining instruments of varying intensity is contained in: G.W. HEINZE; W. SCHRECKENBERG, loc. cit.
31) For details cf.: W. SCHRECKENBERG: Verkehrsbeberuhigung zur Attraktivitätssteigerung von Kur- und Erholungsorten (Traffic restraint for the purpose of making health resorts and spas more attractive), published in: Verkehrsberuhigung in Gemeinden (Traffic restraint in towns and other communities. Planning, implementation, financing, and legal matters), D. Walprecht (ed.), Köln-Berlin-Bonn-München 1983, p. 203—217; and idem: Neuorientierung der Verkehrsberuhigung in Kur- und Erholungsorten — vom Umweltschutz zum Attraktivitätsmerkmal (Reorientation of traffic restraint in health resorts and spas — from the protection of the environment to a feature influencing attractiveness), published in: Heilbad und Kurort, issue 9/1984, p. 316—322.
32) The influence exerted by some influential persons was clearly brought out in many discussions. It can, however, not be verified. On the same topic, the minutes containing the results of the Seminar on Traffic Restraint in Residential Neighbourhoods, organised by the Hesse Minister of Economics and Technology on 30 November 1979 report the following: "In the opinion of the HUK-Verband, precincts in which traffic is to be restrained should not be selected arbitrarily or depending on certain individuals living there." The Circular Decree of the President of the Regional Administration in Darmstadt of 16 January 1981 (index number HE 5 in Chapter B 2 of the present report) likewise states: "It would be quite inappropriate to favour home owners who are privileged anyhow or local 'big shots' at the expense of groups of persons who are already disadvantaged. Thus it is immaterial who lives where."
33) IVT = Institut für Verkehrsplanung und Transporttechnik der Eidgenössischen Technischen Hochschule Zürich (Institute for Transport Planning and Technology of the Helvetic Technical University Zurich). Cf. M. ROTACH; J.-M. GROH; K. DIETRICH; P. SPACEK; P. BACHMANN; H.U. BÜTZBERGER; R. OTT; D. TRAUB: Projektierungsempfehlung zur Verkehrsberuhigung (Planning recommendation on traffic restraint), IVT report No. 83/1, Zurich 1983.

34) Cf. Austrian Highway Code 1960 as amended on 3 March 1983, Legal Gazette for the Federal Republic of Austria, vol. 1983, No. 174, Wien (Vienna), p. 893—908.
35) Cf. Swiss Highway Code (SSV) as amended on 5 September 1979.
36) Cf. FORSCHUNGSGESELLSCHAFT FÜR STRASSEN- UND VERKEHRSWESEN (Ed.): Definitions. Part 'Highway Planning and Road Traffic Technology', Edition 1984, Köln (Cologne) 1984.
37) Cf. G.W. HEINZE; W. SCHRECKENBERG, log. cit., p.34 et seq. and p. 52 et seq.
38) Cf. R. COSSON: Rechtsfragen bei Maßnahmen zur Verkehrsberuhigung (Legal aspects of traffic restraining measures — traffic control, road safety, road use), published in: Verkehrsberuhigung in Gemeinden (Traffic restraint in towns and other communities. Planning, implementation, financing, and legal matters), D. Walprecht (Ed.), Köln-Berlin-Bonn-München 1983, p. 151.
39) Cf. K. PFUNDT; V. MEEWES; R. MAIER: Theorie und Praxis der Verkehrsberuhigung (Theory and practice of traffic restraint) published in: Verkehrsberuhigung in Gemeinden (Traffic restraint in towns and other communities. Planning, implementation, financing, and legal matters), D. Walprecht (Ed.), Köln-Berlin-Bonn-München 1983, p. 36.

Part II: Urban Transport Research Programme

A. Classification of research and study assignments

1. Planning methods and planning
    1.1 Town, country and regional planning
    1.2 General transport plans
    1.3 Individual transport plans
    1.4 Legal questions
    1.5 Miscellaneous

2. Technical studies
    2.1 Civil engineering
    2.2 Vehicle technology
    2.3 Technology of transport
    2.4 Operating technology
    2.5 Construction and operating expenditure
    2.6 Urban planning and construction
    2.7 Miscellaneous

3. Economic studies
    3.1 Demand
    3.2 Supply (economics and technology)
    3.3 Investments and financing
    3.4 Miscellaneous

4. Sociological, medical and other studies
    4.1 Sociology, psychology
    4.2 Medicine and related fields
    4.3 Miscellaneous

5. Specialized studies
    5.1 Electronic data processing (EDP)
    5.2 New transport systems
    5.3 Miscellaneous

B. Survey of research and study assignments

Project		Commissioned to	Abstract published in Issue

1 Planning methods and planning

1.1 Town, country and regional planning

4/67	The traffic volume as a function of the residential, economic, and social structure (land use) (extension cf. project 2/70)	Prof. Dr. Mäcke, Aachen, Prof. Dr. Jürgensen, Hamburg	1
5/67	Urban structure, transport network, and traffic density (bases for the development of principles for tolerable and admissible traffic loads on residential streets, cluster type residential streets and business streets, and urban or regional main arteries) (extension cf. project 13/68)	Ing.-Büro Dr. Scholz, Düsseldorf	4
15/67	Increasing urban density and stationary private traffic	Dorsch Consult Ingenieurgesellschaft mbH, Wiesbaden	2
13/68	Urban structure, network configuration and traffic density (extension of project 5/67)	Ing.-Büro Dr. Scholz, Düsseldorf	4
12/69	Principles for designing grade-separated intersections in towns	Prof. Dr. Schaechterle, München	9
		Prof. Dr. Seidenfus, Münster	9
1/70	Interdependences between urban planning concepts and transport systems		14
2/70	Traffic volume as a function of the residential, economic, and social structure (land use) (extension of project 4/67)	Prof. Dr. Mäcke, Aachen Prof. Dr. Jürgensen, Hamburg	
1/72	The influence of the centrality of a town on traffic generation and traffic distribution	Prof. Dr. Mäcke, Aachen	18
2/72	The traffic connections of towns and urban areas with their core areas	Prof. Dr. Schaechterle, München	24
1/73	Improvement of traffic conditions in towns by building over railway installations; benefit-cost analysis (phase 1) (extension cf. projects 1/75 and 1/77)	Dr. de Lorenzo Buffalo, Düsseldorf ite, Hamburg	13
2/73	Relationship between the density of housing development and the services supplied by public transport	Dipl.-Ing. Leopold, Hamburg	16
3/73	The influence of public transport fare systems on orban development within regional areas (preliminary study)	Prof. Dr. Heidemann, Prof. Dr. Leutzbach, Karlsruhe	16
1/74	Bus networks to provide transport services for conurbations and the zones on their periphery as a supplementary infrastructure measure	Prof. Dr. Mäcke, Aachen	24
30/74	Preparation of a directive for short-distance transport planning	Dorsch Consult, München, Prof. Dr. Kutter, Berlin	22
1/75	Improvement of traffic conditions in towns by building over railway installations; benefit-cost analysis (phase 2) (extension of project 1/73)	Dr. de Lorenzo Buffalo, Düsseldorf, u. a.	21
20/76	Development of weekend cottage and holiday home areas	Prof. Dr. Strack, Bonn	24
1/77	Improvement of traffic conditions in towns by building over railway installations; benefit-cost analysis (phase 3) (extension of projects 1/73 and 1/75)	Dr. de Lorenzo Buffalo, Düsseldorf	29
3/77	Transport planning measures for urban renewal areas – preliminary study	Institut Wohnen und Umwelt, Darmstadt	26
70 001/78	Traffic and town as an interaction mechanism (VUSI)	Intraplan Consult GmbH, Düsseldorf	27
70 014/79	Effects of traffic restraint in inner urban areas on traffic behaviour	Institut für Zukunftsforschung, Berlin	29
70 041/79	Planning strategies for short-distance public transport which take into account the constraints of modified settlement structures and demographic changes	Prof. Dr. Willeke, Köln	29
77010/79	Establishing delimitation criteria for creating traffic-restraint areas	Institut für Straßen- und Verkehrswesen UNI Stuttgart, Prof. Dr. Ing. Steierwald	37
77011/79	The acceptance of possibilities of parking by the inhabitants in old areas near the town centre	Institut für Verkehrswissenschaft, Straßenwesen und Städtebau, UNI Hannover, Prof. Dr.-Ing. Schnüll	37
77 018/80	Consequences of shifting motor traffic from areas with reduced traffic loads and concentrating it in the streets of the periphery	Ingenieursozietät BGS, Frankfurt/M.	33

Project		Commissioned to	Abstract published in Issue
77110/82	Capital investment in transport for a recreation-oriented environment — An empirical stock-taking of traffic control and traffic restraint measures in communities for recreational use	Institut für Verkehrsplanung, und Verkehrswegebau TU Berlin, Prof. Dr. Heinze	37
70111/83	Allowing for the needs of public transport when planning and redesigning traffic-restraint zones — The treatment of scheduled buses in the planning process	Institut für Stadtbauwesen, RWTH Aachen, Prof. Dr.-Ing. Mäcke	37
70124/83	Traffic Restraint Precincts in small towns and rural communities — Documentation and discussion of practical experience concerning the use of signs 325/326 of the German Highway Code (StVO)	Prof. Dr. Heinze, Berlin	Special Issue 40

1.2 General transport plans

1/67	Which principles should be heeded in the general transport plans of towns, cities, regions, Länder (states), and the Federal Republic in order to maintain and develop a uniform and co-ordinated transport system?	Prof. Dr. Voigt, Bonn	2
16/67	Investigations of the possibility of replacing traffic volume surveys by traffic density surveys for urban and regional traffic planning (extension cf. project 18/69)	Prof. Dr. Leutzbach, Karlsruhe	2
10/68	Theoretical studies on the planning of transport networks with special consideration of public short-distance passenger transport	Prof. Dr. Grabe, Hannover	10
11/68	The desirable connexion of urban road networks with motorways	Prof. Dr. Mecke, Braunschweig	11
12/68	Parking space requirements for passenger cars within office buildings for service enterprises	Prof. Sill, Hamburg	7
18/69	Investigations of the possibility of replacing traffic volume surveys by traffic density surveys for urban and regional traffic planning (extension of project 16/67)	Prof. Dr. Leutzbach, Karlsruhe	4
19/69	Methodological foundations of accounting for the cost of congestions in urban traffic	Prof. Dr. Mäcke, Aachen, Prof. Dr. Voigt, Bonn	9
3/70	Development of standard transport plans including their elements, and proposed solutions for traffic and transport analyses and forecasts for different town size classes	Ing.-Büro Dr. Riemer, Düsseldorf	4
4/70	Developing and programming a technique for the search of alternative routes in public and private short-distance transport (extension cf. projects 2/71 and 20/75)	Dornier System GmbH, Friedrichshafen	5
5/70	Investigation of the distribution in space and time of recreational traffic during weekends in the fringe areas of urban agglomerations; determination of relevant parameters	Prof. Baron, Dortmund	15
6/70	Investigation of the financial effects on the budgets of the territorial authorities involved and on the commercial result of Deutsche Bundesbahn (DB, German Federal Railways) which are the result of DB's participation in operating and fare communities as illustrated by the example of Münchener Verkehrs- und Tarifverbund (operating and fare co-ordination scheme for transport in the greater München region)	Deutsche Revisions- und Treuhand AG München	5
7/70	Investigation of the determination of travel time savings and their economic evaluation	Prof. Dr. Oettle, München	6
8/70	Determination of optimum criteria for the purpose of delimitating regions from the point of view of travvid and transport	Prof. Dr. Retzko, Darmstadt	5
16/70	Operational, legal, and economic prerequisites for the creation of traffic pool systems	Direktor Dr. Gutknecht, Aachen	7
1/71	Suitable survey methods for co-ordinating parking space and road space for moving traffic	Prof. Dr. Leutzbach, Karlsruhe	9
2/71	Developing and programming an integrated traffic model for urban areas and conurbations (with special reference to assignment techniques) (extension of project 40/70, cf. also 20/75)	Dornier System GmbH, Friedrichshafen	7
3/71	Improvement of public short-distance passenger transport in fringe areas of conurbations by creating a traffic pooling system (illustrated by the example of the region on the left bank of the Lower Rhine)	Intertraffic, Düsseldorf	6

Project		Commissioned to	Abstract published in Issue
4/71	Ascertainment of the relationships between the volume of short-distance goods transport and relevant land use data in partial areas of selected conurbations	Prof. Dr. Nebelung, Aachen	9
5/71	Urban delivery traffic – controlling factors, volume and pattern of the delivery traffic of retail and service enterprises	Prof. Habekost, Braunschweig	18
6/71	Studies of the space-time relationships of week-day traffic loads in urban and near-urban areas	Dr. Heusch, Aachen	11
3/72	Investigations of traffic-actuated signal control. Part D: Integrated operating system for networks	Dr. Heusch, Dipl.-Ing. Boesefeldt,	11
22/72	The effects of different grossing-up methods for traffic surveys	Prof. Dr. Steierwald, Aachen	9
24/72	Determination of the transport value of alternative routes for rapid transit	ite, Hamburg	7
26/72	A traffic generation model for quantifying the volume of pedestrian traffic	Prof. Dr. Mäcke, Aachen	18
4/73	Resistance function for the gravity model as controlled by forecastable structural influences	Arbeitsgemeinschaft Entwicklungs- und Verkehrsplanung (AGEVA), Aachen	19
5/73	The development of man-machine-related methods for improving the techniques of design in transportation	Prof. Habekost, Braunschweig	19
6/73	Route selection as a cognitive process	Dr. Heidemann, Karlsruhe	18
7/73	Aids in decision-making for urban transport investments based on complex models of the demand for transport – pilot study	Dorsch Consult Ingenieurgesell- schaft mbH, Wiesbaden	18
8/73	The transport development of medium-sized and big cities by extended bus services	Prof. Dr. Nebelung, Aachen	19
2/74	A systems analysis of freight transport with a view to its explicit consideration in transportation planning processes	Prof. Dr. Mäcke, Aachen	19
3/74	A contribution to the opportunity models as trip distribution models for private transport	Arbeitsgemeinschaft Entwicklungs- und Verkehrsplanung (AGEVA), Aachen	24
6/74	Development quality of transport systems (Access opportunity indices and their application) – preliminary study (follow-up project cf. 2/75)	Battelle Institut e.V., Frankfurt/M.	14
7/74	Determination of the possible shift from private to public transport in urban areas	Prof. Dr. Steierwald, Stuttgart	24
2/75	Development quality and development effect of transport systems (follow-up project for 6/74)	Battelle Institut e.V., Frankfurt/M.	22
3/75	Development of a concept for a future bus transport system	Studiengesellschaft Nahverkehr (SNV), Hamburg	Extended Abstract Special Issue 20
4/75	Long-term development trends of local and regional transport in conurbations (scenario 2000)	Battelle Institut e.V., Frankfurt/M.	24
5/75	Traffic facilities from the pedestrian's point of view	Forschungsgemeinschaft Bauen und Wohnen, Stuttgart	24
20/75	Supplementation of the TRAPOSAR and TRAPORUM EDP programmes (follow-up project for 4/70 and 2/71)	Dornier System GmbH, Friedrichshafen	19
22/75	Relieving a town centre of private transport by traffic guidance measures and by giving preference to public transport (pilot study)	Dr. Heusch, Dipl.-Ing. Boesefeldt, Aachen	16
3/76	Analysis and forecast of the spatial distribution of traffic and of modal choice in urban areas on the basis of land use data, as exemplified by the city of Nürnberg	Trapp Systemtechnik GmbH, Wesel	22
4/76	Development quality of short-distance public transport – a method of calculating accessibility which is especially sensitive to walking distances involved	Battelle Institut e.V., Frankfurt/M.	26
5/76	Transport conditions of disadvantaged groups of the population as a guide for purposive town and transport planning	Institut für Zukunftsforschung, Berlin	22
6/76	Space-time relationships of Sunday traffic volumes in urban and near-urban areas	Dr. Heusch, Dipl.-Ing. Boesefeldt, Aachen	27

Project		Commissioned to	Abstract published in Issue
21/76	Possibilities of using the STREAK/UTPS program packages for the purposes of integrated traffic route planning	DATUM, Bonn-Bad Godesberg	22
5/77	Study of measures designed for separating road-bound short-distance public transport and private transport in terms of space and time	Dr. Heusch, Dipl.-Ing. Boesefeldt, Aachen	26
6/77	Possibilities of developing urban pedestrian precincts paying special consideration to a passenger-oriented inclusion of scheduled public transport	Prof. Dr. Fiedler, Wuppertal	26
19/77	Possibilities of handling and transporting luggage when the passenger transport of DB is shifted from rail to road	Studiengesellschaft Nahverkehr mbH (SNV), Hamburg	24
22/77	Price elasticities in the demand for short-distance public transport	Socialdata GmbH, München	26
70 025/79	Preparation of the Bus Transport System demonstration project	Hamburg-Consult GmbH, Hamburg	Extended Abstract Special Issue 34
70 058/81	The development of bicycle traffic and the probable amount of capital expenditure needed	Intraplan Consult GmbH, München	33
70 060/80	Development of a concept for a future light rail rapid transit system	Rhein-Consult GmbH, Düsseldorf	37
70 065/80	Inclusion of environmental aspects in the methodology of transportation planning	Ingenieurgruppe IVV, Aachen Institut für Stadtbauwesen, TU Braunschweig	Special Issue 31
70 085/81	Influencing modal choice in favour of public transport, bicycle traffic and pedestrian traffic in urban transport, in big towns at the centre of large sparsely populated areas	SNV Studiengesellschaft Nahverkehr mbH, Hamburg	35
77 015/80	A study concerning the cross section design of oneway streets in built-up areas	Dr.-Ing. K.H. Trapp, Aachen	33
77 022/81	The planning and design of streets in towns	Institut Wohnen und Umwelt, Karlsruhe	35

1.3 Individual transport plans

14/67	State and improvement of transport conditions in the area surrounding München as exemplified by the München-Wolfratshausen-Beuerberg traffic link	Ifo, München	2
22/68	Investigation of the lay-out of above-ground transfer facilities and interchange points to private transport (follow-up project cf. 39/70)	Prof. Dr. Kracke, Hannover	3
23/68	Investigation of the connection of underground with above-ground transport systems and with private transport (follow-up project cf. 40/70)	STUVA e.V., Köln	3
39/70	Investigation of back-ups observed in public transport facilities in the stations with special consideration of the lay-out of transfer facilities and interchange points to private traffic (follow-up project for 22/68)	Prof. Dr. Kracke, Hannover	3
40/70	Measurements and analyses of time-distance connections arising during the use of private and public modes of transport. A contribution towards the determination of optimum location and layout of interchange points (follow-up project for 23/68)	STUVA e.V., Köln	3
4/72	Prerequisites and possibilities for the improved integration of taxis into short-distance public passenger transport	Dr. Pampel, Hamburg Dr. Bidinger, Frankfurt/M.	11
5/72	Determination of the traffic volume attributable to shopping centres inside and outside of housing estates	Prof. Dr. Retzko, Darmstadt	16
9/73	Study of the effects of high-rise residential buildings on traffic	Hamburg-Consult GmbH, Hamburg	16
8/74	Evaluation of novel concepts for short-distance and district transport provided by the Deutsche Bundesbahn in regions which are remote from conurbations as exemplified by a region within the Westerwald – Pilot study	Prof. Dr. Müller, Freiburg	15
6/75	Development of a peripherally located university campus by short-distance public transport, investigated using the example of the University of Stuttgart	Prof. Dr. Heimerl, Stuttgart	18

Project		Commissioned to	Abstract published in Issue
8/77	Development of principles ensuring a better consideration of design criteria in the planning of urban streets	Dipl.-Ing. Kossak, Berlin	26
9/77	Appropriate arrangement and design of garage spaces in existing and new high-density building areas	Prof. Dr. Teichgräber, Prof. Dr. Maidl, Bochum	
70 063/80	Minibus services supplementing and replacing scheduled bus transport Testing of unconventional types of public transport operation	Studiengesellschaft Nahverkehr mbH (SNV), Hamburg	29

1.4 Legal questions

Project		Commissioned to	Abstract published in Issue
10/69	Legal prerequisites for the planning and construction of underground transport facilities, with particular reference to the problem of the concentration effect and the coinciding of plan approval procedures	STUVA e.V., Köln	6
25/72	The problem of coinciding plan approval procedures for construction projects for traffic purposes within towns and other communities	Prof. Blümel, Bielefeld	6
7/75	Promotion of reduced traffic zones by traffic control measures	Prof. Dr. Steiner, Bielefeld	6

1.5 Miscellaneous

Project		Commissioned to	Abstract published in Issue
7/71	Documentation and evaluation of research on urban transport (supplementary project cf. 6/72)	Forschungsgesellschaft für das Straßen- und Verkehrswesen, Köln	8
6/72	Documentation and evaluation of research on urban transport (supplementary project to 7/71)	ite, Hamburg	8
70034/79	Development of procedures for traffic surveys from the point of view of empiric social research and engineering science	Institut für Verkehrs- und Stadtplanung, TU München, Prof. Schaechterle	37

2 Technical studies

2.1 Civil engineering

Project		Commissioned to	Abstract published in Issue
6/67	Determination of the critical values for the admissible wear of rails depending on the configuration of the rail and the highest admissible axle load	Prof. Dr. Kurek, Osnabrück	1
7/67	Investigation of the geometrically admissible wear and displacement of the permanent way in view of safe guiding properties for the vehicles in the tracks	Prof. Dr. Kurek, Osnabrück	1
16/68	Determination of load on tunnel structures attributable to traffic loads, and determination of stress on the tunnel floor owing to the operational load	Prof. Dr. Kordina, Braunschweig	19
17/68	Examination of the guiding performance on the tracks when wheel sets of varying dimensions and contours are operated jointly on tracks with identical gauges	Prof. Dr. Kurek, Osnabrück	2
8/69	Investigation of the effects of sprayed-on concrete as tunnel lining as compared with the shield method of construction with thin covers of loose rock	Prof. Dr. Breth, Darmstadt	6
14/69	Suitability of direct fastening of rails of underground railways and/or tramways	Prof. Dr. Eisenmann, München	4
15/69	Investigation of the guiding properties of small wheels, in particular laterally elastic wheels, in single and double crossing frogs of tramways and urban railways	Prof. Dr. Kurek, Osnabrück	14
9/70	Slip resistance of bituminous multilayered waterproofing 1. Examination of the long-term behaviour of bituminous multilayered waterproofing in case of coplanar loads 2. Examination of the behaviour of bituminous multilayered waterproofing being secured against tangential stresses by disc-shaped anchors	STUVA e.V., Köln	10
10/70	The sealing of reinforced concrete tunnel liners in single-shell methods of construction	Materialprüfungsanstalt, Stuttgart	13
11/70	Investigation of the causes of periodical transverse wear manifestations on the tracks of short-distance transport and the consequences thereof for the construction of vehicles	Prof. Dr. Nöthen, Aachen	11

Project		Commissioned to	Abstract published in Issue
12/70	Investigation of the determinants of tunnel height in the construction of metropolitan railways	STUVA e.V., Köln	13
8/71	Deformation behaviour of low-cover tunnels in urban areas and the generation of zones of loosening in their neighbourhood with due regard to heavy foundation loads	Prof. Dr. Müller, Karlsruhe	10
9/71	Static investigations of tunnel structures used for traffic purposes	Prof. Dr. Duddeck, Braunschweig	8
10/71	Implementation of tests for measuring earth pressure on tied-back soldier pile walls	Prof. Dr. Breth, Darmstadt	10
11/71	Investigation of the dependence of current on earth resistances with special reference to conditions in conurbations	Forschungsgemeinschaft für Hochspannungs- und Hochstromtechnik e. V., Mannheim	15
12/71	Locating and correcting sealing defects on blankets of underground railway structures – parts I and II (extension cf. project 9/74)	STUVA e.V., Köln	18
13/71	Investigation of the appropriate design of underground railway stations with regard to acoustics	Müller-BBM GmbH, München	10
8/72	Comparative measurements of structure-borne sound on various novel, ballast-free types of permanent way	Müller-BBM GmbH, München	
10/72	The creep behaviour of grouted anchors	Prof. Dr. Jelinek, München	26
11/72	Economical dimensioning of high retaining walls in urban traffic construction	Prof. Dr. Smoltczyk, Stuttgart	15
4/73	see 1.2 General transport plans		
11/73	Investigation on the structure gauge and vehicle gauge of double rail public transit	Dipl.-Ing. Braitsch, Bergisch Gladbach	37
11/73	Studies on the dimensioning of the clearance and of the vehicles of double-rail systems used for short-distance public transport	Dipl.-Ing. Braitsch, Bensberg	
12/73	Study on methods of monitoring the loading of building structures particularly of tunnels	STUVA e.V., Köln	18
13/73	Ventilation and air-exhaust systems for short-distance transport tunnels	Deutsche Eisenbahn-Consulting, Frankfurt/M.	10
14/73	Investigation of the behaviour of waterproofing systems around flexible joints in underground railway structures	STUVA e.V., Köln	16
15/73	Technical investigations of acoustics on elevated railways of different design	Müller-BBM GmbH, München	13
9/74	Locating and correcting sealing defects on blankets of underground railway structures – parts I and II (extension project for 12/71)	STUVA e.V., Köln	18
10/74	Behaviour of grouted anchors under pulsating loads in cohesive soil	Materialprüfungsanstalt, Stuttgart	26
11/74	The present position and the main areas of research on traffic tunnel construction	STUVA e.V., Köln	26
12/74	Studies on the improvement of running properties of rail-bound short-distance transport vehicles particularly on curved sections	Prof. Dr. Nöthen, Aachen	21
9/75	Study on the behaviour of soft PVC waterproofing membranes under shear stresses and within the range of cracks gradually opening in structures	STUVA e.V., Köln	26
8/76	Study of the behaviour of bituminous waterproofing systems under the influence of high pressures per unit area	STUVA e.V., Köln	24
9/76	Non-linear calculation of building excavations as related to the time-dependent behaviour of the ground	Prof. Dr. Duddeck, Braunschweig	27
10/77	Evaluation of existing undercrossings of houses by traffic tunnels	STUVA e.V., Köln	27
70 024/79	Mechanical behaviour of bituminous waterproofing systems for structures Synoptic evaluation of experimental and theoretical studies	STUVA e.V., Köln	33
77 003/78	Measuring vibrations in the vicinity of urban road and railway tunnels – stage 2	STUVA e.V., Köln	33
77 012/80	A study concerning the provision of raised platforms at bus stops	Hamburg-Consult GmbH, Hamburg	33

Project	Commissioned to	Abstract published in Issue

2.2 Vehicle technology

Project		Commissioned to	Abstract published in Issue
6/69	Investigation of the state of the art and the possible developments of novel propulsion systems for the abatement of noise and exhaust gas pollution caused by road vehicles (e. g. accumulator, trolley-bus, liquified gas)	Prof. Dr. Illies, Hannover	4
17/69	Investigation of the design load of carriages of urban railways with special consideration of the safety of passengers	Prof. Dr. Czerwenka, München	3
13/70	Development of a light-weight bus	Bundesverband Deutscher Eisenbahnen (BDE), Köln	6
14/70	Optimum control of vehicles for short-distance transport	Prof. Dr. Praßler, Karlsruhe	6
15/70	Study of the generation and transmission of structure-borne sound attributable to rail vehicles	Müller-BBM GmbH, München	6
27/72	Investigations for establishing dimensioning and design criteria for urban railway cars according to dynamic aspects	Prof. Dr. Czerwenka, München	14
23/74	State of engineering concerning air-borne and structure-borne sound emissions of urban railways	Dipl.-Phys. Oelkers, Hagen	
11/77	Mathematical simulation for deducing optimizing criteria for suburban railways	Prof. Dr. Krettek, Aachen	27
70 019/79	Investigation of the dimensions of wheelsets and permanent ways with regard to the safe guiding of the vehicles of urban railways on their tracks	Prof. Dr. Kurek, Osnabrück	29
70 037/79	Preliminary technical and operating studies for drafting new dimensioning and design criteria for rapid transit urban railway vehicles with consideration of the dimensional stability of the car bodies under buffing loads and passenger safety in case of read-end collisions in view of the objectives of light-weight construction	Prof. Dr.-Ing. Bugarcic, Institut für Fahrzeugtechnik, TU Berlin	35
70 043/79	Study on optimizing sanding equipment for urban railway vehicles	Essener Verkehrs AG, Essen	29
70 056/80	Effects of the absorber technology on the noise emission characteristics of elevated, rail-bound local transport systems, as exemplified by the Wuppertaler Schwebebahn (suspended railways of Wuppertal)	Krupp Stahl Aktiengesellschaft, Bochum	35
70 080/81	Investigation with regard to the safe guiding of vehicles of surban railways on their tracks	Prof. Dr.-Ing. Kurek, Osnabrück	35
70 100/81	Experimental and mathematical investigation of frontal impacts which occur when rail rapid transit vehicles are shunted, and drafting of new dimensioning and construction criteria for the car bodies of such vehicles	Institut für Fahrzeugtechnik, TU Berlin, Prof. Dr.-Ing. Bugarcic	37

2.3 Technology of transport

Project		Commissioned to	Abstract published in Issue
3/67	Measures and effects of traffic diversions during the construction of transport facilities below ground level regarding various methods of construction	STUVA e.V., Köln	1
14/68	Measures of construction and traffic engineering for the reduction of traffic noise on highways	BAST, Köln	3
21/68	Studies into the advantages of applying the Aachen measuring techniques as compared to the other known methods for ascertaining the disturbing influence of traffic, and as a contribution to establishing guidelines for improving traffic conditions in cities, towns, and other built-up areas	Studiengesellschaft "Leichtbau der Verkehrsfahrzeuge", Frankfurt/M.	4
17/70	Investigations of the practical effects of alternating direction lanes on the safety and capacity of urban streets	Prof. Dr. Wehner, Berlin	11
19/70	Optimum travelling speeds on jointly operated routes (follow-up project cf. 14/72)	Prof. Dr. Kracke, Hannover	13
14/71	Investigations of traffic-actuated signal control. Part C: control models for partial networks	Dr. Heusch, Dipl.-Ing. Boesefeldt, Aachen	8
16/71	Effects of high-rise office buildings in town centres on traffic	Prof. Dr. Schlums, Stuttgart	8
9/72	Optimization of tramway and bus operation by way of time and traffic dependent signal control	Dr. v. Stein, Düsseldorf	14

Project		Commissioned to	Abstract published in Issue
13/72	Preliminary study for the determination of the accident probability arising in various conditions of pedestrian crossing movements on urban streets	Forschungsgemeinschaft "Der Mensch im Verkehr", Köln	10
14/72	Determination of blocking times and capacity of track junctions for local lines by means of digital computers (follow-up project for 19/70)	Prof. Dr. Kracke, Hannover	13
23/72	Reducing traffic peaks by co-ordinating traffic generator times	Prof. Habekost, Braunschweig	21
17/73	Study of the possibilities for an objective assessment of the quality of private transport in towns with special consideration of journey speed, standard deviation of acceleration and street characteristics	Prof. Dr. Grabe, Hannover	21
13/74	The effect of trains of certain suburban railway lines entering trunk lines at variable intervals on the potential degree of capacity utilization and punctuality of such suburban trunk lines	Prof. Dr. Pierick, Braunschweig	21
14/74	Practical efficiency of speed-dependent safety systems for rail-based transport systems	Prof. Dr. Pierick, Braunschweig	21
10/75	Determination of the qualitative performance of junctions on high-speed short-distance railways and study of its influence on the configuration of the junctions and the routes leading up to them	Prof. Dr. Kracke, Hannover	21
10/76	Traffic-actuated signal control including control of short-distance public transport – a study of the mutual relationships involved in the control of traffic flow as a whole	Dr. Heusch, Dipl.-Ing. Boesefeldt, Aachen	27
11/76	A generally valid procedure for calculating the capacity of platform tracks and the most suitable design of the railheads of passenger stations	Prof. Dr. Kracke, Hannover	29
77 001/78	The dimensioning of urban streets with regard to different qualities of traffic, taking into account the repercussions on the quality of the housing environment	Institut für Stadtbauwesen RWTH Aachen, Prof. Dr.-Ing. Mäcke	35
77 005/78	Ascertaining the travel times of motor vehicles on roads in urban areas for the purpose of comparative economic calculations	Prof. Dr.-Ing. Harder, Hemmingen	33
77 007/79	A study of the influence of pedestrians and pedal cyclists on the traffic flow at signal-controlled urban junctions	Dr.-Ing. K.-H. Trapp, Aachen	33
77 020/79	Study of signalling provisions to improve bus traffic in green waves – practical examples	Dr. Heusch, Dipl.-Ing. Boesefeldt, Aachen	29
77 021/81	Taking all road users into consideration when assessing signal-conttrolled intersections	University of Karlsruhe, Institut für Verkehrswesen, Prof. Wiedemann	35
77 024/81	The influence of the quality of traffic signal coordination on energy consumption and the emission of pollutants	Institut für Verkehrswesen, Universität Karlsruhe, Prof. Dr.-Ing. Leutzbach	35

2.4 Operating technology

9/69	Determination of the signal division on rapid railway (S-Bahn) routes as a function of the desired capacity of the route by means of simulation on the electronic computer	Prof. Dr. Lagershausen, Braunschweig	3
18/70	Increase of capacity and performance of short-distance railways by means of radio signalling techniques, creation of technical foundations	Gesellschaft für Verkehrsberatung und Verfahrenstechniken mbH, Hamburg	5
15/71	Percental reduction of carbon monoxide and hydrocarbon emissions of new vehicles	TÜV, Essen	8
15/72	Timetable compilation for short-distance transport networks with fixed-cycle operation (follow-up project cf. 18/73)	Prof. Dr. Pierick, Braunschweig	9
18/73	Propagation of delays in fixed-cycle operation (follow-up project for 15/72)	Prof. Dr. Pierick, Braunschweig	21
15/74	PBIL – A program system for traffic-actuated signal control according to the signal program generation method	Dr. Heusch, Dipl.-Ing. Boesefeldt, Aachen	18

Project		Commissioned to	Abstract published in Issue
18/77	Investigation of protective measures against the persistence of excessive contact voltages in electric operating systems with different kinds of current occuring side by side	Technische Akademie, Wuppertal	27
24/77	Study of the possible application of the PTSP bus optimization system – first trial	Rheinische Bahngesellschaft AG, Düsseldorf	24
70 038/79	Possible application of the PTSP bus optimization system – second trial	Rheinische Bahngesellschaft AG, Düsseldorf	27
70 062/79	Investigation of procedures for studying the operation of large passenger stations by means of the SIMU V simulation model	Prof. Dr.-Ing. R. Kracke, Hannover	33

2.5 Construction and operating expenditure

21/70	Examination of short-distance transport on networks operated according to a rigid time-table and its effects on costs	Prof. Voss, Hannover	13

2.6 Urban planning and construction

11/69	Land use index – road index – parking index	Salzgitter-Industrie GmbH, Verkehrs- und Industrieplanung, Lenz Planen + Beraten	5
35/70	Visual marking of urban clearways and major roads in towns for the improvement of road safety and traffic flow	Prof. Spengelin, Dipl.-Ing. Dückert, Hannover	15

2.7 Miscellaneous

2/67	Examination of the oscillation dynamics in the vicinity of tunnels of railways and discussion of measurements taken at certain points of the tunnel	Prof. Dr. Koch, Hannover	1
15/68	Statistical measurements of the sound level of railways	Physikalisch-technische Bundesanstalt, Braunschweig	4
18/68	Measurements of the admittance per unit length of various objects for determining the specifications for DC-railways in tunnels	Technische Akademie, Wuppertal	3
19/68	Study on accompanying luggage in local transport (in vehicle and at points of transfer or change)	Planungsgesellschaft Ruhr, Essen	2
24/68	Measurements of the sound conducted by solids during the passing of tramway vehicles as compared with underground railway vehicles	Prof. Dr. Koch, Hannover	4
17/71	Noise abatement on commercial motor vehicles as exemplified by the standard VÖV-bus for line operation	Gesellschaft für Verkehrsberatung und Verfahrenstechniken mbH, Hamburg	7
18/71	Effects of different vehicle types on the emission of structure-borne sound in underground railway or underground tramway tunnels with a permanent way with ballast as studied in different cities	Prof. Dr. Koch, Hannover	11
16/72	Examination of external and special influences on tunnel sections of DC operated railways with a view to corrosion hazards	Technische Akademie, Wuppertal	13
77 009/79	Assessment of road traffic exhaust gas immissions	Prof. Dr. Glück, München	29

3 Economic studies

3.1 Demand

8/67	The influence of the elasticity of demand for transport services as a function of transport rates and its effect on the transport volume in short-distance passenger transport	Prof. Dr. Diederich, Hamburg	1

Project		Commissioned to	Abstract published in Issue
9/67	Possible methods of cost comparison of private and public passenger transport from the point of view of road and rail users and of public authorities	Prof. Dr. Oettle, München	1
3/68	Problems, possibilities, and requirements of urban traffic forecasts from the economic point of view	Prof. Dr. Funck, Karlsruhe	7
6/68	Examination of the theoretical and practical possibilities of charging tolls for the solution of urban transport problems	Prof. Dr. Funck, Karlsruhe	5
8/68	Development of a method for ascertaining and analysing private car traffic in conurbations	INFAS, Bonn-Bad Godesberg	2
1/69	The future demand for passenger transport services as a function of the socio-economic structure of communities of various sizes and types (extension project cf. 24/70)	Prognos AG, Basel	3
2/69	The future load on the traffic networks of communities in the Federal Republic of Germany attributable to short-distance freight transport with special consideration of conurbations	DIW, Berlin	7
3/69	Distribution of passenger traffic volume on different modes of transport (modal split) as a function of income, social status, location within the community, journey time, journey cost, journey purpose, available transport services	INFAS, Bonn-Bad Godesberg	3
23/70	The reduction of traffic peaks by means of staggering of working hours	Prof. Dr. Lammers, Karlsruhe	8
24/70	The future demand for passenger transport services as a function of the socio-economic structure of communities of different sizes and types: 1. additional conurbations of various sizes and structures 2. a comparison of the period 1961 to 1968 3. additional types of transport (extension of project 1/69)	Prognos AG, Basel	3
25/70	Future development of distances travelled by motor vehicles in the transport of goods and persons, of fuel consumption, and the revenue from mineral oils tax, with special reference to urban traffic	DIW, Berlin	6
26/70	Mutual relationships between private transport, public transport and parking problems in big cities with varying economic and social structure (extension project cf. 16/74)	Dorsch-Consult Ingenieurgesellschaft mbH, Wiesbaden	8
19/71	The future demand for passenger transport services as a function of the socio-economic structure of communities of various sizes and types (extension of projects 1/69 and 24/70)	Prognos AG, Basel	7
20/71	The effects of transport investments in urban areas upon the demand for public short-distance passenger transport	Prof. Dr. Diederich, Hamburg	8
27/71	Survey: What is your opinion about the so-called "zero fare", i.e. would you no longer use your car at all, use it less, or use it just as often if public transport in cities, towns, and other built-up areas were free of charge?	Wickert-Institute, Tübingen	4
17/72	The future demand for passenger transport services over short distances up to the year 1985	Prognos AG, Basel	9
19/73	Parking fees, parking time control, parking space regulations and car park capacities as parts of an overall parking policy concept designed to improve the division of functions in urban transport	Prof. Dr. Willeke, Köln	11
16/74	Mutual relationships between private transport, public transport, and parking problems in big cities with varying economic and social structure (extension of project 26/70)	Dorsch-Consult Ingenieurgesellschaft mbH, Wiesbaden	16
13/76	Creating instruments for determining the effects of regulatory measures on passenger traffic in towns (pilot study)	Messerschmitt-Bölkow-Blohm, München	24
14/76	System Adaption Plan "School and Traffic"	Messerschmitt-Bölkow-Blohm, München	24
12/77	Study of the mobility opportunities of different population groups	Prognos AG, Basel	26
70 002/79	Development of a model of individual behaviour designed to explain and forecast workday activity patterns in urban areas Part A – Mathematical-statistical approach Part B – Sociological behaviour approach	 Prognos AG, Basel Socialdata GmbH, München	29 29

Project		Commissioned to	Abstract published in Issue
70 008/79	Studies into special family fares in rural areas	Studiengesellschaft Nahverkehr mbH (SNV), Hamburg	27
70 010/79	Extent and causes of shifts of traffic (new traffic) when new high-speed urban railway lines are opened	Prof. Schaechterle, Dr. Stengel, München Dr. Heck, Hannover	Extended Abstract Special Issue 34
70 015/79	The reactions of public transport users to different standards of service and the conclusions drawn therefrom regarding measures to adjust the provision of public transport facilities to the user requirements	Hamburg-Consult GmbH, Hamburg	33
70 042/79	The use of short-distance public transport for multi-person journeys and the market chances of family fares offered by the Stuttgart Integrated Transport System (VVS)	Socialdata GmbH, München	27
70 073/81	Practical marketing measures to stimulate demand for public transport, as exemplified by Hannover	IRES Marketing GmbH, Düsseldorf	35

3.2 Supply (economics and technology)

Project		Commissioned to	Abstract published in Issue
4/68	Are tax reductions and tax exemptions for public short-distance transport compatible with the principles of equality and justice of taxation, and how do they influence competition?	DIW, Berlin	2
5/68	Optimum fares in public short-distance passenger transport	Prof. Dr. Bellinger, Berlin	4
7/68	Problems and possible solutions of urban track cost calculation	Prof. Dr. Funck, Karlsruhe	7
9/68	Preliminary study preceding a study into passenger and goods transport in conurbations with a view to a technical optimum of transportation services taking into consideration utilization and properties of different means of transport a) inbound and outbound traffic b) internal traffic c) transition from private transport to public short-distance passenger transport	Prof. Dr. Nebelung, Aachen	2
20/68	The connection of the large commercial airports in the Federal Republic of Germany with the existing rapid transit systems as seen from the point of view of public short-distance passenger transport	Prof. Dr. Lambert, Stuttgart	2
4/69	The effects of operating communities in public short-distance passenger transport on the quality of service, the demand for transport, and the economic situation for the participating undertakings, as exemplified by the Verkehrsverbund Hamburg	Prof. Dr. Diederich, Hamburg	5
5/69	Effects of free public short-distance transport services in conurbations upon individual undertakings and upon the economy as a whole	Prof. Dr. Oettle, München	3
13/69	Ascertainment of the shortfall in receipts resulting from the rate for pupils, students, and apprentices on tramway, trolley-bus, and scheduled motor vehicle services in the Federal Republic of Germany as measured against the comparable season ticket rate, and principles guiding the calculation of compensations	Wibera AG, Düsseldorf	3
27/70	Study on the determination of dimensioning loads Part I Part II	Prof. Dr. Retzko, Darmstadt	11 12
28/70	Productivity and possibility of utilization of various short-distance transport systems from the economic point of view with due consideration of the foreseeable technological progress	Battelle Institut e.V., Frankfurt/M.	5
29/70	The cost-benefit analysis as a criterion in assessing the feasibility of urban underground rapid transit systems	DIVO, Frankfurt/M.	4
30/70	Rates and fares in line with future requirements and modern services for passengers (passenger handling) with due consideration of the economic situation of the transport undertakings, the demand for transport, and the practical aspects involved	Dr. Neubert KG, Düsseldorf	6

Project		Commissioned to	Abstract published in Issue
31/70	Definition of a standard of service in public short-distance passenger transport	Gesellschaft für Verkehrsberatung und Verfahrenstechniken mbH, Hamburg	7
21/71	Cost-benefit analysis of a central goods distribution system for transport by lorries as exemplified by a conurbation	Dornier System GmbH, Friedrichshafen	7
30/72	Concessionary fares and their influence on demand	Wibera AG, Düsseldorf	14
31/72	The influence of transport infrastructure on the travel behaviour of the population, as exemplified by the Munich suburban railway system	Stadtentwicklungsreferat, München	14
20/73	Cost-benefit analysis of alternative measures for traffic connections and transport development of an urban development area by public local transport as exemplified by the town of Augsburg	Dornier System GmbH, Friedrichshafen	24
21/73	Making allowance for environmental pollution when planning urban transport investments by means of cost-benefit analyses and cost-effectiveness analyses	Prof. Dr. Willeke, Köln	13
24/74	Demands on and expectations of first-class travel on short-distance public transport as exemplified by the Deutsche Bundesbahn (German Federal Railways)	Infraplan, Köln, Dr. Ellinghaus	13
11/75	Determination of the capacity of vehicles used for scheduled service as seen from the business administration point of view	Wibera AG, Düsseldorf	16
12/75	Economic prerequisites for restructuring taxi and hire car services as a complement to scheduled services	Wibera AG, Düsseldorf	18
13/75	Reorganization of the bus services of the Deutsche Bundesbahn (DB, German Federal Railways) and of the Deutsche Bundespost (DBP, German Federal Postal Administration)	Mc. Kinsey, Düsseldorf	15
18/76	What are the conditions to be fulfilled by an Organträger (parent company) of the DB and the DBP (i.e. a jointly operated venture) when reorganizing and restructuring the bus services of the Federal authorities so that the advantages of the investments of the two special federal funds (or of direct federal investments) can be assured	Treuarbeit AG, Frankfurt/M.	19
22/76	Improvements in short-distance public transport and the possibilities of implementing them by changing the basic regulative policy conditions as exemplified by a local transport area of the Saarland	Dorsch Consult Ingenieurgesellschaft mbH, Büro München	26
23/76	A comparison of operation and costs of transport services provided by tram or bus – model study	Ing.-Büro Schlegel – Dr. Spiekermann, Wibera AG, Düsseldorf	22
25/76	The effects of service cuts and of the reduction of unproductive staff times	Mc. Kinsey, Düsseldorf	22
13/77	Integration of road haulage into the transport system of towns and conurbations in the Federal Republic of Germany	Prof. Dr. Willeke, Köln	27
20/77	Criteria for appraising the economic efficiency of short-distance public transport in the case of various settlement structures	GEWOS mbH, PLANCO-Consulting GmbH, Hamburg	27
70 016/78	Traffic behavior and transport-specific endowment levels in rural areas	Prof. Dr. Heinze, Dipl.-Ing. Herbst, Dipl.-Ing. Schühle, Berlin	27
70021/79			Special Issue 38
70022/79/80	Continuation of the model study investigating improvements in short-distance public transport and the possibilities of implementing them by changing the basic regulatory policy conditions, as exemplified by a short-distance transport area of the Saarland	Kommunalentwicklung Baden-Württemberg GmbH, Stuttgart	33
70 031/79	Possible ways of providing an adequate minimum supply of public short-distance transport with particular consideration being given to the demand for transport at off-peak times and in regions with small transport volumes	Wibera AG, Düsseldorf	29
77 006/79	The possibilities of including the costs of accidents in urban areas into the RAS-W Guidelines with special consideration to quantitative data and relationships	Prof. Dr.-Ing. Harder, Hemmingen	33

Project		Commissioned to	Abstract published in Issue
70 030/80	Possibilities and limitations of an inter-firm comparison between operations of public transport enterprises	Dipl.-Kaufmann Fuchs, Köln	33
70 069/80	Comparative analysis of the spatial transferability of regionally differentiated studies of travel behaviour and transport-specific endowment levels in sparsely populated areas	Prof. Dr. Heinze, Dipl.-Ing. Herbst, Dipl.-Ing. Schühle, Berlin	29
70082/81	Model study into improvement of transport economics in a regional transport area of varying settlement density by changing regulatory and in particular organisational and legal framework conditions, including demand-actuated bus systems as exemplified by the Bodenseekreis (Lake Constance district)	Study group Kommunalentwicklung, Baden Württemberg GmbH, — SNV Studiengesellschaft Stuttgart/Berlin Nahverkehr mbH	37
70087/82	Model study into the economic improvement of public transport as exemplified by the Saarland — Phase B 1: Establishing the bases for a trial run	Kommunalentwicklung Baden Württemberg GmbH, Stuttgart	37
70 130/84	The possibilities of using the Dutch Buurtbus System as a neighbourhood bus in the Federal Republic of Germany	SNV Studiengesellschaft Nahverkehr mbH, Hamburg	37

3.3 Investments and financing

Project		Commissioned to	Abstract published in Issue
12/67	Structure and development of transport investments of public authorities and enterprises in conurbations	Ifo, München	5
16/69	An economic comparison of alternative urban transport systems as exemplified by the city of Hannover	Prof. Dr. Hesse, Göttingen	4
32/70	The financing of public transport investments in conurbations	Prof. Dr. Willeke, Köln	6
23/71	The evaluation of new solutions in the short-distance public transport of a medium-sized city based on cost-benefit analyses taking into consideration foreseeable technological progress — as exemplified by the conurbation of Kiel	Deutsche Stadtentwicklungs- und Kreditgesellschaft mbH, Frankfurt/M.	19
22/73	Financing of public short-distance passenger transport	Wibera AG, Düsseldorf	9
29/74	Standardized assessment criteria for evaluating transport infrastructure investments for short-distance public passenger transport and road building projects of local authorities (extension cf. project 21/75)	Industrieanlagen-Betriebsgesellschaft mbH (IABG), Ottobrunn	15
14/75	Methodical ascertainment and quantification of the dividing effect of thoroughfares and of the preservation of valuable buildings, green spaces and recreation areas within towns as benefit components for benefit-cost analyses	Dr. Harder, Hannover	21
15/75	Ex-post benefit-cost analysis for metropolitan railway line 3 in München	Industrieanlagen-Betriebsgesellschaft mbH (IABG), Ottobrunn	19
16/75	Basic procedures for carrying out benefit-cost studies in the field of transport	Industrieanlagen-Betriebsgesellschaft mbH (IABG), Ottobrunn	26
17/75	Methods for determining costs resulting from short-distance public transport for the Federal Republic, the Länder and the local authorities	Wibera AG, Düsseldorf	15
19/75	Possibilities of reorganizing short-distance public transport in rural regions with a low traffic volume	Kommunalentwicklung Baden-Württemberg GmbH, Stuttgart	19
21/75	Standardized assessment criteria for evaluating transport infrastructure investments for short-distance public passenger transport and road building projects of local authorities — test runs (extension of project 29/74)	Industrieanlagen-Betriebsgesellschaft mbH (IABG), Ottobrunn	16
15/76	Criteria and procedures for quantifying social benefits derived from local public transport in order to establish standards to guide government decisions on assistance measures in the field of fare, tax and subsidy policies	Prof. Dr. Willeke, Köln	24
14/77	Cost-benefit analysis as exemplified by a metropolitan railway line in Frankfurt/Main	Battelle Institut e.V., Frankfurt/M.	26
17/77 A	Model study for determining the investment expenditure for noise control measures for existing railway routes	Dorsch Consult Ingenieurgesellschaft mbH, München	27
17/77 B	Model study for determining the investment expenditure for noise control measures for newly planned or substantially modified railway routes	Dorsch Consult Ingenieurgesellschaft mbH, München	27

Project		Commissioned to	Abstract published in Issue
21/77	Possibilities of reorganizing short-distance public transport in rural regions where the volume of traffic is low – phase 2: Development of a test model for the area of the Hohenlohe district in the Franconia region	Kommunalentwicklung Baden-Württemberg GmbH, Stuttgart	27
23/77	The development of short-distance public transport in co-operation schemes, with special regard to timetable and fare structuring as well as to the development of revenue and cost	Friedrich-Ebert-Stiftung e.V., Bonn	29
70 048/79	Model study for determining the investment expenditure required for noise control measures for shunting stations and multiple-junction stations	Dorsch Consult Ingenieurgesellschaft mbH, München	29
70 059/80	Investigation of the changes in transport-specific cost ratings in accordance with Art. 45a Personenbeförderungsgesetz (PBefG/Passenger Conveyance Act) and/or Art. 6a Allgemeines Eisenbahngesetz (AEG/General Railway Act) by means of a time comparison and an analysis of the factors influencing the basis of transport enterprise data collected in 1979	Wibera AG, Düsseldorf	29
70 071/80	Determination of costs resulting from short-distance public transport for the Federal Republic of Germany, the Länder and the local authorities until the year 1990	Wibera AG, Düsseldorf	33
70 070/81	"Study of the possibilities of improving short-distance public transport including Deutsche Bundesbahn's rail transit, with special consideration of a branch terminal line in a medium-sized agglomeration and rural area, as exemplified by the rural district of Tübingen" (Short title: "Public transport model study in Tübingen rural district")	Working Group of Kommunalentwicklung Baden-Württemberg GmbH, Stuttgart, and SNV Studiengesellschaft Nahverkehr mbH, Hamburg/Berlin	35
70 109/82	Consequent effects of capital investment in public transport, particularly secondary investment and structural effects, as exemplified by light rail transit line A in Hannover	ÜSTRA Hannoversche Verkehrsbetriebe AG, Hannover with the co-operation of SNV Studiengesellschaft Nahverkehr	35

3.4 Miscellaneous

1/68	Intra-firm comparisons in public short-distance passenger transport	Prof. Dr. Bellinger, Berlin	5
2/68	Possibilities of economic rationalization of public short-distance passenger transport	Prof. Dr. Seidenfus, Münster	2
24/71	Principles and modalities applicable to compensations in the area of public short-distance passenger transport when public service burdens are imposed	Wibera AG, Düsseldorf	5
25/71	Investigation of the nuisance and damage to the environment caused by road traffic in urban areas – noise and exhaust gases –	VDI, Düsseldorf	10
20/72	Improvement of the bases and methods used for obtaining reliable data for statistics of passenger movements by short-distance public transport with special regard to conditions in integrated traffic pooling systems	Gesellschaft für Verkehrsberatung und Verfahrenstechniken mbH, Hamburg	15
18/74	Fare evasion as a legal and economic problem in public short-distance transport as exemplified by rail-bound short-distance transport of the Deutsche Bundesbahn (German Federal Railways) with consideration of its participation in integrated transport and fare systems	Dr. Heinze, Hamburg	16
19/74	Demonstration of benefit by means of utility value analysis as exemplified by by-pass roads around towns	Dorsch Consult Ingenieurgesellschaft mbH, Wiesbaden	22
24/76	Principles and basic fundamentals to be observed in selecting representative undertakings providing local and regional public transport and in ascertaining transport-specific cost figures to be used as a basis for compensation payments towards school-commuter traffic in accordance with Art. 45a para. 2 PBefG (Passenger Conveyance Act) and Art. 6a para. 2 AEG (General Railway Act)	Wibera AG, Düsseldorf	26
70 077/80	Representative survey conducted to ascertain the mobility behaviour of (mobility-) handicapped persons and of the members of their households	Socialdata GmbH, München	Special Issue 36
—	Study into the design of public rail transport in line with the needs of the handicapped	Gruppe Hardtberg, Bonn-Bad Godesberg	Special Issue 39

Project		Commissioned to	Abstract published in Issue

4 Sociological, medical and other studies

4.1 Sociology, psychology

13/67	The competitive situation between private and public transport from the point of view of road and rail users	INFAS, Bonn-Bad Godesberg	1
34/70	A sociological typology of traffic (Problems and aspects involved in the development of an empirically based sociological typology of traffic as a medium-term forecasting instrument for private transport)	Prof. Dr. Klages, Berlin	13
27/74	Social assessment of novel short-distance transport systems (preliminary study)	SNV, Hamburg, Battelle, Frankfurt/M., Prognos, Basel	15
18/75	An inquiry into the provision of better services for the handicapped on local public transport	STUVA e.V., Köln	Extended Abstract Special Issue 23
23/75	Social assessment of short-distance transport technologies (phase II)	SNV, Hamburg, Battelle, Frankfurt/M., Prognos, Basel	21

4.2 Medicine and related fields

21/72	Noise abatement for traffic facilities: the influence of fluctuating traffic noise levels on the disturbing effect. Suitability of the energy-equivalent continuous noise level for characterizing traffic noise	Dr. Buchta, Düsseldorf, Prof. Dr. Schlipköter, Düsseldorf	14
16/76	Traffic noise forecasts for urban streets	Dr. Schreiber, BBM GmbH, München	24
70 081/80	Inderdisciplinary field study an special features of rail-traffic noise as compared with road-traffic noise	Planungsbüro Obermeyer, München Project management Prof. Dr.-Ing. Heimerl, Stuttgart	35

4.3 Miscellaneous

36/70	Living conditions of plants at difficult urban habitats, in particular on tunnels, service ducts and underground garages	Prof. Dr. Schreiber, München	8
37/70	Ascertainment of occuring and reasonable walking distances within central urban areas	Prof. Dr. Retzko, Darmstadt	14
70 035/79	British and Scandinavian social science contributions to urban transport research	Battelle Institut e.V., Frankfurt/M.	33
70 047/79	Measures ans possibilities for integrating handicapped people into the overall transport structure	Studiengesellschaft Nahverkehr mbH (SNV), Berlin	Special Issue 30
70 045/80 and 70 090/82	Establishing fondations and recommendations for the introduction of car pools for journey-to-work commuting on the basis of model tests (70 045/80), and practical trial of a commuter information system (70 090/82)	SNV Studiengesellschaft Nahverkehr mbH, Hamburg	35

5 Specialized studies

5.1 Electronic data processing (EDP)

10/67	Operations research as a tool for public authorities in making decisions on investments in regional transport	Prof. Dr. Oettle, München	1
11/67	The distribution of competences for transport policy in conurbations as a problem of modern decision theory (organisation theory)	Prof. Dr. Oettle, München	1
38/70	Utilization of the computer in urban traffic planning; a research report on experience gained in the USA	DATUM, Bonn-Bad Godesberg	6
28/71	Further development of a procedure for establishing rosters and work schedules for public transport undertakings (tram and bus)	Dr. Neubert KG, Düsseldorf	9
21/74	Computational simulation of suburban railway operation by EDP with due regard to the dynamic behaviour of the vehicles and an economic mode of operation	Prof. Dr. Krettek, Aachen	22

Project		Commissioned to	Abstract published in Issue
5.2 New transport systems			
32/72	Comparative study of existing and future short-distance transport technologies	Studiengesellschaft Nahverkehr mbH (SNV), Hamburg	Extended Abstract Special Issue 12
26/74	Study of the operation of new short-distance transport systems and of improved high-speed railways by simulation, including the establishment of bases for planning and decision-making	Studiengesellschaft Nahverkehr mbH (SNV), Hamburg	Extended Abstract Special Issue 25
5.3 Miscellaneous			
7/69	Investigation of the shielding effect of tunnel reinforcements in tunnels with DC and AC operation with the aim of reducing contact potentials and leakage currents attributable to ohmic and inductive coupling and of protecting telecommunication lines against the influence of harmonic vibration of rectifier equipped vehicles	Prof. Dr. Frohne, Hannover	8
22/74	Urban transport research concept – preliminary study	Planungsgruppe Forschung Stadtverkehr	10
25/74	Urban transport research concept – main study	Planungsgruppe Forschung Stadtverkehr	Extended Abstract Special Issue 17
70 047/79	Electric road vehicles – Contributions to the report on the promotion of the use of electric vehicles	Studiengesellschaft Nahverkehr mbH (SNV), Hamburg	Extended Abstract Special Issue 28
70 089/81	Electric road vehicles – Application and market potentials for battery-powered electric passenger cars in road traffic (Follow-up contributions to the report on the promotion of the use of electric vehicles)	Studiengesellschaft Nahverkehr mbH (SNV), Hamburg	Extended Abstract Special Issue 32